W0196133

## Das Buch

Rudolf Arendt war der letzte Kommandant von U 23, das am 10. September 1944 um 22.10 Uhr nach Zündung der Sprengladung vor der türkischen Küste sank: Selbstversenkung auf Befehl! Während der folgenden Internierung schrieb er sein »türkisches Tagebuch«, ein einzigartiges Zeugnis über diesen letzten Einsatz. Im Mittelpunkt stehen die persönlichen Erlebnisse, später ergänzt durch Dokumente des Bundesarchivs/Militärarchivs Freiburg mit Bezug auf die deutschen Operationen gegen die Sowjetunion und kritischer Reflektion der Arendt damals unbekannten Führungsentscheidungen auf höchsten Ebenen.

Eine fundierte Darstellung des sehr vielschichtigen Verhältnisses zwischen Deutschland und der Türkei bis zum Ende des Zweiten Weltkrieges und die politischen Auswirkungen für die Bundesrepublik Deutschland.

## Der Autor

Rudolf Arendt, Jahrgang 1923, 1940 Eintritt in die Kriegsmarine als Offiziersanwärter, 1943 Leutnant zur See, U-Boot-Einsatz im Schwarzen Meer als Kommandant (U 18 und U 23), 1944–1946 Internierung in der Türkei, 1946–1956 Minenräumeinsatz in Nord- und Ostsee, 1956–1983 bei der Bundesmarine, zuletzt als Chef des Stabes FüS, Konteradmiral, 1983–1986 Mitglied der Höcherl-Kommission und Berater des BMVg, 1986–1992 Berater der Howaldtwerke Deutsche Werft AG.

Rudolf Arendt

# LETZTER BEFEHL: VERSENKEN!

Deutsche U-Boote im Schwarzen Meer
1942–1944

Erinnerungen eines U-Boot-Kommandanten

Mit 50 s/w Abbildungen und 8 Karten

Ullstein

*Umwelthinweis:*
Dieses Buch wurde auf chlor- und säurefreiem Papier gedruckt.

Ullstein Verlag
Ullstein ist ein Verlag des Verlagshauses Ullstein Heyne List GmbH & Co. KG.
1. Auflage Januar 2003
Genehmigte Lizenzausgabe
© 1956 by Koehlers Verlagsgesellschaft bmH, Hamburg
Umschlaggestaltung: Buch & Werbung, Berlin
Titelabbildung: der Originalausgabe entnommen
Gesetzt aus der Sabon
Satz: hanseatenSatz-bremen, Bremen
Druck und Bindearbeiten: Ebner & Spiegel, Ulm
Printed in Germany
ISBN 3-548-25648-1

# Inhalt

# Hitlers Krieg

# Das Tagebuch

# Die Türkei

# In der Türkei

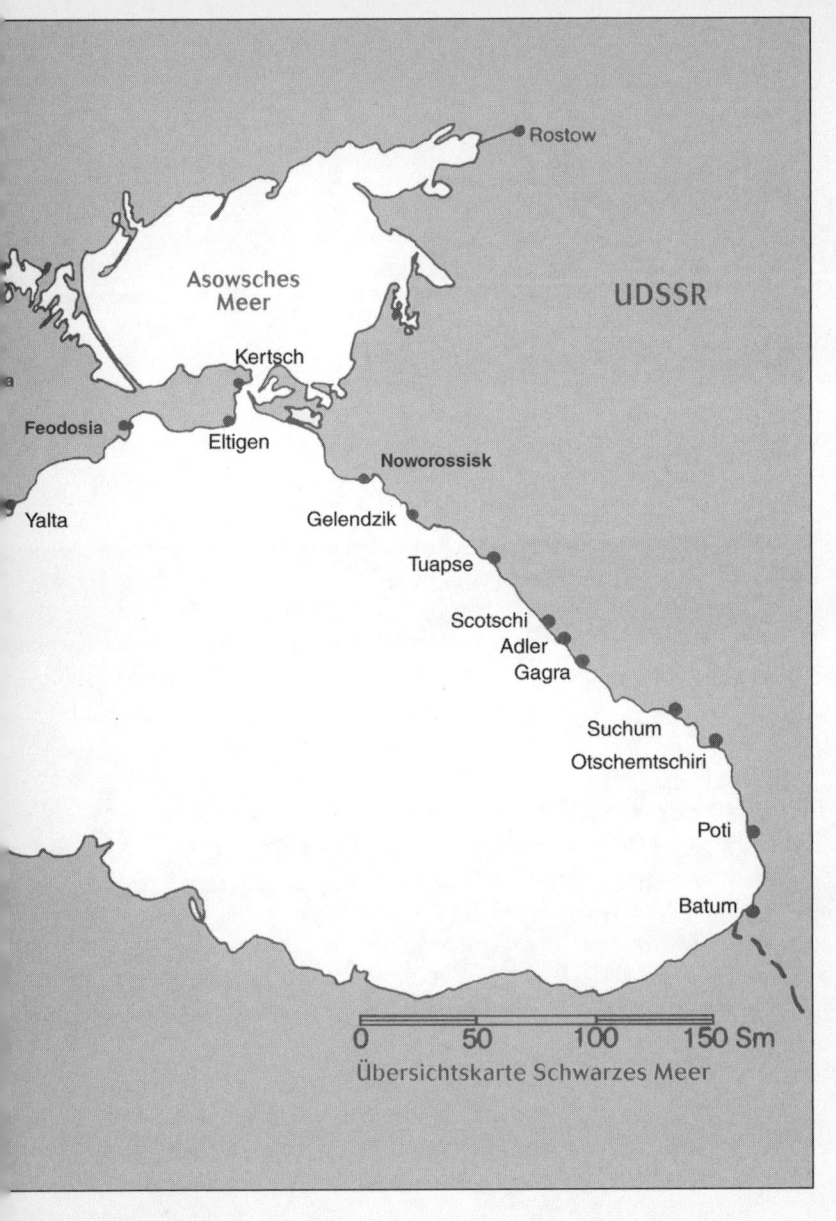

Übersichtskarte Schwarzes Meer

## ... wie ich es sah

Um des leichteren Verstehens willen sollte man eine Geschichte von Anfang an erzählen. Diese hier, die in weiten Teilen auch meine ist, beginnt im Jahre 1923. Das war kein gutes Jahr, jedenfalls nicht für die große Mehrheit der im Nachkriegsdeutschland lebenden Menschen. Die galoppierende Inflation brachte ihnen soziale Not. Der bürgerliche Mittelstand verlor seine Rücklagen und Reichsanleihen, mit denen der nun verlorene Krieg finanziert worden war. Meine Eltern gehörten dazu, und meine Geburt machte nichts besser an dieser Welt, in der auch die Arbeiter Opfer der Inflation wurden, weil ihnen die geringen Löhne in den Händen zerrannen. Nur geschickte Spekulanten machten unfaßbare Gewinne.

Mein Vater hatte vier Jahre am Krieg teilgenommen, nachdem er zuvor als Einjährig-Freiwilliger seiner Wehrpflicht nachgekommen war. Während er »im Felde stand«, gingen große Teile seines Vermögens in die Hände solcher Spekulanten und »Kriegsgewinnler« über. Ihm und seiner wachsenden Familie blieb genug, um die Jahre der Arbeitslosigkeit zu überstehen, aber der Verlust und besonders die Art, wie er zustande kam, erschütterten seinen Glauben an die ethischen Werte, mit denen er aufgewachsen war.

Das »Versailler Diktat« und die darin behauptete alleinige Kriegsschuld, mit der gigantische Reparationsleistungen begründet wurden, verletzten das Ehrgefühl und den Stolz der ehemaligen Frontsoldaten.

Die Weimarer Republik, weithin als »Systemzeit« verhöhnt, konnte keine Abhilfe schaffen, und so wurde die Machtübernahme durch Hitler am 30. Januar 1933 zu einem Hoffnungsschimmer. Er hatte auf die Hakenkreuzfahnen seiner NSDAP – und in seinem Buch »Mein Kampf« – die Überwindung des Schandfriedens von Versailles ebenso geschrieben wie die »Erweiterung des deutschen Lebensraums«. In Friedrichshagen, am Ostrand von Berlin lebend, gingen die Turbulenzen des Kampfes um die Macht zwischen den Nationalsozialisten und den Kommunisten nicht unbemerkt an uns vorbei. Das Elend der Arbeitslosigkeit und insbesondere das der Kriegskrüppel war auf den Straßen unübersehbar manifest.

Im Alter von zehn Jahren konnte man das alles noch nicht recht einordnen, die beklemmende Atmosphäre der Hoffnungslosigkeit und der ständigen Sorgen ums tägliche Brot im Elternhaus übertrug sich dennoch auf uns Kinder. Den Gesprächen der Eltern, die sie meist kommentierend nach dem täglichen Überfliegen der Zeitungsmeldungen führten, lauschten wir ohne wirkliches Verstehen, ein mit der Zeit stärker hervortretender Dissens in offenbar wichtigen politischen Fragen war aber nicht zu überhören. Bei Vater wuchs die Skepsis, bei Mutter die Hoffnung und der Glaube an die Verheißungen des »Führers des Deutschen Reiches und Volkes«, wie er sich nach dem Tode des Reichspräsidenten Paul von Hindenburg nannte.

Am Ende des Jahres 1933 trat Vater aus der NSDAP wutentbrannt wieder aus. Zwei Jahre zuvor war er mit anderen Frontsoldaten des Krieges in die Ortsgruppe Friedrichshagen eingetreten. Die mir in Erinnerung gebliebene Motivation war Angst vor dem Bolschewismus. Ihm und wenigen anderen muß alsbald nach der »Machtergreifung« etwas anderes bedrohlicher erschienen sein. Was das war, habe ich erst nach dem Ende des Zweiten Weltkrieges begriffen.

Nach den Osterferien 1934 wechselten mein um ein Jahr älterer Bruder und ich vom König-Friedrich-Gymnasium in Friedrichshagen zur Nationalpolitischen Erziehungsanstalt Spandau. Meine Mutter hatte sich mit ihrer Ansicht durchgesetzt, daß nur auf diese Weise allen vier Kindern, die beiden Mädchen besuchten das Lyzeum in Friedrichshagen, eine höhere Schulbildung ermöglicht werden konnte. Mit nur RM 20,– im Monat pro Kopf hatten wir Jungen bei freier Kost und Logis eine erstklassige, umfassende

Ausbildung in einem Internat, das aus der preußischen Kadetten-anstalt Lichterfelde hervorgegangen war und, wenigstens in den ersten Jahren, in dieser Tradition weiterlebte. Unsere Erziehung stand fortan unter dem Motto: Mehr sein als scheinen.

Dieser Schulwechsel glich einem dramatischen Einschnitt in unser bisheriges Leben, den ich jedoch ganz überwiegend positiv erlebte. Wirklich dramatisch wurden die Veränderungen empfunden, die sich draußen, vor den Toren des Internats und in der Welt, abspielten. Daß wir all die sich fast überstürzenden Ereignisse ausschließlich unter den Aspekten »Erfolg, vorwärts und aufwärts« aufnahmen, dafür sorgte, von uns auf das Zwischenziel Abitur konzentrierten Schülern nicht wahrgenommen, die alles umfassende Propaganda. Staat und Führer hatten das Informations- und Meinungsmonopol. Alternativen gab es nicht, jedenfalls nicht legal, und von illegalen Möglichkeiten wußte man als Pennäler nichts. Als in den letzten Schuljahren ausländische Austauschschüler mit anderen Sichtweisen aus einer anderen Welt zu uns kamen, da war man schon so »gleichgeschaltet«, daß man für Propaganda hielt, was diese erzählten oder meinten.

Und »draußen« war viel geschehen seit dem Januar 1933. Der Austritt Deutschlands aus dem Völkerbund öffnete den Weg aus den Beschränkungen des Versailler Diktats. Die Zahl der Arbeitslosen sank von Monat zu Monat, Autobahnen wurden gebaut, das Saarland wieder eingegliedert und im März 1935 Wiederherstellung der Wehrhoheit. Im Juni 1935 folgte das deutsch-englische Flottenabkommen, und im März 1936 endete die erzwungene Entmilitarisierung des Rheinlandes mit dem friedlichen Einmarsch deutscher Soldaten.

Im Sommer dieses Jahres überstrahlte die Olympiade in Berlin für mich als Dreizehnjährigen alle sonstigen politischen Ereignisse. Der Beginn des spanischen Bürgerkrieges im Juli, die Bildung der Achse Berlin–Rom und die Entsendung der »Legion Condor« zur Unterstützung Francos nach Spanien waren nichts im Vergleich zu den vielen Goldmedaillen, die deutsche Athleten im Wettstreit der Jugend der Welt gewannen.

Daß Hitler im selben Jahr, vor der Öffentlichkeit sorgfältig verborgen, der Wehrmacht die Aufgabe stellte: I. Die deutsche Armee muß in vier Jahren einsatzfähig sein; II. Die deutsche Wirtschaft muß in vier Jahren kriegsfähig sein[1], das ahnten wir nicht. Genausowenig erfuhr die Öffentlichkeit von jener Besprechung in der Reichskanzlei am 5. November 1937, in der Hitler den Oberbefehlshabern der drei Wehrmachtsteile sowie dem Reichskriegsminister von Blomberg und Reichsaußenminister von Neurath seine Pläne und Absichten für eine gewaltsame Lösung der »Lebensraumfrage« im Zeitraum 1943–1945 darlegte.

Noch unbelastet von solcher Kenntnis bejubeln wir mit den Berlinern und der Masse der Österreicher im März 1938 den »Anschluß« der »Ostmark« und die Bildung des »Großdeutschen Reiches«.

Nur ein halbes Jahr später, am 29. September 1938, erreicht Hitler auf der Münchener Konferenz die Abtretung der sudetendeutschen Gebiete der Tschechoslowakei an das Deutsche Reich. Die Westmächte weichen erneut zurück. Sie lösen die deutsch-tschechoslowakische Krise zu Lasten der mit ihnen verbündeten Tschechoslowakei.

Die »Reichskristallnacht« im November des gleichen Jahres erleben wir nicht auf den Straßen Berlins, die uns ohne besondere Genehmigung ohnehin nicht zugänglich waren. Trotz aller propagandistischen Verbrämung dieses Geschehens mit dem Mord an einem deutschen Diplomaten in Paris, stellt sich ein Gefühl der Unsicherheit ein beim Versuch der Beurteilung der Bedeutung eines solchen »spontanen« Haßausbruchs gegen Gotteshäuser und Menschen einer anderen Religion und Rasse. Irgendwie paßt das überhaupt nicht zusammen mit den hehren Idealen der Ritterlichkeit, dem Humanismus Friedrichs des Großen: Ein jeder solle nach seiner Façon selig werden, und dem uns immer wieder eingetrichterten Wohlverhalten, besonders den Schwachen gegenüber. »Volksgemeinschaft« war das Wort, und daran hatte ein jeder Anteil, egal aus welchen Schichten er stammte. Sollte es doch Deutsche geben, die nicht dazu gehören sollten?

Weiter reichte die Fragestellung damals nicht. Andere Ereignisse schlugen uns in ihren Bann. Mittel- und Oberstufe der NPEA Spandau wurden zum Befüllen von Benzinkanistern und deren Verladung in Güterwagen abgeteilt. Der im März 1939 erfolgende Einmarsch in Prag und die Bildung des »Protektorates Böhmen und Mähren« sowie der Slowakei als autonomer Staat unter dem Schutz des Deutschen Reiches hatte seine Schatten vorausgeworfen.

Auch diese offene Aggression nehmen England und Frankreich hin. Das wird natürlich als Sieg der überlegenen Diplomatie des Führers verkauft, den die »Vorsehung« dem deutschen Volk für seinen gerechten Kampf um »Lebensraum« geschenkt hatte. Was man in der offiziellen Propaganda nicht zu hören bekam, sollte sich schon bald als von viel größerer Tragweite erweisen: England und Frankreich reagierten mit einer Garantieerklärung für Polen.

Eine weitere »ungerechte« Fessel brach der »unfehlbare Führer« mit der Aufkündigung des deutsch-britischen Flottenabkommens nur einen Monat nach der Besetzung von Prag. Als dann auch noch mit dem politischen Erzfeind Sowjetunion am 23. August 1939 ein Nichtangriffspakt abgeschlossen wurde, da verstummten auch die Skeptiker, und die, die ohnehin an den »Führer« glaubten, waren nun vollends davon überzeugt, daß hier die »Vorsehung« im Spiel sei.

Damit waren aber die Erfolgserlebnisse – oder das, was wir damals dafür hielten – keineswegs zu Ende. Mein Bruder und ich verbrachten die Sommerferien im Elternhaus in Friedrichshagen. Es war ein schöner Sommer aus der Sicht von zwei Schülern, von denen der eine – mein Bruder – schon kurz vor dem Abitur stand, und der andere begann, seine Bewerbungsunterlagen als Seeoffizieranwärter für die Kriegsmarine zusammenzustellen. Wenn nun die Polen nicht in so ganz und gar ungerechtfertigter Weise unsere Landsleute, die damals »Volksgenossen« genannt wurden, malträtiert hätten, dann könnte die »großdeutsche Welt« so schön in Ordnung sein. So jedenfalls klang es, sich Tag für Tag steigernd, aus dem Volksempfänger.

Der August war zu Ende gegangen. Als wir am 1. September aufwachten, um einen der letzten Ferientage wie üblich in der nahen Badeanstalt am Müggelsee zu verbringen, befand sich das Deutsche Reich bereits im Krieg. Noch wußten wir nichts davon, dann aber kam die Ankündigung einer Rede des Führers. Nach all den schlimmen Meldungen der letzten Tage konnte es sich nur um etwas Bedeutendes handeln. Wir warteten geduldig vor dem Volksempfänger. Und dann war da seine Stimme, die einem die Schauer über den Rücken rinnen ließ, uns vor Begeisterung, anderen vor Abscheu. Seit 4.45 Uhr werde nun zurückgeschossen, verkündete er, man sei im Kriege und das Schicksal des Großdeutschen Reiches liege nun in den Händen seiner tapferen Soldaten.

Meine Mutter blieb lange still und schaute uns besorgt an. Sie mag wohl erkannt haben, daß ihre beiden Söhne in sehr naher Zukunft zu diesen »tapferen Soldaten« gehören würden und Erinnerungen an die Jahre des Ersten Weltkrieges mögen plötzlich wach geworden sein, als die jungen Männer ihrer Generation auf den Schlachtfeldern den »ehrenvollen Tod fürs Vaterland« starben.

Mein Bruder und ich reagierten völlig arglos und genau auf jener Gedankensequenz, die sich seit 1933 aus dem Ablauf der Ereignisse, ihrer Interpretation durch die propagandagesteuerten Medien und das Fehlen unverfälschter Faktenkenntnis beinahe zwangsläufig ergab: Wir glaubten dem Führer, daß es richtig und gerecht sei, nun endlich zurückzuschlagen und diese kriegslüsternen Polen in die Schranken zu weisen.

Die Diskussion mit Vater geriet sehr kurz. Das bedeutet abermals Weltkrieg, und den könne Deutschland nie und nimmer gewinnen, hielt er unserer Begeisterung entgegen, aber wir waren nicht zu überzeugen, und Vater wußte das.

Alsbald nach den Sommerferien wurde mein Bruder Soldat, freiwillig natürlich und bei der Elitetruppe der Waffen-SS, »Leibstandarte Adolf Hitler« in Lichterfelde, dort, wo die Wurzeln unserer Schule lagen, in den Gebäuden der alten preußischen Kadettenanstalt. Wir, die wir nun die nächste Abiturklasse waren, hatten Mühe, uns ernsthaft auf das Schulische zu konzentrieren.

Für uns wollte und wollte die Zeit nicht vergehen, während die Kameraden in den Wehrmachtteilen auf den Schlachtfeldern Europas von Sieg zu Sieg eilten.

Blitzkrieg in Polen, Besetzung Dänemarks und Norwegens im April 1940 und dann im Mai und Juni der triumphale Sieg über Frankreich und das englische Expeditionskorps. Darüber war es wieder Sommer geworden, und wir büffelten für das Abi. Nach den Sommerferien sollte es bestanden werden. Daraus wurde nichts mehr. Schon während der Ferien bekamen ich und andere Klassenkameraden, die sich auch zur Marine gemeldet hatten, die Einberufung zum vormilitärischen Segellehrgang auf der Yachtschule in Glücksburg.

So hatten wir nur noch den September, um auf der Schule ade zu sagen und das Zeugnis der Reife in Empfang zu nehmen. Die Einberufung zur Kriegsmarine lautete auf den 1. Oktober 1940. Mein seit dem fünften Lebensjahr gehegter Wunsch ging in Erfüllung: Ich würde Seeoffizier werden!

Die Jahre 1940 ab Oktober bis zum Ende des Jahres 1942 standen vollkommen im Banne einer unglaublich komprimierten Ausbildung. Der Krieg war nicht beendet, aber die großen Schlachten schienen geschlagen. Noch tobten der Kampf im Atlantik und die Luftschlacht gegen England, aber wir wurden umgetrieben von der Furcht, uns in diesem Krieg nicht mehr bewähren zu können. Ganz selbstverständlich hatte ich mich freiwillig zur U-Boot-Waffe gemeldet und die Ausbildung zum U-Boot-Wachoffizier durchlaufen. Kaum damit fertig, wollte ich auch gleich ein Frontkommando haben. Das klappte, sehr zu meinem Leidwesen, nicht. Statt dessen verlangte man von mir, ich solle Unteroffiziere von Frontbooten auf der Unteroffiziers-Ausbildungs-Abteilung in Plön militärisch auffrischen.

Dort lernte mich der Kommandant von U 18 kennen, der mich auf sein Boot als Erster Wachoffizier kommandieren ließ. Als gerade zum Dienstgrad beförderter Leutnant zur See stieß ich im Januar 1943 in Galatz/Rumänien zu der Besatzung. Nach vier Feindfahrten im Schwarzen Meer erhielt ich die Kommandierung zum

U-Boot-Kommandantenlehrgang. Der begann im Dezember 1943 in Deutschland; drei Monate später traf ich wieder bei der 30. U-Flottille in Konstanza ein. Mit Wirkung vom 1. Mai 1944 erhielt ich die Beförderung zum Oberleutnant zur See und das Kommando über U 18, auf dem ich unter OLt. z.S. Karl Fleige in fünf Feindfahrten alles gelernt hatte, was man für den U-Boot-Krieg im Schwarzen Meer wissen und erfahren haben mußte.

Am 25. Mai 1944 lief ich mit meinem alten Boot und meiner alten Besatzung zu meiner ersten Feindfahrt als Kommandant aus. Mit gerade 22 Jahren war ich für eine kurze Zeit der jüngste Kommandant der U-Boot-Waffe.

## Kriegstagebuch U 18 vom 25. Mai 1944

| Uhrzeit | Ort/Wetter | Vorkommnisse |
|---------|-----------|--------------|
| 15.32 | | Eingang FT 1516/25/x42: Alle Stellen auf U-Welle<br>1. Ab heute viertes Boot U 18 (Arendt) in See.<br>2. Marschiert über Nordweg ins Op.-Gebiet.<br>3. Zusatz für U 9 auf Rückmarsch. Zusammentreffen möglich.<br>– U-Asto – |

Die Auslaufmeldung des U-ASTO wurde im GCHQ (Gouvernement Communication Head-Quarters) in Cheltenham aufgefangen und lag nur zwei Stunden später auf dem Tisch aller Stationen der mit dem Kampf gegen die deutschen U-Boote befaßten Stäbe. Ob und wann die Russen davon Kenntnis bekamen, weiß ich nicht. Wir jedenfalls hatten damals keine Ahnung, daß unsere verschlüsselten Funksprüche in England praktisch mitgelesen wurden.

```
ADM (2)

TO: I D 8 G                              ZIP/ZTPGR/13687

FROM: N S


836Ø KC/S          T O O 1516          T O I 1334/25/5/44


FROM: STAFF OFFICER U/B

TO:   ALL STATIONS ON THE U/B WAVE


1)  4TH U-BOAT AT SEA FROM TODAY - U 18 (AHRENDT).

2)  PROCEEDING TO OPERATIONAL AREA BY NORTHERN ROUTE.

3)  ADDITIONAL NOTE FOR U 9: ENCOUNTER POSSIBLE ON ((YOUR))
    RETURN PASSAGE.




2139/27/5/44+++EM/FA
```

U 18 machte bereits am 7. Juni 1944 in Konstanza wieder fest.
Der alte Kommandant übernahm sein Boot und bereitete einen
weiteren Einsatz vor.

Mir wurde das Kommando über U 23 anvertraut, das ich von
Kptlt. Rolf Birger-Wahlen übernahm. Mit diesem Boot trat ich am
16. August 1944 meine zweite Unternehmung als Kommandant
an. Sie endete auf ungewöhnliche Weise.

# Hitlers Krieg

**Vorbemerkung**

Objektive Geschichtsschreibung sei schwierig, wenn nicht gar unmöglich, meinen einige Geschichtsphilosophen. Der Faktor Mensch stehe dem entgegen. Es ist wenig dagegen einzuwenden, aber auf der Grundlage der seit dem Kriegsende zugänglichen Dokumente kann man sehr wohl zu einem Bild der Geschehnisse und Abläufe jener Zeit kommen, das der Wahrheit wenigstens sehr nahe kommt. Natürlich gibt es zu gleichen Sachverhalten voneinander abweichende Interpretationen und dementsprechende Beurteilungen, aber die Fakten haben heute klare Konturen.

Meiner damaligen subjektiven und vom System stark beeinflußten Sicht der Dinge stelle ich im folgenden die Ereignisse gegenüber, die den Rahmen für meine ganz persönlichen Erlebnisse und Erfahrungen bilden.

Dabei stütze ich mich hauptsächlich auf die im Bundesarchiv/ Militärarchiv in Freiburg zugänglichen Akten.

Mein Hauptaugenmerk richtet sich auf die Rolle der Kriegsmarine im Gesamtgeschehen bei der Vorbereitung und Durchführung des Feldzuges gegen die Sowjetunion und hier speziell auf den Kriegsschauplatz Schwarzes Meer.

Eine weitere Teilbetrachtung gilt der Entwicklung des Verhältnisses zwischen Deutschland und der Türkei im gleichen Zeitraum.

# I. Programm + Risikopolitik = Krieg

Sein politisches Programm hatte Hitler schon früh in seinem Buch »Mein Kampf« schriftlich fixiert. Seit seiner Machtübernahme schuf er in logischer Reihenfolge die Grundlagen für die Erreichung des jeweiligen Zwischenzieles. Er tat das in atemberaubendem Tempo und sicher mit taktischem Geschick, aber er scheute auch nicht vor Täuschung, Betrug und Vernebelung seiner wahren Absichten zurück.

Jeder Erfolg gab dem nächsten Schritt Kraftimpulse, und der organisierte Jubel der Massen muß wie eine Droge auf den Machtbesessenen gewirkt haben. Er hat sich dieser Droge ausgiebig bedient und wurde dann ihr Opfer. Die durch die permanente Beeinflussung einsetzende Selbsttäuschung der Massen verwischte zunehmend die Fähigkeit, zwischen Wunsch und Wirklichkeit zu unterscheiden. Und die Kette der süchtigmachenden Erfolge riß lange nicht ab. Deutschland konnte dem Verhängnis nicht mehr entrinnen, als Hitler daran zu glauben begann, mit der »Vorsehung« im Bunde zu sein. Beseitigung des »Schanddiktats« von Versailles, Lebensraum für das deutsche Volk, Großdeutschland, Überlegenheit der germanischen Rasse, Großgermanisches Reich und Hegemonie über ein vom Atlantik bis zum Ural reichendes Europa als Machtbasis für den Kampf gegen den Bolschewismus und, wenn nötig, auch gegen Amerika, das waren die nach und nach sichtbar werdenden Eckpunkte des »Programms«. Mit geradezu fanatischer Entschlossenheit und vermeintlich mit der Vorsehung im Bunde, trieb er Deutschland in eine Risikopolitik, die schließlich den Boden unter den Füßen verlor.

Als er 1936 von der Wehrmacht forderte, in vier Jahren »einsatzbereit« und von der deutschen Wirtschaft »kriegsbereit« zu sein, da enthielt seine Risikopolitik bereits die Möglichkeit kriegerischer Verwicklungen als Folge dieser Politik. Ganz unverhohlen bekundete er den Willen, seine Ziele mit Waffengewalt durchzusetzen am 5. November 1937 vor den Oberbefehlshabern der drei Wehrmachtteile, GenO. v. Fritsch, Heer, Großadm. Raeder, Marine, GenO. Göring, Luftwaffe, sowie Reichskriegsminister v. Blomberg und Reichsaußenminister Freiherr v. Neurath. Im Kern dieser »Besprechung« stellt Hitler fest, im Zeitraum 1943–1945 bestehe die beste Gelegenheit zur gewaltsamen Lösung der Lebensraumfrage. Die Niederschrift über diese Besprechung in der Reichskanzlei, die vier Stunden und fünfzehn Minuten dauerte, wurde am 10. November 1937 von dem anwesenden Oberst Hoßbach gefertigt.[2]

Schon Anfang 1938 wies Hitler den Oberbefehlshaber der Kriegsmarine an, sich auch auf eine Auseinandersetzung mit Großbritannien vorzubereiten. Das war nach dem deutsch-britischen Flottenabkommen von 1935 mit der 35:100-Prozent-Formel eine ganz neue und bis dato unerwartete Lage. Die Folge war der Z-Plan. In nur sechs Jahren, nämlich bis 1944, sollten so viele schwere Schiffe gebaut werden, daß man einer solchen Aufgabe angemessen gewachsen gewesen wäre. Hitler hatte befohlen, diesen Plan den beiden anderen Wehrmachtsteilen vorzuziehen.[3] Wie er zu der Annahme kam, England würde einer derartigen Seerüstung Deutschlands tatenlos zusehen, ist nicht nachvollziehbar, es sei denn, ihm sei es mit dieser Weisung gar nicht ernst gewesen, oder aber er verstand nichts von den Erfordernissen erfolgreicher Seekriegsführung gegen eine bedeutende Seemacht. Der Befehlshaber der U-Boote, Dönitz, hatte den Ausbau der U-Boot-Waffe für den Kampf gegen die englischen Seeverbindungen gefordert, sich aber nicht durchsetzen können, und Hitler hat noch am 22. Juli 1939 den Offizieren der U-Boot-Waffe versichert, es würde auf keinen Fall zum Krieg mit England kommen, denn das wäre das »Finis Germaniae«.[4]

Die am 2. Juni 1939 formulierten »Kampfanweisungen für die Kriegsmarine« drücken aber unübersehbar die Sorge darüber aus, daß es zu einem Krieg gegen England kommen könne, noch ehe die Kriegsmarine dafür gerüstet ist. Diese Kampfanweisungen gingen von der Überzeugung Raeders aus, daß ein Krieg in nächster Zukunft die »Kriegsmarine vor eine Aufgabe stellt, der ihr Ausbau zur Zeit noch nicht entspricht«.[5] Hitler befahl den Angriff auf Polen für 4.45 Uhr des 1. September 1939. Es gab für diesen begrenzten Fall einen Operationsplan, aber weder einen Kriegsplan noch ein Kriegsziel, geschweige denn eine wohlüberlegte und in ihren Teilen aufeinander abgestimmte Gesamtstrategie. Die bisher noch nicht unterbrochene Kette der deutschen Expansion schien sich mit dem raschen Sieg über Polen fortzusetzen, aber mit dem

Kriegseintritt von England und Frankreich am 3. September wurde ein am Ende katastrophaler Planungsfehler des »größten Feldherrn aller Zeiten« für diejenigen offenkundig, die die Fähigkeit bewahrt hatten, über den kontinentalen Tellerrand hinauszublicken: Deutschland befand sich im Krieg mit Seemächten. Ironie des Schicksals: Hitler hatte die Erkenntnisse zweier deutscher Soldaten nicht ernst genommen. Clausewitz hätte ihm vermitteln können, daß die Anwendung kriegerischer Mittel als Fortsetzung der Politik nur dann Erfolg verspricht, wenn man alles zuvor bedacht und sich entsprechend vorbereitet hat. Und Gneisenau wußte schon im Jahre 1810:

> »Besitzt man die Herrschaft des Meeres, so vermag man einen Angriffskrieg auf alle Küsten seines Feindes zu führen, und indem man diese Angriffe vervielfältigt, zwingt man ihn, seine Truppen von einem Ende seines Reiches nach dem anderen laufen zu lassen.«[6]

Unter diesem verhängnisvollen Datum des 3. September 1939 formulierte Großadmiral Raeder die »Gedanken des Oberbefehlshabers der Kriegsmarine zum Kriegsausbruch«:

> »Am heutigen Tag ist der Krieg gegen England-Frankreich ausgebrochen, mit dem wir nach den bisherigen Äußerungen des Führers nicht vor 1944 zu rechnen brauchten und den der Führer bis zum letzten Augenblick glaubte vermeiden zu sollen (Vortrag vor den Oberbefehlshabern der Wehrmachtteile auf dem Obersalzberg am 22. 8.), auch wenn dadurch eine durchgreifende Regelung der polnischen Frage hinausgeschoben würde ... Was die Kriegsmarine anbetrifft, so ist sie selbstverständlich im Herbst 1939 noch keineswegs für den großen Kampf mit England hinreichend gerüstet ...
>
> Die Überwasserstreitkräfte aber sind noch so gering an Zahl und Stärke gegenüber der englischen Flotte, daß sie, vollen Einsatz vorausgesetzt, nur zeigen können, daß sie mit Anstand zu sterben verstehen ...
>
> Raeder«[7]
> ((KTB SKL))

26

## II. Blitzkriege unterwerfen Europa

Nach nur 18 Tagen war Polen geschlagen, sein Schicksal mit dem deutsch-sowjetischen Grenz- und Freundschaftsvertrag vom 28. September 1939 besiegelt. Hitler hatte in die Operationsführung nicht eingegriffen, war aber vom Erfolg der Wehrmacht so fasziniert, daß er bereits am 12. September 1939 den Entschluß faßte, die Offensive im Westen unmittelbar nach dem Feldzug in Polen zu fuhren.[8]

In seiner Weisung Nr. 1 vom 31. August 1939 hatte er noch angeordnet, die Verantwortung »für die Eröffnung der Feindseligkeiten eindeutig England und Frankreich zu überlassen«. Damit wollte er sich den Rücken für den Polenfeldzug freihalten[9], aber es scheint, als habe ihn der schnelle Sieg zu der Annahme verleitet, er könne von England und Frankreich eine Sanktionierung seiner Eroberung durch ein Friedensangebot erreichen. Ein solches Angebot machte Hitler in seiner Reichstagsrede am 6. Oktober 1939. Vor der Weltöffentlichkeit bürdete er beiden Ländern damit große Verantwortung auf, aber beide Länder standen zu der Polen gegebenen Garantie und der daraus folgenden Kriegserklärung an Deutschland.[10]

Dieser verunglückte Schachzug tangierte nicht die laufenden Vorbereitungen für die Weiterführung des Krieges. Am 27. September 1939 berief Hitler die Spitzen der Wehrmacht nach Berlin. Als nächstes Kriegsziel müsse England auf die Knie gezwungen und die französische Wehrmacht zerschlagen werden.[11] Die Verweigerung eines Friedens ohne Waffengang durch die beiden Westmächte hatte klarwerden lassen, welche entscheidende Rolle von nun an der Faktor Zeit spielen würde. Es schälte sich auch die Einsicht heraus, daß es für einen erfolgreichen Luft- und Seekrieg gegen England der dafür erforderlichen Basen bedurfte. Daraus folgte fast zwangsläufig die Notwendigkeit, zunächst solche Voraussetzungen zu schaffen.

Um künftig Europa dominieren zu können, mußten die Westmächte als Machtfaktor auf dem Kontinent ausgeschaltet werden.

Am 23. November 1939 teilte Hitler der Generalität seinen »unabänderlichen Entschluß« mit, England und Frankreich zum »günstigsten und schnellsten Zeitpunkt« anzugreifen. Der Bruch der Neutralität Hollands und Belgiens sollte kein Hinderungsgrund sein, es kam nur auf den Sieg an.

Die Russen griffen am 30. November 1939 Finnland an, das sich den Bedingungen des Friedens von Moskau am 12. März 1940 beugen mußte. Für Deutschland war das am 11. Februar 1940 mit der UdSSR geschlossene Wirtschaftsabkommen von besonderer Bedeutung, denn die englische Seeblockade wurde dadurch unwirksam.

Unter dem Deckwort »Weserübung« begann am 9. April 1940 die widerstandslose Besetzung Dänemarks und die Eroberung Norwegens. Die Kriegsmarine hat die ihr dabei zugefallene Aufgabe gelöst, aber sie erlitt schwere Verluste, von denen sie sich, mit Ausnahme der U-Boote, nie wieder erholt hat. Mit ganz wenigen Ausnahmen waren alle einsatzbereiten Seestreitkräfte an dem riskanten Unternehmen beteiligt. Mit der Eroberung Norwegens standen nun günstig gelegene Basen für den Seekrieg gegen den Hauptgegner zur Verfügung, aber die dafür notwendigen Überwassereinheiten gab es nicht. Der Krieg war für die Marine fünf Jahre zu früh gekommen.

Während in Norwegen noch gekämpft wurde, begann am 10. Mai 1940 die Operation »Sichelschnitt« als erste Phase des Frankreichfeldzuges. Am 15. Mai kapitulierte Holland, zwei Wochen später Belgien, und der Ring um die britischen und französischen Truppen bei Dünkirchen war geschlossen. Das »Wunder von Dünkirchen«, der fast ungestörte Abtransport über See von 335 000 Mann britischer und französischer Truppen, die von deutschen Wehrmachtseinheiten eingeschlossen waren, vollzog sich unter anderem auch deswegen, weil die kleine, im Norwegenunternehmen verschlissene Kriegsmarine nicht über die Mittel verfügte, die britische Transportflotte wirksam zu bekämpfen.

Die Schlacht um Frankreich befand sich seit dem 5. Juni 1940 in ihrer zweiten Phase. Deutsche Truppen zogen am 14. Juni in Paris ein und erreichten am 19. Juni die Atlantikküste.

Der Waffenstillstand im Wald von Compiègne am 22. Juni 1940 wurde für Hitler zu seinem größten Triumph. Noch wußte er nicht, daß es ein Pyrrhussieg war.

## III. Kriegsschauplatz Mittelmeer

Italien trat in den europäischen Krieg ein, als Mussolini sich von der Überlegenheit der Wehrmacht durch ihre Blitzsiege überzeugt hatte. Damit war das Mittelmeer seit dem 10. Juni 1940 Kriegsschauplatz der Achsenmächte.

Hitler hatte mit Mussolini am 22. Mai 1939 den sogenannten Stahlpakt abgeschlossen und im August 1939 versucht, Italien zum Kriegseintritt zu bewegen. Sein Ziel war es, auf diese Weise aus dem Mittelmeerraum heraus Druck auf Frankreich und England auszuüben.[12] Dem war Mussolini ausgewichen. Zwar wollte er möglichst am deutschen Sieg partizipieren, im übrigen aber seine eigenen Ziele in Nordafrika und südlich der Alpen verfolgen. So war es nicht zu einer abgestimmten Strategie zwischen den beiden Ländern gekommen, sondern es wurden Parallelkriege geführt. Nach dem eindrucksvollen Sieg über Frankreich hoffte Hitler auf ein Einlenken der Briten auf der Basis der Teilung der Welt. Das hätte ihm erlaubt, sich dann seinem eigentlichen Ziel zuzuwenden, der Sowjetunion. Hitler wartete. Keine einzige Bombe fiel im Monat Juni auf England, und im Juli griff die Luftwaffe nur Häfen an. Mit der Teildemobilisierung von 35 Divisionen setzte er ein deutliches Signal. Die deutschen diplomatischen Vertretungen waren angewiesen, Versuche zur Aufnahme von Verbindungen von seiten Englands nicht negativ zu behandeln.[13]

Die englische Antwort war brutal, ehrverletzend für die britische Admiralität, ein Schlag in das Gesicht des Verbündeten, aber von Churchill befohlen: Mit der am Morgen des 3. Juli beginnenden Operation »Catapult« setzten die Briten die französische Flotte, die sich dem deutschen Zugriff hatte entziehen können, außer Gefecht. Durch die Beschießung der in Mers-el-Kébir liegenden, nicht gefechtsbereiten Einheiten verloren 1297 Franzosen ihr Leben.

An eine Invasion Englands hatte Hitler nicht gedacht, und infolgedessen gab es auch keine Planung für einen solchen Fall. Das Unternehmen »Seelöwe« wird erst am 2. Juli 1940 in einem Schreiben des OKW erwähnt. Hitlers Weisung Nr. 16 für entsprechende Vorbereitungen trägt das Datum vom 16. Juli 1940.[14] Das Ergebnis wurde auf dem Obersalzberg am 31. Juli 1940 vorgetragen. Großadmiral Raeder wies auf die besonderen Schwierigkeiten hin und regte eine Verschiebung des Angriffs vom Herbst 1940 auf Mai/Juni 1941 an. Dem stimmte Hitler nicht zu, weil er bereits den Angriff auf die Sowjetunion für diesen Zeitraum geplant hatte. Im Anschluß an diese Besprechung diktierte Hitler seine Weisung Nr. 17. Sie machte den Befehl zur Landung in England vom vorherigen Zerschlagen der RAF durch die Luftwaffe abhängig und befahl den Beginn der Luftschlacht um England für den 5. August. Nachdem die Luftwaffe über 800 Flugzeuge verloren hatte und die Kampfkraft der RAF offensichtlich ungebrochen war, wurde das Unternehmen »Seelöwe« wegen nicht erfüllter Voraussetzungen aufgeschoben.

Am 15. September begann der Abtransport der Heeresgruppe B nach Osten. Der unmittelbare Angriff auf England wurde aufgegeben, nachdem Jodl am 12. November in einer Denkschrift Hitler von der Unmöglichkeit einer Landung überzeugt hatte. Hitlers Weisung Nr. 18 richtete die deutsche Aufmerksamkeit auf die sich im Mittelmeerraum abzeichnenden militärischen Möglichkeiten. Dazu sollte Frankreich defensiv und offensiv seine afrikanischen Besitzungen gegen England verteidigen. Franco sollte zum Kriegseintritt gewonnen werden, um dann unter spanischer Mitwirkung oder wenigstens Duldung Gibraltar zu erobern und damit das Mittelmeer für England zu sperren. Ferner ordnete Hitler an zu untersuchen, ob und wie man die atlantischen Inseln in Besitz nehmen und dann auch halten könne.

Diese Operation »Felix« – Besetzung Gibraltars – blieb Planung, weil Franco nicht bereit war, Spanien in den Krieg hineinziehen zu lassen.[15]

Mussolini hatte am 28. Oktober 1940 Griechenland überfallen, weil er glaubte, das Prinzip »Blitzkrieg« ebenso erfolgreich anwenden zu können, wie es die Deutschen vorgemacht hatten. Eine vorherige Abstimmung mit seinem Bundesgenossen schien ihm nicht nötig.

Sobald sich das militärische Fiasko auf beiden italienischen Kriegsschauplätzen abzuzeichnen begann, gab es von deutscher Seite Hilfsangebote. Aus Furcht vor dem deutschen Führungsanspruch wurden sie zunächst abgelehnt. Erst die große Besprechung zwischen Hitler und Mussolini auf dem Berghof am 20. Januar 1941 führte zu verbindlichen Absprachen wenigstens für den Balkan.

Zu diesem Zeitpunkt wußten die Italiener noch nichts von den deutschen Vorbereitungen auf den Rußlandfeldzug.[16] Und die standen ganz und gar im Vordergrund der Pläne Hitlers. Dem Drängen von Raeder in Richtung einer umfassenden Strategie mit dem Ziel der totalen Beherrschung des Mittelmeerraumes durch die Eroberung von Gibraltar und Suez mit der sich dann eröffnenden Perspektive in Richtung Naher Osten und Ostafrika hatte er nicht nachgegeben. Für ihn galt es lediglich, die Südflanke für den Krieg gegen Rußland abzusichern. Hitlers Weisung Nr. 22 vom 11. Januar 1941 über »Mithilfe deutscher Kräfte bei den Kämpfen im Mittelmeerraum« legte fest, daß lediglich eine aus »strategischen, politischen und psychologischen Gründen« notwendige Hilfeleistung für Italien beabsichtigt sei.[17]

Die erste Schlacht des Jahres 1941, die um Bardia, und die sich anschließende Eroberung der Cyrenaika durch die Engländer beschworen die Gefahr des totalen Zusammenbruchs der Italiener herauf. Hitler mußte plötzlich befürchten, daß die Engländer sie zum Ausscheiden aus dem Krieg zwingen könnten und dadurch seine Südflanke in Gefahr geriet. Die Panzer, die er Mussolini noch im Januar verweigert hatte, mußten schnellstens nach Afrika geschafft werden, um das Schlimmste zu verhindern. Das Deutsche

Afrika-Korps wurde aufgestellt und General Erwin Rommel sein Befehlshaber. Er eroberte die Cyrenaika in einer am 24. März 1941 beginnenden Operation zurück und stand am 12. April bei Sollum an der ägyptischen Grenze.

Das Jahr 1942 führte Rommel bis auf 100 Kilometer an den Nil heran, aber am 30. Juni blieb sein Angriff bei El Alamein liegen. Wegen der bedrohlichen Verluste der Wehrmacht im ersten Winter des Rußlandfeldzuges war eine ausreichende Verstärkung des Afrika-Korps zur Eroberung Ägyptens nicht durchführbar, und die italienische Flotte war, trotz numerischer Überlegenheit, nicht in der Lage, den Nachschub über das Mittelmeer zu sichern.

Die großen Erfolge der wenigen U-Boote im Atlantik haben Hitler beim Auftauchen der Versorgungsprobleme für den Afrikafeldzug im Mittelmeer zu einer folgenschweren Entscheidung verführt. Er befahl Ende 1941 die Entsendung des »leistungsfähigsten Teils der U-Boote ins Mittelmeer« ...[18] Damit sollte die britische Seeherrschaft dort gebrochen werden, aber das war das falsche Mittel, und diese Entscheidung gegen den dringenden Rat des BdU unterstreicht erneut, daß Hitler nicht verstanden hatte, wie kriegsentscheidend der erfolgreiche Zufuhrkrieg gegen England im Atlantik war. Wegen der völlig unzureichenden Zahl von dafür bereitstehenden U-Booten war der Faktor Zeit besonders für das Jahr 1942 ausschlaggebend. Mit dem Kriegseintritt der USA stand zu befürchten, daß die Versenkungen mit Schiffsneubauten bald nicht mehr Schritt halten könnten. Churchill hat nichts so gefürchtet, wie eine konzentrierte deutsche Kraftanstrengung mittels U-Booten im Atlantik. Sie blieb aus, und trotzdem kommt der britische Historiker Captain S. W. Roskill in seinem Werk »The War At Sea 1939–1945« zu zwei bemerkenswerten Feststellungen:

1. »Die Deutschen waren nie näher daran gewesen, die Verbindungen zwischen der Neuen und der Alten Welt zu unterbrechen, als in den ersten 20 Tagen des März 1941.«
2. »Die Admiralität muß gefühlt haben, auch wenn es niemand zugab, daß ihr die Niederlage ins Gesicht starrte.«

Die Wende des Krieges wurde zuerst in Afrika sichtbar. El Alamein war der Beginn einer Kette von militärischen Niederlagen der Achse gegen die Seemächte. Ganz im Sinne der Erkenntnisse von Gneisenau aus dem Jahr 1810 konnten sie ihre Angriffe führen, wo und wann sie es im Sinne der Strategie für zweckmäßig hielten. Die Zersplitterung der wenigen deutschen U-Boote hatte die Landung der Alliierten in Tunesien und Marokko wesentlich erleichtert. Ab November 1942 gab es auch in Afrika eine zweite Front, und die erfolgreiche sowjetische Winteroffensive machte eine rechtzeitige Schwerpunktverlagerung unmöglich. Die Kapitulation der »Heeresgruppe Afrika« am 13. Mai 1943 mit 252 000 Mann markierte den Verlust Nordafrikas, des Mittelmeeres und die Öffnung der Südflanke für den Angriff auf die »Festung Europa«.

## IV. Balkan – Tor zum »Lebensraum«

Während Deutschland im Norden, Westen und dann auch im Süden Europas militärisch gebunden war, strich die Sowjetunion rigoros die Dividende der im Herbst 1939 mit Deutschland geschlossenen Verträge ein.

Die den drei baltischen Staaten versprochene volle Souveränität endete mit ihrer Besetzung durch russische Truppen am 14.–15. Juni 1940. Sie wurden Sowjetrepubliken.

Die Besetzung des rumänischen Bessarabien am 2. Juli 1940 entsprach noch der Vertragslage, aber die eigenmächtige Besetzung der Nordbukowina irritierte Hitler. Er witterte Gefahr für das rumänische Erdölgebiet Ploesti. Ihm war klar, daß sein Krieg ohne diese Quelle nicht erfolgreich fortgesetzt werden konnte. Der Balkan geriet auch durch Gebietsforderungen der Ungarn und Bulgaren an Rumänien in eine Unruhe, die aus deutscher Sicht schleunigst beseitigt werden mußte. Mit dem sogenannten Zweiten Wiener Schiedsspruch sorgten die Außenminister v. Ribbentrop und Ciano für klare Verhältnisse, allerdings zu Lasten von Rumänien, das daraufhin seinerseits in Unruhe geriet. König Carol, der bisher eine englandfreundliche Politik befürwortet hatte, floh, General Ion Antonescu wurde »Conducator« und Oberbefehlshaber. Hitler bot ihm zum Schutz vor russischen Begehrlichkeiten die Entsendung deutscher Truppen an. Sie trafen ab 7. Oktober 1940 als »Militärmission« ein. Die erzwungene Ruhe dauerte nur kurz. Am 28. Oktober 1940 begann der Angriff Italiens gegen Griechenland, und nur drei Tage später besetzten die Engländer Kreta. Churchill versuchte, über Griechenland auf dem Kontinent Fuß zu fassen. Eine »Balkankoalition« aus Griechenland, Jugoslawien und der Türkei hätte 50-60 Divisionen aufbringen können, die, durch englische Truppen, Panzer, Flugzeuge und Schlachtschiffe verstärkt, zu einer ernsten Bedrohung für einen Raum geworden wäre, den Hitler als deutsches Interessengebiet abgesteckt hatte.

Edens Mission scheiterte aus Furcht vor den sieggewohnten Deutschen. In Belgrad wurde er gar nicht empfangen, und in Ankara hörte man ihn zwar an, wollte sich aber nicht zu einer Konfrontation mit Deutschland verleiten lassen. Man würde sich verteidigen, mehr aber nicht. Nur Griechenland hatte nichts gegen britische Hilfe einzuwenden, hoffte aber immer noch, daß Deutschland den italienischen Verbündeten zurückpfeifen würde. Es scheint nicht ausgeschlossen, daß Hitler zu einer solchen Vermittlung bereit gewesen wäre, denn den Griechen war aus seiner Sicht nichts vorzuwerfen, den unprovozierten Angriff der Italiener hielt er für töricht, und die nun erforderliche Hilfe für Mussolini störte seine eigenen Pläne gegen die Sowjetunion.

Am 1. März 1941 trat Bulgarien dem Dreierpakt – Deutschland, Italien, Japan – bei und folgte damit dem Beispiel von Ungarn, Rumänien und der Slowakei. Am gleichen Tag überschritten deutsche Truppen die Donau. Sie waren eigentlich dazu bestimmt, die Ukraine zu besetzen. Hitler war aber aufgrund des erzwungenen Umweges in Zeitnot und wollte schon deswegen kein Risiko eingehen. Es war auch nicht unzweifelhaft klar, wie sich die Türkei beim deutschen Einmarsch in Bulgarien verhalten würde. Die gewaltige Truppenmasse der 12. deutschen Armee und der Panzergruppe Kleist bewegte sich nur langsam auf die griechische Grenze zu, was einen heftigen Protest der bedrängten Italiener auslöste. Aber Hitler wollte eigentlich nicht gegen die Griechen kämpfen und ihnen eine Chance des friedlichen Einlenkens geben. Obendrein war ein neuer Unruheherd in Jugoslawien aufgebrochen.

Dem deutschen Ultimatum widerwillig nachgebend, hatte eine jugoslawische Delegation am 25. März 1941 in Wien den Beitritt zum Pakt unterzeichnet. In der Nacht vom 26. auf den 27. März kam es zu einem antideutschen Putsch in Belgrad, den die Engländer im Sinne der Churchillschen »Balkankoalition« hofften für ihre Zwecke ausnutzen zu können. Hitler war wieder schneller. Schon am 27. März mittags hatte er die Oberbefehlshaber von Heer und Luftwaffe in Berlin versammelt. Er ließ sie wissen, daß Jugoslawien als Staatsgebilde ausgelöscht werden sollte. Die dafür erforderlichen Maßnahmen wurden sofort ergriffen. Der Operationsplan findet sich in der Führeranweisung Nr. 25. Sie enthält den folgenschweren Satz: »Der Beginn von Operation Barbarossa ist um vier Wochen zu verschieben.«[19]

Mussolinis Eigenmächtigkeiten und die mangelnde Kriegstüchtigkeit der italienischen Armee hatten zu einer Lage auf dem Balkan geführt, die Hitler noch vor dem Angriff auf Rußland bereinigen mußte. Dazu hatte der Wehrmachtführungsstab einen Feldzug auf dem Balkan zu planen, der in besonders schwierigem Gelände in sehr kurzer Zeit durchgeführt und abgeschlossen sein mußte, sollte der Angriff auf die Sowjetunion nicht um ein ganzes Jahr verschoben, eventuell sogar ganz aufgegeben werden müssen.

Die Bereitstellung der 2. deutschen Armee gegen Jugoslawien und der 12. Armee gegen Griechenland gelang, dank der noch verschleierten, aber weit fortgeschrittenen Aufmarschbewegungen gegen die Sowjetunion bis zum 5. April 1941, d.h. in nur neun Tagen nach Hitlers Entschluß zum Angriff. Der begann am 6. April 1941.

Seltsamerweise schlossen die Sowjetunion und Jugoslawien in der Nacht vor Angriffsbeginn einen Nichtangriffspakt. Die Signatarstaaten versprachen sich darin beiderseitig ihre Unabhängigkeit zu wahren und ihre Hoheitsrechte sowie ihre territoriale Unverletzlichkeit gegenseitig zu garantieren. Würde einer der beiden Staaten von einer dritten Macht angegriffen, versprach der andere, eine freundschaftliche Haltung gegenüber der angegriffenen Macht zu bewahren.[20] Jugoslawien kapitulierte nach elf Tagen.

Die Wehrmacht hatte ihren leichtesten Sieg errungen. Sie beklagte 151 Gefallene, 15 Vermißte und 392 Verwundete.

Erbitterten Widerstand leisteten die Griechen. Sie gewannen die Achtung ihres Gegners, der am 27. April 1941 in Athen einzog. Das am 7. April 1941 in Griechenland gelandete britische Expeditionskorps in Stärke von 58 000 Mann setzte sich derweil unter dem Schutz der Verbündeten nach Kreta ab. Waffen und Gerät blieben zurück, aber 41 000 Mann konnten sich der Vernichtung oder Gefangennahme entziehen. Das von ihrer Flotte beherrschte Meer wurde abermals, wie bei Dünkirchen, ihre Rettung.

In der Nacht zum 1. Mai 1941 verließ der letzte Engländer von Kalamai aus – dem Hafen von Sparta – per Schiff das Festland. Auch dieses Ziel hatte Hitler erreicht: Kein Engländer auf dem Kontinent!

In nur 25 Tagen war dieser Sieg errungen. Die Wehrmacht hatte 1750 gefallene und vermißte Soldaten zu beklagen, aber die verlorenen Wochen machten ihn zu einem weiteren Pyrrhussieg.

# V. Barbarossa

### Weisung Nr. 21

Hitler hatte nie ein Hehl daraus gemacht, daß er entschlossen war, »Lebensraum für das deutsche Volk« im Osten zu erobern. Wer geglaubt hatte, mit dem Landgewinn in Polen und der Ausdehnung des deutschen Macht- und Einflußbereiches auf den Balkan und bis an die Grenzen der Sowjetunion sei dieses »Versprechen« eingelöst, der sah sich spätestens mit Hitlers Weisung Nr. 21 vom 18. Dezember 1940 eines Besseren belehrt. Hitler wollte von Anfang an mehr. Seine Ideologie des Nationalsozialismus trieb ihn unvermeidbar zur Auseinandersetzung mit dem ideologischen Feind auf dem gleichen Kontinent, dem Bolschewismus in der Sowjetunion mit ihrem Anspruch auf Ausbreitung dieser Ideologie über den ganzen Erdball.

Nach den Siegen im Osten, Norden, Westen und nun auch auf dem Balkan schien die Stunde dafür aus militärischer Sicht gekommen. Einen schwachen Punkt gab es in seinem Kalkül, und das war das noch unbesiegte England. Großadmiral Raeder hat immer wieder versucht, Hitler dazu zu bringen, diesen wagnisreichen Schritt, Rußland anzugreifen, wenn er denn aus ideologischer Sicht nötig sein sollte, erst zu unternehmen, wenn der Hauptfeind England besiegt war. Die Unsicherheit Hitlers allen Fragen gegenüber, die mit der Marine, Seemacht und Seeherrschaft zusammenhängen, gaben den Ausschlag zugunsten des unzeitigen Eintritts in den Zweifrontenkrieg zu Lande.

*»Die deutsche Wehrmacht muß darauf vorbereitet sein, auch vor Beendigung des Krieges gegen England Sowjetrußland in einem schnellen Feldzug niederzuwerfen. (Fall Barbarossa)«*
So beginnt der Wortlaut dieser Weisung. Sie beschreibt dann das Ziel. Es sollte die allgemeine Linie Wolga–Archangelsk erreicht werden.[21]

Der Schwerpunkt sollte zunächst im Norden liegen mit Hauptziel der Besetzung von Leningrad und Kronstadt, danach die Einnahme von Moskau. Im Süden lediglich Kräftebindung und Schutz des Südflügels. Rumäniens Aufgabe sollte es sein, zusammen mit der dort aufmarschierenden Kräftegruppe den gegenüberstehenden Gegner zu fesseln und im übrigen Hilfsdienste im rückwärtigen Gebiet zu leisten. Mit diesem Ansatz sollte ein weiteres, Hitler unentbehrlich erscheinendes Ziel erreicht werden: rasche Vernichtung der sowjetischen Streitkräfte in großräumigen Kesselschlachten und damit Gewinnung der Linie Wolga–Archangelsk. Man ging davon aus, daß verbleibende sowjetische Fernfliegerkräfte von Plätzen im Osten jenseits dieser Linie nicht in der Lage wären, deutsches Kernland zu erreichen. Der Raum westlich davon sollte Deutschland und das von ihm beherrschte Europa in jeder Hinsicht autark machen und damit unempfindlich gegen die Seeblockade. Von einer so strukturierten »Festung Europa« aus glaubte Hitler mit seinem »Großgermanischen Reich« jedem Gegner für alle Zeiten gewachsen zu sein. Den Teilstreitkräften werden in dieser Weisung bestimmte Aufgaben zugeordnet. Für die Marine heißt es:

> *Der Schwerpunkt des Einsatzes der Kriegsmarine bleibt auch während eines Ostfeldzuges eindeutig gegen England gerichtet.*
>
> *C. Kriegsmarine:*
> *Der Kriegsmarine fällt gegen Sowjetrußland die Aufgabe zu, unter Sicherung der eigenen Küste ein Ausbrechen feindlicher Seestreitkräfte aus der Ostsee zu verhindern. Da nach Erreichen von Leningrad der russischen Ostseeflotte der letzte Stützpunkt genommen und diese dann in hoffnungsloser Lage sein wird, sind vorher größere Seeoperationen zu vermeiden. Nach Ausschalten der russischen Flotte wird es darauf ankommen, den vollen Seeverkehr in der Ostsee, dabei auch den Nachschub für den nördlichen Heeresflügel über See sicherzustellen. (Minenräumung!)«*

Scheinbar in Übereinstimmung mit der zurückhaltenden Weisung für den Süden erfährt das Schwarze Meer überhaupt keine Erwähnung. Erst in der Ausarbeitung der »Absichten der Kriegsmarine gegenüber Rußland« befaßt sich die Seekriegsleitung in einer Weisung vom 30. Januar 1941 zu »Barbarossa« mit der südlichen Seeflanke.

## Chronologie

Über die Hintergründe und Fakten, die Hitler bewegen haben, die Sowjetunion im Sommer 1941 anzugreifen, hat sich manch einer den Kopf zerbrochen. Zu einem klaren Bild zu kommen, war im Kriege für alle nicht unmittelbar Eingeweihten nahezu unmöglich, denn wen hat Hitler schon wirklich ins Vertrauen gezogen? Seiner obersten militärischen Führung gegenüber war er stets mißtrauisch. Ganz generell galt der Grundsatz, daß jeder nur das wissen durfte, was zur Erfüllung seiner Aufgaben unerläßlich war. In dieser Lage hatten es die damals Handelnden schwer, die Frage zu beantworten, ob es sich um einen nicht vermeidbaren Präventivkrieg handelte oder ob Hitler sich mit Stalin hätte arrangieren können.

Auch die Seekriegsleitung hat sich mit dieser Frage befaßt. Die Vorträge des Ob.d.M. bei Hitler deuten darauf hin. Er hat ihn nicht überzeugen können, aber unzweifelhaft ist, daß es nach Erteilung der Führerweisung kein Zaudern gab bei der Durchführung zugeteilter Aufgaben nach besten Kräften und in uneingeschränkter Loyalität zur Staatsführung. Man war schließlich im Krieg. Die Frage nach dem »Warum« blieb aber von solchem Gewicht, daß ein Bearbeiter in der Seekriegsleitung im Jahre 1944 eine Chronologie zusammengestellt hat, die er überschrieb:

»Die Seekriegsleitung und die Vorgeschichte des Feldzuges gegen Rußland.«[22] Darin sind die folgenden Daten und Ereignisse festgehalten:

23.08.1939 *Abschluß des Nichtangriffspaktes (mit Rußland).*

28.09.1939 *Unterzeichnung des Grenz- und Freundschaftsabkommens von Deutschland und Rußland. Abgrenzung der Interessensphären: Deutschland verzichtet auf jeglichen Einfluß in Finnland, Lettland, Estland, Litauen, Bessarabien; ehem. polnisches Staatsgebiet bis Linie Narew–Bug–San soll Rußland angegliedert werden.*

30.11.1939 *Beginn der Feindseligkeiten zwischen Rußland und Finnland.*

03.12.1939 *erklärt Molotow, daß die großen Ziele Rußlands in Südosteuropa und am Schwarzen Meer liegen.*

31.12.1939 *Werturteil des deutschen Generalstabes über die Rote Armee: Zahlenmäßig gewaltiges militärisches Instrument. »Masse«. Organisation, Ausstattung und Führungsmittel ungenügend. Führungsgrundsätze gut, Führung selbst aber zu jung und unerfahren.*

Verkehrswesen schlecht, Transportmittel schlecht. Truppe sehr unterschiedlich, keine Persönlichkeiten. Einfacher Soldat gutmütig, völlig anspruchslos. Kampfwert der Truppe in schweren Kämpfen zweifelhaft. Einer neuzeitlich ausgerüsteten, führungsmäßig überlegenen Armee ist die russische »Masse« nicht gewachsen.

12.03.1940  Friedensschluß Rußland – Finnland.

22.04.1940  Russische Absichten auf Einverleibung der Randstaaten erkennbar.

08.05.1940  Hilfskreuzerkrieg im Schwarzen Meer: Wünsche der Skl werden aufgrund ablehnender Stellungnahme – AA-Rücksichten auf Rußland, Balkanstaaten, Türkei – zurückgestellt.

04.06.1940  Ob.d.M. beim Führer: Führer legt als sein weiteres Ziel dar: Nach Niederwerfung Frankreichs Verminderung des Heeres, Entlassung älterer Jahrgänge, insbesondere Facharbeiter. Schwerpunktbildung Luftwaffe – Marine.

15.06.1940  Russisches Ultimatum und anschließender Einmarsch in Litauen, Lettland, Estland.

26.06.1940  Russischer Einmarsch in Bessarabien bevorstehend. Durch Einschalten deutscher Regierung und deutschen Druck auf Rumänien wird friedliche Lösung durch Abtretung Bessarabien und Nordbukowina an Rußland erreicht. (29. Juni)

10.07.1940  Rußland wünscht engere Beziehungen zu Bulgarien und weiteres Vorgehen auf dem Balkan mit bulgarischer Hilfe. Bulgarien zurückhaltend, wünscht, wie auch Rumänien, Rückhalt an Deutschland. Anwachsen russischen Einflusses in Jugoslawien. Russisches Vorgehen gegen Iran.

14.07.1940  Beruhigung auf dem Balkan nach Abschluß der Münchner Besprechungen zwischen Deutschland, Italien und Ungarn.

21.07.1940 *Baltikum-Staaten erklären Anschluß an Rußland.*

21.07.1940 *Ob.d.M. beim Führer: Führer trägt vor: England kann hoffen a) auf Amerika, b) auf Rußland. Schnelle Kriegsführung liegt in deutschem Interesse, aber es ist kein Zwang dazu vorhanden. Material reichlich vorhanden, Nahrung gesichert. Am schwierigsten ist Brennstofflage, sie ist aber, solange Rumänien und Rußland liefern und Hydrierwerke genügend gegen Luftangriffe geschützt werden können, nicht kritisch.*

23.07.1940 *Besprechung Stalin-Cripps: Englischer Versuch, Rußland von Deutschland abzuspalten, völlig fehlgeschlagen. Rußland lehnt Einmischung Englands in seinen Außenhandel ab. Keine Macht hat Anspruch auf ausschließliche Führung Balkanstaaten, auch Rußland erhebt keinen Anspruch darauf. Alleinherrschaft Türkei im Schwarzen Meer und in den Meerengen lehnt Rußland ab.*

13.08.1940 *Türkische Sorgen vor russischem Vorgehen gegen Dardanellen und Rumänien.*

13.08.1940 *Führer wünscht stärkere Befestigung der nordnorwegischen Fjorde, so daß Angriff der Russen (!) – nach A 12 150, bei neuem Konflikt Rußland-Finnland – dort aussichtslos sein würde. Im August 1940 Beginn der deutschen Truppenverschiebungen an die Ostgrenze.*

26.09.1940 *Ob.d.M. beim Führer: Ob.d.M. trägt seine Lageauffassung vor: Suez-Kanal muß mit deutscher Unterstützung genommen werden. Von Suez aus Vorgehen durch Palästina, Syrien; Türkei dann in unserer Gewalt. Rußland-Problem erhält dann anderes Aussehen, Rußland hat im Grunde Furcht vor Deutschland. Fraglich, ob dann noch Vorgehen gegen Rußland von Norden nötig sein würde. Führer stimmt Gedankengängen zu. Rußland wird zu veranlassen sein, in Richtung Persien, Indien vorzugehen, um* dort Ausweg nach Ozean zu finden, das sei für Rußland wichtiger als Position in der Ostsee. Auch er sei der Ansicht, daß Rußland größere Furcht vor Deutschland habe.

27.09.1940  Abschluß des Dreimächtepaktes.

11.10.1940  Deutscher Einmarsch in Rumänien.

21.10.1940  Beginn italienisch-griechischer Konflikt.

30.10.1940  »Ostfall« – das Wort erscheint erstmalig in den Akten. (Bem.d.B.) – wird bei augenblicklicher Lageentwicklung nicht mehr für wahrscheinlich gehalten. Ausbau der Verteidigungsbereitschaft und waffenmäßige Vorbereitung gehen trotzdem beschleunigt weiter.

14.11.1940  Ob.d.M. beim Führer: Führer ist immer noch geneigt, die Auseinandersetzung mit Rußland zu betreiben. Ob.d.M. empfiehlt Verschiebung auf Zeit nach dem Sieg über England, da deutsche Kräfte zu stark beansprucht werden und Ende der Kriegführung nicht abzusehen sei. Rußland wird Auseinandersetzung in den nächsten Jahren nicht anstreben, da im Begriff, mit deutscher Hilfe seine Marine aufzubauen. (38-cm-Geschütze, schw. Krz. Seydlitz)

27.12.1940  Ob.d.M. beim Führer: Ob.d.M. betont erneut, daß straffe Konzentration unserer gesamten Kriegsmacht gegen England dringendes Gebot der Stunde sei. Unglückliche italienische Kriegsführung im östlichen Mittelmeer und wachsende Unterstützung durch USA haben England gestärkt. Ob.d.M. äußert schwere Bedenken gegen Rußlandfeldzug vor Niederringung Englands. Führer wünscht möglichst Förderung des U-Boot-Baus, allgemein müsse aber bei der jetzigen politischen Entwicklung (Rußlands Neigung, sich in Balkanangelegenheiten einzumischen) unter allen Umständen der letzte kontinentale Gegner beseitigt werden, ehe er sich mit England zusammentun könne. *Daher müsse das Heer die nötige Stärke erhalten. Danach werde die volle Konzentration auf Luftwaffe und Marine erfolgen können.*

08.01.1941 *Ob.d.M. beim Führer: Führer erklärt: Rußland braucht Bulgarien zum Aufmarsch gegen Bosporus. Stalin sei eiskalter Erpresser. Jede Möglichkeit einer solchen Bedrohung muß von vornherein ausgeschaltet werden.*

18.01.1941 *Führer rechnet bei Balkanoperation mit Störung des Verhältnisses zu Rußland. Befürchtungen für rumänisches Ölgebiet.*

20.01.1941 *Rede Stalin: »Er arbeite unermüdlich an Verstärkung Roter Armee und Flotte ... auch Rußland von Kriegsgefahr bedroht.«*

24.01.1941 *Besprechung Führer – Duce: Führer:*
*– große Bedeutung Finnlands wegen Nickelvorkommen.*
*– Zweck des deutschen Aufmarsches im Balkan*
   *a) Operation gegen Griechenland,*
   *b) Sicherstellung und Garantie Rumäniens.*
*– USA bei Kriegseintritt keine große Gefahr,*
*– größere Gefahr Rußland.*

04.02.1941 *Ob.d.M. beim Führer. Ob.d.M. trägt operative Absichten im Rußlandfall vor. Erhebt folgende Forderungen:*
*– Wegnahme Murmansk.*
*– Unterstützung durch Luftwaffe.*
*– Zusammenarbeit mit Finnland, Rumänien, Bulgarien, Schweden.*

01.03.1941 *Deutscher Einmarsch in Bulgarien.*

03.03.1941 *Vorbereitungen der Skl für Schwarzmeerkriegführung für den Fall russischen Eingreifens in Balkankrieg.*

17.03.1941 *Anzeichen für russische Teilmobilisierung an der Westgrenze erkennbar.*

| 20.03.1941 | Beitritt Jugoslawiens zum Dreierpakt. |
|---|---|
| 28.03.1941 | Regierungssturz und Bildung einer deutschfeindlichen Regierung in Jugoslawien. |
| 03.04.1941 | Balkanoperation verzögert »Barbarossa« zunächst um etwa 5 Wochen. |
| 06.04.1941 | Deutscher Einmarsch in Griechenland und Jugoslawien. |
| 10.04.1941 | Russischer Kriegsrat unter Timoschenko beschließt: Alarmzustand und erhöhte militärische Vorbereitungen für alle Einheiten an der Westfront. |
| 29.05.1941 | Anlaufen der vorbereitenden Kriegsschiffsbewegungen für »Barbarossa«. |
| 30.05.1941 | Duce fordert dringend entscheidende Offensive Ägypten-Suez für Herbst 1941. 12 Divisionen erforderlich. Skl stimmt voll zu. |
| 06.06.1941 | Ob.d.M. beim Führer: Denkschrift der Skl »Betrachtung über die strategische Lage im östlichen Mittelmeer nach Balkanfeldzug und Kretabesetzung und die weitere Kampfführung«. |
| 14.06.1941 | Rede des Führers vor Obersten Wehrmachtbefehlshabern über Vorgeschichte und Durchführungsabsichten »Barbarossa«. |
| 20.06.1941 | Admiral Südost erhält Weisung von Skl, daß Schwarzmeeraufgaben zunächst rein defensiv, da Rumänien vorerst nicht als im Kriege befindlich anzusehen ist. |
| 22.06.1941 | Beginn der Feindseligkeiten gegen Rußland. |

Der Bearbeiter dieser Chronologie hat am Schluß die Bemerkung hinzugefügt, daß man bei der Bewertung seiner Aufstellung sehr behutsam vorgehen müsse. Darin schwingt Unsicherheit hinsichtlich einer klaren Beurteilung mit, und auch aus heutiger Sicht wird man gut daran tun, sich nicht zu einer Schwarzweißbeurteilung verleiten zu lassen. Hitler kann man anhand der offengelegten Akten nachweisen, daß er eine Gelegenheit zur Vernichtung des militärischen Potentials der Sowjetunion suchte. Die wirklichen Absichten von Stalin sind da weniger gut erkennbar. Hitlers Bemerkung gegenüber Raeder, Stalin sei »ein eiskalter Erpresser«, ist vermutlich mitbestimmt von der Rigorosität russischer Forderungen und entsprechender Maßnahmen im Baltikum und auf dem Balkan. Sehr weit entfernt von der Wirklichkeit ist eine solche Charakterisierung aber nicht, wie sich bald herausstellen sollte.

## Vorbereitungen

Der Angriff auf die Sowjetunion wurde seit Juli 1940 mit zunehmender Intensität geplant.[23] Dabei fällt auf, daß der Oberbefehlshaber der Kriegsmarine, Großadmiral Raeder, in den frühen Planungsstadien offenbar absichtlich von Hitler nicht eingeweiht worden ist. Möglicherweise trifft das sogar auf Reichsmarschall Göring in seiner Eigenschaft als Oberbefehlshaber der Luftwaffe zu. Bei der Besprechung am 31. Juli 1940 auf dem Berghof, bei der es zunächst und vorrangig um das Unternehmen »Seelöwe« ging, war Göring nicht anwesend, und erst nachdem Raeder die Runde verlassen hatte, besprach Hitler mit Generalfeldmarschall Keitel, General Jodl, Chef des Wehrmachtführungsstabes, dem Oberbefehlshaber des Heeres und Gen. Oberst Halder, Chef des Generalstabes des Heeres, seine Absicht, im Frühjahr 1941 die Sowjetunion in einem schnellen Feldzug niederzuwerfen.[24] Alle Vorarbeiten wurden zunächst unter strengster Geheimhaltung ausschließlich im Oberkommando des Heeres geleistet.

Großadmiral Raeder hat nach eigener Erinnerung erst etwa Mitte September 1940 von diesen Plänen Hitlers erfahren. Bei einer weiteren Besprechung am 8./9. Januar 1941, an der auch der Chef der Operationsabteilung der Seekriegsleitung, Admiral Frikke, teilnahm, wurde ein größerer Kreis in den unabänderlichen Beschluß Hitlers zum Angriff gegen die Sowjetunion eingeweiht. In Reaktion darauf verfaßte die Skl am 30. Januar 1941 eine Lagebetrachtung für einen Ostfeldzug gegen Rußland (Unternehmen Barbarossa).[25] Sie lehnt sich eng an die Weisung Nr. 21 Hitlers vom

18. Dezember 1940 an. Für die Kriegsmarine bleibt Schwerpunkt des Einsatzes auch während eines Ostfeldzuges England.

Folgerichtig wird zunächst die Lage gegenüber England betrachtet. Im letzten Abschnitt findet dann das Schwarze Meer mit folgendem Satz erste Erwähnung:

> *Ein Einsatz englischer Streitkräfte im Schwarzen Meer ist bei der dortigen klaren russischen Seeherrschaft nicht anzunehmen, falls eine solche Möglichkeit durch die Haltung der Türkei überhaupt gegeben wäre.*

Der Abschnitt C. behandelt die Lage gegenüber Rußland. Es heißt dort:

> *Lage im Schwarzen Meer. Die im Schwarzen Meer z. Vfg. stehenden russischen Flottenstreitkräfte und ihre Stützpunkte sind in Anlage 1 C aufgeführt. (Anlage 1) Bei Außerachtlassung der türkischen Streitkräfte können gegenüber dieser starken russischen Flottenmacht nur die geringen rumänischen und g.F. noch die wenigen bulgarischen Fahrzeuge für eigene Operationsabsichten eingesetzt werden. Die Russen haben also die Möglichkeit, im Schwarzen Meer die Seeherrschaft in vollem Umfang auszuüben und jeglichen fremden Seeverkehr zu verhindern.*
>
> *Es könnte von den Russen versucht werden, gegen die rumänische oder bulgarische Küste sowie die Donaumündung vorzugehen und besonders den wichtigen Öllagerplatz Konstanza auszuschalten.*
>
> *Eine deutsche Unterstützung wird durch Stärkung der Küstenverteidigung und Lieferung von Minen durchgeführt. Die zu ergreifenden Abwehrmaßnahmen werden sich gegenüber der russischen Überlegenheit nur auf Schutzsperren vor den Häfen und vor der Donaumündung erstrecken können, wobei die Sperren vor wichtigen Küstenpunkten möglichst ein Herankommen von Seestreitkräften auf Schußentfernung verhindern müssen.*
>
> *Die eigene Minenabwehr wird besonders auch auf der als Nachschubstraße wichtigen[48] Donau selbst gegen Luftminen*

*durchzuführen sein. Für diese Aufgabe kommt rechtzeitiges Heranziehen von deutschen Flußräumfahrzeugen, die z.Zt. alle in den Niederlanden eingesetzt sind, in Frage.*

*Offensiv-Einsatz von rumänischen und bulgarischen Zerstörern, Torpedobooten und getarnten Hilfsschiffen in erster Linie zu Minenunternehmungen gegen die russischen Stützpunkte und Verbindungswege ist anzustreben.*

*Für den Fall, daß die Türkei entgegen den von uns anzustrebenden politischen Bemühungen russischen Schiffen die Durchfahrt durch den Bosporus erlauben sollte und die Russen bei für sie ungünstigem Verlauf der Operationen an Land g.F. auf englischen Druck ein Herausziehen ihrer Schiffe aus dem Schwarzen Meer versuchen sollten, muß angestrebt werden, trotz der verfügbaren wenigen Streitkräfte mit Minen gegen den Nordausgang des Bosporus auch einschließlich der türkischen Hoheitsgewässer vorzugehen und dem Gegner wenigstens Verluste und Verzögerungen zu bereiten. Ob eine derartige Maßnahme schon frühzeitig zur Verhinderung des Abwanderns russischer Handelsschiffe ergriffen werden kann, wird sich nach den Entwicklungen der politischen Lage richten.«*

(Die Fußnote 48 »ausschlaggebende Bedeutung besitzenden« wurde von Admiral Raeder eingefügt.)

Der Befehlshaber der U-Boote hat sich mit seinem Schreiben an das Oberkommando der Kriegsmarine (OKM) vom 20. März 1941 zu seinen Absichten und zur Kräfteverteilung für den Fall »Barbarossa« wie folgt geäußert:

> *»I) 1. Schwerpunkt der U-Boot-Krieges bleibt eindeutig England.*
>
> *2. Nach Beendigung der Operationen ist die Ausbildungsmöglichkeit für die U-Boot-Waffe in der Ostsee wieder herzustellen.*
>
> *II) Die U-Boot-Kriegsführung ist abhängig von dem ungestörten Fortlaufen der Ausbildung. Dieser Forderung haben sich daher alle Maßnahmen unterzuordnen.*

III) *Dies bedeutet:*

1. *Es darf keine noch so geringe Zeit für die Ausbildung ungenützt bleiben.*

2. *Die Mittel, die der Ausbildung dienen, kommen für einen Fronteinsatz nicht in Frage. In Sonderheit wird für die Zeitdauer des Einsatzes von Ausbildungs-U-Booten bestimmend sein, daß diese Boote später nach den Operationen ihrer eigentlichen Aufgabe nicht durch zusätzliche Reparaturzeiten entzogen werden.«*[26]

Die Kriegsmarine war in der Grundsatzweisung Nr. 21 nur zu defensiven Maßnahmen in der Ostsee, zur Sicherung des Nachschubs über See und im übrigen zur Zurückhaltung aufgefordert. Das Oberkommando der Wehrmacht (OKW) gedachte, die russischen Seestreitkräfte durch Wegnahme ihrer Stützpunkte von Land her und unter Mitwirkung der Luftwaffe auszuschalten. Der gleiche Grundgedanke fand auch auf das Schwarze Meer Anwendung. Man ging voller Optimismus davon aus, Hitlers Vorstellungen von »einem raschen Feldzug«, der schon im Herbst siegreich beendet sein sollte, realisieren zu können. An die Einplanung von Alternativen hat man keinen Gedanken verschwendet, selbst dort nicht, wo es nach eigenen Erkenntnissen des OKW um für die Fortsetzung des Krieges lebensnotwendige Voraussetzungen ging. Aufschlußreich in diesem Zusammenhang ist eine Ausarbeitung des OKW vom 4. Mai 1941, die sich mit der Bedeutung des kaukasischen Ölgebietes beschäftigte. Unter dem Aspekt der wehrwirtschaftlichen Bedeutung des Gebietes für die Achsenmächte und die russische Landwirtschaft wird festgestellt:

*»a) Bedarf der Achsenmächte:*

*Der Monatsbedarf der europäischen Achsenmächte einschließlich der besetzten Gebiete beträgt 1,15 Mio t Mineralöl aller Art. Zu dessen Deckung stehen nach Verbrauch der Vorräte, die etwa Ende August (1941!) erschöpft sind, aus Erzeugung und Einfuhr (ohne Rußland) mtl nur 800 000 tz. Vfg. Die ab September fehlenden 300 000 t können, wenn Irak außer Betracht bleibt, nur aus Rußland gedeckt werden.*

2. *Transportfragen:*
   *... Öffnung des Seeweges und Sicherstellung der Seetanker im Schwarzen Meer ist demnach Voraussetzung dafür, daß die russischen Versorgungsquellen in dem für die Fortsetzung des Krieges notwendigen Umfang ausgenützt werden können.*
4. *Folgerungen:*
a) *Eine deutsche Besitznahme von See her scheidet aus, solange die russische Schwarzmeerflotte aktionsfähig ist.*
b) *Fallschirm- und Luftlandeunternehmungen zur Sicherung der Ölgebiete:*
   *1.) Krasnodar und Maikop*
   *2.) Grozny*
   *3.) Baku.*
c) *Es muß geprüft werden, ob die Besetzung ... nicht schneller durch das Heer erfolgen kann ... Dies kann dazu führen, daß die Heeresgruppe Süd über das Donez-Gebiet so früh wie möglich die erforderlichen Kräfte längs der Ölleitungen auf die Reviere von Maikop und Grozny, später auch auf Baku, entsenden muß.«[27]*

Bei den Feldzügen gegen Polen, Dänemark/Norwegen, Frankreich und dann auch zur Unterstützung der Italiener im Mittelmeer, in Nordafrika und auf dem Balkan, hatte die Gesamtplanung noch nicht aus dem Auge verloren, daß dieser Krieg nicht nur auf dem Lande geführt und auch nicht nur dort gewonnen werden konnte. Man war sich der maritimen Komponente und der Tatsache bewußt, es auch mit einer bedeutenden Seemacht zu tun zu haben. Gerade die hatte man bislang nicht besiegen können, weil eigene, dafür geeignete und ausreichende Mittel nicht vorhanden waren. Hitler wandte sich der Sowjetunion in der Annahme zu, er könne dort jene Kraftquellen erschließen, die zum Entscheidungskampf mit den Seemächten erforderlich sind. Die Planungsarbeiten für den Feldzug gegen die Sowjetunion waren ganz und gar auf die Führung eines »Landkrieges« ausgerichtet, was zu einer gedanklichen Verdrängung des eigentlichen, strategischen und noch immer ungelösten Problems führte. Daß man die Dimension des Seekrieges beiseite schob, ist sicher auch erklärbar mit der Schwäche der eigenen Kriegsmarine. Von ihr konnte man keine spektakulären Siege erwarten. Die Erfolge der wenigen U-Boote im Handelskrieg gegen England nahm man mit Bewunderung zur Kenntnis, aber die durch die notwendige Heeresrüstung überaus angespannte wehrwirtschaftliche Lage ließ einen noch rechtzeitigen Ausbau dieser einzigen wirksamen Waffe gegen den Hauptfeind nicht zu.

So gesehen verwundert es auch nicht, daß die Randmeere Ostsee und Schwarzes Meer wie Randprobleme gegenüber einem Hauptproblem behandelt wurden.

Die Seekriegsleitung und der Befehlshaber der U-Boote schätzten ihre Möglichkeiten zur Mitwirkung am Feldzug gegen die Sowjetunion durchaus realistisch ein. Dönitz mußte darauf bedacht sein, die Ausbildung neuer U-Boot-Besatzungen für den Zufuhrkrieg im Atlantik nicht oder doch so wenig wie möglich stören zu lassen, und die Seekriegsleitung konnte sich für das Schwarze Meer lediglich Gedanken über defensive Maßnahmen mit Hilfe verbündeter Kräfte machen. Die waren auch noch so schwach gegenüber der russischen Schwarzmeerflotte, daß allein für die Abwehrmaßnahmen vor den wichtigsten Punkten der von ihnen kontrollierten Küsten substantielle deutsche Hilfe erforderlich war.

Die Rumänen forderten solche Hilfe für die Küstenverteidigung, besonders für Konstanza und dazu entsprechenden Flak-Schutz für diesen wichtigen Hafen. Obendrein sollten zwei U-Boote beschleunigt fertiggestellt werden. Die könnten nicht vor März 1942 einsatzbereit sein[28], aber damit im Zusammenhang wird die Frage eines Landtransportes kleiner deutscher U-Boote nach Rumänien überprüft.[29]

Hitler selbst ordnet den vordringlichen Transport der Küstenbatterien für Konstanza, Varna und Burgas an.[30] Die für Konstanza vorgesehene Batterie »Tirpitz« umfaßt 3x38-cm-, 3x28-cm-, 3x17-cm- und 12x10-cm-Geschütze. In der Lagebesprechung der

Skl am 26. Februar 1941 wird gemeldet: Batterie »Tirpitz« am 10. März schießbereit. In der gleichen Lagebesprechung genehmigt der Chef der Seekriegsleitung einen Vorschlag zu einer Weisung für den Einsatz der Marine im Balkanraum. Darin heißt es:

»*Sicherung des Balkanraumes nach See zu gegen feindliche Landungsversuche und Beschießung wichtiger Küstenplätze. Ausnutzung und Schutz der Seewege unter den Küsten des Schwarzen Meeres und der Ägäis für den Seeverkehr.*

*Die Möglichkeit der Benutzung der türkischen Meerengen wird durch die politische Führung herbeigeführt werden müssen. Ausgangsgebiet zunächst Rumänien. Schwerpunkt Gebiet Konstanza und Donaumündungsgebiet. Hauptaufgabe Küstenschutz durch Artillerie der deutschen und rumänischen Marine und beider Heere unter ›MarineArtillerie-Kommandeur im Abschnitt Konstanza‹. Dazu Einsatz, von Minensperren.*«[31]*

Beschleunigt wurden alle diese Maßnahmen durch den Zeitdruck, der mit dem notwendig gewordenen deutschen Engagement auf dem Balkan ungewollt entstanden war. Etwa zeitgleich mit den deutschen Anfangsbewegungen gen Osten erkannte man Aufmarschvorbereitungen auch in der Sowjetunion und die Verlegung von Truppen nach Westen. Mit einem Eingreifen seitens Rußlands in den bevorstehenden Balkankrieg mußte also gerechnet werden.

Zu einer raschen türkischen Reaktion kam es, als am 1. März 1941 deutsche Truppen die Donau überschritten und sich in Bulgarien entfalteten. Das türkische Marineministerium gab bekannt, daß die Dardanellen für alle Schiffe, ausgenommen solche, die Sondergenehmigung und einen türkischen Lotsen an Bord haben, geschlossen werden.[32] Sechs Wochen später, am 16. April 1941, vermerkt das KTB der Seekriegsleitung:

»*Erster Nachschubdampfer hat Dardanellen ohne Schwierigkeiten seitens der Türken passiert.*«[33] Es handelte sich um die DELOS aus dem Schwarzen Meer.

Die Seekriegsleitung befaßte sich in der Lage am 3. März 1941 sowohl mit »Marita«, dem geplanten Einmarsch in Griechenland und Jugoslawien, wie auch mit »Barbarossa«, dem Plan für den Rußlandfeldzug. Zu »Marita« trägt der Ia die Schwarzmeerlage vor und stellt fest:

> »– *Englische Seestreitkräfte im Schwarzen Meer eher unwahrscheinlich.*
>
> – *Möglichkeit russischen Eingreifens in den Krieg, daher Vorbereitung auch offensiver Seekriegsmaßnahmen zweckmäßig.*
>
> – *Kräfteverhältnis:*
> *Rußland:*   *1 Schlachtschiff*
>            *5 Kreuzer*
>            *20 Zerstörer und T-Boote*
>            *40 U-Boote*
> *Rumänien:*  *4 Zerstörer*
>            *3 alte T-Boote*
>            *1 U-Boot und einige S-Boote.*
>
> – *Rumänische Marine schlecht ausgebildet.*
>
> – *Schutz des Seeweges zum Bosporus nur durch offensives Vorgehen gegen Bedroher möglich.*
>
> – *Mineneinsatz nördlich des Bosporus.«*[34]

Am 4. März 1941 heißt es kurz und bündig:

> »*Kriegsmarine kann Gewähr für Nachschub nach Odessa aus Donaumündung nicht übernehmen.«*[35]

Die der Seekriegsleitung möglichen Vorbereitungen auf den Fall »Barbarossa« sind am 20. Juni 1941 abgeschlossen. In der Lage dieses Tages steht vermerkt:

> *Schwarzes Meer*
> »*Barbarossa«-Planung*
> 1. *Sperre vor Konstanza wurde planmäßig erweitert.*
> 2. *Rumänien zunächst nicht im Krieg, daher Aufgaben im Schwarzmeer-Gebiet vorerst defensiv:*
>    *a) Abwehr eines Angriffs auf die Küsten*
>    *b) Sicherung Küstenvorfeld, vor allem vor Konstanza*
>    *c) Sicherung des noch laufenden Schiffsverkehrs*

*d) Auslegung Defensivminensperren soweit zweckmäßig*
*e) Vorbereitung Bosporussperrung.*[36]

Wie wenig diese Vorbereitungen den wirklichen Anforderungen durch den Verlauf der Landkriegsoperationen entsprachen, sollte sich sehr bald herausstellen.

# VI. Vom Plan zur Tat

### Vorstoß mit offener Seeflanke

Die taktische Überrumpelung gelang fast überall. Am 22. Juni 1941 begann die Wehrmacht mit den Teilstreitkräften Heer und Luftwaffe eine Demonstration ihres Könnens, ihres technischen Ausrüstungsstandes und nicht zuletzt der hohen Motivation der beteiligten Soldaten, die bis dahin in der modernen Kriegsgeschichte ihresgleichen nicht hatte. Die Welt bestaunte und bewunderte die Kette der sich aneinanderreihenden Siege über einen keineswegs gänzlich unvorbereiteten Gegner.

Das, was Feldmarschall Erich von Manstein später »Verlorene Siege« nannte, nahm seinen Anfang. Der Raumgewinn nach Osten gelang auch im Süden so rasch, daß schon zwei Monate nach Angriffsbeginn Führungsentscheidungen grundsätzlicher Natur korrigiert wurden. In der Weisung Nr. 21 »Barbarossa« war ein Kräfteansatz befohlen, der einer Schwerpunktbildung im Norden mit Hauptziel Leningrad entsprach. Hitler hatte das durchgesetzt, u. a. auch in der Absicht, die Ostsee so rasch wie möglich als unzerstörbare Versorgungsrollbahn in die Hand zu bekommen. Dabei ging es nicht nur um die Vorbereitung des deutschen Angriffs nach Osten, sondern auch um die gesicherte Zufuhr von Erz aus Schweden und Nickel aus Finnland.

Jetzt, im August 1941, stand die HeeresgruppeSüd weit in der Ukraine und hatte die Küsten des Schwarzen Meeres erreicht. Das eröffnete die Möglichkeit des Zugriffs auf jene Kraftquellen, die man selbst für die Kriegsführung brauchte und die, dem Gegner entrissen, diesen um so verletzlicher machten.

In einer Weisung an den Oberbefehlshaber des Heeres vom 21. August 1941 erteilte Hitler neue Befehle in diesem Sinne.[37] Während das Heer noch vor Einbruch des Winters die verbliebene Hauptkampfkraft des Feindes vor Moskau zerschlagen wollte, gilt es nun, die 5. sowjetrussische Armee in der linken Flanke der HeeresgruppeSüd zu vernichten, damit Charkow und Rostow am Don erreicht und das Donezbecken mit seinen Eisen- und Kohlevorkommen in Besitz genommen werden kann.

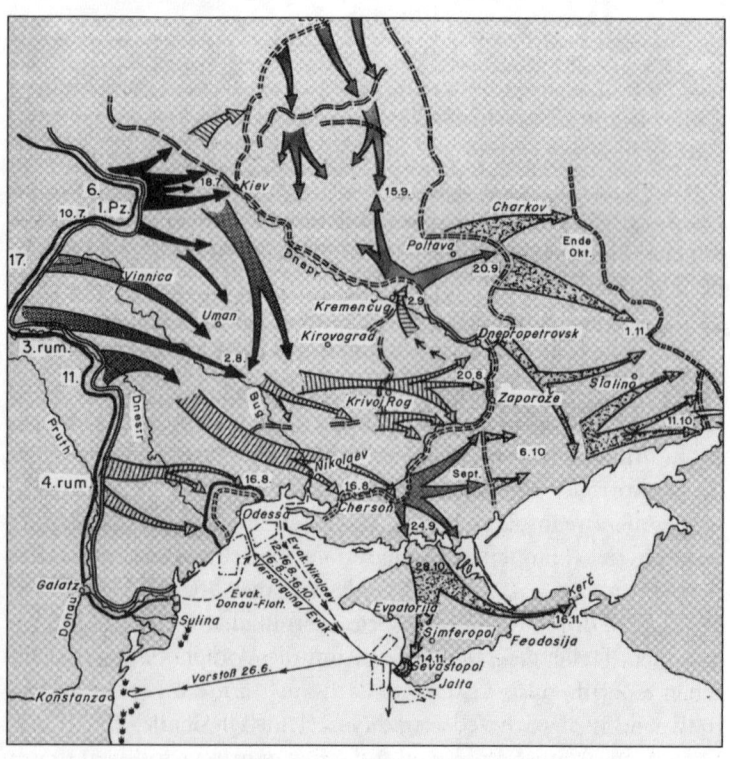

*Der deutsche Vormarsch in der Ukraine, August – November 1941*
*Aus: »Seemacht«, Potter, Nimitz, Rohwer, erschienen bei Bernhard & Graefe, Frankfurt/Main*

In der diese Weisung ergänzenden Studie vom 22. August 1941 heißt es wörtlich: »*ist es für Deutschland entscheidend, auch die russischen Luftbasen im Schwarzen Meer, vor allem in dem Raum von Odessa und der Krim, so schnell wie möglich auszuheben*«[38].

Hinter dieser Forderung steht die Sorge um das rumänische Ölgebiet, das vor Luftangriffen keineswegs sicher ist und für das es einstweilen keinen Ersatz gibt.

Vor Odessa lag die 4. rumänische Armee seit Mitte August fest. Deutsche Truppen erobern am 16. August Nikolajew und am 20. August 1941 Cherson. Daß Odessa bis zum 16. Oktober von den Russen gehalten werden konnte, verdanken sie der uneingeschränkten Seeherrschaft ihrer Flotte im Schwarzen Meer. Zwischen dem 25. und 31. August greift sie mit Kreuzern, Flottillenführern und Zerstörern in die Abwehrkämpfe ein. Als dann die Evakuierung unvermeidlich wird, ist es wieder die Flotte, die in der Zeit vom 1.–16. Oktober 1941 fünf Divisionen mit 86 000 Mann und 15 000 Zivilisten aus der zuschnappenden Falle befreien kann. 17 größere Kriegsschiffe und 21 Transporter können das bewerkstelligen, weil es keine Kriegsschiffe der Achsenmächte im Schwarzen Meer gibt, die es mit ihnen aufnehmen könnten.[39]

Noch vor Ende des Jahres 1941 erfährt auch die sieggewohnte 11. deutsche Armee, was es bedeutet, eine vom Gegner beherrschte offene Seeflanke zu haben. Die Eroberung der Krim war bis auf die Festung Sewastopol bis zum 16. November 1941 gelungen. Der erste systematische Angriff auf Sewastopol mußte jedoch abgebrochen werden, als am 28./29. Dezember 23 000 Mann von zwei sowjetischen Schützen-Divisionen unter dem Schutz starker Seestreitkräfte bei Feodosia landen. Ebenfalls unter dem Schutz von Seestreitkräften war wenige Tage zuvor den Sowjets eine Landung bei Kertsch gelungen, das daraufhin am 29. Dezember aufgegeben werden mußte.

Gleichzeitig greifen das Schlachtschiff PARISCHKAJA KOMMUNA, der schwere Kreuzer MOLOTOW und zwei Zerstörer mit ihrer Artillerie in die Abwehrkämpfe der Festung Sewastopol ein.[40]

Der deutsche Angriff im Osten kommt vor Moskau zum Erliegen. Am 6. Dezember beginnt die russische Winteroffensive. Zum ersten Mal wird die Wehrmacht im Felde geschlagen. Der um rund sechs Wochen durch den Balkanfeldzug verzögerte Angriffsbeginn in die Weiten Rußlands hinein hatte sich bitter gerächt. Die Truppe konnte trotz ungeheurer Anstrengungen sichere Winterstellungen nicht mehr erreichen. Die Schlammperiode beraubte die Wehrmacht des wesentlichen Elementes ihrer Überlegenheit, das im Sommer zu so erstaunlichen Erfolgen geführt hatte: Beweglichkeit! Als dann der russische Winter mit ungewöhnlicher Härte ausbrach, versagte die darauf nicht eingestellte deutsche Kampf- und Transporttechnik, und die Soldaten erstarrten buchstäblich in Temperaturen, für die sie nicht ausgestattet waren.

Ein von Hitlers Fanatismus erzwungener, katastrophaler Führungsfehler brach der deutschen Wehrmacht schon in diesem ersten Winter materiell und personell das Rückgrat, aber noch wollte man dieser bitteren Wahrheit nicht ins Gesicht sehen.

### Die Kriegsmarine kann nicht helfen

Angesichts des stürmischen Vordringens der 11. und 17. deutschen Armee gleich nach Angriffsbeginn am 22. Juni macht sich die Skl frühzeitig Gedanken, wie ein Ausbruch der sowjetischen Schwarzmeerflotte durch den Bosporus verhindert werden könnte. Man erwägt den Einsatz von Minen, denn andere Mittel stehen nicht zur Verfügung.

Die rumänischen und bulgarischen Einheiten sind mit veraltetem Material ausgerüstet und nicht in kriegsbereitem Zustand. Obendrein besteht in beiden Ländern wenig Neigung, die wenigen Schiffe, die man besitzt, aufs Spiel zu setzen.

Die dafür zuständige MarinegruppeSüd arbeitet entsprechende Pläne aus und denkt zunächst sogar an den Mineneinsatz innerhalb türkischer Hoheitsgewässer. Noch am 13. Juli 1941 hatte die Skl solche Pläne gebilligt[41], kam aber schon am 26. Juli zu einer anderen Beurteilung. Sie hält jetzt Ausbruchsversuche der sowjetischen Schwarzmeerflotte für unwahrscheinlich und die Durchführung solcher Sperrmaßnahmen innerhalb türkischer Gewässer gegen den Willen der Türken für sehr schwierig.[42]

Daß die Türken es mit der Bewahrung ihrer Neutralität ernst meinen wird am 6. August mit der Beschießung des Geleits für den Dampfer BURGAS in türkischen Hoheitsgewässern unter Beweis gestellt.[43] Das Eingeständnis eigener Machtlosigkeit, aber auch Ausdruck politischer Klugheit, ist die KTB-Eintragung nach einer Besprechung beim Chef der Seekriegsleitung zum Thema: Russische Schiffe im Schwarzen Meer. Dort heißt es:

>»Angesichts der bevorstehenden Besetzung der Schwarzmeer-Häfen ist es wichtig, daß ein Auslaufen der russischen Kriegs- und Handelsschiffe in das Mittelmeer verhindert wird. Mit unseren eigenen Mitteln ist das unmöglich. Lediglich die Türkei ist in der Lage, den Verschluß der Meerengen wirksam zu gestalten. Die notwendigen Hinweise in dieser Richtung sind auf diplomatischem Wege an die türkische Regierung erfolgt.«[44]*

Nachdem sich Attachémeldungen aus Ankara häufen, russische Handelsschiffe bereiteten den Ausbruchsversuch vor, wiederholt die Skl ihren Appell an das Auswärtige Amt, auf die Türkei entsprechend einzuwirken, da keine eigenen Mittel zur Unterbindung zur Verfügung stehen.[45] Das war im Oktober, und im gleichen Monat trägt die MarinegruppeSüd der Skl ihre Absicht vor, das rumänische U-Boot DELFINUL gegen Ausbruchsversuche vor dem Bosporus einzusetzen. Ein solcher Zeitplan greift allerdings der erst für Spätsommer 1942 erwarteten Einsatzbereitschaft dieses und der beiden noch im Bau befindlichen U-Boote vor.[46]

Hitler selbst befaßt sich im November – nach entsprechenden V-Mann-Meldungen – mit diesem Thema. Unter dem Datum 29. November 1941 gibt es im KTB der Skl den Abdruck einer Weisung an MarinegruppeSüd, nachrichtlich an Marinekommando Italien und Admiral Ägäis:

>»1. Nach vorliegenden Meldungen nehmen bekannte Ausbruchsabsichten russischer Handelsschiffe usw. greifbare Formen an.*

2. *Ausbruch aus Dardanellen-Agäis ist durch Ansatz geeig-*
*neter italienischer Streitkräfte mit Unterstützung Luft-*
*aufklärung und unter Heranziehung des nächsten in Sa-*
*lamis fertig werdenden U-Bootes an hierzu geeigneten*
*Stellen zu verhindern. Kleinkampfmittel von Rhodos aus*
*scheinen am besten geeignet.*

3. *Laut Führerweisung sind türkische Hoheitsgewässer*
*nach Möglichkeit zu achten bzw. Kriegsmaßnahmen in*
*diesen möglichst unbemerkt durchzuführen oder so, daß*
*später abstreitbar. Bestehen diese Möglichkeiten nicht,*
*so geht Durchführung der Aufgabe vor Achtung der Ho-*
*heitsgewässer.*

4. *Italiener entsprechend beauftragen und melden.«*[47]

Hitlers persönliches Eingreifen in ein Problem, das die Souveränität eines nicht am Kriege beteiligten Landes berührt, verdeutlicht,
daß ihm die Erreichung militärischer Ziele wichtiger ist als politische Klugheit oder gar Rücksichtnahme auf einen möglichen Verbündeten. Und das war die Türkei zu diesem Zeitpunkt durchaus
noch. Aber im Mittelabschnitt der Ostfront bahnte sich das Desa-
ster schon an. Mit den vollkommen erschöpften Kräften war Moskau nicht mehr zu erobern, und die Russen gruppierten frische,
aus Sibirien herangeführte Truppen zur Gegenoffensive, die wenige Tage später losbrach.

Am 18. November waren die Engländer in Nordafrika zur
Gegenoffensive angetreten, die Italiener konnten den Nachschub
für das Deutsche Afrika-Korps und ihre eigenen Verbände nicht angemessen sichern, und wegen der Verlegung des kämpfkräftigsten
Teiles der deutschen U-Boot-Waffe in das Mittelmeer war der Zufuhrkrieg im Atlantik gegen England fast zum Erliegen gekommen.

Das alles waren keine guten Nachrichten am Ende des so erfolgreich begonnenen Jahres 1941. Hitler muß das Gespenst der Niederlage gesehen haben.

Die eigene Lage im Schwarzen Meer zwang immer wieder zur
Warnung seitens der Marine vor den Möglichkeiten der russischen

Schwarzmeerflotte gegen die von See her nicht zu schützenden Heeresflanken. Die Skl befaßte sich auch am 1. August 1941 mit Fragen des Einsatzes der sowjetischen Schwarzmeerflotte:

> *»Bei dem Vormarsch der deutschen Truppen nach Transkaukasien kann sowj. Schwarzmeerflotte ernstlich Flankenbehinderung bedeuten. Die Häfen Poti bis Batum bilden für Schlachtschiff, 6 Kreuzer, 2 Flottillenführer und 20 Zerstörer, die für Küstenbeschießung geeignet sind, geeignete Stützpunkte. Die wichtigsten Verkehrsverbindungen in das transkaukasische Gebiet verlaufen im Bereich des Küstenweges zwischen Tuapse und Suchum. Eisenbahn und Straße verlaufen hier an vielen Stellen unmittelbar unter der Küste am Fuße steiler Berge und sind weitreichenden Schiffsgeschützen abwehrlos preisgegeben. Da Küstenbatterien ungenügende Reichweite haben und Kriegsmarine über Seestreitkräfte im Schwarzen Meer nicht verfügt, bleibt nur Einsatz von Kampfverbänden und Aufklärungsflugzeugen zur Überwachung des ganzen Seegebietes als einzige Möglichkeit einer einigermaßen sicheren Flankendeckung. Skl macht OKH auf diese Überlegungen aufmerksam, damit rechtzeitig vorgesorgt werden kann (siehe Handakte »Barbarossa«. Vfg. Nr.121).«* [48]

Unter dem gleichen Datum steht vermerkt, daß die 11. Armee mit rechtem Flügel die Straße Tiraspol–Balta fest in eigener Hand und der Dnjestr-Übergang begonnen hat.

Das Problem des Nachschubs über See nimmt damit konkrete Formen an. Die Kriegsmarine kann mit eigenen Kräften nicht für Sicherung sorgen, aber sie macht auf erkennbare Schwierigkeiten aufmerksam. Am 9. August findet eine Lagebesprechung beim Chef der Seekriegsleitung statt. Thema:

> *»Seetransporte im Schwarzen Meer: Häfen westlich der Krim werden bald besetzt, damit Forderung nach weitgehender Nutzung des Seeweges nach diesen Häfen. Die Skl hat dem Generalstab des Heeres bereits eingehend dargelegt, daß ein sicherer Nachschub auf diesem Seeweg nicht möglich ist, solange dieser Weg durch sowj. Schwarzmeerflotte von der*

*Krim aus (Sewastopol) bedroht ist. Kriegsmarine stehen im Schwarzen Meer keine nennenswerten Seestreitkräfte zur Verfügung. Sie kann wohl die Seetransporte organisieren, aber sie kann sie nicht sichern. Die sowjetische Flotte übt, auf Sewastopol gestützt, die uneingeschränkte Seeherrschaft aus und ist in der Lage, jeden Verkehr nach den ukrainischen Häfen zu verhindern oder zum mindesten außerordentlich verlustreich zu gestalten. Eine Sicherung der Seetransporte von Land aus durch Küstenbatterien ist wegen der geographischen Gegebenheiten (Beschaffenheit der Küste, geringe Wassertiefen in der Nähe der Küste) so gut wie undurchführbar. Sofern sich nicht die Schwarzmeerflotte unter dem Eindruck der allgemeinen Entwicklung der Ereignisse nach den östlichen Schwarzmeerhäfen zurückzieht und mit der Krim auch die Seeherrschaft im Gebiet westlich der Krim selbst aufgibt, bleibt daher als einzige Möglichkeit zur Sicherung des Küstenweges nur die Ausschaltung wesentlicher Teile der Schwarzmeerflotte und des Stützpunktes Sewastopol durch Luftstreitkräfte und eine ausreichende Aufklärung im Küstenvorfeld.*

*Nur wenn diese Voraussetzungen erfüllt sind, kann mit einem hinreichend gesicherten, wenn auch nicht gänzlich verlustlosen Nachschub auf dem Seeweg gerechnet werden.*

*Die Überlegungen der Seekriegsleitung werden dem OKW/WFST, der Op.Abtlg, des Gen.Stabes des Heeres und dem Luftwaffenführungsstab zur Kenntnis gebracht.«*[49]

Die Heereslage bei der Heeresgruppe Süd vermerkt am 11. August 1941: »*Vor 11. Armee Feind überall geschlagen. Punkt 15 km westlich Nikolajew, Rasnopol, Moldawka erreicht. Angriff auf Krementschuk abgewiesen. Nördlich davon Westufer Dnjepr erreicht.*«[50]

Einen Tag später leiten die Rumänen die Inbesitznahme von Odessa einschließlich der Häfen ein, bleiben aber bis zum 16. Oktober 1941 erfolglos.

Daß die Nachschublage dringlich wurde, läßt sich auch aus

dem Brief ablesen, den Hitler am 14. August 1941 an Antonescu zur weiteren Zusammenarbeit der deutschen und rumänischen Armee und Luftwaffe schrieb. Die Operationen der verbündeten Luftwaffen sollen von den beiderseitigen Kommandostellen geregelt werden, und hierbei soll auch der Schutz von Schiffsbewegungen, die für die Zukunft von besonderer Wichtigkeit sind, im westlichen Schwarzen Meer Berücksichtigung finden.[51]

Die Küste des Schwarzen Meeres wird von der 11. Armee am 20. August 1941 acht Kilometer nordöstlich Otschakow erreicht, sie nimmt Cherson und berichtet von Beschießung auch von See. Am folgenden Tag ist Otschakow in deutscher Hand.

Mit der Marine der verbündeten Rumänen gibt es einstweilen nicht lösbare Schwierigkeiten. Die MarinegruppeSüd fordert bei der Skl die Kommandierung von deutschem Personal auf jede einzelne rumänische Einheit, weil die Rumänen nicht in der Lage und willens sind, ihre Seestreitkräfte einsatzbereit zu machen. Ohne den Einsatz der rumänischen Kriegsschiffe sei die Nachschubaufgabe nach Einnahme der Schwarzmeerhäfen nicht zu lösen.

Das Problem kommt in der Lage bei der Skl am 27. September 1941 erneut zur Sprache. Der OKH-Generalquartiermeister wollte am 25. September 1941 wissen, ob ein direkter Seetransport nach Sewastopol auch vor dem Fall von Odessa möglich ist. In dieser Frage drückt sich aus, wie verhängnisvoll die von der Schwarzmeerflotte unterstützte Verteidigung von Odessa bis zum 16. Oktober 1941 für den Heeresnachschub in der beginnenden Schlammperiode zu werden droht.

Die Marine kann auch jetzt nicht helfen. Sie weist darauf hin, daß für den Seeweg Konstanza–Sewastopol = 230 Seemeilen 24 bis 30 Stunden gebraucht würden. Der Nachschubverkehr könnte von Noworossisk aus durch leichte Seestreitkräfte und U-Boote abgefangen werden. Die rumänischen Sicherungsstreitkräfte seien völlig unzureichend und eigene nicht vorhanden.[52]

Die Nachschublage für die Landstreitkräfte wird immer prekärer. In der Lagebesprechung der Skl am 6. Oktober steht hierzu vermerkt:

»*Nachschublage Heer und Luftwaffe in Südukraine und bei Krim so schwierig, daß Durchführung Operationen entscheidend abhängig von Zuführung Brennstoff.*

*Skl stimmt unter starken Bedenken dem Einsatz von zwei Tankern ohne Schutz unter bestimmten Voraussetzungen zu.*«

Wenig später gibt es folgende Eintragung bei der Skl:

»*Bestand der sowj. Schwarzmeerflotte hat bisher noch keine entscheidende Einbuße erlitten. Sie ist in der Lage, die Seeverbindungen an der bulgarischen und rumänischen Küste zu stören und eine wirksame Unterstützung der Heeresoperationen an der Schwarzmeerküste durch deutsche und verbündete Seestreitkräfte zu verhindern.*«

Das OKW teilt sodann der Skl mit, die schwierige Kampflage vor Rostow sei in erster Linie auf das weite Zurückliegen befahrbarer Eisenbahnlinien vom Kampfgebiet zurückzuführen. Straßennachschub stoße auf größte Schwierigkeiten.

»*Skl weist daher Mar.Grp.Süd zur Prüfung und Veranlassung schnellster Entlastungsmöglichkeiten für Landnachschub durch Ausnutzung der Nordküste Asowschen Meeres an, wobei auch Überwinden kürzerer Strecken, z. B. Mariupol–Taganrog von Bedeutung ist.*«[53]

Auf der Krim, wo die Wegeverhältnisse nicht so wie weiter nördlich von der Schlammperiode betroffen sind, geht der Angriff noch gegen zähen Widerstand voran. Simferopol fällt am 1. November, zwei Tage später ist auch Feodosia in deutscher Hand, aber erst am 16. November kann die HeeresgruppeSüd auch die Einnahme von Kertsch melden. Mit der weitgehenden Besetzung der Krim wird die Lage für die Festung und den Flottenstützpunkt Sewastopol aus russischer Sicht bedenklich. Eine erste Konsequenz ist die Verlegung schwerer Einheiten der Schwarzmeerflotte von Sewastopol nach Batum am 2. November 1941. Aufgegeben haben die Russen die auch für sie so wichtige Krim noch keineswegs, wie die Landungen am 26. Dezember auf der Landzunge von Kertsch und am 29. Dezember bei Feodosia beweisen. Sie haben noch immer die unbestrittene Seeherrschaft im Schwarzen Meer.

Unter dem gefährlichen Druck der sowjetischen Winteroffensive mit Schwerpunkt im Mittelabschnitt sah sich Hitler Anfang Dezember gezwungen, die Einstellung aller größeren Angriffsoperationen und den sofortigen Übergang zur Verteidigung zu befehlen. Die ausgelaugten deutschen Verbände hatten die allergrößte Mühe, mit letztem Einsatz jedes einzelnen Soldaten eine Katastrophe zu verhindern.

Der Winter sollte nun genutzt werden zur Konsolidierung des Erreichten, zur Auffrischung der Verbände und damit Schaffung der Voraussetzungen für die Erreichung der für 1942 gesteckten Ziele. Für die HeeresgruppeSüd war das neben der möglichst raschen Eroberung der Festung Sewastopol und Inbesitznahme der Krim auch der Vorstoß über den Kaukasus zu den Ölquellen bis an das Kaspische Meer.

Der Marine war in diesem Zusammenhang aufgetragen »dafür zu sorgen, daß die Zahl der für Nachschubzwecke (insb. über Schwarzes Meer und Ägäis) zu bauenden kleinen Schiffe im eigenen Land, in den verbündeten und besetzten Staaten unter Verzicht auf alle nicht unbedingt erforderlichen Ansprüche auf Sicherheitsbestimmungen noch erheblich gesteigert wird«.[54]

Das Fehlen eigener, offensivfähiger Seestreitkräfte als Gegengewicht gegen die sowjetische Schwarzmeerflotte, die daraus resultierenden Nachschubprobleme und die Fehlkalkulation der obersten Führung hinsichtlich des Sieges über die Sowjetunion zwangen nun zu grundsätzlich anderen Planungen.


# VII. U-Boote ins Schwarze Meer


### Muß das sein?

Die durch die Kriegsmarine zu treffenden Vorbereitungen auf den Fall »Barbarossa« standen unter der Prämisse, daß der Hauptgegner für sie in jedem Falle England bleiben würde. Die mit dem Angriff auf die Sowjetunion entstehenden Probleme in den Randmeeren Ostsee und Schwarzes Meer sollten durch das Heer innerhalb weniger Monate gelöst sein. Unter diesem Blickwinkel scheint es müßig, sich marineseitig mit der Frage zu befassen, wie und mit welchen Mitteln man den jeweiligen sowjetischen Flotten zu begegnen gedächte.

Dennoch hat das Oberkommando der Kriegsmarine weit vorausschauend entsprechende Überlegungen angestellt und Transportprobleme besonderer Art und Realisierungsmöglichkeiten untersuchen lassen.

Als Admiral Raeder noch gar nichts von Hitlers Entschluß, die Sowjetunion im Frühjahr 1941 anzugreifen, wußte, teilte das OKM am 26. April 1940 dem Reichsbahnzentralamt unter der B.Nr. KIKo 3662/40 geh die Absicht mit, einen Wagen für die Beförderung von Booten zu bestellen. Die Abmessungen dieser Boote wurden angegeben mit 42,7 Meter Länge, 4,10 Meter Breite und einem Gewicht von ca. 350 t. Diese Boote sollten zwischen dem Nordseegebiet und der Donau hin und her befördert werden können.[55]

Es kann kein Zufall sein, daß dies die Abmessungen der kleinen deutschen U-Boote vom Typ IIb sind (Anlage 2).

Fast ein Jahr danach, als »Barbarossa« unmittelbar bevorzustehen schien, konnte in der Lagebesprechung beim Chef Skl am 18. Februar 1941 festgestellt werden:

*»Gleichzeitig ist die Frage eines Landtransportes kleiner deutscher U-Boote nach Rumänien überprüft worden.«*[56]

Genau einen Monat später trägt Admiral Raeder Hitler u.a. vor:

*»Der Transport kleiner deutscher U-Boote auf dem Landwege nach Rumänien ist nur in einem Zeitraum von 4½-5 Monaten möglich. Skl. beabsichtigt daher von ihm abzusehen, zumal die Boote in der Heimat schwer zu entbehren sind.«*[57]

Ebenfalls im März 1941 nimmt der Befehlshaber der U-Boote zu Einsatzfragen im Zusammenhang mit dem Plan »Barbarossa« Stellung. Dem OKM gegenüber macht er ganz klar, daß schon die Störung des Ausbildungsbetriebes in der Ostsee kaum zu verkraften ist und daß U-Boote für Kampfaufgaben dort nur äußerst sparsam eingesetzt werden sollten. An den Einsatz von U-Booten im Schwarzen Meer ist in dieser Stellungnahme kein Gedanke verschwendet worden.

Als der tatsächliche Verlauf der Landkriegsoperationen an den Küsten des Schwarzen Meeres mehr und mehr von den Erwartungen abzuweichen begann und die Hoffnung sich nicht erfüllte, die sowjetische Flotte durch rasche Einnahme ihrer Stützpunkte ausschalten zu können, da muß bei manch einem der optimistischen Planer schmerzhaft klargeworden sein, was eine vom Feind beherrschte Seeflanke in der Praxis der Kriegsführung bedeutet.

Gerade in der kritischen Operationsphase unmittelbar vor Einbruch des Winters blieb der Nachschub im Schlamm stecken, und die so enorm leistungsfähige, unzerstörbare Rollbahn See konnte nur marginal und unter ernsten Verlusten genutzt werden.

Die HeeresgruppeSüd meldet am 24. Oktober 1941: »*Vor Rostow schwierige Kampflage wegen Fehlens des Nachschubs.*«

Als erste Aushilfe verfügt der Oberbefehlshaber der Luftwaffe die Unterstellung 2/Aufkl.Fl.G.125 unter Luftflotte vier zur U-Boot-Bekämpfung und Geleitsicherung im Schwarzen Meer. Verlegung beginnt am 27. Oktober nach Mamaia bei Konstanza.[58]

Die Marine kann sich immer noch nicht mit dem Gedanken befreunden, den Zufuhrkrieg gegen England, ihren definierten Hauptgegner, jetzt, wo auf Hitlers Weisung immer mehr der kampfkräftigsten U-Boote ins Mittelmeer geschickt werden müssen, auch noch durch Abgabe von U-Booten in das Schwarze Meer weiter zu schwächen. Dönitz hat beste Argumente gegen eine solche Schwerpunktverlagerung in gerade dieser Phase des U-Boot-Krieges im Atlantik, die bei voller Konzentration aller Kräfte im Verlauf des Jahres 1942 zur Abschnürung Englands trotz des Kriegseintritts der USA hätte führen können.

Dönitz und Raeder konnten sich schließlich den Befehlen Hitlers nicht verweigern. Noch kann man technische Schwierigkeiten ins Feld führen, wie z.B. bei der Lage beim Chef Skl am 18. November 1941. »*Als Ergebnis der Feststellungen, ob Zuführung von 250-t-U-Booten auf dem Bahnwege in das Schwarze Meer in Betracht komme, um dortige Lage zu entlasten, meldet Skl Qu.A. Unmöglichkeit dieser Maßnahme.*«[59] Angesichts der immer schwieriger werdenden Nachschublage und der sich steigernden Aktivitäten der russischen Schwarzmeerflotte ordnet Admiral Raeder unter starkem Druck des Wehrmachtführungsstabes am 8. Dezember 1941 an:»... *daß Vorbereitungen zur Überführung von 5 kleinen U-Booten auf dem Landwege nach dem Schwarzen Meer ohne Rücksicht auf die gegen diese Maßnahme erhobenen Bedenken unverzüglich getroffen werden sollen.*«[60]

Bereits in der Lage des darauffolgenden Tages meldet Skl Qu.A.I., »... *daß für Transporte die 250-t-Boote in Frage kommen, bei denen die Maschinen ausgebaut und die Türme von den Druckkörpern abgenommen werden müßten. Außer Bereitstellung von Pontons für den Flußtransport wäre Sprengung einer unter Denkmalschutz stehenden Donaubrücke erforderlich. Gesamtüberführungsdauer wird auf 10–12 Monate veranschlagt.*«[61]

Die Aufgabenstellung für die HeeresgruppeSüd ab Frühjahr 1942 erlaubt es der MarinegruppeSüd nicht, ein ganzes Jahr auf deutsche U-Boote zu warten. Der Nachschub entlang der Krimküste und durch das Asowsche Meer muß gesichert werden, und wenigstens bis auf die Höhe von Tuapse kommt es auf leidliche Abschirmung der Seeflanke der Heereskräfte an, die zu den Ölgebieten am Kaspischen Meer vorstoßen sollen. MarinegruppeSüd beantragt deswegen am 31. Dezember 1941 bei Skl beschleunigten Weiterbau von Marinefährprähmen (MFP) bzw. Zuführung je einer S- und R-Boot-Flottille im Frühjahr. Skl unterstützt die Absicht, rumänische U-Boote früh in 1942 zum Einsatz zu bringen.[62]

Die Weichen für den Einsatz deutscher Seestreitkräfte, auch mit einer gewissen Offensivfähigkeit, sind somit für das Schwarze Meer gestellt. Viel zu spät, denn erst 1943 können sie strategische Wirkung entfalten.

## Es muß!

Hitlers Neujahrsaufruf zum 1. Januar 1942 macht klar, worum es geht: »*Das kommende Jahr wird gewaltige Anforderungen stellen. Front und Heimat aber werden sie erfüllen. Das Jahr 1942 soll die Entscheidung bringen, zur Rettung unseres Volkes und der mit ihm verbündeten Nationen.*«[63]

Bis zum 3. Januar 1942 haben 26 Nationen die Zielsetzung der »Atlantik-Charta« vom 14. August 1941 durch Unterschrift bestätigt: Vollständiger Sieg über die Mächte des Dreierpaktes![64]

Eine Tür ist zugeschlagen.

Auf der Krim werden nach Meldungen der HeeresgruppeSüd Feindstreitkräfte durch Neulandungen in Kertsch und Feodosia Anfang Januar ständig verstärkt. Bei 1. Panzer-Armee und 17. Armee gespannte Versorgungslage. Wege können nur noch mit Schlitten befahren werden.

Um 2.30 Uhr am 5. Januar landen weitere russische Truppen in Stärke von ein bis zwei Bataillonen mit schweren Waffen. Beteiligt sind sechs Zerstörer und vier Transporter. Hitler verlangt die sofortige Bereitstellung von Schiffsraum in Odessa zur Überführung einer etwa am 15. Januar dort eintreffenden Division auf dem Seeweg zur Krim.

Zu dieser Absicht nimmt Skl wie folgt Stellung:

1. *Odessa wegen Vereisung nicht benutzbar.*
2. *Minenlage außerhalb Seeweg Konstanza–Sulina–Odessa–Nikolajew/Cherson völlig ungeklärt.*
3. *Inzwischen erfolgte Landung der Russen in Eupatoria bestätigt Auswirkung russischer Seeherrschaft auch an der gesamten Westküste der Krim.*
4. *Minenräum-, Sicherungs- und Geleitkräfte nicht vorhanden.*
5. *Kein Ausladehafen vorhanden, der für Dampfer geeignet.*[65]

Die Skl hatte drei Tage zuvor auf die Gefahr einer Landung bei Eupatoria hingewiesen, gleichzeitig aber auch, wiederum keine Gegenmittel zur Verfügung zu haben. Verminung aus der Luft war vorgeschlagen worden.

Es wird ernst an den Küsten des Schwarzen Meeres. Am 7. Januar wird im KTB der Skl vermerkt:

> »*Führer wünscht erneut Einsatz einiger U-Boote im Schwarzen Meer und beabsichtigt daher – da Weg über Donau äußerst schwierig und wenig zweckentsprechend – den Versuch, mittelbare und nach außen hin möglichst wenig belastende Mitwirkung der Türkei zu erreichen. OKW unterrichtet Skl und bittet vor Einleitung politischer Schritte um beschleunigte Prüfung der militärischen Möglichkeiten und um Stellungnahme bzw. Vorlage anderer Vorschläge zu Anregung des Führers, entweder vorhandene türkische Boote zu kaufen und dafür diesen aus dem Mittelmeer Ersatz zu stellen, oder aber deutsche Mittelmeerboote den Türken zu verkaufen und sie nach Überführung ins Schwarze Meer zurückzukaufen«*[66]

Abermals verführen die U-Boot-Erfolge im Atlantik Hitler zu der Hoffnung, die entstandenen Seemachtprobleme, nun im Schwarzen Meer, mit ihrer Hilfe rasch in den Griff zu bekommen. Er greift persönlich ein und läßt es an Phantasie nicht fehlen. Internationale Verträge kümmern ihn zunächst nicht, wenn nur das Ziel erreicht werden kann.

Skl/U wird zur Stellungnahme aufgefordert und kommt zu der Ansicht:

> »– *Ankauf türkischer Boote allenfalls Notlösung.*
>
> – *Eigene U-Boote auf dem Weg durch Dardanellen und Bosporus würden unvergleichliche Vorteile bedeuten.*«

Das war am 14. Januar. Drei Tage später hat die Seekriegsleitung die Hitlerschen Ideen durchdacht und kommt zu folgender Stellungnahme gegenüber dem OKW:

> »– *Es kommen nur die drei neuesten ATILAY, YILDIRAY und SALDIRAY in Betracht. Keines ist zur Zeit kriegsverwendungsbereit, daher nur Notlösung.*
>
> – *Skl vertritt daher nach eingehender Prüfung die Auffassung, daß nur deutsche Boote zum Einsatz kommen können und dies ein nicht zu vergleichender Vorteil gegenüber dem Einsatz der Türkenboote bedeuten würde.*

– *Überführung deutscher Boote ins Schwarze Meer ist für die Türken nur möglich unter Verletzung des Montreux-Abkommens oder der ihr aus ihrer Neutralität erwachsenden Pflichten (Verkauf und Rückkauf deutscher Boote). Da sich Bestimmungen Montreux-Abkommen im Sinne deutscher Seekriegführung auswirken und sowohl Eindringen britischer Seestreitkräfte in das Schwarze Meer als auch Ausbruch russischer Streitkräfte ins Mittelmeer verhindern, besteht deutscherseits größeres Interesse an Durchführung Abkommen als an seinem Bruch. Seitens Skl wird daher gefordert, daß eine mit der Türkei etwa zu erreichende Vereinbarung in einer Form erfolgt, die es der Türkei nicht gestattet, auf ähnliche Weise zu gegebener Zeit russische oder britische Streitkräfte Dardanellen passieren zu lassen.«*[67]

Aufgrund dieser Stellungnahme verzichtet das OKW auf die Weiterverfolgung solcher Ideen, und die Marine prüft weiterhin, ob es möglich sein wird, kleine U-Boote auf dem Donauweg ins Schwarze Meer zu überführen.[68]

Eine positive Entscheidung fällt nachdem klar ist, daß der Transport der Boote von Kiel nach Galatz in Rumänien mit Hilfe eines Spezialwagens auf dem Landweg zwischen Dresden und Ingolstadt bewerkstelligt werden kann. Eine erste Gruppe von drei Booten – U 9, U 19 und U 24 – wird im Laufe des Frühjahrs 1942 der Ausbildung entzogen und in Kiel auf den Transport vorbereitet. Die zweite Gruppe – U 18, U 20 und U 23 – folgt im Sommer. In nur rund 45 Tagen pro Boot werden sie auf der rumänischen Marinewerft in Galatz einsatzbereit gemacht. U 24 steht am 14. Oktober 1942 wieder in Dienst und U 23, als letztes Boot, am 3. Juni 1943.

Die notwendigen Einrichtungen in ihrem neuen Einsatzhafen Konstanza wurden ab Februar 1942 geschaffen und standen rechtzeitig zur Verfügung. U 24 konnte am 24. Oktober zur ersten Unternehmung eines deutschen U-Bootes im Schwarzen Meer in See gehen.

**Aushilfen**

Am Anfang des Jahres 1942 ist für die Marine die Frage, wie man bei der uneingeschränkten Seeherrschaft der Russen im Schwarzen Meer dem Heer bei den nach der Winterperiode wieder beginnenden Operationen helfen kann.

Nachschubprobleme über See bedürfen einer befriedigenden Lösung, aber wegen fehlender Kräfte kommt man über eine Beschreibung der Lage einstweilen nicht hinaus. Am 18. Januar wird der Bestand der russischen Schwarzmeerflotte den rumänischen Kräften gegenübergestellt, und das sieht nicht gut aus:

Die Russen haben immer noch

1 Schlachtschiff

5 Kreuzer

2 Flottillenführer

15 Zerstörer

41 U-Boote und eine Reihe von Hilfsschiffen.

Dagegen stehen die nicht voll kriegsbereiten rumänischen Kräfte:

4 Zerstörer

1 S-Boot

1 U-Boot.

Daß die Marine unter diesen Umständen keine Gewährleistung für umfangreiche, vom Heer geforderte Nachschubleistungen übernehmen kann, liegt auf der Hand, und so kann die Skl nur feststellen: »*Die Zerschlagung der beträchtlichen Offensivkraft der russischen Schwarzmeerflotte ist Voraussetzung für die im Rahmen des verfügbaren Schiffsraumes möglichen Nachschubleistungen nach den eroberten Häfen, sobald die Eisbehinderung aufhört.*«[69]

Das Heer macht sich seinerseits auch Gedanken um die möglichen Wirkungen, die von der Seeherrschaft des Gegners ausgehen. Der Generalstab des Heeres richtet am 21. Januar 1942 folgendes Fernschreiben an OKW/W.F.St.:

»*Bei der Bedeutung der Krim für weitere Operationen gegen den Kaukasus und als Basis für russische Luftangriffe gegen Rumänien sowie infolge des Wertes von Sewastopol für die russische Flotte, muß auch nach Abschluß der Kämpfe auf*

*der Krim mit erneuten russischen Landungsversuchen ge-*
*rechnet werden. Es wird daher erforderlich sein, die Kampf-*
*führung auf der Krim unter einem einheitlichen Oberbefehl*
*zusammenzufassen. OKH bittet deshalb, einen Marinebe-*
*fehlshaber für die Krim zu ernennen, ihn AOK 11 zu unter-*
*stellen und ihm die Verantwortung für den Ausbau des Kü-*
*stenschutzes durch die Kriegsmarine zu übertragen.«*[70]

Auch das drückt Hilflosigkeit aus, gesteht vergessene Vorauspla-
nung ein und sucht Verantwortung abzuwälzen auf jemand anderen, von dem man genau weiß, daß auch er nicht über die erforderlichen Mittel zur Problemlösung verfügt.

Wie desolat schon in dieser Zeit die Gesamtkriegsführung ist,
erhellt auch ein Vorgang besonderer Art, von dem die Marine betroffen ist.

Die Lagebesprechung beim Chef der Seekriegsleitung am 22.
Januar ergibt unter Besonderes:

*»Hitler rechnet in Kürze mit englisch/amerikanischem An-*
*griff auf Nordnorwegen mit Unterstützung Schwedens zur*
*Wegnahme der deutschen Erzbasis. Für Kriegsmarine wird*
*deswegen befohlen, jedes Fahrzeug, auch U-Boote, dort ein-*
*zusetzen. Nur Mittelmeer-U-Boote sind ausgenommen.«*

Schon am nächsten Tag vermerkt man bei der Skl unter Besonderes:

*»Hitler freut sich über die steigende Versenkungsziffer vor*
*der USA-Küste und äußert den Wunsch, die Boote dort lau-*
*fend stehen zu lassen. Skl stellt hierzu fest, daß dieser*
*Wunsch des Führers, der stark von dem am 22. Januar an C/*
*Skl erteilten Befehl abweicht, von Bedeutung ist.«*[71]

Die von Dönitz verfolgte Strategie bestätigt sich mit dem »Pauken-
schlag« vor der amerikanischen Küste, aber ihm fehlen die U-Boote, die im Mittelmeer gebunden sind und dort kaum Chancen haben. Die U-Boote für das Schwarze Meer können erst gegen Ende
1942 in das Seekriegsgeschehen eingreifen, aber die Boote der 1. S-
Flottille werden ab Mai einsatzbereit sein, und sobald ihre Verlegung nach Rumänien abgeschlossen ist, soll die 3. R-Flottille mit
acht Booten folgen.

Bis Mai kann auch mit der Bereitstellung von vier italienischen MAS-Booten und vier kleinen U-Booten (fünf Mann Besatzung, 36/45 t) gerechnet werden. Weitere sollen später folgen.

## CB-Klasse:
### Längsschnitt, Seitenansicht und Querschnitt

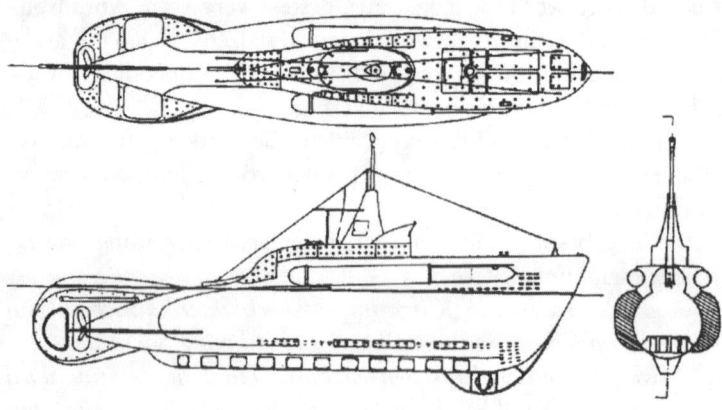

Das Heranschaffen von Seekampfmitteln für das Schwarze Meer hat endlich begonnen, als aber AOK 11 Anfang Februar 1942 bei der Skl anfragt, ob Unterstützung von See her bei dem für 15. März vorgesehenen Angriff auf Sewastopol möglich sei, kann die Antwort nur lauten: So gut wie gar nicht, weil S-Boote erst im Mai eintreffen, rumänisches U-Boot erst im April einsatzbereit und der Rest der rumänischen Streitkräfte dafür untauglich ist.

Der Chef 1 Skl ist zu Besprechungen am 6. und 7. Februar 1942 im Hauptquartier des Wehrmachtführungsstabes. Generaloberst Halder, Chef des Generalstabes des Heeres, schildert dabei die schwierige Lage auf der Krim, die weitgehend auf die uneingeschränkte Seeherrschaft der Russen im Schwarzen Meer zurückzuführen ist, und bittet dringend um Unterstützung der Marine, vor allem durch Einsatz von Minen zum Schutz der für russische Lan-

dungen geeigneten Häfen und Küstenstrecken und als Gegenmaß-
nahme gegen russische Freizügigkeit zur See.[72]

Vor Mai kann die Marine kaum tätig werden. Sie sieht die
Hauptverantwortung für die Bekämpfung der sowjetischen
Schwarzmeerflotte nach wie vor bei der Luftwaffe. Die aber ist der
Meinung, sie solle das Heer unmittelbar unterstützen und habe
deswegen Nachschubschiffe beim Anlanden mit erster Priorität zu
bekämpfen. Immerhin erhält die Luftflotte 4 am 16. Februar Führerweisung, daß im Hinblick auf die kommende Schlamm- und
Schlechtwetterperiode der Überwachung des Küstenraumes zwischen Sewastopol und der Kertsch-Enge ganz besondere Bedeutung beizumessen ist. Feindliche Landungsversuche müssen,
soweit es die Wetterlage zuläßt, in jedem Fall vernichtend zerschlagen werden.[73]

Im Sinne dieser Weisung konnte die Luftwaffe sich schon am
27. Februar 1942 betätigen, als am frühen Morgen ein feindlicher
Großangriff mit dem Schwerpunkt Feodosia-Front begann und
Anfangserfolge erzielte.

Die sowjetische Schwarzmeerflotte brachte am 1. März einen
aus sieben Transportern bestehenden Geleitzug nach Sewastopol. Die materielle und personelle Verstärkung der russischen
Kräfte auf der Krim unterstrich erneut, welche Bedeutung Sewastopol für den Gegner hatte. Eigene Aufklärung erfaßte im Zusammenhang mit diesem Geleit drei Kreuzer, drei Zerstörer und
im Seegebiet südlich der Krim acht U-Boote. Dagegen gab es
deutscherseits nichts auch nur annähernd Vergleichbares, aber
wenigstens war ja die Zuführung von leichten Seestreitkräften
eingeleitet, solchen, die man auf der Straße und über Flüsse
transportieren konnte.

# VIII. Wunschvorstellungen

Die deutsche Wehrmacht hatte zwischen dem Beginn des Rußlandfeldzuges und Februar 1942 rund 30 Prozent der durch-
schnittlichen Stärke des Heeres von 3,2 Millionen Mann an Ver-
wundeten, Gefallenen und Vermißten verloren. Halder, aus dessen
Tagebuchaufzeichnungen diese Angabe stammt, war mit anderen
Generalen der Auffassung, daß man sich deswegen weitgreifende
Offensivoperationen im Sommer 1942 nicht leisten könne. Vielmehr ginge es um Frontverkürzung und Bereinigung von tiefen
Einbrüchen und das Wiederherstellen der Querverbindungen. Außerdem galt es Reserven zu bilden, um den Russen bei zu erwartenden Angriffen mit kräftig geführten Gegenstößen ständige Niederlagen bereiten zu können.

Hitler aber wollte 1942 erreichen, was im Vorjahr nicht gelungen war: Vernichtung der Roten Armee und Erreichen der generel-
len Linie Wolga–Archangelsk. Das kaukasische Öl mußte unter
deutsche Kontrolle kommen, um auch nach dem Kriegseintritt der
USA für einen langen Krieg gerüstet zu sein. Der Bogen der
Wunschvorstellungen spannt sich sogar noch weiter: Der Nahe
Osten könnte mit einer Zange über Ägypten und den Kaukasus
den Engländern entrissen und damit die »Festung Europa« für alle
Zeiten unangreifbar gemacht werden.

Alles war also in eine kühne Offensive in Richtung Kaukasus zu
werfen, wobei die linke Flanke durch die Eroberung von Stalingrad zuverlässig abgesichert werden sollte. Der Befehl zu einem
solchen Vorgehen wurde mit der Weisung Nr. 41 vom 5. April
1942 von Hitler erteilt.[74]

Die Seekriegsleitung unter Großadmiral Raeder hatte sich auch
Gedanken über die Möglichkeiten zur Fortführung des Krieges ge-
macht. Am 25. Februar 1942 entstand eine Denkschrift mit dem
Titel:

»Welche strategischen Forderungen ergeben sich aus der gegenwärtigen Lage für die weitere Kriegführung der Dreierpaktmäch-
te?«

Aus einer sehr gründlichen Lageanalyse kommt die Skl zu der Empfehlung:

– Stoß nach Südosten zum und über den Kaukasus,
– Gewinnung des kaukasischen Ölgebietes,
– Verhalten im Mittelabschnitt,
– Nichteinnahme Moskaus,
– Eroberung Leningrads,
– Stoß auf Suez.

Zur Türkei und zum Schwarzen Meer findet sich in dieser Denkschrift folgender Text:

> *»Haltung Türkei wird mit Einnahme Suez endgültig im Sinne deutscher Kriegführung beeinflußt. Stillschweigende Durchfahrt von Seestreitkräften und U-Booten vom Mittelmeer zum Schwarzen Meer zu erwarten.«*

Die von Raeder unterzeichnete Denkschrift hat dieses Schlußwort:

> *»Die wichtigste strategische Forderung ist Ölgewinnung. Die für die weitere Kriegsentwicklung bedeutsamste strategische Schlüsselstellung ist Suez. Die Seekriegsleitung ist davon überzeugt, daß eine baldige erfolgreiche Offensive gegen die britische Hauptschlagader, den Suezkanal, und die spätere Herstellung einer Seeverbindung mit Japan eine vernichtende Auswirkung für die angelsächsische Kriegführung hat und damit von kriegsentscheidender Bedeutung ist.«*[75]

Gegen diese strategische Analyse erhob Generalfeldmarschall Wilhelm Keitel für das OKW Einspruch mit dem Bemerken, sie sei nur aus seestrategischer Sicht der Lage entstanden und berücksichtige nicht die Erfordernisse der Gesamtkriegführung. Die Herausgabe weiterer Analysen dieser Art ohne ausdrückliche Genehmigung durch Hitler wurde verboten. Sie ist somit die letzte, von OKW unbeeinflußte Lageanalyse der Skl. Die Weisung Nr. 41 vom 5. April trägt erkennbare Züge dieser Denkschrift. Der Verlauf der folgenden Ereignisse scheint aber die Bedenken Keitels zu rechtfertigen, denn neben aus Ungeduld Hitlers entstandenen Führungsfehlern im Ablauf der geplanten Operationen wurde rasch deutlich, daß die zur Verfügung gestellten Kräfte für eine solche Operation bei weitem nicht ausreichten.

Das Thema »Russische Seeherrschaft im Schwarzen Meer« ist allein aufgrund so hochfliegender Pläne noch nicht vom Tisch. Es harrt noch einer Lösung, für die die im Zulauf befindlichen Seekampfmittel der Marine allein niemals ausreichen werden. Um hier keine falschen Vorstellungen und Erwartungen aufkommen zu lassen und vor dem Hintergrund der negativen Erfahrungen des Jahres 1941 wendet sich das Oberkommando der Kriegsmarine mit einem Schreiben vom 2. April 1942 an das OKW und den Oberbefehlshaber der Luftwaffe:

»*Betr.: Russische Seeherrschaft im Schwarzen Meer. Die gemeinsam mit dem Generalstab des Heeres getroffenen Vorüberlegungen für den für die Bewegungen des Heeres in Südrußland erforderlichen Nachschub über See, dessen Durchführung und Schutz die Marine als ihre Hauptaufgabe ansieht, bestätigen die Auffassung, daß wegen der geringen Zahl und Stärke der z.Vfg. stehenden eigenen Seestreitkräfte, die Bedrohung des eigenen Nachschubs durch die Russen mit den Mitteln der Kriegsmarine allein nicht ausgeschaltet werden kann. Der beabsichtigte Einsatz von eigenen Seekampfmitteln im Schwarzen Meer (S-Boote, später U-Boote) gibt zwar gewisse Aussichten für erfolgreiches offensives Vorgehen gegen die russische Flotte, die eigenen Mittel bleiben jedoch denen der Russen stets unterlegen, die, solange ihre Einsatzbereitschaft besteht, eine dauernde Bedrohung unserer Seeverbindungen darstellen.*

*Nach Ansicht der Skl kann diese Bedrohung nur dadurch ausgeschaltet werden, daß durch Besetzen des letzten Stützpunktes der russischen Flotte die Operationsmöglichkeiten genommen werden. Solange das nicht der Fall ist, ist die Vernichtung der Flotte, u.U. in ihren Stützpunkten, eine Aufgabe, durch deren Lösung allein eine wirkungsvolle Sicherung des eigenen Seeverkehrs im Schwarzen Meer erreicht werden kann. Diese Aufgabe fällt neben den Seekampfmitteln der*

*Marine auch den Luftstreitkräften zu. Je frühzeitiger und erfolgreicher der Einsatz erfolgt, um so stärker wird die Auswirkung auf die Möglichkeit der Durchführung des Nachschubs über See bzw. der Transportbewegungen aus dem Kaukasus nach Rumänien sein.«*[76]

Von ihrem Verbindungsoffizier im OKH erhält die Skl am 18. April 1942 diese Meldung:

>*Der ursprünglich auf den 10.4. angesetzte Angriff auf Kertsch ist jetzt für den 5.5. geplant. Die Verzögerung ist durch die Schwierigkeiten in der Bevorratung entstanden. Anschließend soll der Angriff auf Isjum vorgetragen werden. Erst dann kann der Angriff auf Sewastopol starten. Somit wird der Fall von Sewastopol wieder weiter herausgeschoben, etwa Mitte Juni frühestens.«*[77]

Hitler hatte die Eroberung von Kertsch und Sewastopol zur Voraussetzung für den Beginn des Angriffs in Richtung Wolga und Kaukasus gemacht.

Kertsch konnte bis zum 15. Mai wieder erobert werden, aber wegen der ständigen Versorgung und Verstärkung durch die Flotte konnte sich Sewastopol bis zum 3. Juli halten. Trotzdem war der Angriff Richtung Kaukasus und Wolga unter dem Stichwort »Fall Blau« schon am 28. Juni eingeleitet worden. Zunächst ging alles nach Plan. Am 9. August wird das Ölfeld bei Maikop in Besitz genommen, am 21. August sind deutsche Soldaten auf dem Elbrus, noch im August wird der Terek erreicht, und am 13. September beginnt der Angriff auf Stalingrad.

Was aber für die Nachschubsicherung im Schwarzen Meer wichtig gewesen wäre gelingt nicht: die Eroberung der Schwarzmeerhäfen von Gelendschik bis Batum. Mit dem Beginn der sowjetischen Gegenoffensive bei Stalingrad am 19. November 1942 und der dann folgenden Einschließung der 6. deutschen Armee muß der Rückzug aus dem Kaukasus angetreten werden.

Der Krieg beginnt eine dramatische Wende zu nehmen. Von nun an kämpfen die Achsenmächte nicht mehr um den Sieg, sondern nur noch gegen die unabwendbare Niederlage.

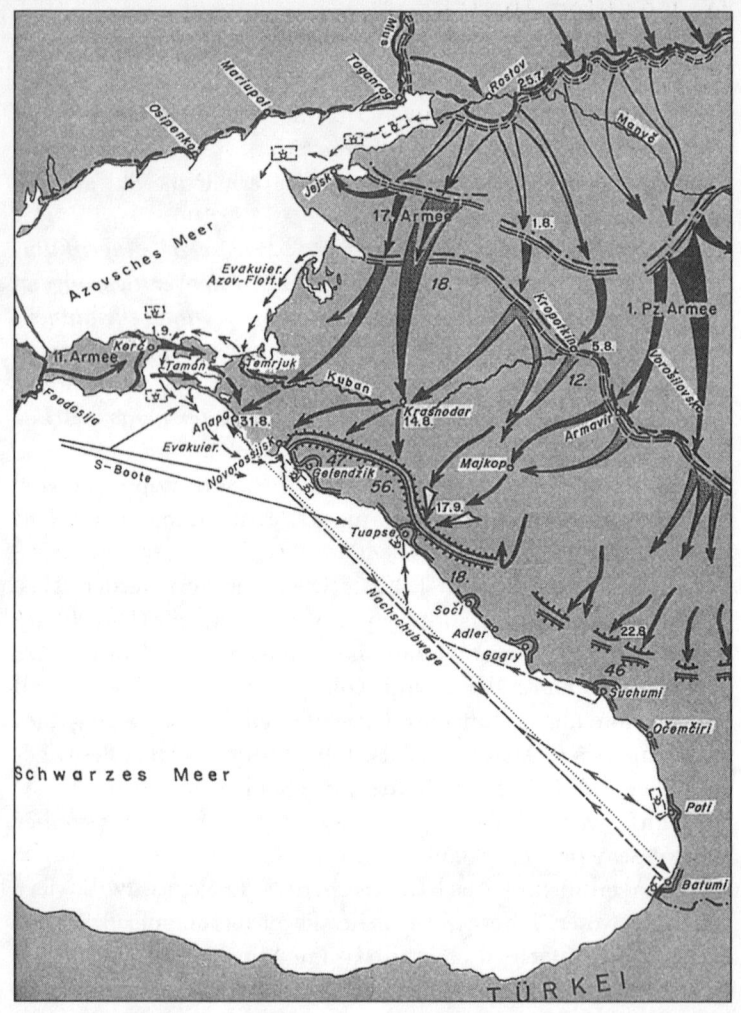

*Der deutsche Vormarsch zum Kaukasus, Juli–September 1942*
*Aus: »Seemacht«, Potter, Nimitz, Rohwer, erschienen bei Bernhard & Graefe,*
*Frankfurt/Main*
········ = *Deutsches U-Boot-Operationsgebiet*
———— = *Deutsches S-Boot-Operationsgebiet*
– – – – = *Sowjetische Nachschubwege*

# IX. Der Weg zurück

## Von Niederlage zu Niederlage

Das afrikanische Stück der gedachten Zange zerbrach bereits, als Rommel bei El Alamein liegen blieb und dem Druck der am 23. Oktober 1942 beginnenden britischen Gegenoffensive nicht standhalten konnte. Die Herrschaft über die Meere hat es erlaubt, ungehindert Truppen und Material durch den Indischen Ozean nach Ägypten zu schaffen. Gleichzeitig war der Nachschubverkehr der Achse für das Afrika-Korps praktisch zum Erliegen gekommen, weil die italienische Flotte und Luftwaffe nicht in der Lage waren, wenigstens zeitweise in begrenzten Seegebieten die Seeherrschaft zu erringen. Ein weiteres Stück »Seeherrschaft« wird von den Angelsachsen mit der Landung amerikanischer und britischer Truppen in Marokko und Algerien geschrieben. Das war Anfang November, und kurz darauf ist die 6. Armee in Stalingrad eingeschlossen. Am 2. Februar 1943 kapituliert Generalfeldmarschall Paulus, von Hitler noch zu diesem Dienstgrad befördert, weil noch nie ein Feldmarschall kapituliert hatte!

Wenig später, am 14. Februar, erobern die Russen Rostow und stehen wieder am Asowschen Meer. Den deutschen Verbänden, die sich im Kubanbrückenkopf zusammendrängen, bleibt nur noch die Kertsch-Straße für Versorgung und Rückzug.

Am 31. Juli 1943 nehmen die Russen ihre Angriffe gegen diesen Brückenkopf erneut auf und erzielen Mitte August erste Einbrüche bei den deutschen Truppen. Wegen der vor allem im Mittelabschnitt fehlenden Reserven wird ins Auge gefaßt, den Kubanbrückenkopf zu räumen, Hitler fürchtet jedoch negative politische Auswirkungen bei den verbündeten Schwarzmeeranrainern und verzögert diese Maßnahme noch bis zum Oktober. Am 9. Oktober wird der Rückzug über die Taman-Halbinsel und die Kertschstraße abgeschlossen.

Im Mai haben die deutschen Truppen in Afrika kapitulieren müssen, im Juli landen die Alliierten auf Sizilien, Mussolini wird abgesetzt, und der neue Ministerpräsident Marschall Pietro Badoglio erklärt den Deutschen im Oktober den Krieg.

Mit dem Zusammenbruch des U-Boot-Krieges im Atlantik seit Mai 1943 entstehen die Voraussetzungen für die spätere Landung der Alliierten in der Normandie und damit die Eröffnung der seit langem von Stalin geforderten zweiten Front.

Die russische Frühjahrsoffensive gewinnt Raum in der Ukraine, befreit Odessa im April und Sewastopol im Mai 1944.

Im Juli stehen russische Truppen vor Warschau, im August kapituliert Rumänien, und de Gaulle zieht in Paris ein.

Der Krieg ist verloren, aber er kann nicht beendet werden, solange Hitler lebt. Er wollte, daß dieses zum Sieg unfähige Deutschland mit ihm untergeht – und er hätte es fast erreicht!

### Zu spät und zu wenig

Was in der Planung für den Angriff auf die Sowjetunion nicht bedacht worden war, nämlich eine Antwort auf die Frage: »Wie hält man die Schwarzmeerflotte in Schach, bis sie durch die rasch vordringende Wehrmacht ihres letzten Stützpunktes beraubt ist und entweder bei dem Versuch durch die Meerengen auszubrechen versenkt oder interniert wurde, oder aber sich ergeben hat?«, das mußte nach der Winterkatastrophe 1941 schnellstens nachgeholt werden.

An Energie und Einfallsreichtum hat es gewiß nicht gefehlt, aber nachdem sich der illegale Weg größerer Marineeinheiten durch Dardanellen und Bosporus als zuverlässig versperrt erwiesen hatte, blieb nur noch der Rückgriff auf kleine, Fluß-Land-Fluß-transportable Einheiten.

Von Anfang an war dabei klar, daß man von ihnen keine Wunder erwarten durfte. Gegen ein Schlachtschiff, Kreuzer, Zerstörer und eine große Zahl von U-Booten konnten sie nicht erfolgreich sein. Aber bei rücksichtslosem Einsatz gelang es ihnen wenigstens, für eine einigermaßen hinreichende Sicherung des eigenen Nachschubs entlang der besetzten Küsten zu sorgen und mit den offen-

sivfähigen Einheiten, also S- und U-Booten, die bislang uneingeschränkte Handlungs- und Bewegungsfreiheit der sowjetischen
Kriegs- und Handelsschiffe mit so hohem Risiko zu belasten, daß
sich daraus schließlich eine Art Paralysierung entwickelte.

Ab Mai 1942 traf die 1. S-Flottille im Schwarzen Meer ein. Mit
Hauptstützpunkt Konstanza operierten die Boote von dem Einsatzhafen Iwan Baba auf der Krim gegen Schiffsverkehr im Bereich
etwa nördlich Tuapse. Ab Ende Oktober traten dann die U-Boote
an der Kaukasusküste auf. Ihre Operationsgebiete reichten im
Norden von Kap Idokopas, zwischen Gelendschik und Tuapse, bis
an die seewärtige Verlängerung der sowjetisch-türkischen Grenze
südlich Batum.

Die Zahl der über den sehr beschwerlichen Fluß-Land-Fluß-
Weg von 1942 bis 1944 transportierten kleinen Seekriegsmittel ist
beeindruckend.

Neben kleinen Küstenmotorschiffen, Tankleichtern, Schleppern
und Hilfsfahrzeugen aller Art waren das:

16 Schnellboote,

23 Minenräumboote,

6 U-Boote,

50 Marinefährprähme und

26 U-Jäger.

Gemessen an den Aufgaben und der Ausdehnung der ständig zu
besetzenden Seeräume schrumpft diese Zahl auf eine marginale
Größe. Die Übersicht über die Einsätze der sechs U-Boote der 30.
U-Flottille von November 1942 bis September 1944 (Anlage 3)[78]
weist deutlich aus, wie unzureichend diese wenigen, noch dazu alten und wenig leistungsfähigen Boote, was Geschwindigkeit und
Einsatzdauer angeht, für eine permanente Mehrfachabdeckung
der Verkehrswege entlang der Kaukasusküste waren. Die im Atlantik geltende Faustformel für die im Operationsgebiet verfügba-
re Zahl von U-Booten fand, in verkleinertem Maßstab, auch im
Schwarzen Meer ihre Gültigkeit: ein Drittel auf An- und Abmarsch, ein Drittel in der Werft und ein Drittel aller verfügbaren
Boote im Operationsgebiet. Und schon dieses Verhältnis war nur

zu erreichen durch eine Verdopplung der ursprünglich konstruktiv vorgegebenen Einsatzdauer von ca. 14 auf ca. 30 Tage.

All dieser Einschränkungen ungeachtet setzte die Seekriegsleitung große Hoffnungen auf den Einsatz der kleinen U-Boote im Schwarzen Meer. Am 24. November 1942, als U 24 zu seiner zweiten Unternehmung auslief, richtete 1 Skl unter Nr. 2433/42 gKdos.Chefs folgendes Schreiben an die MarinegruppeSüd Op.:

*»Betr.: Einsatz deutscher U-Boote im Schwarzen Meer. Skl mißt dem Einsatz deutscher U-Boote im Schwarzen Meer bei bestehendem Mangel an sonstigen Streitkräften und möglichen Auswirkungen Entwicklung Nordafrika ganz besondere Bedeutung für Gesamtkriegführung bei.«*

Durch den Hinweis auf Nordafrika und die Gesamtkriegführung wird man an die Denkschrift der Skl vom 25. Februar 1942 erinnert, in der die Vorstellung von der »Zange« – Kaukasus und Ägypten – entwickelt worden war, Gedanken, die Hitler in seinen Operationsplan für 1942 übernommen hatte. Nur jetzt, im November, war diese Wunschvorstellung schon geplatzt Rommel kam nicht weiter als El Alamein, und die Russen schickten sich gerade an, bei Stalingrad die kriegsentscheidende Gegenoffensive zu beginnen.

Auch der Chef des Generalstabes setzt offenbar Hoffnungen auf den U-Boot-Einsatz. Beim Vortrag vor Hitler am 4. Januar 1943 zur Lage auf der Krim regt er an, die Kriegsmarine möge U-Boote in Häfen der Krim und S-Boote nach Feodosia verlegen. Hitler soll dem zugestimmt haben. Die Skl ordnete daraufhin an, zunächst Versorgungsmöglichkeiten für Brennstoff, Wasser, Torpedos und Lebensmittel für U-Boote in Sewastopol zu schaffen und gleiche Möglichkeiten in weiteren Krimhäfen vorzusehen.

Noch im Januar 1943 meinte 1 Skl IU, Iwan Baba sei für U-Boote besonders geeignet, aber damit hätte man »alle Eier in ein Nest« gelegt, denn von diesem kleinen Hafen unweit der russisch besetzten Kaukasusküste operierten auch die Boote der 1. S-Flottille. Deren Verlegung nach Feodosia hätte die Anmarschwege in die Operationsgebiete kaum verkürzt, aber die Bedrohung aus der Luft während der Hafenzeiten erheblich verschärft. Die U-Boot-

Besatzungen hatten in dieser Hinsicht bei kurzen Zwischenaufenthalten schlechte Erfahrungen gemacht.

Die insgesamt ungünstige Lageentwicklung drückt sich auch aus in den Eingriffen in die Führung und den Ansatz der U-Boote, die bei dem dafür verantwortlichen Flottillenchef lag, der zu diesem Zweck dem Stab des Admiral Schwarzes Meer auf der Krim beigestellt war. Am 4. Februar 1943 schrieb 1 Skl Iu op unter 681/43 gKdos Chefs an MarinegruppeSüd, nachr.ASM.

>*Betr.: Richtlinien für den U-Boot-Einsatz Schwarzes Meer. Aufstellung ausschließlich unter der Küste im Seegebiet größter Verkehrsdichte, z.Zt. etwa, zwischen Tuapse und Pizunda. Kein Sondereinsatz mit der Absicht alleiniger Bekämpfung von Seestreitkräften, desgleichen kein Einsatz im freien Seeraum oder als defensive Maßnahme.*«

Ganz offensichtlich war man von den wenigen Versenkungserfolgen im Verlaufe der ersten Unternehmungen im Schwarzen Meer enttäuscht. Unter dem Datum 1. April 1943 schrieb der gleiche 1 Skl Iu an MarinegruppeSüd :

>*Zuführung weiterer U-Boote im Hinblick auf Konzentration der Kräfte wie auch auf geringe Erfolgsaussichten im Schwarzen Meer vorerst nicht beabsichtigt. Für spätere Auffüllung Auswirkung vorhandener 6 U-Boote maßgebend.*«

Nervosität und Ungeduld werden spürbar, denn zu diesem Zeitpunkt sind ja erst drei U-Boote überhaupt einsatzbereit, und die müssen auf ihren ersten Unternehmungen zunächst einmal die örtlichen Verhältnisse vor der Kaukasusküste buchstäblich »erfahren«. Über die Lage von russischen Minensperren gab es z.B. nur sehr vage Vermutungen, und es war angesichts der geringen Bootszahlen schon ein kaum zu rechtfertigendes Wagnis, die als störend empfundenen Minensperren, die man den Booten in ihre Seekarten aus dem Jahr 1898 gezeichnet hatte, einfach mit dem Radiergummi zu beseitigen. Das tat dann der Kommandant von U 18, mit Glück und Erfolg, aber seine Besatzung hat das Scheuern der Minenankertaue am Druckkörper des Bootes lange nicht vergessen!

Ob und wie die U-Boot-Kapazität im Schwarzen Meer erweitert werden sollte, das entschied der dann schon Oberbefehlshaber der Kriegsmarine Großadmiral Dönitz am 5. August 1943 mit der Anordnung, die neuen Boote des Typs XXIII in erster Linie im Mittelmeer und im Schwarzen Meer einzusetzen.[79] Die Frage der Erfolgsaussichten wurde nach dem Mai 1943, dem Beginn des verlustreichen Zusammenbruchs des U-Boot-Krieges im Atlantik, offensichtlich neu bewertet.

Als nüchterne und objektive Wertung des U-Boot-Einsatzes im Schwarzen Meer gilt der Tätigkeitsbericht des Admiral Schwarzes Meer für das Jahr 1943. Dort heißt es:

>>II. *Offensive Seekriegführung 1943*

b) *30. U-Flottille war mit 6 Booten während des ganzen Jahres fast ausschließlich unter der Kaukasusküste mit Schwerpunkt im südostwärtigen Teil, d.h. im Gebiet außerhalb der Reichweite unserer S-Boote, eingesetzt.*

*Auf insgesamt 30 Feindfahrten, 792 Seetage, 71 636 sm zurückgelegt, 63 Torpedos geschossen, 12 Fahrzeuge versenkt mit insgesamt 29 300 BRT außerdem 1 U-Jäger, 1 Geleitboot (800 t), 1 Bewacher (100 t) und 1 U-Bootfalle (800 t).*

*Vor Poti wurde eine TMB-Sperre gelegt, die nach Gefangenenaussagen zum Verlust von zwei Dampfern führte.*

*Bei der Beurteilung der Erfolge ist die schon erwähnte Zurückhaltung der Flotte in ihren Stützpunkten zu berücksichtigen. Nach dem Verlust einiger großer Dampfer hat der Gegner seinen Nachschubverkehr unter dem Kaukasus mit Fahrzeugen geringer Tonnage, meist Küstenfrachter und Leichter, durchgeführt, die wegen geringen Tiefgangs wenig Treffaussichten boten bzw. den Torpedoeinsatz nicht lohnten.«*

Man erkennt an diesen zurückhaltenden Formulierungen unschwer, vor welchen Schwierigkeiten die kleinen U-Boote standen, die ganz sicher ihre Chancen mit Torpedos gegen größere Schiffe wie auch Küstenschiffe und natürlich Kriegsschiffe hatten, sofern diese gerade ihres Weges kamen. Der Russe war ja ein durchaus geschickter Gegner, der selbstverständlich die Möglichkeiten auf seiner Seite unverzüglich auszunutzen begann, als mit dem Auftreten der U-Boote, sozusagen vor seiner Haustür, die Benutzung der offenen See zu gefährlich wurde. Der Verkehr wurde unmittelbar unter die Küste verlegt, etwa entlang der 10-m-Linie. Die notwendige Sicherung konnte sich so auf einen seewärtigen Halbkreis konzentrieren, während Flugboote vom Typ MBR II vor und über solchen Küstengeleiten lediglich den durch die äußerste Torpedoreichweite eingegrenzten Seeraum zu überwachen hatten.

Besonders kritische Küstenabschnitte konnten durch Minensperren gesichert werden, und es gab im Bereich wichtiger Häfen weite Strecken relativ flachen Wassers, auf das sich ein angreifendes U-Boot vorwagen mußte, wollte es auf Torpedoschußentfernung an ein torpedowürdiges Ziel herankommen. Bei den besonders in den Sommermonaten lang anhaltenden Schönwetterperioden mit oft spiegelglatter See gab es zwei zusätzlich erschwerende Faktoren für den Angreifer: Selbst bei geringster Unterwasserfahrt von nur zwei sm/h war auch der kürzeste Sehrohrgebrauch wegen der unvermeidlichen Unterbrechung des glatten Oberflächenwassers weithin sichtbar und verräterisch. Spätestens ab 9.00 Uhr morgens, wenn die Sonne hoch genug über den Bergkämmen des Kaukasus stand, begann sich der Schatten des über flachen und hellen Sanduntergrund heranschleichenden Bootes deutlich sichtbar aus der Luft abzuzeichnen. Die langsamen Flugboote des erwähnten Typs waren für eine derartige Aufklärung besonders geeignet.

Nach Versenkungserfolgen kamen größere Schiffe immer weniger zum Einsatz, und meist folgte dann auch noch eine Verkehrspause von bis zu drei Wochen. In dieser Zeit wurden notwendige Transporte mit kleinsten Einheiten im Ameisenverkehr zumeist in der Nacht abgewickelt. Dagegen war die Hauptwaffe der U-Boote nutzlos, und ihre Artillerie bestand in der Endphase aus 3x2-cm-Flak-Geschützen, mit denen es allenfalls gelang, eines der Wachboote auf Distanz zu halten oder bestenfalls in Brand zu schießen. Größere Kaliber konnten die kleinen Boote aus Stabilitätsgründen nicht tragen, und U-Boote sind nun mal von ihrer Konstruktion und Aufgabe her keine Artillerieträger. Eigentlich gegen jede Vernunft ließen sich U-Boote in einigen Fällen gewollt auf Überwassergefechte mit russischen Kanonenbooten ein, wenn das Überraschungsmoment voll genutzt werden konnte. Es blieb immer irrational, weil nur ein einziger Treffer der 4-cm-Kanonen des Gegners das U-Boot tauchunfähig machen konnte, und das hätte bei seiner geringen Geschwindigkeit das sichere Ende bedeutet.

Daß es trotzdem gewagt wurde, ist Ausdruck und Eingeständnis der eigenen Hilflosigkeit und des sich Stemmens gegen eine Situation, der man sich nicht tatenlos unterwerfen wollte.

So hat es offenbar auch der Chef der 30. U-Flottille im Stab des Admiral Schwarzes Meer empfunden, als das Heer im November in allergrößte Schwierigkeiten geriet und die 17. deutsche Armee auf der Krim eingeschlossen worden war.

Am 4. November 1943 empfingen die drei in See stechenden Boote folgenden Funkspruch:

> *»KR an U 23, U 18, U19 –:*
>
> 1. *Wir müssen das Heer moralisch durch Erfolgsmeldung unterstützen.*
> 2. *Versenkt, versenkt, notfalls mit Artillerie.*
> 3. *Vorgeschobener rechter Flügel der Ostfront verlangt Einsatz ohne Rücksicht auf Boot und Männer. Augen auf Stiel, alle Rohre klar, Alarm, hinein.*
>
> *– Chef 30 U-Fl. –«*[80]

Noch deutlicher kann sich Verzweiflung kaum ausdrücken. Daß eine solche Aufforderung, sich »verheizen« zu lassen, von den Adressaten gar nicht in diesem Sinne aufgefaßt wurde, ist ein Phänomen, das nur mit dem ausgeprägten »Wir-U-Boot-Fahrer«-Gefühl und der starken emotionalen Bindung an »unseren« Chef zu erklären ist.

Der eigentliche Erfolg des Einsatzes von U-Booten im Schwarzen Meer kommt bei der Bewertung der Feindtätigkeit im Jahresbericht des ASM zum Ausdruck:

*»Feindtätigkeit:*

*a) Überwasserstreitkräfte: Die russische Kernflotte hat im Jahre 1943, soweit bekannt, ihre Häfen Poti und Batum nicht verlassen.«*

Zum Vergleich ist die Darstellung der russischen U-Boot-Aktivitäten in diesen gleichen Zeitraum interessant:

*b) U-Boote: noch etwa 30 U-Boote, davon im Mittel 6 im Op.Geb. bzw. auf An- und Rückmarsch. Schwerpunkt Krimküste, insbesondere Eupatoria-Bucht, Seegebiet Konstanza-Burgas und vor Bosporus.*

*1943 erfolgten 82 U-Boot-Angriffe auf Geleite und Kriegsfahrzeuge, hierbei gingen verloren:*

| | |
|---|---|
| *4 MFP* | |
| *5 Dampfer* | *20 064 BST* |
| *1 Leichter* | *500 BRT* |
| | *20 564 BRT* |

Mit wenigstens der fünffachen Zahl von U-Booten haben die Russen weniger Tonnage versenkt als die sechs Boote der 30. U-Flottille, aber sie hatten auch unter teilweise besonders schwierigen Bedingungen zu operieren, nämlich auf den Flachwassergebieten vor der Westküste des Schwarzen Meeres, wo einer der Schwerpunkte ihres Einsatzes lag. Auch in der Eupatoria-Bucht waren die Operationsmöglichkeiten erheblich eingeschränkt, größtenteils durch russische Minenfelder. Gute Einsatzbedingungen hingegen gab es vor dem Bosporus und in den Gewässern südlich der Krim.

Die Wirkung ihrer Versenkungserfolge war aber hinsichtlich des deutschen Nachschubs sicher gravierender, als das umgekehrt der Fall war. Besonders in den Schlammperioden zählte jede über See an die Front gelangende Tonne an Nachschubgütern.

Gerade als es im Sommer 1941 und dann wieder 1942 auf rechtzeitig beginnende, rasche und ständig zu nährende Landkriegsoperationen ankam, konnten alle Seekriegsmittel der sowjetischen Schwarzmeerflotte zur Unterbindung deutschen Nachschubverkehrs über See eingesetzt werden. Als ab Ende 1942 deutsche U-Boote den Kern der Flotte in die Häfen Poti und Batum verbannte, da war die Wende im Landkrieg bereits eingetreten.

Die insgesamt bis zum Herbst 1944 ins Schwarze Meer gebrachten deutschen Seekriegs- und Transportmittel vermochten die Versorgungslage zu entspannen und vor allem die Krim von ihrer Einschließung bis zur Räumung im Mai 1944 zu versorgen und dann rund 150 000 Mann über See nach Rumänien zu bringen, aber alle Anstrengungen dienten nicht mehr dem Sieg, sondern verzögerten allenfalls die Niederlage.

# X. Dem Ende entgegen

## Verlorener Stützpunkt

Der Optimismus der Führung blieb ungebrochen, trotz sich überstürzender Hiobsbotschaften von allen Fronten. Er übertrug sich sogar bis zu den Besatzungen, die mit Hingabe ihre Einsatzaufträge erfüllten.

Im Januar 1944 machten sich die Befehlsstellen der Marine von der Seekriegsleitung bis zum Admiral Schwarzes Meer noch Gedanken darüber, wie man die U-Boot-Komponente verstärken müßte, um die Versorgung der belagerten Halbinsel Krim gewährleisten zu können.

1 Skl Im beschrieb im Zusammenhang mit dieser Frage den gegenwärtigen Bestand mit sechs U-Booten, von denen drei kriegsbereit seien, und kündigte den Zugang von 15 Booten des Typs XXIII ab Mai mit monatlich zwei Einheiten an.[81]

**Typ XXIII**

Serien in Auftrag gegeben oder entworfen,
aber Bau bzw. Montage
noch nicht begonnen:

U 2446–U 2460
(Marinewerft Nikolajew, Schiffswerft Linz)

| | |
|---|---|
| **Typverdrängung:** | 232 ts aufgetaucht, 258 ts getaucht. |
| **Abmessungen:** | 34,6x4,00x3,66 m. |
| **Motorenanlage:** | Diesel: 1 MWM; E-Motoren: 1 AEG+1 (für Schleichfahrt) |
| **Höchstleistung:** | 575–630 PS aufgetaucht, 550+35 PS getaucht. |
| **Höchstgeschwindigkeit:** | 9,7 kn aufgetaucht, 12,5 kn getaucht, 3,5 kn Schleichfahrt |
| **Fahrbereich:** | 4300 sm bei 6 kn bzw. 1350 sm bei 9,7 kn aufgetaucht, 175 sm bei 4 kn bzw. 43 sm bei 10 kn getaucht. |
| **Torpedorohre:** | 2x53,3 cm vorn; Torpedos: 2 |
| **Besatzungsstärke:** | 14 |

Es dauerte nicht lange, dann wurde das Bauprogramm für das Schwarze Meer zurückgestellt, denn die Werft in Nikolajew, auf der diese neuen U-Boote aus Sektionen zusammengebaut werden sollten, war längst in russischer Hand.

Den um Seekampfmittel stets verlegenen ASM focht das nicht an. Er schlug am 5. August 1944 noch vor, und meinte das wohl auch ernst, weitere Boote des Typs IIb aus Pillau und Gotenhafen ins Schwarze Meer zu verlegen.[82]

Auch daraus wurde nichts, denn nun, im August 1944, begannen sich die Ereignisse auch im bis dahin relativ friedlichen Rumänien zu überschlagen.

U 23 war am 16. August zur 7. Unternehmung des Bootes aus

Konstanza ausgelaufen, drei Tage später verließ auch U 20 den Hafen. Der wurde durch einen überraschenden Angriff russischer Luftstreitkräfte am 20. August 1944 weitgehend verwüstet. Dabei sank U 9 an der Pier. U 18 wurde schwer, U 19 und U 24 leichter beschädigt.

Der 24. August 1944 wurde ein langer und aufregender Tag für die deutschen Dienststellen in Konstanza. Im KTB der Skl sind die Ereignisse chronologisch festgehalten (Anlage 4 und 5).

Die Russen hatten die Donau überschritten und waren mit Panzern auf dem Weg nach Süden durch die Dobrudscha, und es gab niemand, der sie hätte aufhalten können.

Die beiden im Operationsgebiet unter der Kaukasusküste stehenden U-Boote erhielten Rückmarschbefehl. Durch den Abfall Rumäniens war zusätzlich Verwirrung entstanden, denn noch wußte man nicht, wie man sich ihnen gegenüber zu verhalten hätte.

Um 2.55 Uhr meldete ASM mit Funkspruch an Mar.Gr.Süd und 1/Skl:

*»Auf Grund Entwicklung Lage Rumäniens Alarmstufe 1 befohlen. Konstanza und andere Marinestützpunkte zur Zeit noch ruhig. Hafen Konstanza durch Rumänen gesperrt, Bataillone zur Hafenbesetzung im Anmarsch. Adm. Macellariu mitteilt, daß auf Befehl Bukarest Unterstellungsverhältnis unter ASM aufgehoben. Befh.rum.9.I.D. (Dobrudscha und Küste) Befehl erteilt, Feindhandlungen gegen Deutsche zu enthalten. Lage im ganzen ungeklärt. Erbitte Anweisung für Verhalten.«*

Bereits um 3.00 Uhr übermittelte W.F.St.Op eine Führerweisung zur Niederschlagung des Putsches in Rumänien. Für den ASM heißt es darin:

*»3. Admiral Brinkmann, Admiral Schw.Meer, hat Auftrag, sich in Besitz von Konstanza zu setzen.«*

Etwas mehr als eine Stunde später wurde durch Meldungen aus Bukarest klar, daß es sich nicht um einen Putsch, sondern um einen wohlvorbereiteten Staatsstreich handelte.

Um 4.30 Uhr traf bei der Skl der folgende Befehl für ASM ein:

*»3. Führer gibt Befehl für Admiral Schwarzes Meer: Sofort Besetzung Hafen Konstanza und Umgebung durchführen.«*

Der ASM erfuhr das um 7.30 Uhr von MarinegruppeSüd mit folgender Weisung:

*»1. Mit allen Mitteln Eindringen Russen Konstanza und Benutzung Hafens verhindern.*

*2. Dabei auch gegen Rumänen alle Maßregeln treffen gegen Versuche, Erfüllung Aufgabe zu verhindern.«*

Am Nachmittag kam dann noch dieses: *»Führer weist in Lage auf Wichtigkeit Besetzung rumänischer Kriegsfahrzeuge, besonders Donaumonitore, hin.«*

Am 25. August 1944 um 15.00 Uhr meldete sich der Seekommandant Rumänien über Funk aus der Batterie »Tirpitz« (südlich außerhalb Konstanza) mit folgender Nachricht: *»Konstanza geräumt. Soldaten lagern »Tirpitz« und südlich davon. Luftwaffe und Heer restlos abgezogen.«*

Das KTB der Skl enthält zu diesen Vorgängen noch folgende Eintragungen:

> *25.8.   KR Blitz ASM, Mar. Grp.Süd*
> *SSD nachr.OKW/WFSt Op(M)*
> *SSD nachr.Adm.F.H.Qu.*
>
> *gKdos – Rot –*
> *1. Konstanza ist mit vorhandenen See- und Landstreitkräften gegen Russen und Rumänen bis zum Letzten zu verteidigen.*
> *2. Weitere vordringliche Aufgabe ASM ist der Kampf gegen russischen Donauübergang.*
>
> *25.8.   von Grp.Süd Op.*
> *U 20, U 23: Führung U-Boote Schwarzmeer übernimmt ab sofort GruppeSüd über MFS Varna.*

*Kr U 20, U 23*
*Rumänen mit in Dobrudscha eingedrungenen Russen heute nachmittag Konstanza angegriffen. Marine Landtruppen*

*heute unter Führung Seekommandant Rumänien in Batterie*
*»Tirpitz«. Führung durch Kdr.Adm.MNO Konstanza ausge-*
*schaltet. Näheres folgt. GruppeSüd Op.*
Als wir diesen Funkspruch empfingen, wußten wir, daß unser
Stützpunkt verloren war.

## Bis zum Aufbrauch der Kampfkraft

Die in See stehenden U-Boote 20 und 23 wurden von den turbu-
lenten Ereignissen in Rumänien überrascht. Schon wenige Tage
nach Beginn der Offensive gegen Rumänien überschritten»sowjetische« Verbände bei Galatz die Donau und drangen in die Dobrudscha ein. Die rumänischen Heereseinheiten waren zu nen-
nenswertem Widerstand nicht in der Lage, manche Einheiten
öffneten den angreifenden Russen die Front, in Bukarest gewannen die antideutschen Kräfte die Oberhand. Antonescu war am
23. August 1944 in den Königspalast einbestellt worden, wo man
ihn kurzerhand verhaftete. Eine neue Regierung bildete sich, und
König Michael befahl die Einstellung des Kampfes gegen die Russen. Den Deutschen gewährte er freien Abzug, die aber bombar-
dierten auf Weisung Hitlers Bukarest am 25. August, woraufhin
Rumänien Deutschland den Krieg erklärte und die rumänische Armee den Befehl erhielt, die Russen zu unterstützen.

Das Chaos war perfekt. Die Stäbe in Konstanza standen plötzlich den bisherigen Verbündeten als Feinde gegenüber. An eine
Ausführung des Führerbefehls zur Inbesitznahme von Konstanza
und seiner Verteidigung »bis zum Letzten« war mangels dazu geeigneter Kampftruppen überhaupt nicht zu denken.

Am 24. August war die Lage in Konstanza noch ruhig. Die Ha-
fensperrung war durch die Rumänen um 7.00 Uhr wiederaufgeho-
ben worden, der Personenverkehr und das Ein- und Auslaufen von
Schiffen blieb unbehindert. Auf diese Weise gelang es den fahrbereiten Einheiten, sich nach Süden in Richtung Varna abzusetzen
und die noch schwimmenden, aber nicht einsatzbereiten Schiffe
und Boote vor dem Hafen zu versenken.

Die MarinegruppeSüd erließ am 26. August 1944 die folgende Weisung:

*»ASM übernimmt ab sofort wieder die Führung sämtlicher Seestreitkräfte im Schwarzen Meer. Damit zu rechnen, daß aus politischen Gründen Führung kurzfristig wieder an Gruppe abgegeben werden muß, deshalb Gruppe laufend eingehend unterrichtet halten. An von Gruppe befohlener U-Bootaufstellung ändert sich nichts. Aufgabe Seestreitkräfte ist und bleibt Kampf gegen russische Seestreitkräfte und Unterstützung des Heeres im Sinne ergangener Weisung. Maßnahmen sind darauf auszurichten. Nicht einsetzbare Fahrzeuge in freier See versenken, Personal sofort über Sofia in Marsch setzen.*

*Zusatz für Skl: 24stündige Liegefrist Varna abläuft zwischen 26. August 20.00 Uhr und 27. morgens je nach Einlaufzeiten einzelner Fahrzeuge.«*

Das KTB der Skl vermerkt unter dem Datum 25. August 1944:

*Im Schwarzen Meer haben U 20 und U 23 Befehl erhalten, Konstanza nicht anzulaufen, sondern mit auslaufendem U 19 weiter zu operieren. U 19 wird ostwärts Konstanza, U 20 ostwärts Sulina, U 23 südwestlich Sewastopol eingesetzt. Angriff ist gegen russische und aus Konstanza auslaufende rumänische Streitkräfte freigegeben. Führung der U-Boote ist von GruppeSüd übernommen.*

Nachdem U 23 gemeldet hatte, daß in Sewastopol keine auffällige Hafenbelegung festgestellt werden konnte, wird es vor die Donaumündung beordert.[83]

Nach der Lagebesprechung am 29. August beim Oberbefehlshaber der Marine widerruft die MarinegruppeSüd ihren letzten Befehl betreffend Seeaufgaben.

Chef 3.R-Flottille, U 19, U 20, U 23 erhalten Weisung:

*»a) Beschießung Konstanza unterbleibt, nur Torpedoangriffe U-Bootes nach Rückkehr 3.R-Fl.*

*b) R-Fl. rückkehrt nach Durchführung laufender Operation Varna, versenkt Boote, Personal wird durch Gruppe*

93

*Remmler aufgenommen. Im Schwarzen Meer erhalten U-Boote vom U-Befehl, sich nicht vor türkischer, sondern vor bulgarischer Küste nach Aufbrauch ihrer Kampfkraft zu versenken. Angriff auf alle rumänischen Kriegs- und Handelsschiffe ist freigegeben.«*

Erst an diesem 29. August 1944 wird Konstanza von den Russen besetzt. Sie finden keine deutschen Einheiten mehr vor, denn die Räumung, das fluchtartige Verlassen dieser Stadt mit ihrem einst so wichtigen Hafen, war längst vollzogen.

Nach späteren Aussagen des Seekommandanten Rumänien, Kpt.z.S. Grattenauer, erfolgte diese Räumung übrigens auf Befehl des Wehrmachtbefehlshabers Südost, gleichzeitig Oberbefehlshaber der Heeresgruppe Südukraine. Übermittelt wurde ihm dieser Befehl, der ja in krassem Widerspruch zu ausdrücklichen Führerbefehlen stand, durch den Wehrmachtbereichskommandanten, Oberst von Oertzen. Der von Kpt.z.S. Grattenauer skizzierte Vergleich der Truppenstärken im Raum Konstanza am 25. August 1944 (Anlage 6) kommt zu einer Relation von etwa 1:10 zugunsten der Rumänen. Mit diesen ca. 3700 Soldaten, zusammengefaßt in einem Alarm-Bataillon ohne Kampfweit, wäre eine Verteidigung »bis zum Letzten« sicher weder erfolgreich noch sinnvoll gewesen.

Immerhin konnte die Batterie »Tirpitz«, in der sich nach von den U-Booten in See aufgefangenen Funksprüchen der Admiral Schwarzes Meer zur Verteidigung eingerichtet haben sollte, vor dem Eintreffen der Russen gesprengt werden.

Der August 1944 geht, was die noch in See stehenden U-Boote betrifft, zu Ende mit einer Meldung von U 20 aus dem Operationsgebiet vor der Donaumündung, es habe erfolglos auf drei nach Süden gehende russische Geleitboote geschossen.

Der September begann erfolgreicher für die U-Boote. U 23 meldete an MarinegruppeSüd Angriff auf Hafen von Konstanza in den ersten Stunden nach Mitternacht. Drei Torpedos trafen Ziele an der Nordpier. Beim Ablaufen wurde vor dem Hafen eine Sehrohrmine geworfen.

Im KTB des MarinegruppenkommandosSüd (Oberbefehlshaber Adm. Fricke) stellen sich die weiteren Ereignisse um die U-Boote folgendermaßen dar:

2.9.

*Um einen Überblick über die Brennstoffvorräte, Torpedobestand und ungefähre Seeausdauer der in See befindlichen Schwarzmeer-U-Boote zu erlangen, fordere ich entsprechende Meldung über Funk an. Von der restlichen Seeausdauer und der Entwicklung der politischen Lage in Bulgarien wird es abhängen, ob die Sprengung der Boote vor der bulgarischen oder der türkischen Küste zu befehlen ist. Wenn irgend möglich wird versucht werden, die Besatzungen als Schiffbrüchige durch Bulgarien durchzubekommen.*

*Eines der Boote hat einen weiteren Erfolg gemeldet (Versenkung eines westgehenden russischen M-Bootes durch T 3 Torpedo).*

3.9.

*Im Schwarzen Meer hat U 20 aus Op.Gebiet östlich des Donaudeltas keinen Verkehr und keine feindliche Lufttätigkeit gemeldet.*

Im Laufe des Tages treffen die angeforderten Meldungen der drei U-Boote bei MarinegruppeSüd ein:

*FT von U 19 (Ohlenburg) 0724/2/x65*
1. *Name versenkten M-Bootes WSRYW (xant 48)*
2. *12 cbm, 4 Torpedos. Nach Ergänzung U 20 und U 23 bis 6. einschließlich.*
3. *Spruchschlüssel in x 57 direkt in Kenngruppe eingesetzt.*
4. *Sendeseitig seit 3.9. unklar.*
   *Ohlenburg*

*FT von U 20 (Grafen) 050/UW 1913/3/x66*
1. *Op.Gebiet kein Verkehr, keine Luft.*
2. *FT-Wiederholung für U 19 übernommen.*
3. *zu FT 57: 6 cbm, 1 Torpedo, bis 10. September Op.Gebiet.*

4. *U 19 und U 23 stehen 9.9. vor bulgarischer Küste.*
   *Grafen*

*FT von U 23 (Arendt) 2132/3/x69 053 UW*
1. *2.9.2253 Uhr LQ 9414 T5 auf verfolgenden U-Jäger.*
   *Nach späterer Feststellung KFK, daher fehl.*
2. *5,5 cbm, 1 Torpedo, bis einschließlich 6. Op.Gebiet.*
3. *stehe 9.9. vor bulgarischer Küste.*
   *Arendt*

Der Funkspruch 054/55/UW 2219/3/x70 Eingang 2325 trägt keine Unterschrift, stammt aber sehr wahrscheinlich von Skl an Grp.Süd. Text:

» *Vorschlage:*
1. *Treffpunkt U 19 und U 23 bestimmen zum Proviant- und wenn möglich Brennstoffausgleich, so daß beide Boote gleichlang kampffähig.*
2. *Boote anweisen, bei Anlandung Bulgarien auszusagen, ausgelaufen Konstanza vor 28. August. Nur dann nach Rücksprache mit General Christoff (Chef 3. bulg. Armee) Möglichkeit, Internierung zu entgehen?«* [84]

Auch in Bulgarien sind die Dinge in Bewegung gekommen, und die Situation des Landes ist nicht ohne Komplikationen. Die Bulgaren haben griechische und jugoslawische Gebiete besetzt, und man befindet sich im Kriegszustand mit Großbritannien und den USA. Gegenüber der Sowjetunion bewahrte Bulgarien seine Neutralität. Vom Krieg spürt das Land erst etwas, als die englischen und amerikanischen Luftstreitkräfte begannen, ab Anfang 1944 auch dort Angriffe zu fliegen. Die Rote Armee erreicht bei Giurgiu am 1. September 1944 die Landesgrenze, und Rußland erklärt Bulgarien am 5. September 1944 den Krieg. Nach einem Umsturz hat Bulgarien ab 9. September 1944 eine prosowjetische Regierung. Das Land wird ohne Widerstand besetzt. Die Bulgaren müssen schließlich unter russischem Kommando gegen die einstigen Verbündeten kämpfen. [85]

Bei Ia/Skl geht am 4. September die Mitteilung des Adm.F.Hq. ein, der Führer habe das Auswärtige Amt beauftragt, durch Mittelsmann bei Türken Möglichkeit Überlassung deutscher U-Boote nach abgeschlossener Operation im Schwarzen Meer gegen freie Rückführung deutscher Besatzungen zu prüfen. Prüfung läuft.

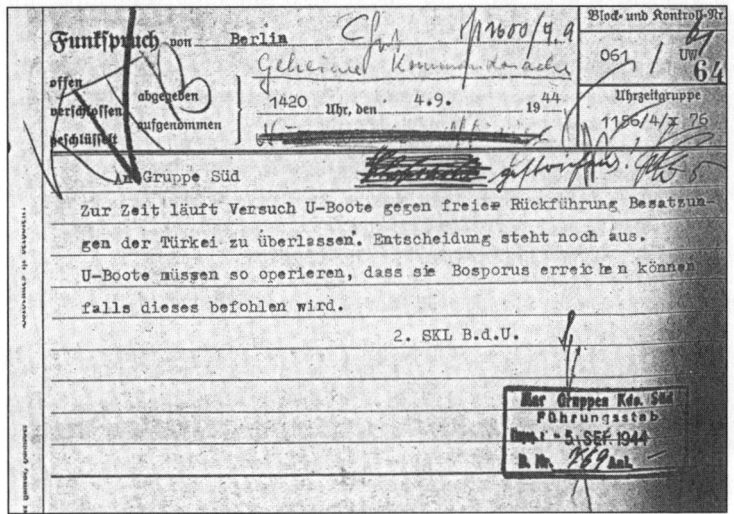

2/Skl BdU informiert die MarinegruppeSüd per Funkspruch um 14.30 Uhr und ordnet an, die U-Boote müssen so operieren, daß sie Bosporus erreichen können, falls dieses befohlen wird.

Vermutlich wegen schwieriger Fernmeldeverbindungen in den Südostraum wird von BdU Op. um 19.49 Uhr auf U-Boot-Welle folgender Spruch abgesetzt:

*Gltd. an Boote in See, nachr.Grp.Süd*

*Mit sparsamstem Verbrauch weiter in See bleiben, kein Anlaufen Küste. Weiteres abwarten.*

Grp.Süd Op.Wien wird ebenfalls tätig und sendet folgenden FT:

*FT KR U 19, U 20, U 23, nachr. BdU Op.*

*Geheim: Seeboote nehmen zur Erzielung gleichmäßiger Seeausdauer Ausgleich Proviant, Treibstoff und – soweit mög-*

*lich – auch Torpedos vor. Treffpunkt: Cäsar Nanni 1. Zeit-*
*punkt Zusammentreffen durch U 20 festzulegen und an an-*
*dere Boote zu übermitteln. U 20 anschließend Op.Gebiet*
*LQ 9530, 9540, 9560 besetzen.*

Die inzwischen aus Wien die U-Boote führende Gruppe drängt
mit einem weiteren Funkspruch um 9.20 Uhr am 5. September auf
rasche Meldung der Seeausdauer bei sparsamstem Verbrauch
nach erfolgtem Ausgleich aller Bestände.

Sie erfolgt mit Funkspruch des dienstältesten Kommandanten:

*FT von U 20 1942/5/x89 – UW an: Grp.Süd*

*1. U 19 beide Sehrohre unklar. ASR (Angriffssehrohr) Seil-*
*rollenblock im Metall gerissen (kalter Bruch). LSR (Luft-*
*zielsehrohr) bei Luftangriff am 20. August beschädigt,*
*vollgelaufen.*

*2. Nach Ausgleich alle Boote bis einschließlich 11.9. seefähig.*
*Grafen*

GruppeSüd Op in Wien meldet das mit Fernschreiben am 6.
September an Oberkommando der Marine, 2Skl BdU.

Inzwischen ist die Kriegserklärung der Russen an Bulgarien erfolgt und damit die bulgarische Option für die U-Boote nicht mehr
relevant.

Am 7. September abends meldet der Kommandant von U 20,
daß der Marsch der letzten drei Schwarzmeer-U-Boote am 8. September angetreten wird und daß sich der Kommandant von U 19
durch den Abpraller aus einer Maschinenpistole in der Kniekehle
verletzt hat. Die Bootsführung habe der bislang auf U 23 einge-
schiffte Kommandantenschüler Lt.z.S. Verpoorten übernommen.

Beim BdU ist wohl inzwischen klar, daß die drei Besatzungen in
die Türkei gehen müssen. Man beginnt ab 7. bis 8. September in
sieben Funksprüchen anstelle von Füllfunk ein türkisches Lexikon
an die Boote zu übermitteln.

Der 8. September 1944 bringt die Entscheidung über das weitere Schicksal der schon auf dem Marsch nach Süden befindlichen
U-Boote. Der Funkspruch von 2Skl BdU Op an die Schwarzmeerboote sagt:

*Türkei hat deutschen Vorschlag abgelehnt. Daher ergeht folgender Befehl:*

1. *Boote zwischen türkischer Nordgrenze und Bosporus unbemerkt versenken.*
2. *Vorher alle verfügbaren Torpedos verschießen, wichtige Geheimgeräte und Waffen zerstören und über Bord werfen, Geheim- und Geheime Kommandosachen verbrennen.*
3. *Boote vor Versenken so beschädigen, daß Hebung ausgeschlossen oder wenigstens erschwert.*
4. *Besatzungen in kleine Trupps aufgeteilt mit mindestens einem Offizier versuchen, nach Griechenland durchzuschlagen, bei Nichtgelingen internieren lassen.*
5. *In Dedeagatsch (Dedeagacs) versuchen, Boot zu organisieren und Saloniki zu erreichen.*
6. *Für Durchschlagen beachten:*
   a) *nicht Nord- oder Südgrenzgebiet benutzen, hier starke Überwachung, Ortschaften meiden;*
   b) *keine Waffen außer Pistolen mitnehmen;*
   c) *keine Gewalttätigkeit gegen Türken;*
   d) *sehr unwirtliche Gegend, wenig Wasser. Vor allem Trinkwasser und Gefäße von Bord mitnehmen;*
   e) *bestes Schuhwerk mitnehmen;*
   f) *Besatzungen über Orientierung nach Sonne mit Hilfe Uhr und nach Nordstern unterrichten;*
   g) *türkische Schäferhunde nicht reizen und schlagen;*
   h) *türkische Frauen achten, vermeiden, sie zuerst anzusprechen, dagegen Männer stets grüßen.*

Wer auch immer sich im BdU-Stab diese Gedanken für die nun ganz auf sich gestellten drei Besatzungen gemacht hat, der besaß Einfühlungsvermögen in eine nicht durch Dienstvorschriften abgedeckte Situation, und er besaß offenbar gute Kenntnisse des Landes. Wie sich schon wenig später herausstellte, hatten seine Hinweise genau die wichtigen Punkte angesprochen. Leute, die mitdachten, gab es auch in der MarinegruppeSüd, wie das folgende Fernschreiben ausweist:

+ S M Swi 0323 11/9 2245    11. 9. 44    15

Vfg.    ASMa 2305 Sollinger? Gr.

S an:      ASM Belgrad über MVO H.Gr. F

GKdos.!

Letzten 3 U-Boote haben sich 10.9. abends vor europäischer
Türkenküste selbst versenkt.

Besatzungen haben Befehl, sich in kleinen Gruppen nach Griechen
land zur deutschen Front durchzuschlagen. Bei Nichtgelingen
Internierung. Seeoblt. Ohlenburg und 3 Mann lassen sich wegen
Verletzung sofort internieren.

Abreise 12.9. nach Berlin 2 Skl.BdU op

U-Asto 149.

z.d.A.
geschr.: vA.                                    FIU

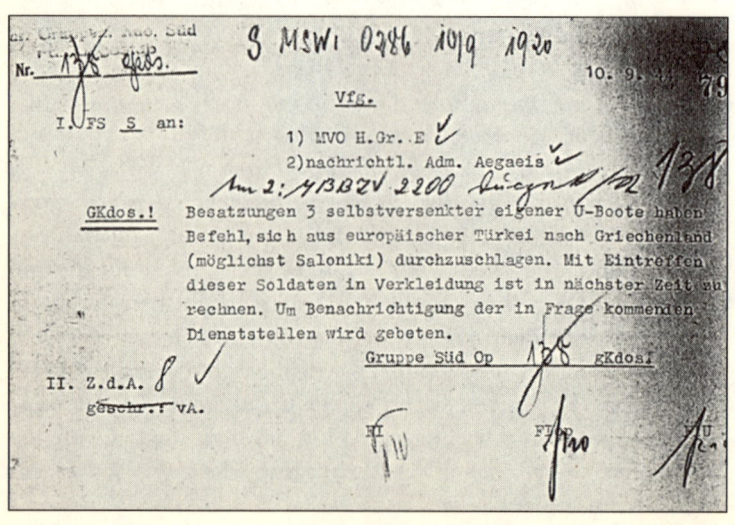

S MSWi 0286 10/9 1920

Nr.                                              10. 9.

Vfg.

I. FS S an:
                1) MVO H.Gr. E
                2) nachrichtl. Adm. Aegaeis
         Am 2: 1 BBZV 2200

GKdos.!    Besatzungen 3 selbstversenkter eigener U-Boote haben
           Befehl, sich aus europäischer Türkei nach Griechenland
           (möglichst Saloniki) durchzuschlagen. Mit Eintreffen
           dieser Soldaten in Verkleidung ist in nächster Zeit zu
           rechnen. Um Benachrichtigung der in Frage kommenden
           Dienststellen wird gebeten.
                        Gruppe Süd Op               gKdos!

II. Z.d.A.
    geschr.: vA.

100

*FS an*
*1. MVO Heeresgruppe F*
*2. nachr.: Adm. Ägäis*
*GKdos! Besatzungen 3 selbstversenkter eigener U-Boote ha-*
*ben Befehl, sich aus europäischer Türkei nach Griechenland*
*(möglichst Saloniki) durchzuschlagen. Mit Eintreffen dieser*
*Soldaten in Verkleidung ist in nächster Zeit zu rechnen. Um*
*Benachrichtigung der in Frage kommenden Dienststellen wird*
*gebeten.*

Und noch jemand hatte mitgedacht, um den Besatzungen ein
möglichst unbemerktes Ausschiffen und Versenken der Boote zu
erlauben. Das war der letzte Flottillenchef der 30. U-Flottille,
Kpt.Lt. Petersen, inzwischen als U-Asto zur GruppeSüd kommandiert. Er hatte von dort aus die Führung wieder übernommen. Sein
FT an die Op-Boote auf U-Boot-Welle abgesetzt am 9. September
1944 um 20.30 Uhr hatte folgenden Wortlaut:

> *Geheim!*
> I. *Kpt.Lt. Petersen als U-Asto zur GruppeSüd komman-*
>    *diert. Hat Führung von dort wieder übernommen.*
> II. *Boote melden sich vor Versenkung bei planmäßigem Ver-*
>    *lauf nicht durch FT ab wegen Einpeilgefahr durch feindl.*
>    *B-Dienst.*

Diese gutgemeinte Entbindung vom Einhalten guter Marinetradi-
tion erreichte die Boote nicht mehr so zeitig, daß sie darauf hätten
reagieren können. Bei einem letzten Treffen in See, bei dem die drei
Kommandanten Einzelheiten der Versenkung und Ausschiffung
besprochen hatten, war guter alter Marinesitte gedacht worden,
und der dienstälteste Kommandant auf U 20 formulierte die for-
melle Abmeldung beim BdU. Sie ging mit einer Uhrzeitgruppe in
den Äther, die zwölf Minuten vor der des Funkspruches vom
U-Asto lag. Die Boote standen zu dieser Zeit etwa 20 Seemeilen
vor der türkischen Küste, querab von Kefken adasi.

Sehr lang war der Spruch nicht, aber zum Einpeilen hätte es allemal gereicht.

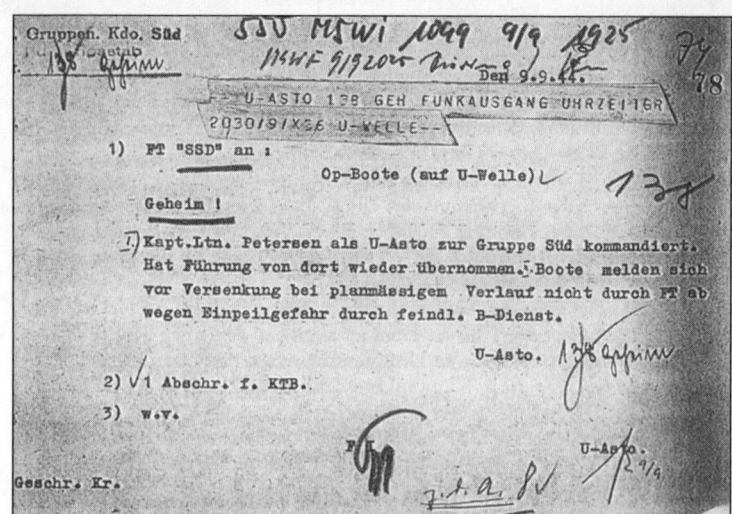

Gruppen. Kdo. Süd

SSD MSWi 1099 9/9 1925
MSWF 9/9 2025 ...... Den 9.9.44.

--U-ASTO 138 GEH FUNKAUSGANG UHRZEIT 16R
2030/9/XSE U-WELLE--

1) FT "SSD" an :

                    Op-Boote (auf U-Welle)

Geheim !

7.) Kapt.Ltn. Petersen als U-Asto zur Gruppe Süd kommandiert.
Hat Führung von dort wieder übernommen. Boote melden sich
vor Versenkung bei planmässigem Verlauf nicht durch FT ab
wegen Einpeilgefahr durch feindl. B-Dienst.

                              U-Asto.

2) 1 Abschr. f. KTB.

3) w.v.

Geschr. Kr.

---

# Marinenachrichtendienst

13

| Eingegangen | Weiter an | Tag | Uhrzeit | Rolle | durch |
|---|---|---|---|---|---|
| 0315 | | | | | |
| von MSW durch K.W. | | | | | |
| V ....... rk | | | | | |
| --GEM-- | | | | | |

Fernschreiben von +S MSWF 172 9/9 2530=

                    S GR SUED Z K=
---GEHEIM-- GESCHL  FT 2018/9/XS7 UW   EING 2231=
AN BOU= SEEBOOTE STEHEN 10/9 VOR TUERKENKUESTE=
IN DEN ERSTEN ABENDSTUNDEN DES 10. WERDEN BOOTE NACH
AUFBRAUCH KAMPFKRAFT SELBST VERSENKT, BESATZUNGEN
VERSUCHEN SICH IN KLEINEN TRUPPS NACH GRIECHENLAND
UND ZUR HEIMAT DURCHZUSCHLAGEN= KDANT U 19 UND
3 SOLDATEN LASSEN SICH WEGEN VERWUNDUNG INTERNIEREN=
STIMMUNG UND ZUKUNFTSGLAUBEN DER TRUPPE UNGEBROCHEN.

HEIL UNSERM FUEHRER= ES LEBE  UNSER VATERLAND= DIE
LETZTEN SCHWARZMEER-UUU-BOOTE=
                    OHNE USCHR+

Den ursprünglichen Befehl zur Versenkung vor dem europäischen Teil der Türkei haben die drei Kommandanten in einer in See abgehaltenen Konferenz für mit zu hohem Risiko in zweifacher Hinsicht belastet beurteilt.

Der erste Grund waren die sehr flachen Küstengewässer in der vorgesehenen Gegend. Es war außerdem bekannt, daß die Türken diesen Küstenabschnitt besonders scharf bewachten. Das hätte ein unbemerktes Ausschiffen der Besatzungen sehr unwahrscheinlich gemacht. Auch die Versenkung der Boote auf hinreichend tiefem Wasser wäre nicht sicherzustellen gewesen.

Der zweite Grund lag in der Antwort auf die zu stellende Frage, wo und wie haben die Besatzungen die beste Chance, eventuell noch von deutschen Truppen besetzte Gebiete/Inseln zu erreichen. In Griechenland waren Partisanenaufstände ausgebrochen, und der Weg durch Bulgarien kam nach dem Einmarsch der Russen nicht mehr in Frage. Die Besatzungen unbewaffnet in Partisanengebiete zu schicken hielten die Kommandanten für nicht verantwortbar. Damit waren die Würfel gefallen: Drei rund 50 Seemeilen auseinanderliegende Plätze an der asiatischen Küste der Türkei wurden gewählt. Von dort aus sollte gruppenweise versucht werden, in die Ägäis und nach Deutschland zu kommen.

Von diesem letzten Treffpunkt der Boote, der möglicherweise eingepeilt worden ist, lagen die ausgesuchten Landestellen so weit entfernt, daß auch im schlimmsten Falle kaum damit zu rechnen war, aufgrund einer Peilung am 9. September abends an weit entlegenen Plätzen erwartet zu werden.

Die Boote brauchten die Tageslichtstunden des 10. September 1944 zum Auffinden geeigneter Landestellen in dem festgelegten Gebiet. Die Torpedos waren verschossen, mit dem letzten Rest von Dieselkraftstoff und den Amperestunden der Batterien mußte sorgsam hausgehalten werden. Der Restproviant wurde zum Marschproviant umfunktioniert.

Die Kampfmittel waren aufgebraucht.

Eines blieb noch zu tun: Ausschiffung der Besatzungen und das unbemerkt wie befohlen und die Versenkung der Boote, so daß sie nicht gehoben oder wiederhergestellt werden konnten.

Den Anfang machte U 20 im Seegebiet vor Karasu auf der ungefähren Position 41°09'N und 30°47'Ost. Das Boot sank um 21.30 Uhr.

Um 22.10 Uhr folgte U 23 im Seegebiet vor Ağva, etwa auf Position 41°11'N und 30°00'Ost.

U 19 hatte an der vorgesehenen Landestelle die Kranken und den verletzten OLt.z.S. Ohlenburg auszuschiffen. Der Landeplatz lag in der Nähe der Mündung des Flüßchens Meden im Seegebiet vor Akçacoca. Naturgemäß nahm der Krankentransport viel Zeit in Anspruch. Die beginnende Morgendämmerung hätte ein ungesehenes Anlandgehen der nach der Versenkung des Bootes auf tiefem Wasser zurückkehrenden letzten Gruppe nicht mehr erlaubt. OLt.z.S. Verpoorten entschloß sich daher, mit der nur aus sechs Mann bestehenden Versenkungsgruppe wieder in See zu gehen und in Unterwasserfahrt einen Platz weiter östlich anzusteuern. In der Nähe von Zonğuldag, vor der Ortschaft Kelimle wurde das Boot am 11. September 1944 um 23.15 Uhr auf der ungefähren Position 41°34'N und 31°50'Ost als letztes der Schwarzmeerboote versenkt (Anlage 7).

Zur weiteren Verschleierung der Versenkung der letzten U-Boote und damit auch dem Ende jeglicher Bedrohung des Schiffsverkehrs im Schwarzen Meer schlug die MarinegruppeSüd der Skl vor, den Funkverkehr auf der U-Boot-Welle noch für etwa 14 Tage aufrechtzuerhalten.

Der letzte Akt bestand dann in der Herausgabe der üblichen Vermißtenmeldung für die drei Boote. Dies erfolgte am 22. September 1944 durch BdU Op.

Der U-Boot-Krieg im Schwarzen Meer hatte sein Ende gefunden.

## Marinenachrichtendienst

28 31

| Eingegangen | | Weiter an | Tag | Uhrzeit | Rolle | durch |
|---|---|---|---|---|---|---|
| 23/9 | | | | | | |
| nach | durch | | | Mar. Gruppen Kdo. Süd | | |
| Verzögerungsvermerk | | | | Eingeg.: 23 SEP 1944 | | |

Fernschreiben +A MBUZ 36642 22/9 1910=
      MIT AUE= NACHR. GR SUED=
    GLTD KOM ADM UBOOTE= NACHR GR SUED=
  --GEHEIM/VERSCHL-- UUU 19 (OHLENBURG) WIRD MIT WIRKUNG
  VOM 15. SEPTEMBER 1944 FUER VERMISST (EIN STERN) ERKLAERT
    BOOT IST AM 25/8 AUS KONSTANZA AUSGELAUFEN.
    LETZTE MELDUNG AM 9/9 DASS BOOT SICH SELBST
  VERSENKEN WILL BESATZUNG WAHRSCHEINLICH AN TUERKISCHER
  KUESTE AN LAND.-
  FUER ANGEHOERIGE: BOOT HAT ERFOLGREICH IM SCHWARZEN
MMEER OPERIERT UND EIN MINENSUCHBOOT VERSENKT. BOOT IST
VERLOREN, JEDOCH HOFFNUNG, DASS BESATZUNG TUERKISCHE
KUESTE ERREICHT HAT UND INTERNIERT WIRD=
                    BDU OP G 9810 F 5+

*Funksprüche an U 19, U 20 und U 23*

3845

## Marinenachrichtendienst

33

| Eingegangen | | Weiter an | Tag | Uhrzeit | Rolle | durch |
|---|---|---|---|---|---|---|
| 23/9 | 17⁵⁵ | | | | | |
| von MBZ durch Tock | | | | | | |
| Verzögerungsvermerk | | | | | | |

*[Stempel:]* Mar. Gruppen Kdo. Süd / Führungsstab / Eing. 23 SEP. 1944

F 1
F 160
125

Fernschreiben no. ++A MBUZ 36641 22/9 1910 =

MIT AUE= NACHR GR SUED=

GLTD KOM ADM UBOOTE= NACHR GR SUED=

--GEHEIM/VERSCHL-- UUU 20 (GRAFEN) WIRD MIT WIRKUNG
VOM 10. SEPTEMBER 1944 FUER VERMISST (EIN STERN) ERKLAERT.
BOOT IST AM 19/8 AUS KONSTANZA AUSGELAUFEN. LETZTE
MELDUNG AM 9/9, DASS BOOT SICH SELBST VERSENKEN WILL.
BESATZUNG WAHRSCHEINLICH AN TUERKISCHER KUESTE AN LAND.
FUER ANGEHOERIGE: BOOT HAT IM SCHWARZEN MEER OPERIERT.
BOOT IST VERLOREN, JEDOCH HOFFNUNG DASS BESATZUNG
TUERKISCHE KUESTE ERREICHT HAT UND INTERNIERT WIRD=

---

3844

## Marinenachrichtendienst

32

| Eingegangen | | Weiter an | Tag | Uhrzeit | Rolle | durch |
|---|---|---|---|---|---|---|
| 23/9 | 8⁵⁵ | | | | | |
| von MBZ durch Tock | | | | | | |
| Verzögerungsvermerk | | | | | | |

*[Stempel:]* Mar. Gruppen Kdo. Süd / Führungsstab / Eing. 23 SEP. 1944

F M 20
00

Fernschreiben no. ++A MBUZ 36640 22/9 1910=

MIT AUE= NACHR GR SUED=

GLTD KOM ADM UBOOTE= NACHR GR SUED=

--GEHEIM/VERSCHL-- UUU 23 (ARENDT) WIRD MIT WIRKUNG
VOM 10. SEPTEMBER 1944 FUER VERMISST (EIN STERN) ERKLAERRT.
BOOT IST AM 16/8 AUS KONSTANZA AUSGELAUFEN. LETZTE
MELDUNG AM 9/9 DASS BOOT SICH SELBST VERSENKEN WILL.
BESATZUNG WAHRSCHL. AN TUERKISCHER KUESTE AN LAND.
FUER ANGEHOERIGE: BOOT HAT ERFOLGREICH IM SCHWARZEN
MEER OPERIERT UND WAHRSCH. EINEN DAMPFER UND EINEN
ZERSTOERER TORPEDIERT. BOOT VERLOREN, JEDOCH HOFFNUNG,
DASZ BESATZUNG TUERKISCHE KUESTE ERREICHT HAT UND
INTERNIERT WIRD=

BDU OP G 9808 F. 5+

# Das Tagebuch

**Vorbemerkung**

Das folgende Tagebuch habe ich in der Türkei nach der Internierung der drei U-Boot-Besatzungen in der Zeit von Ende 1944 bis Mitte 1945 geschrieben. Es ist aus frischer Erinnerung in jener Sprache verfaßt, der wir uns damals bedienten und die wie kaum etwas anderes den inneren Zustand widerspiegelt, in dem ich mich damals befand.

Der geschilderte Ablauf der Ereignisse vom Auslaufen bis zur Selbstversenkung kann als zuverlässiger Ersatz für das unmittelbar vor der Selbstversenkung vernichtete, offizielle Kriegstagebuch gewertet werden.

Die Ereignisse und die Art ihrer Beschreibung aus der Feder des damals gerade 22jährigen Oberleutnant zur See erlaubt, so hoffe ich, denen, die diese Zeit nicht miterlebt haben, einen Einblick in die Gedankenwelt eines jungen Mannes der Generation, die diesen Krieg zu führen hatte.

# Die letzte Fahrt von U 23

Nach fast zehnwöchiger Werftliegezeit ist unser Boot am 16. August 1944 endlich seeklar. Sehnsüchtig haben wir auf diesen Tag gewartet. Unsere Geduld war auf eine lange Probe gestellt worden, aber nun ist der Tag da!

Die arbeits- und ereignisreichen Ausrüstungstage haben wir mit verdoppeltem Eifer hinter uns gebracht. Die in langen Land-Wochen aufgespeicherte Arbeitswut konnte sich hier hemmungslos austoben. Sie tat es in der meiner Besatzung eigenen temperamentvollen Art.

Während das schlanke Boot voll ausgerüstet tief im schmutzigen Hafenwasser liegt, sitze ich im Revier auf einem kleinen Hokker hinter dem vor einigen Tagen beförderten Stabsarzt »Immi« Hüsken. Nun kommen die Männer meiner Besatzung in das Zimmer. Sie werden hier, wenige Stunden vor dem Auslaufen, nochmals auf Herz und Nieren untersucht. Vom Kommandanten bis zum jüngsten Heizer muß sich jeder den kritischen Augen des Arztes unterziehen. Das Hauptaugenmerk gilt Geschlechtskrankheiten, Filzbienen, Ausschlägen und Herzfehlern. Letztere treten besonders bei Leuten auf, die schon von Anfang an im Schwarzen Meer fahren. Der Grund für die besonders in letzter Zeit häufigen Herzfehler findet sich in den langen Unterwassertörns und dem damit verbundenen $CO_2$-Gehalt der Bootsluft. Bei manchen stellte der völlig überraschte R-Flottillenarzt fast schwarzes Blut fest, ein Zeichen für enormen $CO_2$-Gehalt.

Als »Immi« solches Blut zum erstenmal sah, sagte er: »Donnerwetter! Der Kerl müßte ja längst tot sein! Sooo habe ich mir das U-Boot-fahren allerdings doch nicht vorgestellt!«

Solche Männer mußten dann ausgewechselt und für längere Zeit zur Kur geschickt werden. Die unschönen Begleiterscheinungen eines Hafentörns kamen auch zeitweilig vor. Am unangenehmsten sind für eine Besatzung die Filzbienen oder Filzläuse, die, einmal an Bord eingeschleppt, schwer wieder auszurotten sind. Da nur ein WC auf unseren Booten vorhanden ist, übertragen sich diese Quälgeister unheimlich schnell. Von einigen Booten lagen auf diesem Gebiet die übelsten Erfahrungen vor. Seitdem legten die Kommandanten auf diesen Punkt der Untersuchung besonderen Wert.

Bei der jetzigen Gesundheitsmusterung ist meine Besatzung frei von all diesem Zeug. Etwas Sorge macht uns Bootsmaat Wolf, unsere seemännische Nr. 1, der bereits einen Herzknacks weg hat. Vierzehn Feindfahrten sind nicht spurlos an diesem alten U-Boot-Hasen vorbeigegangen. »Immi« möchte ihn am liebsten zurückbehalten, aber Wolf selbst will unbedingt fahren. Ich möchte auch nicht gerne auf diesen bewährten Unteroffizier verzichten. Gemeinsam gelingt es uns, den in solchen Fällen peinlich genauen »Immi« zu bereden. Wolf darf fahren, aber auf eigene Verantwortung!

Im Anschluß an die Untersuchung teilt mir Stabsarzt Hüsken unter vier Augen den Befund mit. Die Sache ist bei weitem ernster als sie aussieht. Die schon häufig auftretenden Herzanfälle können eines Tages bei Überanstrengung zum völligen Zusammenbruch führen.

»Immi« gibt mir einige besondere Tabletten mit, die bei Anfällen das Herz stärken und beruhigen sollen. Mit ihrer

*20. Juni 1944, KptLt. Rolf-Birger Wahlen übergibt U 23 an OLt.z.S. Rudolf Arendt, Konstanza, Rumänien*

Hilfe wird sich die Gefahr etwas herabsetzen lassen. Wolf hat diese letzte Feindfahrt unerwartet gut überstanden. Von den Tabletten wurde kaum Gebrauch gemacht.

Erst im Internierungslager in Beyşehir, das auf etwa 1000 Meter Höhe liegt, hatte er manchmal Beschwerden, die sich aber infolge des wenig anstrengenden Lebens nicht wiederholten.

Mein Koch, der prächtige Bromisch, muß leider wegen eines großen Geschwürs im Revier bleiben, wo er seit gestern liegt. Die Hoffnung, daß er nach der Operation wieder auf der Höhe sein würde, hat sich nicht erfüllt. So bin ich gezwungen, mich noch in letzter Minute nach einem neuen Smut umzusehen. Das paßt mir an und für sich gar nicht, denn es ist nichts wertvoller als ein guter Koch an Bord. Nach Rücksprache mit dem Verwaltungsoffizier Christian Fuchs bekomme ich den Ob.Gefr. Bahr aus der Flottil-

111

lenkombüse. Kochen soll er ganz gut, aber ein Luschpäckchen ist er, dem man scharf in die Töpfe gucken muß. Das wird der Obersteuermann schon zur Genüge tun, aber ist der Mann auch seefest? Er ist noch nie zur See gefahren, und dann gleich auf einem kleinen U-Boot? Weitere Wahl habe ich nicht, und so muß ich wohl oder übel eine Katze im Sack kaufen.

Bahr scheint sich über sein plötzliches Bordkommando zu freuen. Der Grund für diese Freude wird mir erst klar, als ich erfahre, daß er zum Unteroffizierslehrgang kommandiert werden sollte, bisher aber wegen fehlender Frontzeit nicht in Frage kam. Wie aus ihm einmal ein guter Uffz. werden sollte, konnte ich mir, selbst unter Aufbietung aller Phantasie, nicht vorstellen. Höchstwahrscheinlich hatte ich es hier mit einem reinrassigen Fall von »Wegloben« zu tun, der in einiger Häufung, besonders während des Krieges, schon so viel Unheil angerichtet hatte.

Dieses »Wegloben« ist für faule Vorgesetzte ein bequemer Weg, auf dem man unbrauchbare Untergebene einfach loswerden kann. Man schreibt ihnen eine übertrieben gute Führung und kommandiert sie dann beispielsweise zum Unteroffizierslehrgang. Der enorme Bedarf an Unteroffizieren erleichtert diese Verfahren. Auch »müde Haufen« werden auf den Lehrgängen mit durchgeprügelt. Meistens reißen sie sich dann für diese kurze Zeit zusammen, um sich dafür später um so mehr gehen zu lassen. Auf diese Art und Weise ist das Niveau des Unteroffizierskorps im Laufe des Krieges immer mehr herabgedrückt worden, und die Folge davon kann man sich leicht ausmalen. Das U-Korps meiner Besatzung war, Gott sei Dank, noch astrein!

Immerhin! Für die Dauer der Feindfahrt hat Bahr als Smut seinen Mann gestanden. Ich hatte sogar den Eindruck, daß ihm der Bordbetrieb Spaß machte. Kochtechnisch waren seine Leistungen tadellos. Man konnte bei ihm stets guten Willen merken, der ja für einen Smut besonders wichtig ist, denn sein Dienst geht von morgens 6.30 h bis spät in die Nacht. Häufig findet man den Smut um 24.00 h beim Wachwechsel immer noch in der Kombüse. Dann braut er eine Mittelwächtersuppe, damit die Hundewache etwas

Warmes in den Magen bekommt. Wehe ihm, wenn er das aus Bequemlichkeit dem Zentralegasten überläßt! Meistens gerät diesem dann die Suppe daneben, und ein Schlangenfraß ist das Übelste für eine durchgefrorene Hundewache. Ihr Zorn kommt über den Smut, der dafür büßen muß.

Was die Sauberkeit an sich selbst und in der Kombüse anlangt, war der neue Smut – ganz im Gegensatz zu seinem Vorgänger – ein Luschpäckchen erster Güte. Diesem Übelstand wurde mit radikalen Mitteln abgeholfen! Appetitlich muß das Essen an Bord nun einmal sein. Erst recht im Sommer, wenn die Hitze und die schlechte Luft im Boot die Eßlust ohnehin schon auf ein Mindestmaß herabsetzen. Ich hatte nicht den Ehrgeiz, mit einer abgemagerten Besatzung wiederzukommen.

Meine Besatzung hatte ich also soweit zusammen. Für die abkommandierten Seeleute Flehmer und Perla bekam ich drei Unteroffiziersvorschüler, von denen ein ganzer Zug vor etwa zwei Wochen unsere Personalreserve verstärkt hatte. Laut Chefbefehl mußte jedes Boot mindestens zwei von diesen jungen Soldaten an Bord nehmen, um ihnen so schnell wie möglich einige Fronterfahrung zu vermitteln. Ich hatte unter 30 Mann die erste Wahl. Mein I WO studierte sorgfältig die Führungsbücher und schickte mir eines Nachmittags drei ziemlich kleine, aber stramme Soldaten zur Vorstellung. Ihre Führungen waren tadellos. Da sie von der Unteroffiziersvorschule kamen war anzunehmen, daß die Burschen tatsächlich etwas auf dem Kasten hatten. Der rein äußere Eindruck entsprach den Beurteilungen ihres früheren Kommandos. Der Kleinste – Schwarz – hatte mit der Note 8 – sehr gut – abgeschnitten. Alle Achtung! Diesem kleinen, schüchternen Kerlchen hätte man das gar nicht zugetraut. Schwarz muß überdurchschnittlich begabt sein, denn auf einer Vorschule gleich mit »sehr gut« beurteilt zu werden ist verdammt eine Seltenheit! Schöttger war nicht viel größer, ebenfalls blond, aber kräftiger gebaut. Er hatte die Note 7 – gut – erhalten. Lemke war der kräftigste von den Dreien. Auch er war mit »gut« beurteilt. Alle drei hatten ein einwandfreies militärisches Auftreten. Noch waren sie sehr zurückhaltend, aber aus diesen jungen Burschen – sie waren erst 17 und 18 Jahre alt – konnten gute Unteroffiziere und zuverlässige U-Boot-Fahrer werden.

Ich war mit Theurings Wahl zufrieden. Dieses Menschenmaterial war prachtvoll, und das wog die Schwierigkeit auf, die sich daraus ergab, daß die Jungs noch nie ein U-Boot gesehen hatten. Als junger Kommandant geht man zwar mit unerfahrenen Leuten nicht gern auf Feindfahrt, aber einmal mußte man seine alten Obergefreiten doch abkommandieren, um ihnen eine Möglichkeit zum Weiterkommen zu geben, und dann waren die Neulinge inzwischen eingefahren, und sie bildeten dann den zuverlässigen Stamm, mit dessen Hilfe man wieder neue Leute ausbilden kann.

*Die Schiffsführung von U 23 nach Kommandantenwechsel im Juni 1944 v.l.n.r.: Lt.Ing. Schneider, L.I., OLt.z.S. Arendt, Kommandant, Lt.z.S. Theuring, I WO*

Zwei Wochen vor dem Auslaufen hatten wir die drei Vorschüler bekommen. In dieser Zeit haben sie eifrig gelernt. Das Boot und sein Betrieb ist ihnen kein unlösbares Rätsel mehr. Mit jugendlichem Schwung und der Begeisterung des aktiven Soldaten haben sie alle Schwierigkeiten gemeistert. Leicht ist es ihnen nicht gemacht worden. Manches harte Wort ist gefallen, und die alten Maate haben sie oft zusammengestaucht, aber das kennen sie ja, denn vier Jahre Vorschule sind auch kein reines Mädchenpensionat. Dafür wissen sie aber, daß alles nur zu ihrer Ausbildung und zum Besten des Bootes geschieht.

Auch die älteste Besatzung muß sich immer wieder abrunden, und sie gehören jetzt voll und ganz zu dieser Besatzung. Die Bootsgemeinschaft hat sie aufgenommen. Jeder ist hilfsbereit mit Rat und Tat zur Hand. Am Auslauftag kann ich mit dem Ausbildungsstand meiner Besatzung zufrieden sein. Was den neuen Soldaten noch an Erfahrung fehlt muß ihnen die Feindfahrt bringen. Ein guter Ausguck wird man eben nicht an der Pier, daran läßt sich nichts ändern.

Gleich nach der Gesundheitsvisite fahren wir wieder in den Hafen hinunter. Karl Fleige läuft mit drei neuen Erfolgen ein. Zwei Dampfer von 1800 und 1500 t und ein Kanonenboot bilden den würdigen Abschluß seiner Schwarz-Meer-Erfolge. Viele Gäste und die gesamte Flottille jubeln ihm und seiner braven Besatzung zu, als das Boot nun an die Pier kommt. Die Schwestern sind wieder mit Blumen da, und bald versinkt alles im Einlauftrubel, mitgerissen von der glücklichen Besatzung des erfolgreichsten Schwarz-Meer-Bootes.

Nur kurz konnte ich Karlchen die Hand drücken, denn jeder wollte möglichst viel von dem erfahren, was unser Ritterkreuzträger bruchstückweise von seinen letzten Erlebnissen berichtete. Ebenso kurz war auch Huberts Vorstellung. Karlchen hatte gar keine Zeit, sich seinem Nachfolger länger zu widmen. Hubert nahm das als persönliche Nichtachtung auf, aber er kennt den alten Fleige ja nicht in solcher Stimmung.

Meine alte Besatzung begrüßt mich stürmisch im Rausch des Erfolges. Jeder drängt sich heran, jedem schüttele ich die Flosse, und für jeden finde ich einige Worte des Glückwunsches. Die Männer sind mir im Laufe unserer gemeinsamen Fahrten doch verdammt ans Herz gewachsen. Zum ersten Mal kam mir das zum

Bewußtsein, als U 18 ohne mich zu dieser Feindfahrt auslief. Da stand ich winkend an der Pier und kam mir ganz komisch vor. Mein Kommandant stand dort auf der Brücke, meine Männer waren auf dem Achterdeck angetreten und mein Obersteuermann rief noch ein Scherzwort herüber. Was war denn mit mir los? Gehörte ich nicht mehr zu denen dort? Mein Platz mußte jetzt doch auf der Brücke sein und nicht hier auf der Pier. Erst langsam kapierte ich, daß ich tatsächlich nicht mehr dazu gehörte. Ich war ja jetzt selbst Kommandant, und mein Platz war auf einem anderen Boot – auf meinem Boot! Der alte Thieme ist ganz gerührt von dem Wiedersehen. Immer wieder haut er mir begeistert auf die Schulter und schiebt mir die volle Kognakflasche zwischen die Zähne. Schließlich ziehen ihn seine Kameraden in ihren Kreis.

Maurer, Aufschlager und Johannsen stehen jetzt bei mir. Auch bei ihnen herrscht eitel Freude und Stolz. Begeistert versichern sie: »Herr Oberleutnant, Zerstörer haben wir gesehen!«

Lange Zeit bleibt nicht für diese Art Unterhaltung mit meiner alten Besatzung, denn meine neue ist auf U 23, meinem neuen Boot, zur Seeklarmeldung angetreten.

Lt.z.S. Herbert Theuring, der I WO, meldet mir U 23 klar zum Auslaufen, und ich melde das Boot beim amtierenden Flottillenchef, Kptlt. Clemens Schöler, zur Feindfahrt ab.

Es folgt die schon sooft gehörte Ansprache an die Besatzung vor dem Auslaufen. Diesmal ist sie vor dem Hintergrund der dramatischen Verschlechterung der Lage des Heeres im Süden der Ostfront eindringlicher, ja besorgter. Von der »Hurra-Stimmung«, mit der man den Ernst und die Unabänderlichkeit des Augenblicks früher zu überspielen versuchte, wenn eine Besatzung sich anschickte, den sicheren Hafen zu verlassen, war kaum etwas geblieben; allenfalls jene verbale Zuversicht, die man den Männern schuldig zu sein glaubte.

Am Schluß seiner Ansprache wendet sich Kplt. Schöler unmittelbar an mich und sagt: »Also, Arendt, viel Glück und Erfolg. Es wird bestimmt klappen!« Dann bin ich auf dem Turm. Wir legen ab. Das Boot löst sich eben von der Pier, da stürzt die Besatzung

von U 18 auf ihr Boot und brüllt uns drei brausende »Hurras«
nach. Winkend und mützenschwenkend verlassen wir den Hei-
mathafen. Nach wenigen Marschstunden sinken die Kuppeln und
Türme von Konstanza goldschimmernd hinter die Kimm. Wir
sollten sie nicht wieder zu Gesicht bekommen.

Von solchem Wissen noch unbeschwert, entlassen wir das Geleit. Kampffroh marschieren wir nach Osten, auf neuen Erfolg
brennend.

DIE HIER SICH AUSDRÜCKENDE FREUDE AUF EINE DURCHAUS ALS LEBENSBE-
DROHEND BEGRIFFENE KRIEGSAUFGABE MAG AUS HEUTIGER SICHT UNBE-
GREIFLICH ERSCHEINEN, WAR ABER DAMALS EIN WEITVERBREITETES PHÄ-
NOMEN.

MICHAEL SALEWSKI ZITIERT IN EINEM AUFSATZ »MENSCHFÜHRUNG IN
DER DEUTSCHEN KRIEGSMARINE 1933–1945« AUS EINER BROSCHÜRE
VON RUDOLF KROHNE »DER KOMMANDANT AUF KLEINEN FAHRZEU-
GEN« FOLGENDE FESTSTELLUNG:

> »HAT DER KOMMANDANT SEINE BERUFUNG INNERLICH DURCH-
> GEKÄMPFT, DANN BEWEGT ER SICH IN EINER WELT, WO ALLES DA-
> ZU HILFT, MIT IHR ALS MANN UND FÜHRER FERTIG ZU WERDEN.
> UNTER SICH SPÜRT ER SEIN BRAVES BOOT, DEM ER VERTRAUT. NE-
> BEN SICH FÜHLT ER SEINE MÄNNER, DIE IHM VERTRAUEN. UM IHN
> HER RAUSCHT DIE EWIGE SEE, DER ER NUR HALB VERTRAUEN DARF.
> ÜBER IHM WÖLBT SICH EIN ENDLOSER HIMMEL, VOR DEM ALLE
> PERSÖNLICHEN WÜNSCHE VERSTUMMEN. WEIT HINTER IHM LIEGT
> DEUTSCHLAND, VOR IHM STEHT SEINE KRIEGSAUFGABE. FURCHT
> UND SCHWÄCHE SCHWINDEN, VON SEEWIND FORTGEBLASEN. AUS
> DER WELT SEINER AUFGABE WACHSEN DEM, DER IN IHR LEBT UND
> SICH IHR HINGIBT, DIE KRAFT UND DER WILLE ZU, MIT IHR FERTIG
> ZU WERDEN. AUS BEGRIFFEN WIRD WIRKLICHKEIT. DER KOM-
> MANDANT IST GLÜCKLICH.«

DIESE SÄTZE TREFFEN MIT VERBLÜFFENDER GENAUIGKEIT DEN PSYCHI-
SCHEN ZUSTAND, IN DEM ICH MICH AN JENEM 16. AUGUST 1944 BEFAND.

Den kleinen Zwischenfall beim Auslaufen nahmen wir damals
noch als gutes Vorzeichen. Heute glauben wir es besser zu wissen.

Beim Passieren des nur fünf Meter breiten Raumes zwischen der vor dem Dock liegenden Netzsperre und den im Päckchen liegenden KFKs blieben wir mit der Steurbordreling an einem Aufbau des Außenbootes hängen. Bei uns wurde etwas Blech verbogen, darüber rissen einige Leinen, und eine Wasserbombe fiel ins Hafenbecken. Das war ein recht unseemännischer, aber dafür kriegerischer Auftakt. Diese kleine Ramming hatte uns jedoch nicht am Auslaufen gehindert, und nun schwabbelten wir bereits weit draußen im Schwarzen Meer.

Unser Anmarsch erfolgt diesmal über den Südweg. Vor 16 Monaten hatten wir mit U 18 auf unserer ersten Ausreise diese Route benutzt. Seitdem sah ich sie zum ersten Mal wieder. Alte Erinnerungen werden lebendig und doch – heute ist es ganz anders. Das Wetter ist genauso schön, und doch kommt es mir so vor, als strahle die Sonne heute freier. Heute ist der Seeraum frei und weit, damals schien er mir eng und tückisch.

Im Mai 1943 – vor 16 Monaten – stand ich zum ersten Mal als WO auf der Brücke eines gegen den Feind fahrenden U-Bootes. Von Gefahren hatten wir gelesen und gehört, aber wir kannten sie noch nicht. Noch hatten wir ihnen nicht Auge in Auge gegenübergestanden. Ihre Heimtücke und Hinterlist konnte unerwartet über uns herfallen, und wir wußten nicht, ob wir sie rechtzeitig erkennen würden. Das Nichterkennen macht die Gefahr gefährlich, und Unerfahrenheit erzeugt Unsicherheit.

*Sehrohr, ausgefahren zum Rundblick vor dem Auftauchen*

So fuhren wir damals etwas beklommen und mit zum Zerreißen angespannten Nerven. In 16 Monaten hatten wir viel gesehen und erlebt. Erfahrungen hatten wir gesammelt, und Sicherheit war daraus erwachsen. Diese Sicherheit verleitete uns jedoch keineswegs zu Nachlässigkeiten. Im Gegenteil! Unsere Sinne hatten sich geschärft. Erfahrung hatte das mit sich gebracht. Jedes Geräusch kannten wir – an Bord und auf dem Wasser. Jede Bewegung wußten wir zu deuten, für alles gab es eine Erklärung. Unsere Aufmerksamkeit richtete sich schon ganz automatisch auf gefährlich erscheinende Stellen. Zum Beispiel diese dunkle Wolkenbank dort drüben. Gute Möglichkeit für Flugzeuge. Dort treibt etwas im Wasser. Ein Sehrohr? Nein – doch nicht. Der Gegenstand tanzt im Rhythmus der Wellen auf und ab. Nur ein Stück Treibholz.

An Backbord ein verdächtiger Streifen im Wasser. Eine – nein – zwei, drei, vier Torpedolaufbahnen? Viererfächer! Ach nein – Windstreifen, ganz einfach Windstreifen! Ein schwarzer Punkt an der Kimm, nur wenig über dem Wasser, wandert schnell aus. Das könnte ein tieffliegendes Flugzeug sein. Vor 16 Monaten hätte man längst eine »Biene« in soundsoviel Grad gemeldet. Heute? Heute erkennt man bald einen leichten Flügelschlag oder eine hastige Bewegung und weiß: eine Möwe oder sonst etwas, aber auf jeden Fall ein Vogel.

Nachts kann man jetzt eine Torpedolaufbahn von einem anschwimmenden Schweinsfisch unterscheiden, und in der Kimm erscheinende Sterne hält man nicht mehr für Lichter von Fahrzeugen.

Das Summen des Lüfters und das tiefe Brummen des Windes im Brückenkleid kann man von Motorengeräuschen unterscheiden, und jede Veränderung des eigenen Dieselmotorengeräusches findet im Unterbewußtsein sofort seine Erklärung. Wenn der LI die Störung auf die Brücke melden läßt, weiß man längst Bescheid.

Durch den leichten Schlaf des U-Boot-Fahrers fühlt man jede Kursänderung, und wenn nachts von der Wache etwas gesehen wird, spürt man das an der durchs Boot laufenden Erregung, noch ehe man durch eine Meldung hochgerissen wird.

Das Boot ist längst kein toter Gegenstand mehr für uns. Es ist ein Lebewesen mit Nerven und Gefühl geworden, belebt durch unseren Geist. Wir leben und fühlen mit diesem Boot, unserem gemeinsamen Kameraden, der zuverlässig und treu ist, wenn wir es sind. Wenn wir sterben, stirbt er, und solange wir leben, lebt unser Boot. Und wir leben!

*Auftauchen!*

Renates Kuchen haben wir noch im Geleit verzehrt, jeder hatte ein Stück bekommen. Der guten Schwester müssen von den vielen guten Gedanken an sie die Ohren gedröhnt haben.

Kurz vor dem Mittagessen des nächsten Tages (17. August 1944) lasse ich ein Probealarmtauchen durchführen. Mit der Stoppuhr in der Hand verfolge ich das Einsteigen der Brückenwache und das Sinken des Bootes. Den noch ausstehenden Tieftauchversuch schließen wir unmittelbar an. Mit wenig Vorlastigkeit fällt das Boot unheimlich rasch. Jetzt sind wir durchgependelt und lie-

U 23

gen etwas achterlastig, aber immer noch klettert der Zeiger des Tiefenmessers. Die Lenzpumpen arbeiten ununterbrochen. Noch keine Änderung. Der LI bittet um Fahrterhöhung. Halbe Fahrt schafft es nicht – inzwischen sind wir auf der zugelassenen Höchsttauchtiefe angelangt.

»Beide Maschinen Große Fahrt voraus!«

Das Boot zittert unter dem Mahlen der Schrauben und fällt weiter. Der Zeiger hat den roten Strich überschritten. Die Pumpen schaffen nichts mehr gegen den Außendruck dieser Tiefe. Jetzt muß ich ernstlich eingreifen. »Klar bei Anblasen zwei beide Seiten!« – Nach kurzer Zeit meldet Zentrale: »Ist klar.« – »Vorsichtig anblasen«, befehle ich leise, und nachdem die Druckluft einige Sekunden gezischt hat: »Feeeeest!«

Das Manöverventil knallt dicht, das Zischen hört auf. Vorsichtig klopfe ich gegen den Tiefenmesser. Er steht, zittert ein wenig hin und her und fällt dann langsam. Zentimeter um Zentimeter steigen wir. Das genügt, bald sind wir auf normaler Tiefe.

Die Maschinen gehen auf Kleine Fahrt. Ihr leises Summen wird abermals vom Rasseln der Lenzpumpen aufgeschluckt. Die Tauchzellen werden wieder entlüftet, das Boot eingesteuert.

Das war eine üble Tauchpanne, die im Op.-Gebiet leicht schlimme Folgen hätte haben können. Als wir den Marsch über Wasser fortsetzen, lasse ich den LI kommen. Durch Nachlässigkeit und mangelnde Dienstaufsicht hat er diesen Versager verschuldet. Nach dem Einlaufen wird er sich deswegen zu verantworten haben.

In der Nacht – vor 16 Monaten – bekamen wir die Leuchtfeuer von Kerempe burnu an der anatolischen Küste in Sicht. Heute sind sie erloschen – seit Monaten schon. Nach Kopplung ändern wir unseren Kurs, der nun genau nach Osten führt.

Die Morgendämmerung (19. August 1944) kommt, und es wird Mittag. An Steuerbord begleiten uns in blauer Ferne die Küstengebirge der Türkei. Gleichmäßig hämmern die Diesel, leicht giert das schnittige Boot in der blauen See, die sich mit kleinen, glitzernden Schaumkämmen geschmückt hat. Sengend heiß brennt die Sonne auf Gesichter und nackte Arme. Die frische Brise wischt die Hitze fort, ehe sie sich in der Brücke festsetzen kann. Ein herrliches Wetter zum Seefahren!

Bei unveränderter Wetterlage vergeht auch der 19. August. Die Dunkelheit fällt ein, unsere Spannung und Erwartung wächst. Nur noch wenige Stunden, dann haben wir unser Op.-Gebiet erreicht. Zum siebenten Mal nähere ich mich der Kaukasusküste nach langer Hafenzeit, aber die Spannung ist immer wieder dieselbe. Wenn die Nacht des letzten Anmarschtages sich ankündigt, ergreift sie einen. Man geht nicht mehr von der Brücke. Jagdleidenschaft und die Nähe des Feindes vibrieren in den Nerven. Überwach späht man durch das Doppelglas in die Dunkelheit, erwartet jeden Moment das Auftauchen eines Schattens, des Feindes.

Hubert, unser Kommandantenschüler, steht neben mir. Wie mag ihm zumute sein? Er wird noch in dieser Nacht zum ersten Mal die Kaukasusküste sehen. Ihn muß ihr Antlitz aus nächster Nähe ganz besonders überwältigen, denn wann sieht ein Atlantikfahrer schon einmal die Küste des Feindes? Dort ist der weite, unbegrenzte Seeraum das Jagdrevier, hier ist es das unmittelbare Küstenvorfeld.

»Küstenabstand sieben Meilen«, meldet der Obersteuermann vom Kartentisch, und wenig später wachsen voraus dunkle Schatten aus dem schwarzen Wasser – die Küste! Das Brummen der Diesel verebbt zu einem gedämpften Blubbern. Vorsichtig dreht sich der Bug um einige Grade nach Backbord. Noch eine Stunde vergeht, dann beginnen die E-Maschinen ihre kaum hörbare Arbeit.

Während dieser Stunde hat sich eine gigantische Kulisse im Osten aufgebaut. Gewaltige Bergmassive stehen schweigend und drohend vor uns. Was birgt sich in ihrem Schatten? Dunkel und glatt ist das Wasser, nur von ganz kleinen Windwellen bewegt. Unter den Bergschatten beginnt sich ein pechschwarzes Band abzuzeichnen. Noch einige Minuten des vorsichtigen Pirschens, dann unterscheiden wir Uferböschung, Baum- und Häusergruppen. Das Ziel dieser Nacht ist erreicht. Wir stehen etwa zwei Seemeilen vor Anakrija, einem kleinen Ort nördlich Poti. Ein Sägewerk liegt wenig südlich der hinter Bäumen versteckten Häuser. Mondlos ist die Nacht und stockdunkel. Als wir auf 800 Meter heran sind, können wir Einzelheiten an der Küste ausmachen.

U 23 im Schwarzen Meer 1943–1944

Hubert ist beeindruckt von diesem Bild. Er spricht zwar wenig, aber seinen seltenen Äußerungen merkt man es an. »Schießt ihr euch eigentlich immer so dicht unter Land auf?« fragt er.

»Hm – meistens, je nach Wetterlage.«

Viel länger ist in dieser Nacht kein Gespräch geworden. Wir haben damit zu tun, uns wieder an die Küstennähe zu gewöhnen. Mit Beginn der Morgendämmerung des 20. August tauchen wir, etwas von Land abgesetzt.

Der lange Tagestörn der Unterwasserfahrt beginnt. Zwischen Anakrija und den nördlich Poti liegenden Minensperren stehen wir auf und ab. Die Tage sind leer wie die Nächte. Nur selten huscht in tiefen Wolken ein Flugzeug vorbei. Ebenso selten zeigt sich nachts einmal ein schwaches Licht an Land. Kein Dampfer und kein Geleit. Verkehrsflaute. Wie lange müssen wir warten? Tage? Wochen? Vielleicht!

Ganz nutzlos sind diese Tage für uns aber doch nicht. Wir gewöhnen uns wieder an Lauern, Spähen und Ausharren. Nach mehr als zehn Wochen Hafentörn ist uns die Seefahrt im allgemeinen und das U-Boot-Fahren unter der Küste des Feindes im besonderen wieder vertraut geworden. Für jeden Fall sind wir wieder gewappnet.

Die Nacht vom 23. zum 24. August ist etwas heller als die vorhergehenden. Der hinter dünnen Wolkenschleiern fast verborgene Mond erhellt sie mit milchigem, gedämpftem Licht.

Beim morgendlichen Tauchen stehen wir in vier Seemeilen Küstenabstand etwas südlich von Anakrija. Dieser Abstand ist eigentlich ziemlich groß, aber es sollte sich leider herausstellen, daß er bei weitem noch nicht groß genug war.

Die erste Stunde nach dem Tauchen bleibe ich gewohnheitsgemäß selbst am Sehrohr, denn im ersten Dämmerlicht können Fahrzeuge so überraschend auftauchen, daß Sekunden entscheidend sind.

Langsam wird es heller. Ein graues, fahles Licht ergießt sich hinter den Bergen hervor über die bleierne See. Plötzlich rumpeln aus weiter Entfernung einige Detonationen zu uns herüber. Bisher noch nie gehörter Klang auf dieser Feindfahrt! Meine Aufmerksamkeit spannt sich. Wo Detonationen sind, ist etwas los. Wo kamen sie wohl her? Die Entfernung ist schon schwer abzuschätzen, aber wer will die Richtung auch nur annähernd bestimmen?

Bisher galt meine Aufmerksamkeit dem Küstenstreifen. Dort sind noch verschiedene Buchten überschattet. Nur aus ihnen kann noch eine Überraschung kommen und außerdem: vier Seemeilen Küstenabstand! Welcher Russe fahrt denn soweit draußen auf See? Trotz verschärften Suchens finde ich nichts unter Land.

Wieder poltern Wabos, vielleicht auch Fliebos. Rundblick! Eingehend betrachte ich den Seesektor. Nichts. Flugzeuge? Kippspiegel hoch, abermals Rundblick. Hoppla! Der Spiegel bleibt stehen. Eine M.B.R.II schaukelt dort in mittlerer Höhe, ziemlich weit. Sie steht südwestlich von unserem Standort. So ganz alleine? Da muß doch mehr sein. Wieder dreht sich langsam das Sehrohr. Teufel! Rauchwolken im Süden. Boot rum und Fahrt auf – ran! Während das Boot noch dreht, versuche ich mir aus dem Beobachteten ein Bild der Lage zu machen. Das sind erstens keine gewöhnlichen Rauchwolken, so wie sie kleine Dampfer verursachen. Ganze Rauchschwaden liegen dort über der Kimm. Und zweitens: Dieser Mast, der jetzt vor dem Rauch herauskommt, er ist verdammt schmal und spitz. Dampfermasten sehen anders aus. Über Gegnerfahrt und -lage bin ich mir noch nicht im klaren.

Da wird ein zweiter Mast in den Rauchschwaden sichtbar. Wenn die beiden Masten zu einem Schiff gehören, dann müßte es ein enorm großer Kasten sein, der Mastabstand ist erheblich. Gegnerlage also noch nicht zu bestimmen. Was ist mit der Gegnerfahrt? Ist sie groß oder klein? Für die auf fast 18 Seemeilen geschätzte Entfernung ist die Auswanderung sehr groß. Der Gegner muß also schnell fahren.

Die M.B.R.II ist gerade nicht sehr weit ab, trotzdem fahre ich den Spargel zur besseren Beobachtung kurzzeitig weit aus. Dieser Augenblick genügt. Es sind nicht nur zwei Masten, die dort an der Kimm entlangziehen. Zu jedem großen gehört ein kleinerer, und an den großen habe ich Rahen ausmachen können. Die Gegnerlage ist entweder 70° oder 110°. Genau ist das nicht zu erkennen. Jedenfalls haben wir es nicht mit einem gewöhnlichen Dampfergeleit zu tun, sondern mit Kriegsschiffen.

Weitere Minuten vergehen, dann wissen wir, daß in elf Seemeilen Entfernung zwei russische Zerstörer mit 20-25 Knoten Fahrt Poti verlassen haben. Ihr Kurs fuhrt nach Nordwesten, weit an uns vorbei.

Keine Chance zum Rankommen. Die Jagd wird aufgegeben. Peilung und Entfernung werden in der Seekarte vermerkt, dazu der geschätzte Gegnerkurs. Mit Hilfe dieser Werte können wir uns ein ungefähres Bild des benutzten Auslaufweges machen. Dabei erleben wir eine Überraschung. Der Russe ist quer durch ein von uns vermutetes Minenfeld gedampft!

Was mögen zwei Zerstörer in See mit nordwestlichem Kurs wollen? Gehen sie zur Krim oder machen sie nur eine kurze Spritztour? Ich rechne mit Letzterem in der Hoffnung, sie vielleicht beim Einlaufen erwischen zu können. Dazu müßte man, um ganz sicher zu gehen, direkt vor der Hafeneinfahrt von Poti liegen. Gibt es dazu eine Möglichkeit?

Den Entschluß zum Vorstoß bis nach Poti habe ich bereits gefaßt, als ich sicherheitshalber die Karte befrage. Von Süden her könnte man schon herankommen, aber dieser Weg würde viel zu viel Zeit kosten. Ein Anmarsch von Norden her führt dauernd über flaches Wasser. Die eigenen und die feindlichen Minensperren lassen kaum Platz zur Durchfahrt, aber man könnte sich den großen Umweg nach Süden ersparen und bereits gegen Mittag vor dem »Loch« liegen. Also versuchen wir den Vorstoß von Norden her.

Es ist jetzt hell genug zum Peilen. Zahlen werden ausgerufen, ein Name angehängt, kurze Rechnung, rechtweisende Peilungen schneiden sich auf der Seekarte. Der Punkt wird markiert und mit einer Uhrzeit versehen. Hier stand das Boot um diese Uhrzeit. Diese Standortbestimmungen wiederholen wir jede Stunde. Auf äußerste Genauigkeit kommt es an, denn lausig eng ist der Weg zwischen lauter Sperren.

Mit kleiner Fahrt schieben wir uns vor. Die trübe Vormittagssonne beleuchtet Stadt und Hafen Poti. Sie blendet nicht, und doch ist es prächtig hell. Zum Beobachten und Peilen ausgezeichnet.

Das Land rückt mit Brücken, Bäumen, Häusern und grünen Flächen immer näher. Voraus erscheint ein kleiner, spitzer Mast über dem glatten Wasser. Wegen Telegrafenmasten, Känen und anderen Hafenanlagen ist er nur schlecht auszumachen. Daß dieser Mast zu einem Bewacher gehört, steht außer Zweifel, denn das Fahrzeug liegt in verdächtiger Nähe der Sperrlücke, die wir in kurzer Zeit erreichen werden. Beim Näherkommen wird aus dem

Mast ein kleiner U-Jäger, der anscheinend gestoppt liegt. Das Lot zeigt nur noch geringe Wassertiefen an. Für mehrere Stunden sind wir nun gezwungen, auf Sehrohrtiefe zu bleiben. Hoffentlich kommen nicht gerade in dieser Zeit Flugzeuge. Dann würden wir mit Sicherheit entdeckt werden. Sehr vorsichtig wird das Sehrohr gebraucht und auf Schleichfahrt gegangen.

In 400 Meter Abstand mogeln wir uns an dem ersten Bewacher vorbei und stehen nach einer kitzligen halben Stunde zwischen den Sperren. Die Fahrt wird etwas erhöht. Wir wollen so schnell wie möglich dieses verdammte Flachwassergebiet hinter uns bringen. Würden wir hier entdeckt, dann gäbe es kein Entkommen mehr. Einigermaßen sicher können wir uns erst jenseits der Minenfelder fühlen. Dort liegt, knapp 1000 Meter vor der Mole, eine Stelle mit über 100 Meter Wassertiefe. Das ist unser Ziel, von dem uns noch immer lange Marschstunden trennen.

Die erste Bewachung haben wir hinter uns. 50 Minuten später kommt ein zweiter Bewacher in Sicht, den wir eine Stunde später querab haben. Diesmal ist es ein größeres Kanonenboot, das mit langsamer Fahrt auf und ab dampft. Ganz dicht schleichen wir uns an ihm vorbei. Zeitweise sind seine langsam mahlenden Schrauben im ganzen Boot zu hören. In den Sekundenbruchteilen, die das Sehrohr kaum drei Zentimeter die Wasseroberfläche durchbricht, spähe ich zu dem Russen hinüber. Manchmal ist er so dicht, daß er nicht mehr in das Sehrohr paßt. Unendlich langsam bewegt sich unser Boot mit geringster Fahrtstufe vorwärts, fort aus der gefährlichen Nähe des Feindes. Die Strömung läßt uns fast auf der Stelle treten. Erst nach qualvoll langen Minuten peilt das K-Boot achteraus. Dieses Vorbeischleichen hat über eine Stunde gedauert. Unser Marschtempo beschleunigt sich wieder.

Mehrere Kursänderungen werden erforderlich. Ununterbrochen werden Peilungen genommen und ausgewertet. Nun liegt die letzte Etappe dieses gefährlichen Marsches vor uns. Der Hafen und die Stadt Poti sind nur noch eine Seemeile entfernt. Gewaltige Anlagen türmen sich vor uns auf. In der Vergrößerung wächst alles ins Riesenhafte. Zur Betrachtung bleibt noch keine Zeit. Immer noch liegen links und rechts Minen. Unter dem Kiel haben wir nur wenige Meter Wasser, man kann sie an den Fingern einer Hand abzählen. Es geht auf Mittag. 30 Minuten noch, dann sind wir frei von den Sperren. Die Mole gleitet in etwa 1000 Meter Entfernung vorbei. Ein U-Jäger liegt südlich der Einfahrt. Er wird umgangen, und dann haben wir endlich das tiefe Loch erreicht. Es ist eigentlich kein Loch, sondern der östlichste Zipfel eines von Westen kommenden tiefen Grabens. Hier, zwischen Land und Minenfeldern, beträgt seine Ausdehnung in NS-Richtung etwa 1500 m. Von der Küste bis zum Minenfeld sind es gut 1,5 Seemeilen (Anlage 8).

In der nördlichsten Ecke dieses Grabens stehend, befinden wir uns 1200 Meter südlich der Hafeneinfahrt. Eine geradezu ideale Lauerstellung haben wir hier gefunden. Dieser Hafen muß ja schließlich Verkehr haben. Lohnende Ziele sollen unsere sichere Beute werden. Das Überraschungsmoment wollen wir nicht leichtfertig aus der Hand geben, sondern geduldig warten. Unsere Chance muß einmal kommen. Poti ist immerhin der größte Hafen an der Kaukasusküste. Schon wenn man sich die Hafenbelegung genau ansieht, ist man überrascht. Schiff drängt sich neben Schiff, Dock neben Dock. Kräne, Silos, Kaianlagen und Lagerhäuser bilden in ihrer Konzentration eine dichte Mauer. Und hier sollten keine Schiffe ein- und auslaufen? Das wäre doch gelacht!

Schiffe wollen wir knacken, endlich einmal Schiffe, nicht diese kleinen Schlorren und Hutschefiddel wie sie oben im Norden zur See fahren und uns das Leben schwer machen. Diesmal soll der Feind direkt vor seinem besten Hafen gepackt werden. Unser Einsatz soll sich lohnen!

Die Sonne scheint jetzt klar und strahlend, die Wolken haben sich verzogen. Ich kann mich noch nicht vom Sehrohr trennen. Meine Augen brennen vom stundenlangen Gebrauch des Spargels, aber jetzt muß unsere nähere Umgebung erstmal einer eingehenden Musterung unterzogen werden.

Im Süden kreist seit Stunden schon eine M.B.R.II. Was sie dort zu suchen hat, weiß ich nicht. Auf jeden Fall ist es ratsam, sie im

Auge zu behalten. Nördlich unseres Verstecks liegt der U-Jäger vor der Hafeneinfahrt. Er hat seinen Standort noch nicht gewechselt. Wahrscheinlich ein fester Posten vor Anker. Bei vorsichtigem Sehrohrgebrauch kann er uns auf 1000 Meter Entfernung nicht bemerken. Ein eventuell vorhandenes Horchgerät wird ihm nicht viel nützen. Die gegen die massive Steinmole brandende Dünung muß jedes andere Geräusch übertönen. Vom Bewacher zur Mole sind es nach meiner Schätzung nur 100–150 Meter. Das ist gut so – bei etwas Vorsicht ist er ungefährlich. Ganz weit im Nordwesten dümpelt der Mast des zweiten Bewachers, den wir am Vormittag passiert hatten. Auch er ist jetzt harmlos für uns. Sonst ist außerhalb des Hafens kein Fahrzeug auszumachen.

Nun zum Hafen selbst. Aus einiger Entfernung kennen wir seine Anlagen und Gebäude. Der riesige Silo ist zum Wahrzeichen von Poti für uns geworden. Auch den Vormars des Schlachtschiffes kennen wir und das große Trockendock, aber alles nur aus der Ferne. Jetzt liegen wir so dicht davor, daß man im Sehrohr nur kleine Sektoren der Stadt und des Hafens übersehen kann.

Meine besondere Aufmerksamkeit gilt dem Schlachtschiff PARISCHKAYA KOMMUNA. Nicht nur der massige Aufbau dieses Burschen fesselt mich – nein, etwas anderes, kaum Auffälliges erregt mein Interesse viel mehr.

Durch die Pier wird nur der Rumpf verdeckt. Das Oberdeck kann man gerade noch einsehen. Das Schiff liegt spitz auf uns zu, etwa links 15–20°. Vom Achterdeck ist nur wenig zu sehen. Dafür ist die Back von der roten Kriegsflagge am Flaggenstock bis zur Brücke gut zu übersehen. Da die PARISCHKAYA KOMMUNA in dem weiter landeinwärts liegenden Hafenbecken festgemacht ist, beträgt die Entfernung bis dorthin etwa 2000 m. Erst bei näherem Hinblicken bemerke ich die weißen Schlangen, die von der Pier auf das Schiff und zurück kommen und gehen. Die sechsfache Vergrößerung enthüllt das Rätsel: Ketten von Mannschaften in weißem Arbeitszeug schleppen über eine Stelling Lasten auf das Schiff und kehren leer zurück. Auf dem vorderen Geschützturm steht eine weiße Gestalt, wahrscheinlich ein Offizier, der das Mannen von

Proviant und Munition leitet. Ja, diese Lasten haben verteufelte Ähnlichkeit mit solchen Sachen. Was anderes sollte man wohl sonst auf ein Schlachtschiff bringen. Zu dieser Beobachtung paßt auch das erstaunlich starke Qualmen der Schornsteine, aus denen sich dicker, zäher, weißlich-gelber Rauch träge stadtwärts wälzt. Was tut sich da? Ich habe den Eindruck, daß dieses stärkste Schiff des Schwarzen Meeres ausgerüstet wird! Auch auf einem schweren Kreuzer der KRASNY-KAWKAS-Klasse ist Dampf aufgemacht. Er steamt mit seinem großen Bruder um die Wette. Tolle Hoffnungen und Gedanken gehen mir durch den Kopf. Daß die Schiffe seeklar machen, steht fest. Werden sie auch auslaufen? Welch unerhörte Gelegenheit würde sich damit für uns bieten! Plant der Russe etwa eine Beschießung der rumänischen Küste? Oder will er gar eine Landung versuchen? Auf jeden Fall werde ich das Beobachtete sobald als möglich an die Führung melden. Unter Umständen kann dieser Funkspruch von Bedeutung sein. Der I WO, dem ich das Sehrohr endlich übergebe, bittet um die Erlaubnis, einige Aufnahmen durch das Sehrohr machen zu dürfen. Dem steht nichts im Wege. Mit einer Leika fotografiert er den Silo, das Schlachtschiff und Teile des Hafens. Bei der herrlichen Beleuchtung müssen die Bilder sehr ordentlich geworden sein. Leider mußten die Filme mit noch vielen anderen Bildern aus den letzten Tagen der Schwarzmeer-U-Boote vor dem Betreten der Türkei belichtet werden. An ihnen sind zweifellos wertvolle Dokumente verlorengegangen.

Die Stunden verrinnen, es ist später Nachmittag geworden. Der Wachhabende, Obersteuermann Heinrich Bierwirth, ruft mich mit der Meldung eines Fahrzeugs in den Turm. Schneller Rundblick: Alles frei. »In 287 Grad ...« – »Klar, seh' schon.« – »Komisches Fahrzeug«, meint Bierwirth, »... 'ne Biene ist auch dabei.« – »Hm – sieht komisch aus.« Rundblick, dann wieder auf das Fahrzeug, das aus Richtung Batum, also von Süden kommt. »Bewacher?« frage ich. – »Keine gesehen.« Zum langen Reden ist die Luft zu schlecht. Keuche sowieso schon genug am Spargel. Im Turm ist es dunkel, nur die Kompaßbeleuchtung brennt schwach. Von unten her fällt ihr trüber Schein auf das von Schweißperlen übersäte Gesicht von Bierwirth, Furchen und Falten kraß hervorhebend. »Hart Backbord!« Ich drehe auf den Gegner zu. Einige Minuten vergehen. »Is'n U-Boot. Nach See zu stehen zwei Bewacher. Verdammte Biene – ein!« Ächzend rutscht der Spargel etwas tiefer, verschwindet unter der Wasseroberfläche. Der Obersteuermann blickt mich fragend an. Werden wir angreifen? soll der Blick bedeuten. »Hm – liegt ganz gut. Immerhin ein U-Boot. Mal sehen, was die Biene macht. Vorsichtig aus.«

Der glänzende Stahl hebt sich. In der Hocke schon das Auge am Einblick richte ich mich mit dem ausfahrenden Sehrohr auf. Vor dem Ausblick wird das Grün heller, Lichtreflexe der Oberfläche werden sichtbar, ein paar Bläschen quirlen auf, und dann blendet plötzlich die Sonne.

»Fest!« keuche ich. Der Spargel steht. Die M.B.R.II hat uns überflogen, ist jetzt weit genug ab. Der U-Boot-Turm ist größer geworden. Langsam hebt sich auch das Oberdeck über die ums Sehrohr plätschernden Wellen. Es ist ein kleines U-Boot von nur 200 t, aber sein Kurs führt dicht an uns vorbei. Aus 850 Meter Entfernung werden wir einen sicheren Schuß anbringen. Mein Angriffsplan ist gefaßt. »Auf Gefechtsstationen! – Rohr I und II klarmachen zum Unterwasserschuß.«

Hubert kommt in den Turm, löst den Obersteuermann ab. Während einer neuen Kursänderung sieht er sich die Sache da oben an. Wenn der Gegner seinen Kurs beibehält, ist der Angriff kinderleicht, aber – verfluchter Dreck! Er dreht auf uns zu, hat fast Lage 0°. Um den nötigen Abstand zu bekommen, müssen wir nach Land zu ausweichen und damit das tiefe Wasser verlassen. Die Biene? Ist jetzt völlig wurscht – wir versuchen das Mögliche.

Ruder- und Maschinenkommandos gehen in die Zentrale, von dort durch alle Räume. Die Torpedowaffe meldet klar. Ein Blick auf die Uhr: Haben prächtig gearbeitet die Mixer! Unendlich lange dauert die Drehung, und wir müssen fast auf Gegenkurs. Was macht der Gegner? Mit etwa acht Knoten Fahrt kommt er heran. Trotz unseres Manövers wird der Passierabstand sehr klein – unter

400 Meter. Schon ziemlich nah! Wir müssen mit einem Winkel im laufenden Gefecht schießen. Neue Befehle.

Das Lot zeigt nur noch gerade so viel Tiefe, daß wir den Aal ungefährdet losmachen können. In diesem Moment überfliegt uns die »Luftschaukel«, kaum 100 Meter hoch. Blöde Situation!

Endlich liegt der befohlene Angriffskurs an, der Schußwinkel ist eingestellt, alles klar. Der LI hat während dieser vielen Manöver ausgezeichnet gesteuert. Jetzt ist Ruhe im Boot. Alles fiebert auf den Schuß. Noch ist etwas Zeit, Sekunden nur, aber sie reichen zum Rundblick, dem unvermeidlichen. Biene? Geht klar! Bewacher? Stehen nach See zu hinter und vor dem U-Boot. Einer lausig nahe, aber nicht bedrohlich. Und nun wieder das Ziel. 850 Meter weg, auf der Brücke stehen Leute. Einer gibt einen Winkspruch an den nächsten Bewacher ab. Das wird sein letzter sein, denn eben dreht mir Hubert das Sehrohr auf die Abkommarke. Es ist soweit. »Rohr eins fertig!« Zwei, drei Sekunden, dann kommt die Rückmeldung: »Ist fertig!« – »Rohr einssss ...« Von Backbord wandert das Ziel langsam ein. In zwei Sekunden fällt der Schuß, in 27 Sekunden hat der Russe ein U-Boot weniger, denke ich. Da! Kurz vor Erreichen des Zielfadens dreht der Gegner hart ab, zeigt uns wenig später sein Heck. Verfluchte Sauerei! Nur jetzt nichts sagen. Der Schuß würde bei der geringsten Äußerung des Kommandanten fallen und – fehlgehen.

Einige Augenblicke lasse ich verstreichen, dann beginne ich sehr leise und vorsichtig zu sprechen. Meine Stimme darf nicht im Entferntesten Ähnlichkeit mit einem Kommando haben. Die gespannt wartenden Befehlsübermittler würden sofort ein »Looos!« heraushören, und das würde uns nutzlos einen Aal kosten.

Hubert begreift sofort, daß irgendwas den Schuß verhindert. Die elektrische Abfeuerung wird gesichert. In knappen Worten berichte ich das Vorgefallene und lasse alles auf »Null« machen. Ein sicherer Schuß aus 250 Meter Entfernung mußte im letzten Moment ausfallen.

Das U-Boot fährt in Schlangenlinien mit jetzt fast westlichem Kurs. In einem großen Bogen strebt es dann der Hafeneinfahrt zu.

Meine Hoffnung, daß der Gegner wenigstens beim Ansteuern der Mole eine Zeitlang geraden Kurs beibehält und uns doch noch eine Schußmöglichkeit bietet, zerschlägt sich.

Mit sehr stumpfer Lage zu uns hat er jetzt den Molenkopf erreicht und ist wenige Augenblicke später mit einer scharfen Wendung nach Steuerbord hinter der Mole verschwunden. Die beiden Bewacher laufen ebenfalls ein, die M.B.R.II verschwindet nach einer ganz niedrig geflogenen Ehrenrunde.

Den Ausfall dieses Angriffs können wir verhältnismäßig leicht verschmerzen. Erstens war es nur ein kleines Ziel, und zweitens werden für uns vor diesem Hafen noch bessere Chancen kommen. Unser Inkognito ist jedenfalls noch gewahrt, und das ist wichtig, vielleicht wichtiger als das lumpige 200-t-U-Boot. Mit solchen Betrachtungen trösten wir uns vorläufig.

Die Zeit ist über diesen Ereignissen nicht stehengeblieben. Wir müssen an das Absetzen von der Küste denken, denn in der Nacht können wir wegen der vielen Scheinwerfer nicht hierbleiben. Der Weg an den Sperren entlang nach Süden in tiefes Wasser jenseits der Minenfelder ist ziemlich lang. Zwischen Sperren und Land haben wir sieben Seemeilen Unterwassermarsch gegen den Strom zu bewältigen. Wenn wir am Südrand der Sperre stehen, wird es bereits dunkel sein, so daß wir uns schon aufgetaucht zur Batterieladung absetzen können.

Noch länger zu bleiben hat also absolut keinen Zweck, weil wir auf unserem Weg nach Süden Licht zum Peilen haben müssen. Die Minenlage erfordert genaueste Navigation. Und nachts über Wasser so dicht vor Poti zu stehen und dabei noch die Batterie zu laden, das wäre glatter Selbstmord und kommt nur für Lebensmüde in Frage.

Vor einigen Tagen, oder richtiger: Nächten, haben wir die Bekanntschaft mit den Scheinwerfern gemacht. In einer dunklen Nacht hatten wir uns, von Anakriya kommend, von See her so dicht wie möglich an Poti herangemogelt. Lange war alles ruhig geblieben. Plötzlich entdeckten wir südlich der Stadt, etwa in Höhe des Leuchtturmes, eine kleine, weiße Rauchwolke. Wir drehten darauf zu und versuchten, mit Höchstfahrt das Minenfeld entlangdampfend, hinter der Sperre an das Fahrzeug heranzukommen. Nach wenigen Minuten AK-Fahrt gaben wir das Rennen auf. Ein Scheinwerfer ging an, beleuchtete das Fahrzeug kurz, so daß es als Silhouette vor uns lag, und strich dann ruckweise über die See.

Das verfolgte Fahrzeug hatten wir als K-Boot angesprochen. Kein Dampfer war zu sehen. In geringen Zeitabständen blitzten andere, stärkere Scheinwerfer auf, die über das ganze Hafengelände verteilt waren. Ihr grelles Licht fiel auf zwei weitere Bewacher, die mit dem zuerst gesichteten eine Kette vor der Sperrlücke bildeten. Sollte hier eine Suchaktion gestartet werden? Es schien fast so. Ein ganz besonders starker Lichtarm begann mit bläulich-weißem Licht von Süden her systematisch das Wasser abzusuchen. Unser Vorteil: Er verriet uns jeden Bewacher. Mit beschleunigter Fahrt liefen wir nach Norden ab. Der grelle, blendende Balken rückte uns immer mehr auf die Fersen. Ich befahl den Ausguckposten, nicht in die Lichtquelle zu sehen, sondern scharf auf weitere Bewacher zu achten.

Mit einem Satz vorwärts blieb der Scheinwerfer bei uns haften. Taghell waren wir angestrahlt. Unsere helle Turmbemalung muß fürchterlich geglänzt haben. Mit äußerster Fahrt drehten wir nach See zu ab und zeigten das schmale Heck. Noch im Drehen sahen wir kaum 1000 Meter hinter uns ein Kanonenboot, das, quer zu unserem Kurs liegend, in seiner ganzen Breite vom eigenen Scheinwerfer angestrahlt wurde. Scheinwerfer, K-Boot und wir lagen jetzt in Deckpeilung, also genau in einer Linie. Hatte man uns entdeckt? Sah man uns gar von Land aus? Dann mußten sich gleich alle Scheinwerfer auf uns richten und die Bewacher über uns herfallen. Aber nichts geschah. Das Lichtbündel glitt weiter und ließ uns in schützender Dunkelheit zurück. Unbemerkt zeigten wir die Eisen.

Damals waren wir fast fünf Seemeilen von der Küste entfernt gewesen und hatten hinter uns die freie See. Sollten wir heute, 1500 Meter nahe, auf flachem Wasser ohne Möglichkeit zum Tauchen, sinnlos unser Boot riskieren? Nein! Wir sollten Erfolge erringen und uns nicht nutzlos abtakeln lassen.

In Folge der zum Angriff auf das U-Boot notwendigen Ausweichbewegung sind wir bis auf 800 Meter an die Uferböschung vor dem gewaltigen Silo herangekommen. Sehr flach ist es hier. Auf Sehrohrtiefe kann man sich eben halten. Vorsichtig drehen wir zum Marsch nach Süden ab. Wenig südlich des Silos mündet ein kleines Flüßchen ins Meer. Eine Brücke spannt sich mit leichtem Bogen darüber. Auf ihr gehen Menschen hin und her. Straßenbahnen, Autos und Fuhrwerke sind so deutlich zu sehen, daß man meint, das Hupen, Klingeln und Rattern zu hören. Die Kleidung der Menschen ist altmodisch. Ich kenne sie nur aus alten Zeitschriften: Modejahr 1920.

Die Sonne sinkt schnell tiefer. Ihr strahlendes Leuchten verblaßte zu einem goldenen Schimmer. Bald wird es Nacht sein. Unsere E-Maschinen müssen tüchtig ran. Die letzten Amperestunden der Batterie werden nicht gespart. Wir müssen alsbald aus diesem verteufelt langen Schlauch zwischen Minen und Küste heraus! So ein Tag wie der nun zu Ende gehende greift doch mehr an, als man sich selbst zugeben möchte. Vom frühen Morgen an hatte ich fast ununterbrochen am Sehrohr gehangen. Wenn schon der Anmarsch Nerven gekostet hatte, so war doch das Auf- und Abstehen so dicht vor dem feindlichen Hafen, zwischen Minen und Flugzeugen, Untiefen und Bewachern erst recht aufreibend.

Erst jetzt merkt man das, als man die kühle Nachtluft gierig einsaugt, die Diesel ihr beruhigendes Lied brummen und die spärlichen Lichter der Stadt sieben Seemeilen hinter uns liegen.

Eine ruhige Nacht wird uns wohltun. Alle Kräfte werden wir morgen wieder brauchen, denn unseren neu gefundenen Lauerplatz werden wir nicht eher verlassen, bis uns ein lohnendes Ziel zum Opfer gefallen ist und so unseren Einsatz belohnt. Dann ist unsere Anwesenheit verraten, und wir müssen uns nach einem anderen Platz umsehen; und welch prächtige Möglichkeiten haben wir in diesem Operationsgebiet. Batum soll unser nächstes Ziel sein.

Aber soweit sind wir noch nicht. Jetzt ist erstmal Nacht, und die Batterie muß geladen werden. Die nötigen Anordnungen dazu werden erteilt, dann lege ich mich aufs Ohr. Der Schlaf ist leicht, aber das ist er immer auf Feindfahrt. Es ist aber Schlaf und entspannt die Nerven. Mit der zerknautschten Mütze auf dem Kopf habe ich mich auf die Koje geworfen, eine Decke über den Kopf gezogen und bin schnell eingeschlafen.

Im Bugraum ist es dunkel, nur die Kartentischlampe leuchtet abgeblendet zu meinen Füßen. Das Brummen der Diesel stört mich nicht. Wenn das Lärmschott zum Maschinenraum aufgerissen wird, ein Freiwächter zum Rauchen in den Turm klettert, schwillt das Dieselgeräusch plötzlich und unvermittelt zu voller Stärke an. Man merkt es, aber es stört nicht. Genauso ist es mit dem leisen tüt-tüüüt-tüt-tüt aus dem Funkraum, das man bis in den Schlaf spürt. Das sind alles vertraute Geräusche, ganz normal. In jeder Feindfahrtnacht wiederholen sie sich, immer gleich, selbstverständlich.

Plötzlich bin ich hellwach. Noch liege ich ruhig, das Gesicht zur Bordwand gekehrt, aber der Schlaf ist wie weggeblasen. Warum? Irgend jemand hat das Wort »Kommandant« gesagt, nur geflüstert, aber welchen U-Boot-Kommandanten reißt das nicht aus tiefstem Schlaf? Der lange, blonde Heidelberg, unser Funkmaat, tritt an meine Koje, berührt mich leicht an der Schulter: »Herr Oberleutnant! Funkspruch!«

»Wichtig?« frage ich zurück. »Jawohl, Herr Oberleutnant, sehr wichtig.« Heidelberg reicht mir den Funkspruchzettel, geht zum Kartentisch und blendet die Lampe auf, so daß ich einigermaßen lesen kann. Ich überfliege den FT, springe auf und stürze an den Kartentisch. Habe ich richtig gelesen, oder träume ich noch? Ist das Licht vielleicht zu schlecht? Im vollen Schein der Kartenlampe lese ich nochmals, ganz langsam, Wort für Wort. »Himmel und Hölle! Das ist ja eine ganz tolle Schweinerei!« Den Zettel gebe ich dem Funkmaat zurück. »In die Funkkladde eintragen«, sage ich, »sonst noch was?« – »Nein, Herr Oberleutnant, aber einige Leitnummern fehlen noch. Sie werden bald kommen.« – »Ist in Ordnung, Funker. Gut aufpassen und wenn was kommt, gleich vorlegen!«

Heidelberg verschwindet im Funkschapp, stülpt den Kopfhörer

über die Ohren und ist sofort wieder in seine Arbeit vertieft. Aus der Karte nehme ich den neuen Kurs. Eigentlich ist das völlig unnötig, ich kenne ihn auswendig! Dann hänge ich das schwere Kommandantenglas um den Hals, drücke die Mütze fest, zerre den Schal zurecht und steige auf die Brücke. Dort oben muß ich mich an die Dunkelheit erst wieder gewöhnen. Zehn Minuten vergehen darüber, dann sehe ich mit voller Schärfe. Poti und die Küste betrachte ich lange im Glas. Heute nacht sehe ich das alles zum letzten Mal. Morgen sind wir schon weit von unserem Operationsgebiet entfernt. Ein Blick auf die Uhr: 21.55 Uhr, am 24. August 1944. Es wird Zeit, daß ich etwas sage. Zum WO gewendet gebe ich folgende Befehle: »Ladung abstellen, Schwanzwelle einkuppeln. BB-Diesel. Nach Backbord auf 270° gehen!« Ohne zu zögern wiederholt er gleich ins Sprachrohr. In der Zentrale wiederholt auch der Rudergänger, die Maschinentelegrafen schnarren, das Seitenruder knarrt. Das Heulen des ladenden BB-Diesel verstummt, während das U-Boot auf neuen Kurs geht. In der Zentrale herrscht einige Aufregung, denn wenn nachts plötzlich die Ladung abgestellt wird und der ladende Diesel angefordert, dann ist immer etwas Besonderes los. Entweder kommt dann »Auf Gefechtsstationen!«, oder wir müssen uns aus dem Staube machen. Noch hat ja keiner eine Ahnung von dem, was inzwischen passiert ist!

Vom WO kommt die Ausführungsmeldung der erteilten Befehle. »Beide Maschinen langsam bis auf zweimal Große Fahrt hochfahren«, gebe ich dem jetzt doch etwas verdutzten Theuring zurück und füge hinzu: »Es kann dann weiter geladen werden.« Das Glas vor den Augen fragt er schließlich: »Ist da etwas Besonderes los? 270° ist doch Heimatkurs!« »Man kann wohl sagen, daß etwas los ist. Rumänien hat kapituliert! Der Chef hat uns mit Höchstfahrt nach Konstanza zurück befohlen!«

Schweigen – und dann: »Soll das ein Witz sein?« – »Leider nicht«, muß ich antworten. »Geben Sie mal weiter: Kommandant an alle Stellen: Rumänien hat die Waffen niedergelegt. Boot marschiert mit Höchstfahrt nach Konstanza.« – »Also doch! Verfluchte Schweinerei!« – und dann erfährt es die ganze Besatzung.

Aus dem Boot dringt aufgeregtes Stimmengewirr zu uns herauf. Diese Nachricht hat wie eine Bombe eingeschlagen. Ein wildes Debattieren hebt an. Die Meinung der Männer zu dieser Sache ist einhellig. »Diese verfluchten ...!« Inzwischen stürmen wir mit zweimal GF und eingelegter Ladung nach Westen. Die letzten Schatten und Lichter der Kaukasusküste sinken in die Nacht zurück. Auf der Brücke hockend, hänge ich meinen Gedanken nach. Wie ist das nur möglich? Welche Folgen mag dieser Verrat haben? Wenn der Rumäne seine Waffen gegen uns erhebt, müßte unsere schon so schwer belastete Front zusammenbrechen. Wie war doch die Lage zum Zeitpunkt unseres Auslaufens? Der Russe stand bei Jassy und war über Odessa bis fast zur Donaumündung vorgestoßen. Hier war die Front zum Stehen gekommen. Die 3. Räumbootflottille unter Führung ihres Chefs, Kptlt. Klassmann, hatten wir noch verabschiedet, als sie mit Unterstützung von Artillerieträgern zu einem Angriff auf Odessa auslief. Der langsame Verband war kurz vor dem Ziel von russischen »Schlächtern« (Schlachtflieger IL 2) erfolgreich angegriffen worden und mußte mit schweren Beschädigungen und Verlusten nach Konstanza zurücklaufen. Dann waren wir auf Feindfahrt gegangen, wenig später folgte Karl Grafen (U 20). Am 21. August erfuhren wir durch Funkspruch, daß U 9 (Klapdor) im Hafen nach einem Bombentreffer gesunken sei. Unser erster Verlust – und jetzt hatte Rumänien kapituliert. Ich hoffte, daß es den deutschen Truppen gelingen würde, die Rumänen zu entwaffnen und so das Schlimmste zu verhindern. Was dann auch kommen mag: Wir werden bis zum Ende unserer Kampfkraft weiterkämpfen. Auf uns soll sich die Führung verlassen können!

Mit unverminderter Fahrt marschieren wir nach Westen. Als der Morgen des 25. August heraufdämmert, ist die Küste hinter uns verschwunden. Schade, daß wir unsere Lauerstellung vor Poti aufgeben mußten, aber sicher werden wir an einem anderen Platz jetzt dringender gebraucht. In 48 Stunden können wir vor Konstanza stehen. Ein Funkspruch meldet der U-Boot-Führung unseren gegenwärtigen Standort. Außerdem enthält er unsere Beobachtung vom Ausrüsten des Schlachtschiffes und eines schweren Kreuzers. Das kann jetzt wichtig sein.

Es wird heller. Innerhalb von zwei Stunden ist die See holprig geworden. Schwer stampft das Boot mit hoher Fahrt gegen die Wellenberge an. Gischt wischt ununterbrochen über den Turm, alles durchnässend. Das Marschtempo wird nicht um eine Umdrehung herabgesetzt. Manchmal schlagen die Schrauben wütend durch die Luft. Dann erzittert das ganze Boot in allen Fugen, aber wir müssen weiter. Stunden können entscheiden. Gegen Mittag kommt der Funker mit einem FT: Konstanza nicht anlaufen. Neues Op.-Gebiet Quadrat ..., Unterschrift: FloChef. Karten und Verzeichnisse werden gewälzt. Aha! »Neuer Kurs: 346!« Richtung Krim marschieren wir, Sewastopol ist unser Ziel.

Die immer höher werdenden Wellenberge kommen jetzt gischtend quer von Backbord ein. Das Boot törnt in den unglaublichsten Schlingerbewegungen. Die ersten Anzeichen von Seekrankheit treten auf, und noch immer nimmt der Seegang zu. Ich gehe auf sparsame Marschfahrt herunter. Wenn wir Konstanza nicht mehr anlaufen können, ist der Brennstoffvorrat ausschlaggebend für unsere Seeausdauer. Wer weiß, wozu wir sie noch brauchen? Eile tut jetzt nicht mehr Not. Vor Einbruch der Dunkelheit können wir die Krimküste nicht mehr erreichen, und nachts das minenverseuchte Vorfeld anzusteuern wäre Wahnsinn. Selbst bei Tageslicht und mit Hilfe terrestrischer Navigation bleibt abzuwarten, ob es uns gelingen wird, bis nahe Sewastopol vorzudringen.

Bei geringer Marschfahrt werden wir im Morgengrauen des folgenden Tages das Jaltagebirge in Sicht bekommen. Dann wollen wir es versuchen. Das neue Operationsgebiet zieht sich von Jalta in seinem schmalen Streifen nach Westen an der Krimküste entlang bis zu einem Punkt westlich Kap Chersones. Hier biegt es in gerader Richtung nach Norden ab und wird dort wieder durch Land begrenzt. Den Schwerpunkt dieses Gebietes bildet ohne Zweifel der Hafen von Sewastopol, der seit der Räumung der Krim im Mai wieder in russischer Hand ist.

Ich hatte mir nun die Frage vorzulegen: Was beabsichtigt die

Führung mit unserer Verlegung in dieses Seegebiet, das zu $7/10$ aus Minenfeldern besteht, deutschen und russischen? In dem FT vom Mittag waren keine genauen Anweisungen enthalten. Nach einigem Überlegen glaube ich annehmen zu dürfen, daß wir in erster Linie als Aufklärer gedacht sind. Und was sollen wir aufklären? Natürlich feindliche Schiffsbewegungen. Rechnet man vielleicht mit einer russischen Landung in Rumänien? Dann will die Führung also wissen, ob in Sewastopol, dem größten Krimhafen, Schiffszusammenziehungen stattfinden, die auf eine bevorstehende Invasion schließen lassen. Andere Krimhäfen sind nicht zur Versammlung eines größeren Konvois geeignet.

In diesem Sinne nehme ich unsere neue Aufgabe auf und richte meine Operationen danach. Wir müssen unter allen Umständen Einblick in den Hafen von Sewastopol bekommen. Zieht der Russe hier tatsächlich Landungsstreitkräfte zusammen, so muß unsere rechtzeitige Meldung von ausschlaggebender Bedeutung sein.

Während der folgenden Stunden erfahren wir:

1. U-Grafen, vor Tuapse operierend, hatte ebenfalls sofortigen Rückmarschbefehl bekommen. U 20 hätte 24 Stunden früher als wir Konstanza erreichen können. Wenige Meilen vor dem Hafen wurde ihm das Einlaufen verboten. Lage noch ungeklärt hieß es, abwarten. Wenig später wurde das Boot in ein vor der Donaumündung liegendes Operationsgebiet beordert. Das bestand zu $9/10$ aus eigenen Minensperren! Die Wassertiefen gestatteten gerade noch eine Unterwasserfahrt.

2. Am 25. August mittags stehen russische Panzerspitzen 25 Kilometer nördlich von Konstanza. Sie hatten bei Galatz die Donau überschritten.

3. U 19 (Ohlenburg) mit leichten Beschädigungen am 25. August abends ausgelaufen, das Boot bezieht ein Op.-Gebiet südlich Konstanza.

4. U 18 (Fleige) und U 24 (Lenzmann) durch Bombentreffer schwer beschädigt.

Beide durch Sprengung außerhalb des Hafens vernichtet.

Hiobsbotschaften genug! Der Ernst der Lage ist nicht mehr zu verkennen. Unsere Zuversicht bleibt trotzdem unerschüttert, wir wollten tun, was in unseren Kräften stand. Die Führung sollte jede nur mögliche Hilfe von uns bekommen.

Es wurde eine schwere Nacht mit Seegang 7–8 und entsprechendem Sturm. Trübe und grau kündigte sich der 27. August an. Gegen 4.00 Uhr ließ der Sturm nach, die See wurde ruhiger. Voraus heben sich die schroffen Felsen der Krimküste aus grauen Regenschleiern. Aus einigen Wolkenlücken schießen wir uns ein Morgenbesteck zusammen, nach dem wir unseren gegißten Standort verbessern. Das ist die Grundlage für die nun beginnende Ansteuerung der ersten Sperrlücke. Mit jeder Stunde wird die See glatter und rückt die Küste näher. Als uns nur noch sieben Seemeilen von ihr trennen, ist es geschafft. Wir haben gefunden, was wir suchten: Die zerschossenen Überreste des Leuchtfeuers von Chersones! Der Vormittag ist weit fortgeschritten. Von Land aus dürfen wir nicht gesehen werden – Zeit zum Tauchen. Mit dem neugewonnenen navigatorischen Anhalt winden wir uns nun unter Wasser durch schmale Sperrlücken auf die Spitze der Halbinsel Chersones zu. Erstaunlicherweise finden wir noch den alten deutschen Bojenstrich, der eine Lücke zwischen den Minenfeldern bezeichnet. Wir verlassen uns nicht blind darauf, denn er könnte absichtlich verlegt worden sein. Die Kontrolle bestätigt das nicht. Er liegt so, wie wir das aus früheren Zeiten kennen.

Noch vor dem Mittagessen erreichen wir den Ansteuerungspunkt, die Südwestecke der Halbinsel. Verhältnismäßig große Wassertiefen erlauben uns, den Abstand zur Küste zwischen 400 und 800 Meter zu halten. Hier unter Land sind wir weitaus sicherer als an den Ungewissen Grenzen alter Minenfelder (Anlage 9).

Die erschütternden Zeugen des letzten Kampfes unserer Kameraden von Heer und Luftwaffe, aber auch der Marine um die Krim stehen greifbar nahe vor uns. Zuerst bemerkte ich auf der Südostseite von Chersones mit der Steilküste ein Gefangenenlager. Im großen Viereck – von einem hohen Stacheldrahtzaun umgeben – standen Hunderte von Zelten und einfachen Lehmhütten. An jeder der vier

Ecken erhob sich ein Wachturm, aus rohen Balken errichtet und mit MGs besetzt. Menschen waren im ganzen Lager nicht zu sehen. Auf dem nach Osten ansteigenden Gelände lagen zerschossene Panzer, Kraftwagen und Flugzeuge verstreut. Bei näherem Hinsehen fiel mir ein vierkantiger Turm auf, der sich unterhalb des Lagers an die steilen Felsen preßte. Von außen mit braunem Lehm verputzt, unterschied er sich nur durch seine regelmäßige Form von der Steilküste. Sein Fuß stand auf dem winzigen Strandstück, während er oben gerade bis an den Rand des Abbruchs reichte.

Von diesem Turm hatte ich in Konstanza während der Rückführung unserer Truppen von der Krim gehört. Als unsere Soldaten aus der Stadt Sewastopol gedrängt worden waren, mußten sie sich auf das nach See zu abfallende, freie Feld der Halbinsel Chersones zurückziehen, wo sie schutzlos den Stalinorgeln, Granatwerfern, Geschützen aller Kaliber, MGs und den Schlachtflugzeugen ausgesetzt waren. Der Turm wurde für viele zur Rettung. Er bot die einzige Möglichkeit, zum Strand hinunter zu gelangen. Hier unten legten im ständigen Granat- und Bombenhagel die Marinefährprähme an, nahmen Soldaten an Bord und brachten sie zu den weiter in See liegenden Transportschiffen. Wegen ihres geringen Tiefganges waren nur sie in der Lage, bis unmittelbar auf den Strand zu fahren.

Die Besatzungen dieser Fährprähme haben tapfer und zäh den Abtransport des größeren Teils unserer Heeresverbände ermöglicht. Die Aufgenommenen wurden außerhalb des feindlichen Feuers an Räumboote, Schnellboote und Schiffe übergeben und dann nach Konstanza gebracht. Ohne Pause lief diese Operation vom 10.–13. Mai 1944. Auf dem Marsch zwischen Krim und Konstanza wurden die Geleite immer wieder von russischen Luftstreitkräften und U-Booten angegriffen. Das kostete viele Opfer.

In Konstanza sah ich Fährprähme mit über 800 Geretteten an Bord ankommen. Sofort nach deren Ausschiffung ging es zur Brennstoffübernahme, ein neues Geleit wurde zusammengestellt, und zurück ging es zur Krim. Von den fünf Mann Besatzung war kaum einer nicht verwundet, aber sie fuhren bis zum Umfallen.

Der letzte Fährprahm lief mittags bei ruhigem Wetter in Konstanza ein. Er hatte 400 Tote an Bord und zog eine rote Blutspur durch das blaue Wasser. Schlachtflieger hatten die dünnen Blechwände buchstäblich durchsiebt. Der Kommandant, ein Obermaat, hat sein Schiff trotz eigener Verwundung nach Hause bringen können.

Noch auf der Pier bemühten sich alle verfügbaren Ärzte um die vielen, teilweise Schwerverletzten. Selbst Amputationen wurden dort unter freiem Himmel vorgenommen. Die verlorene Schlacht hatte sich in gräßlichen Bildern manifestiert.

Etwa 60 russische Bomber versenkten die vollgestopften Schiffe TEJA, TOTILA und ROMANIA. 9000 Soldaten fanden dabei den Tod. Die Überlebenden wurden von begleitenden R- und S-Booten aufgenommen. Jedes dieser Boote hatte etwa 120 Mann zusätzlich an Deck.

Zurück zur Krim. Das trümmerübersäte Schlachtfeld an unserer Steuerbordseite reicht bis hinauf nach Sewastopol. Durch das Sehrohr haben wir klaren Überblick über das Gelände. Es gleicht einer Kraterlandschaft in verkleinertem Maßstab. Kein Quadratmeter ist ohne Trichter geblieben. Dazwischen liegen noch immer Trümmerberge von Kriegsmaterial. Gefangene leisten in kleinen Gruppen Aufräumungsarbeiten. Ihre gebeugten Gestalten unterscheidet man leicht von den russischen Posten mit Stahlhelm und aufgepflanztem Seitengewehr.

Auf einem zum Ufer führenden Trampelpfad trottet ein Trupp heran, verschwindet kurz hinter einer Bodenwelle und taucht dann 400 Meter vor uns auf der Böschung auf. In der 6fachen Vergrößerung kann ich die Gesichtszüge der Männer deutlich erkennen. Bei diesem Anblick unserer unglücklichen Kameraden greift es mir ans Herz. Gebeugt sind die Nacken und schleppend der Schritt. Die Uniformen hängen zerfetzt an ihren Leibern. Die meisten haben keine Stiefel. Noch einmal glänzt der Stahlhelm des hinter der Gruppe folgenden Postens, dann schlucken die verkohlten Überreste eines Hauses die Erscheinung.

Herrgottnochmal! So dicht sind wir bei den Kameraden und können ihnen doch nicht helfen. Wenn die eine Ahnung von unserer Anwesenheit hätten! Könnten sie nicht plötzlich ihren ahnungslosen Posten überrumpeln, sich ins Wasser stürzen und auf uns zuschwimmen? Könnten wir nicht auftauchen, ihnen entgegenfahren und sie an Bord nehmen? Alles würde blitzschnell gehen und – vielleicht – gelingen? Aber nein, das ist hilfloser Unsinn. Es würde unser aller Verderben sein. Wir haben eine wichtige Aufgabe, die gelöst werden muß. Das Schicksal von Tausenden kann von uns abhängen, und allein das entscheidet.

Die Hälfte ihres Abstiegs nach Westen hat die Sonne schon hinter sich, als wir vor der Einfahrt zum größten russischen Kriegshafen stehen. Am 29. Juni 1943 – vor 14 Monaten – war ich mit U 18 unter dem erfolgreichen Karl Fleige als dessen I WO mit flatternden Erfolgswimpeln stolz als erstes deutsches U-Boot hier eingelaufen. Damals hielt keiner von uns eine solche Wendung für möglich, heute war sie bereits seit Monaten bittere Tatsache. Äußerlich hatte sich nicht viel verändert. Genau wie damals nahm das goldene Licht der untergehenden Sonne der Trümmerstadt etwas von der Trostlosigkeit ihres Anblicks. Scheinbar leblos liegt Sewastopol vor uns.

Bis auf 800 Meter nähern wir uns der Hafeneinfahrt. Von diesem Standort aus haben wir freien Blick über den langen Hafenschlauch. Nur der Kriegshafen verbirgt sich hinter den kümmerlichen Resten einiger Gebäude. Glücklicherweise ist das Gelände so flach, daß wir jedes dort liegende Schiff an seinen Aufbauten erkannt hätten. Aber leer ist der Hafen und regungslos die Stadt.

In der Abenddämmerung patrouillieren einige kleine Kanonenboote und bewaffnete Fischkutter dicht unter der Küste der Halbinsel Chersones. Vermutlich gehören sie zur Bewachung des Gefangenenlagers. Nach aktiven Verbänden sehen sie nicht aus. Diese Verhältnisse sind für uns günstig. Sewastopol ist nach allen Seiten von ausgedehnten Minenfeldern gesichert. Nach Westen zu beginnen die Sperren erst in vier Seemeilen Küstenabstand und lassen so einen großen, halbkreisförmigen Platz freien Wassers. Durch die Westsperren führt eine schmale Fahrstraße nach Eupatoria und Odessa.

In diesem freien Gebiet müssen wir uns heute nacht aufhalten. Die Batterie ist fast leer und bedarf dringend der Ladung. Den ganzen morgigen Tag werden wir wieder unter Wasser verbringen. Würden wir heute nacht beim Batterieladen vorzeitig durch die Hafenbewachung gestört, so bestünde kaum Aussicht, ungeschoren aus diesem Loch herauszukommen. Unter diesen Gesichtspunkten ist es eine gewisse Beruhigung, daß wir nur verhältnismäßig leicht bewaffnete Sicherungsfahrzeuge gesehen haben. Sollte es ganz hart kommen, kann man mit unserer Artillerie einen Überwasserausbruch versuchen. Alles andere überlassen wir unserem guten Stern.

Im letzten Licht bestimmen wir unseren Standort nochmals haargenau. Eine Stunde später wiegt uns eine leichte Westdünung. Lange sichern wir geräuschlos nach allen Seiten. Diese zehn Minuten, in denen sich das Auge noch nicht vollends an die Dunkelheit gewöhnt hat, sind nervtötend! Aber sie vergehen, nichts Verdächtiges wird bemerkt. Ein kleiner Scheinwerfer flammt kurz auf, verlischt aber wieder. Sonst nur Dunkel und Stille.

Ich lege das Boot an die Grenze der westlichen Sperren in den dunkelsten Sektor. Hier haben wir den Rücken frei und stehen nicht zu nahe der Fahrstraße Odessa–Eupatoria. Mit einer E-Maschine halten wir unseren Standort – und dann zerreißt das Röhren der ladenden Diesel die nächtliche Stille, in der wir uns, auf das Gehör vertrauend, so sicher fühlten.

Etwas Sorge macht mir die Standortbestimmung während der Nacht. Auf das Lot und eine einigermaßen gute Schätzung sind wir angewiesen. Unser einziger Anhaltspunkt ist Sewastopol mit seinen wenigen Lichtern. Von der Strömung wissen wir sehr wenig – leider –, denn durch sie könnten wir in das nahe Minenfeld versetzt werden.

Die Stunden vergehen, und dann ist die Batterie endlich voll. Der Dieselmotorenlärm verstummt, wir können unser Gehör wieder in den Wachdienst stellen. Damit gewinnen wir das Gefühl der Überlegenheit gegenüber dem Feind zurück. Selbst die Einengung durch die Sperren wirkt jetzt weniger bedrückend. Mit voller Batterie können wir uns jederzeit unsichtbar machen. Der hinter dünnen Wolken aufgehende Mond verbessert die Sicht so weit, daß keine Überraschung mehr zu fürchten ist. Für den Rest der Nacht lege ich mich auf die Koje.

Im ersten Dämmerungsschimmer des 28. August tauchen wir zum erneuten Aufklärungsvorstoß gegen den Hafen von Sewastopol. Ab 9.00 Uhr stehen wir wieder in 800 Meter Entfernung vor der Einfahrt auf und ab. Das Bild im Hafen ist unverändert. Kein einziges Schiff hat hier Zuflucht genommen.

Der Tag wird älter, Flug- und Bewachertätigkeit nehmen zu, sind bald als lebhaft zu bezeichnen. Vor Fischerfahrzeugen und K-Booten ziehen wir uns etwas von der Hafeneinfahrt zurück. Ständig ist jetzt mindestens ein Flugzeug in der Luft. Den Auftakt bildete in den Morgenstunden eine Flak-Schießübung auf Schleppscheibe. Eine sehr schnelle und wendige PE II (Zerstörer) hatte die Rolle als Scheibenflugzeug übernommen. Aus der Menge der Leuchtspurgeschosse konnten wir uns ein ziemlich genaues Bild der hier liegenden leichten Flak machen. Es war nicht wenig! Von Osten her über Sewastopol nach Westen herrscht nun reger Flugverkehr. Viele amerikanische Katalina-Flugboote sind unterwegs und natürlich auch unsere alten Bekannten, die M.B.R.IIs. Sie ärgerten uns durch ihr verdammtes Niedrigfliegen. Wenn sie plötzlich aus mittlerer Höhe zum steilen Geleitflug ansetzten, meinte man jedesmal: Jetzt hat er uns gesehen – aber nie geschah etwas. Ihr Verhalten mahnte uns zur Vorsicht. Bald gewann ich den Eindruck, die Flugboote gehörten zur Sicherung eines kleinen Schleppers mit Leichter, der Schutt aus der Stadt in See verklappte. Zwei kleine K-Boote umkreisten die Fahrzeuge, für die sich ein Torpedo nicht lohnte.

16.00 Uhr – Zeit für den Rückmarsch nach Südwesten durch die Sperrlücke in das freie Wasser. Dort will ich heute nacht einen Funkspruch absetzen. Wir nehmen den Weg, auf dem wir vor zwei Tagen eingedrungen sind. Etwa zwei Seemeilen vor Kap Chersones treffen wir auf zwei K-Boote, die das Kap von Osten kommend gerade gerundet haben und nun Kurs auf Sewastopol nehmen. In Dwarslinie fahrend, passiert eines 50 Meter an Backbord, das andere 20 Meter an Steuerbord. Kaum sind sie vorbei, da tauchen drei weitere Boote auf. Dieser Verband großer K-Boote fährt in Kiellinie 25 Meter an unserem ausgefahrenen Spargel vorbei. Vom letzten Boot wird gerade ein Winkspruch abgegeben. Unser »Konfirmand« übernimmt das Sehrohr – eine seltene Gelegenheit, sich an solche Bilder zu gewöhnen.

Vor dem Gefangenenlager halten wir uns bis zur Abenddämmerung auf. Von hier aus hat man einen ausgezeichneten Überblick über den Weg nach Balaklawa, Jalta und Feodosia. Wegen der einbrechenden Dunkelheit müssen wir uns endlich auf den Weg ins Freie machen.

In fünf Seemeilen Küstenabstand wird angeblasen. Noch liegt ein rötlichgelber Lichtschein über der Westkimm, aber das Land hinter uns ist schon in Schatten und Dunst gehüllt. Auf der Steilküste glimmen dunkelrot einige Feuer auf, dort, wo das Gefangenenlager ist. Die See um uns ist frei.

Mit dem Brummen der Diesel und dem Rauschen der im Mondlicht glitzernden Bugsee fällt die durch Minen-, Land- und Feindnähe hervorgerufene Anspannung von uns. Im Moment gibt es nichts Schöneres für uns, als nach diesen Tagen der »Einkerkerung« durch die helle, windstille Mondnacht in freier See zu fahren. Zur Abgabe des Funkspruchs setzen wir uns weit von der Küste ab. Wenn wir hier vom Russen gepeilt werden, kann er kaum vermuten, daß wir vor Sewastopol gestanden haben. Sollten wir wieder dorthin beordert werden, bleibt auf diese Weise die Tür für uns offen.

In den zwei Tagen unseres Aufenthaltes vor Sewastopol hatte sich die Lage wesentlich geändert. Aus Funksprüchen erfuhren wir folgendes:

1. Am 25. August Führerbefehl durch Funkspruch: Konstanza halten bis zum letzten Mann. Führung Admiral Schwarzmeer (ASM).

2. Am 25. August abends Konstanza von allen deutschen Truppen kampflos geräumt. Alle fahrbereiten Schiffe und Boote hatten sich nach Varna in Sicherheit gebracht.

3. ASM richtete sich in der Batterie »Tirpitz« zur Verteidigung ein.
4. U-Führung vorläufig durch GruppeSüd in Sofia. Flottillenchef übernimmt nach seinem dortigen Eintreffen.
5. Konstanza am 26. August von Russen besetzt.

Konstanza war also für uns als Stützpunkt verloren. Noch hielt sich Bulgarien. Unter Umständen konnten wir in Varna noch ergänzen oder von dort aus über Griechenland nach Deutschland gelangen.

Doch solche Gedanken drangen noch nicht in den Vordergrund unseres Bewußtseins. Meine ganze Energie konzentrierte sich zunächst auf die nun zu unternehmenden Schritte. Die Flottille bestand nur noch aus drei Booten. Grafen (U 20) und Ohlenburg (U 19) standen nördlich und südlich des geräumten Konstanza. Meine Aufgabe vor Sewastopol hielt ich für erledigt. Wir standen für neuen Einsatz zur Verfugung. Wo sollte unser nächstes Operationsgebiet liegen?

Beabsichtigte die U-Führung eine Abriegelung Konstanzas von See her – worauf nach Aufstellung der beiden anderen Boote zu schließen war –, so mußten wir in diesen Ring eingegliedert werden. Das Hauptgebiet, nämlich Konstanza und seine unmittelbare Zufahrt, war noch frei. Sobald der Flottillenchef von Sofia aus wieder Verbindung zu uns haben würde, konnte ich fest mit Ansatz auf Konstanza rechnen. Grafen und Ohlenburg würden sicher andere Operationsgebiete zugewiesen werden. In ihren gegenwärtigen Positionen hatten sie keinerlei navigatorische Bewegungsfreiheit. Hier war wohl ein Mann der GruppeSüd am Werk gewesen, der vom Ansatz von U-Booten nichts verstand.

Von einem überraschenden Vorstoß auf Konstanza versprach ich mir gute Erfolgsaussichten. Minenlage und Fahrwasser waren schwierig, aber bekannt. Mit einiger Entschlossenheit müßte man zu einem Erfolg kommen.

Unser FT war raus, die Nacht verging. Keine Antwort kam, kein neuer Befehl. Sollte der Chef noch immer nicht in Sofia sein?

Weit vor der Krimküste tauchten wir am 29. August morgens.

Schweren Herzens entschloß ich mich zu einem abermaligen Vorstoß nach Sewastopol. Nützlich konnten wir dort nicht mehr werden, und ein vielleicht wichtiger Tag wäre vertan.

Zwei Stunden nach Antritt des Unterwassermarsches in Richtung Krim erhielten wir zur Programmzeit auf Längswelle die Antwort auf unseren Funkspruch vom gestrigen Abend. Als neues Operationsgebiet wurde uns – wie erwartet – Konstanza zugewiesen. Der Flottillenchef hatte also den Ansatz seiner drei letzten Boote wieder in der Hand.

Mit Hartruder ging es auf Gegenkurs. Zur Sicherheit liefen wir noch ein Stück von der Küste ab und tauchten dann auf. Der Marsch nach Konstanza begann.

Aus Brennstoffersparnisgründen liefen wir mit einer Maschine diesel-elektrisch. Der lange Anmarsch nach Poti über den Südweg, der Rückmarsch, anfangs mit zweimal Große Fahrt, und schließlich der Marsch nach Sewastopol hatten fast die Hälfte unseres Treibölvorrates aufgezehrt. Jetzt kam es auf sparsamsten Verbrauch an, denn was nützten uns die Aale, wenn wir nicht den nötigen Sprit hatten, um sie anwenden zu können? Nichts! Also heißt es sparen. Von jetzt an muß jede Kurs- und Fahrtänderung genau berechnet und auskalkuliert sein. Eine möglichst lange Seeausdauer steigert den Einsatzwert der letzten U-Boote im Schwarzen Meer.

Derartige Berechnungen gehören von nun an zu unserem täglichen Brot. Im Laufe der Zeit werden sie immer raffinierter ausgeklügelt.

Die Krim rutscht hinter den Horizont. Ihre letzten Bergspitzen lösen sich um die Mittagszeit im Dunst der Ferne auf. Wir wissen, daß wir sie zum letztenmal sahen.

Am frühen Nachmittag wird eine fast drei Meter hohe Spierentonne mit Artillerie versenkt. Aus großer Entfernung hatten wir sie für den Mast eines kleinen Fahrzeugs gehalten.

Neue Funksprüche werden aufgenommen:

1. Schußerlaubnis gegen alle rumänischen und russischen Fahrzeuge.
2. Der geplante Angriff der R- und S-Boote gegen Konstanza

fällt aus. Diese Boote haben sich vor Varna selbst versenkt. Die Besatzungen versuchen sich auf dem Landweg durchzuschlagen.

3. U 23 Angriff auf Reede Konstanza freigegeben.

Mein Wunsch ist in Erfüllung gegangen, ich habe freie Hand! Der mir schon seit einiger Zeit im Kopf herumgehende Plan zum Angriff auf unseren ehemaligen Stützpunkt kann nun in die Tat umgesetzt werden.

Die Sonne des 29. August geht im Westen zur Neige. Dunkelheit senkt sich über das ruhige Meer. Während der Nacht erfahren wir, daß es für uns kein Entrinnen aus dem Schwarzen Meer geben wird. Der Weg durch Bulgarien ist versperrt, Bulgarien hat kapituliert. Ausharren bis zum Aufbrauch der Kampfkraft – heißt es.

Der Chef ist auf dem Weg nach Wien, um von dort aus bis zum Ende weiter zu leiten. Bis dahin übernimmt Ohlenburg als bestinformierter Kommandant in See die Führung der drei letzten Boote. Er ist mit U 19 erst am 25. August ausgelaufen und kennt die Verhältnisse in Konstanza bis zum Zeitpunkt der Aufgabe dieser Stadt. Durch Besprechungen mit dem Flottillenchef ist er über die Lage unterrichtet. Im übrigen unterstehen wir jetzt direkt dem BdU.

So langsam wie wir marschieren, vergeht auch diese Nacht. In der Morgendämmerung des 30. August bekommen wir ein genaues Besteck, mit dessen Hilfe wir den minenfreien Weg durch die eigenen Sperren ansteuern.

Mit meinen Offizieren und vor allem meinem Crew-Kameraden Hubert Verpoorten habe ich die Möglichkeiten eines Angriffs auf Konstanza noch während der Nacht durchgesprochen. Sie sind von einem erfolgreichen Ausgang überzeugt (Anlage 10). In den Vormittagsstunden steuern wir vorsichtig auf westlichen Kursen, bis endlich Tuzla-Leuchtturm in Sicht kommt. Etwas mehr als sieben Seemeilen liegen noch zwischen uns und der nun feindlichen Küste. Oft haben wir sie als glückliche Heimkehrer von Feindfahrten begrüßt und uns an dem friedlichen Anblick gefreut. Heute betrachten wir sie kritisch, denn bei einiger Wachsamkeit könnte man uns schon bemerken. Heute interessieren nur die navigatorischen Anhaltspunkte. Zur Freude an den sonnenbeschienenen Orten Eforia und Carmen Silva haben wir keinen Grund und keine Zeit.

Die Kuppeln von Konstanza sind schon auszumachen. Theuring macht mich auf zwei Flugzeuge aufmerksam, die über die Stadt kreisen und von Flak beschossen werden. Es müssen deutsche Me 110 gewesen sein.

Nach genauer Landpeilung tauchen wir bei C.S.3 und passieren unter Wasser die schmalste Stelle der eigenen Minensperrlücke. Der im Überwassermarsch nie beachtete Strom macht uns viel zu schaffen, aber schließlich sind wir doch richtig auf dem durch einen Bojenstrich markierten Einlaufweg.

Zunächst haben wir Wassertiefen von etwa 30 Metern. Später, kurz vor Konstanza, wird es wesentlich weniger. Die See ist von einer steifen Brise aufgerauht. Das schmutzige Wasser verbirgt uns vor dem Blick der Flugzeuge.

Um 18.00 Uhr steht das Boot eine Seemeile vor dem Hafen. Es ist schon dämmrig und nur wenig zu sehen. Im großen und ganzen scheint alles unverändert, nur die deutschen Fahrzeuge fehlen.

Etwa drei Seemeilen nach Osten abgesetzt wird um 19.30 Uhr aufgetaucht. Die See ist kabbelig, die Nacht nur selten vom Mond erhellt. Die Batterie wird geladen. Konstanza bietet uns ein nie gesehenes Bild. Viele Fenster sind erleuchtet, und selbst im Hafen brennen Lichter. Auch in Mamaia, unserer »U-Bootsweide«, ist nichts verdunkelt. Man scheint noch zu feiern und sich sehr sicher zu fühlen. Lebhafter Betrieb herrscht auf dem Seefliegerhorst an der Lagune hinter dem Badeort. Fast ununterbrochen werden Flugzeuge durch rote, grüne und weiße Leuchtkugeln eingewiesen. Scheinwerfer zerreißen nur selten das Nachtdunkel. Tastend irren sie durch den Himmel. Auf die See richtet sich zum Glück keiner.

Alles vermittelt den Eindruck, an Land sei man noch trunken von den Siegesfeiern. Mit der Möglichkeit, daß ein deutsches U-Boot noch einmal hierher kommt, rechnet sicher kein Mensch. Uns soll es recht sein, wir legen keinen Wert auf unnötige Störungen. Morgen nacht werden wir selbst für eine Störung sorgen.

Gegen Mitternacht lege ich mich aufs Ohr. Einige Stunden Schlaf können nie schaden. Der 31. August wird unsere ganze Kraft fordern.

Ungestört vergeht die Nacht vom 30. auf den 31. August. Bei Beginn der Morgendämmerung werde ich geweckt. An Land ist alles ruhig. Einmal muß man ja auch den Rausch ausschlafen!

Die Strömung hat uns während der Nachtstunden bis vor Mamaia versetzt. Wir tauchen und steuern mit geringster Fahrt näher an die Küste heran und dann nach Süden. Es wird hell, und die Sonne geht auf. Zwischen den Hotels und Häusern von Mamaia sehen wir den Turm unseres Erholungsheimes. Dort liegen im Keller unsere ganzen Sachen. Sie wurden vor dem Auslaufen in Koffer gepackt, um dort vor Fliegerangriffen geschützt auf unsere Heimkehr zu warten. Essig! Alles beim Teufel – wir besitzen nur noch das, was wir auf dem Leib tragen. Viel ist das nicht, aber zum U-Boot-fahren reicht es allemal. Was kümmern uns in dieser Lage ehemalige Habseligkeiten? Ausgebombt sein gehört heute zum guten Ton, und warum sollte es uns besser gehen als so vielen Landsleuten in der Heimat? Wir pfeifen auf die persönliche Habe. Geht es nicht ums Leben?

Den »Strand Modern« peilen wir gegen Mittag querab. An diesem flachen, von Molen eingefaßten Strand haben wir oft gebadet, wenn nur wenig Zeit war. Er liegt direkt unterhalb der Stadt, die sich dahinter auf der Steilküste erhebt. Auf all den großen Häusern am Ufer sieht man noch die 2-cm-Flakstände, aber die Geschütze selbst fehlen.

Die Stadt scheint ausgestorben. In den Straßen und auf den Plätzen läßt sich kein Mensch blicken. Während des ganzen Tages sah ich nur einen PKW auf der Straße hinunter zum Hafen fahren. Ein Posten kontrollierte ihn am Hafentor, sonst regte sich nichts.

Äußerst lebhaft ist nur der Flugverkehr. Nach und von Mamaia kommen und gehen ständig Flugboote aller Typen. Über der Stadt kreisen vorwiegend kleine Doppeldecker. Von einem Leben in der Batterie »Tirpitz« kann ich nichts feststellen.

Es ist später Nachmittag, als wir die Carol-Mole in etwa 1500

Meter Abstand passieren. Das Steuern auf Sehrohrtiefe ist hier recht schwierig. Wenn wir 15 Meter Wassertiefe haben, dann ist das viel, aber wir müssen so dicht wie möglich an den Hafen heran, um eine Gelegenheit zum Schuß auszukundschaften.

Eine Chance haben wir nur gegen an der Nordpier liegende Schiffe. Wir haben Glück! Dort liegt – wie üblich – ein Zerstörer der REGINA-MARIA-Klasse und ein Handelsschiff vom Typ ARDEAL mit 5900 BRT. Alles andere hängt nun von der Lage der Netzsperre an der Hafeneinfahrt ab. Wenn sie ganz geschlossen ist, müssen wir den Angriff verschieben.

In südlicher Richtung laufen wir etwa 2000 Meter am Molenkopf vorbei und drehen dann auf rw, 280°. Auf diesem Kurs erreichen wir bald eine Stelle, die 1200 Meter südlich der Hafeneinfahrt liegt und von der aus man Einblick in den Hafen bis hin zur Nordpier hat. Die Wassertiefen auf dem Weg zu dem angesteuerten Platz schwanken zwischen zehn und zwölf Metern. Das Land liegt 600 Meter an Backbord. Wegen der kabbeligen See und der einbrechenden Dunkelheit ist die Lage der Netzsperre nicht mehr zu erkennen. Dafür sieht man aber deutlich den rumänischen Zerstörer und das Handelsschiff an der Nordpier.

Den angesteuerten Platz haben wir um 18.20 Uhr erreicht. Bei einer Wassertiefe von 10,5 Metern wird das Boot mit dem nötigen Untertrieb auf Grund gelegt. Alle Beobachtungen erfolgen jetzt durch das Luftzielsehrohr in der Zentrale. Ganz ausgefahren ist es gerade um wenige Zentimeter frei.

Diese Ausgangs- und Beobachtungsstellung hatte ich nach reiflichen Überlegungen an Hand der Spezialkarte gewählt. Die einzige ernste Schwierigkeit bestand in der geringen Wassertiefe. Normale Sehrohrtiefe ist für unsere Boote 12,7 m. Unsere jetzige Position ist der nordwestlichste Zipfel eines etwas tieferen Grabens, der sich mit rw. 290° durch Flachwassergebiet von nur 7–9 Meter Tiefe gegen die Hafeneinfahrt vorschiebt. Hier bot sich die einzige Möglichkeit, im getauchten Zustand bis auf 1200 Meter an den Molenkopf heranzukommen. Anfangs konnte ich während des Ansteuerns noch mit dem Angriffssehrohr beobachten, aber bald mußte es eingefahren werden. Wir stiegen auf 10,5 m, die Beobachtungstiefe für das Zentralsehrohr. Am beabsichtigten Platz bekamen wir auch auf dieser Tiefe Grundberührung, weiter ging es nicht, das Boot wurde auf Grund gelegt. Über uns war der Seegang unter einer steifen Abendbrise auf Stärke 3–4 mit entsprechenden Grundseen angewachsen. Das Tiefensteuern unter diesen Bedingungen hatte viel Konzentration und Gefühl verlangt, aber der LI und die beiden Tiefenrudergänger hatten uns sicher hierher gebracht, und nun hieß es warten. Zunächst darauf, daß es dunkel wurde, und dann darauf, daß der Vollmond unterging.

Trotz des verhältnismäßig großen Untertriebs wird das Boot durch die Grundseen gefaßt, angehoben und dann wieder auf Grund geschleudert. Es gibt heftige Erschütterungen und an der Oberfläche wahrscheinlich große Schmutzflecken durch den aufgewirbelten Sand.

Es ist noch hell genug, um uns von einem Flugzeug aus zu bemerken, aber zum Glück ist der Flugverkehr schon eingestellt. Um 19.00 Uhr laufen von Norden kommend drei russische Kanonenboote in Konstanza ein. Zur Programmzeit erfahren wir durch FT, daß U-Grafen am Nachmittag auf drei Geleitboote (800 t) im Norden fehlgeschossen hat. Diese drei waren mit den eben einlaufenden K-Booten nicht identisch. Mit denen hier mußte ich nach unserem geplanten Angriff rechnen. Sie waren schnell genug, uns den Rückweg durch die Sperrlücke in die offene See zu verlegen. Auf die eventuellen Aktivitäten rumänischer U-Jagdverbände gab ich nicht viel. Wir kannten sie.

Das Einlaufen der drei K-Boote hatte für uns aber auch eine gute Seite: Ein Schlepper öffnete kurz vor ihrem Eintreffen die Netzsperre. Danach verschwand er wieder im Hafen, ohne sie später zu schließen. Das Glück war uns hold! Heute nacht konnten und mußten wir es wagen. Nur einen Tag später wäre es schon unmöglich gewesen. Der Mond und die besonderen Verhältnisse waren daran schuld.

Heute, am 31. August, war ein Tag vor Vollmond. Der Himmel ist unbewölkt, die Nacht also hell. Vor Monduntergang können wir nichts unternehmen. Monduntergang ist um 2.00 Uhr morgens am 1. September. Die Morgendämmerung setzt um 4.00 Uhr ein. In diesen zwei Stunden hatte folgendes zu geschehen:

1. Auftauchen und möglichst dicht an die Mole heranpirschen, mindestens so nahe, daß die Tonnen der Netzsperre auszumachen sind.
2. Nach Lage der Netzsperre auf Schußposition gehen und die Schüsse lösen.
3. Ablaufen und so einrichten, daß das Boot mit Beginn der Morgendämmerung vor Tuzla-Leuchtturm steht. Ohne Peilung des Turmes kämen wir nicht sicher durch die Sperrlücke, es muß also hell sein, jedenfalls genug Licht zum Peilen.
4. Durch die Minenfelder freies Wasser erreichen und dort sobald wie möglich tauchen, weil mit Flugzeugen gerechnet werden muß.

Mit Äußerster Kraft laufend, können wir die Strecke Konstanza–Tuzla–Leuchtturm in etwas mehr als einer Stunde zurücklegen. Etwa 30 Minuten werden wir vom Auftauchen bis zum Schuß brauchen. Die bis zum Hellwerden verbleibende Zeit nimmt der Marsch in freies Wasser in Anspruch. Für den 31. August geht diese Rechnung glatt auf – wenn wir nicht auf feindliche Gegenwirkung stoßen!

Nun gilt es noch eine letzte Schwierigkeit zu überwinden. Mit der augenblicklichen Beladung der Torpedorohre könnten wir nur zwei Torpedos in den Hafen schießen. Im dritten Rohr fahren wir einen Aal, der dafür zu schade ist. (Ein TV-Geräuschtorpedo, der unter 100 Meter Wassertiefe nicht eingesetzt werden durfte, um diese neue Technik unter keinen Umständen in Feindeshand fallen zu lassen.) Zwei andere Aale liegen noch in den Reservelagerungen. Man müßte also umladen, ihn in die Reservelagerung bringen und dafür das dann leere Rohr mit einem der Reserveaale beladen.

Läßt sich dieses Manöver durchführen? Über diesen Punkt bespreche ich mich mit meinem I WO, dem LI und unserem Kommandantenschüler, Hubert Verpoorten. Wir knobeln hin und her. Schließlich kommen wir zu dem Entschluß, die Sache wenigstens zu versuchen. Hauptfürsprecher ist Hubert. Er ist von der bevorstehenden Unternehmung begeistert und will dementsprechend auch drei Torpedos hochgehen sehen. Ich entscheide mich für einen Versuch mit allen Mitteln. Es muß gelingen!

Im Bugraum lasse ich die ganze Besatzung zusammenkommen. Auf den Kojen und auf dem einen der Reserveaale hocken sich die Männer zusammen. Sie wissen, daß etwas ganz Besonderes bevorsteht. Man merkt es an den gespannten Gesichtern und dem aufgeregten Tuscheln. Ganz vorn bei den Rohren ist das Geflüster am lebhaftesten. Kein Wunder! Der Mech.-Maat entwickelt den Kameraden aus der Maschine seine Theorien – und auf welchem U-Boot ist der Mech.-Maat nicht die größte Reespinne?

Jetzt kommt auch die Maschinenwache angetrabt. Eggert, Welzel und der Obermaschinist drücken sich mir gegenüber auf die LI-Koje. Wir sind vollzählig. Ein Handzeichen läßt die Männer verstummen. Im Sitzen richte ich mich auf und beginne zu sprechen:

»Soldaten! Aus den Funksprüchen der letzten Tage kennt ihr alle die Lage. Konstanza ist in Feindeshand, Rumänien hat uns verraten. Der von S- und R-Booten geplante Angriff auf den völlig unzerstörten Hafen ist abgeblasen. Die deutsche Kriegsmarine im Schwarzen Meer besteht nur noch aus drei U-Booten. Von uns wird Pflichterfüllung bis zum Aufbrauch der Kampfkraft erwartet. Wir werden uns dieser Pflicht nicht entziehen!

Von der Führung ist uns ein Angriff auf die Reede von Konstanza freigegeben. Die Reede ist leer. Der Feind kommt aus seinem Hafen nicht heraus, also werden wir ihn dort aufsuchen. Heute nacht nach Monduntergang greifen wir Konstanza an. Ziel ist ein moderner rumänischer Zerstörer von 1600 t und ein Handelsschiff von 5900 t. Wir werden folgendermaßen verfahren.«

Ich nehme die neben mir auf dem Kartentisch liegende Karte von Konstanza zur Hand und erkläre den gebannt lauschenden Männern mit ihrer Hilfe jede Phase des geplanten Unternehmens. 29 Augenpaare folgen gespannt meinen Ausführungen. Die Stille wird nur vom Rauschen der See über uns und von dem Stoßen des Bootes auf dem Grund unterbrochen.

Mit den Worten: »Wenn jeder seine Pflicht genauso tut wie bisher, kann der Erfolg nicht ausbleiben!« schließe ich meine Erklärungen. »Noch irgendwelche Fragen?« »Gut, dann zum nächsten Punkt der Tagesordnung!« Und nun sage ich meinen Männern, daß wir Rohr II umladen werden, und gebe genaue Arbeitsanweisungen.

Um 19.14 Uhr beginnt das große Wühlen! Alle Mann müssen mit anpacken, um den Torpedo am Flaschenzug beim dauernden Hin- und Herschlagen des Bootes zu bändigen. Jeder muß seine ganze Kraft einsetzen. In der sauerstoffarmen Luft keuchen und rasseln die Lungen. Adern schwellen unnatürlich an, der Schweiß bricht in Strömen aus allen Poren. Nach stundenlanger Anstrengung ist es endlich geschafft. Der noch nasse Torpedo liegt festgezurrt im Bugraum. Rohr II ist nachgeladen!

22.40 Uhr ist es nun. Mit Seewasser spülen wir Schweiß und Torpedofett vom Körper, während die Backschafter schon das wohlverdiente Abendessen auftragen. Die Luft ist jetzt noch schlechter als zuvor, obwohl fleißig Sauerstoff zugesetzt worden ist. Wenn 30 Mann drei Stunden lang im engen Raum arbeiten, dann helfen auch Kalipatronen und Sauerstoff nicht mehr. Der Schädel brummt, daß man meint, er müsse jeden Moment zerplatzen wie eine Seifenblase. Die Augen treten schmerzhaft aus den Höhlen. Kein Wunder, wenn unter diesen Umständen auch das beste Abendbrot fast unberührt stehen bleibt. Hunger hätten wir schon, aber trotzdem bekommt man keinen Bissen durch die ausgedörrte Kehle. Die jedem Mann zustehende Tasse Tee wird hinuntergestürzt, aber es ist nur ein Tropfen auf den heißen Stein.

Von 23.00–1.30 Uhr befehle ich alle Mann bis auf Grundwache zur Ruhe. Die Männer sollen noch etwas schlafen, damit sie nachher frisch sind.

Im Boot wird es dunkel. Nur in der Zentrale brennen abgeblendet wenige Armaturenbeleuchtungen. Erschöpft sinken die Männer in die Kojen und Hängematten. Wer dort keinen Platz mehr findet, haut sich auf die Flurplatten. Schnell versinkt alles im unruhigen U-Boot-Schlaf.

Die Bewegungen des Bootes sind unterdes ruhiger geworden. Das Stoßen und Scheuern auf dem Grund hört auf. Nach einem Gang durch alle Räume lasse ich nochmals das Sehrohr ausfahren. Die See ist ganz glatt geworden. Im hellen Licht der Mondscheibe liegen Küste und Hafen unverändert. Genaueres ist nicht auszumachen. Der Spargel fährt summend ein. Ich werfe mich auf die Koje. Völlige Dunkelheit im Bugraum. Das gleichförmige Tropfen des Schweißwassers von der Decke klingt beinahe laut in der Stille.

Mit offenen Augen in die Finsternis starrend, grüble ich zum x-ten Mal das Bevorstehende durch. Habe ich irgend etwas Wichtiges übersehen? Wie ich es auch drehe und wende – ich finde keinen Fehler. Was könnte man besser machen? Stimmen die Berechnungen? Endlich schlafe ich ein.

1.50 Uhr werde ich geweckt und bin sofort hellwach. Durch das Zentralsehrohr nehme ich einen langen Rundblick und beobachte dann den Mond. Ganz tief hängt seine rote Scheibe schon über der Küste im Westen. In zehn Minuten wird es ganz dunkel sein.

»Auf Tauchstationen! Unterdeck klarmachen zum Auftauchen!« Bei sparsamster Beleuchtung eilt alles auf seine Stationen. Die Pumpen beginnen kreischend ihre Arbeit. Sie drücken den Untertrieb aus den Regelzellen. »Unterdeck ist auf Tauchstationen«, meldet Schneider und kurz darauf: »Unterdeck ist klar zum Auftauchen!«

Ich klettere jetzt in den Turm und beobachte durch das Angriffssehrohr weiter. Hier oben ist es kalt und feucht. Ein leiser Schauer überläuft mich. Bin ich etwa nervös geworden? Unsinn!

Unter mir in der Zentrale ist es ganz still – die Besatzung wartet auf die Tat. Das Wetter ist günstig für uns. Hinter uns – vom Hafen aus gesehen – liegt über dem ölglatten Wasser ein Dunstschleier. Die Kimm ist nicht zu erkennen. Unser kleines Boot wird kaum zu sehen sein vor diesem Hintergrund.

Jetzt geht der Mond unter: 2.00 Uhr. Das letzte Stück seiner

Scheibe verschwindet verzerrt hinter den Konturen der schwarzen Küste. Dunkle Schatten senken sich über die See.

»Auf Gefechtsstationen!« 2.05 Uhr. »Auftauchen!« Der Spargel fährt ein. Zischend und fauchend preßt Druckluft in die Tauchzellen. Das Boot löst sich vom Grund und steigt. »Beide Maschinen Kleine Fahrt voraus. Recht so steuern!«

Der LI meldet die schnell abnehmende Tiefe. Rauschend durchbricht der Turm die Wasseroberfläche. Das Turmluk fliegt auf, mit einem Satz bin ich auf der Brücke, gleich hinter mir ist Bierwirth oben. Erst mit bloßem Auge, dann mit dem lichtstarken Doppelglas suchen wir unsere Umgebung ab. Nichts regt sich. Wuchtig stehen die Konturen des Hafens vor uns. 800 Meter an Backbord liegt die dunkle Küste, hinter uns lastet Nebel dicht über dem Wasser. Kein Windhauch regt sich über der pechschwarzen, glatten See. Ein Wetter, wie wir es vom Kaukasus kennen. Wir sind in unserem Element!

Das Glas einmal kurz absetzend, fahre ich zusammen. Der Bug hat sich steil vor mir aufgerichtet. Im selben Moment plätschert es zu unseren Füßen. Ein Schwall Wasser platscht durchs Turmluk in die Zentrale, dann hat Bierwirth das Luk zugeworfen. Kurze Befehle – das Boot kommt wieder in Normallage. Die hintere Tauchzelle war nicht geschlossen worden und hatte nach dem Anblasen wieder entlüftet, wodurch das Heck untergetaucht war. Der Schaden ist rasch behoben.

»Gefechtswache aufziehen!«

Schnell und doch leise entern die Männer auf, besetzen die Ausguckposten und die 2-cm-Doppellafette. Der I WO baut das Zielgerät auf, Hubert übernimmt die Flak. Ruhig und sicher geht das alles vor sich, kein lautes Wort fällt.

Langsam schiebt sich das Boot gegen den Hafen vor. Meine halbblauten Ruderkommandos sind das einzige, was außer dem gedämpften Summen der E-Maschinen zu hören ist. Im Hafen und in der Stadt brennt kein Licht. Man scheint in tiefem Schlaf zu liegen.

Unheimlich groß wirkt der Leuchtturm auf der Mole. Nur noch

500 Meter. Etwas Schwarzes taucht vor uns im Wasser auf – die Ansteuerungstonne! Etwas an Backbord kommt die Südmole mit ihrer 7,5-cm-Batterie in Sicht. Noch etwas dichter müssen wir ran, wir können die beiden Endbojen der Netzsperre noch nicht ausmachen. Von ihrer Lage hängt alles ab.

Neue Maschinen- und Ruderkommandos. Nur noch mit einer Maschine Kleine Fahrt schleichen wir heran. Die Ansteuerungstonne schiebt sich an Backbord vorbei.

300 Meter bis zum Molenkopf. Das Wasser wird flach, weiter können wir nicht.

Da! Endlich sind die gesuchten Bojen zu sehen. Donnerwetter! Die Sperre liegt offen vor uns! Nun schnell die richtige Position einnehmen. Dazu ziehe ich das Boot etwas zurück und fahre dann in die korrekte Schußpeilung. Mit etwas Vorwärtsfahrt drehen wir auf Angriffskurs.

»Steuerbord Maschine Kleine Fahrt voraus. BB10!« Langsam dreht das Boot.

»Kannst' was sehen I WO?«

»Jawoll, alles klar, noch ein paar Grad nach Backbord.«

»Kommt schon – Feuererlaubnis!«

Unendlich langsam tropfen die folgenden Sekunden dahin. Grad für Grad folgt das Boot dem Druck des Ruders. Immer weiter kommt der Bug nach Backbord. Über den Netzabweiser verfolge ich das Drehen. Gleich zeigt er auf die rechte Sperrtonne.

»Mittschiffs!« Das Drehen wird noch langsamer. Beim I WO muß jetzt in der Zieloptik die Sperrlücke erscheinen.

Von den Zielen selbst ist nichts zu sehen. Zerstörer und Handelsschiff liegen im Dunkel verborgen. Da flammt voraus ein Lichtschein auf. Es muß auf dem Zerstörer sein. Deutlich sieht man eine Gestalt aus dem Schott treten. Lange darf mich dieses Bild nicht fesseln. Scharf beobachte ich erst den zum Greifen nahen Leuchtturm auf der Mole und dann, als sich dort nichts rührt, die 500 Meter entfernte Südmole. Hoffentlich hat man uns dort nicht gesehen. Auf diese Entfernung würden wir ein leichtes Opfer der 7,5-cm-Kanonen werden.

Wellenbrecher

Wellenbrecher

MG-Bunker

1600 m

Netzsperre

7,5-cm-Batterie

1: Zerstörer Typ Regina-Maria 1.650 t
2: Handelschiff Typ Adreal 5.900 t

Der I WO gibt seine Kommandos an die Torpedowaffe. »Rohr I bis III fertig!«

Stille, dann Klarmeldung. Wunderbar ruhig sind alle meine Männer. Keinem merkt man die geringste Erregung an. Sachlich kommen die Befehle des I WO, der zusammengeduckt hinter der Zieloptik hockt.

»Rohr I ... los!«

Dumpfes Poltern, leichtes Anrucken des Bootes. Sprudelnd zischt der erste Aal aus dem Rohr, steuert sich ein und rast auf sein Ziel zu.

Mit Erleichterung registriere ich den korrekten Lauf des Torpedos, denn bei nur neun Meter Wassertiefe bestand die Gefahr der Grundberührung unmittelbar nach dem Ausstoß. Um dem vorzubeugen, hatte ich das Boot zwei Grad achterlastig trimmen lassen.

»Rohr II ... los!« Auch der zweite Aal geht glatt raus.

»Rohr III ... los!« Auch der letzte Aal geht auf die Reise.

»Hart Steuerbord, beide Maschinen Äußerste Kraft voraus!«

»Beide Diesel!«

Klar, deutlich und in dem üblichen leicht singenden Tonfall gebe ich diese Befehle an den Gefechtsrudergänger. Schernus wiederholt ruhig und sachlich, dann hört man das Herumwirbeln des Ruders aus der Zentrale.

»Ruder liegt hart Steuerbord!« Das Aufbrüllen der Diesel übertönt plötzlich alle anderen Geräusche. Sie werden eingekuppelt und hochgefahren. Schaum peitscht am Heck auf. Die Motoren reißen die Schrauben mit äußerster Kraft durch das Wasser und lassen das Boot mit einem Satz vorwärtsschießen. Gleichzeitig dreht es seine spitze Nase nach Steuerbord und legt sich leicht nach Backbord über. Der Molenkopf mit dem Leuchtturm kommt rasend näher. Einige Augenblicke lang sieht es so aus, als wollte sich das Boot auf die vorgelagerten Felsen stürzen, aber willig folgt es dem Zwang des Ruders. Scharf brausen wir unter dem Leuchtturm vorbei. Ich atme auf – das hätte verdammt unklar gehen können! Freies Wasser kommt vor den schäumenden Bug. »Komm auf – mittschiffs. Auf 125° gehen!« Wir sind auf Ablaufkurs, unser

Heck zeigt jetzt auf den Carol-Leuchtturm. Rechts davon ragt das Oberdeck des rumänischen U-Boot-Mutterschiffes KONSTAN-ZA über die Mole. Hubert will gerne mit der 2-cm-Flak auf dieses Ziel schießen. »Frage Feuererlaubnis für 2-cm?«

»Nein!« antworte ich zu seinem Kummer.

Die 2-cm-Flak hatte ich nur für den Fall besetzen lassen, daß uns ein Scheinwerfer erfaßt oder im schlimmsten Fall zum Nieder-halten der Südmolenbatterie. Jetzt brauchten wir uns nicht durch sie zu verraten. Nach dem erfolgreichen Angriff galt es, Boot und Besatzung heil durch die Sperre zu bringen. Großen Schaden konnten wir mit der 2-cm im Hafen nicht anrichten.

Noch war ich mit dem Ablaufmanöver beschäftigt, als die erste Detonation donnernd zu uns herüberschlägt. Ich fahre herum – eine haushohe Spreng- und Feuersäule bricht eben in sich zusam-men. Die zweite steigt etwa 50 Meter weiter nach links auf, genau dort, wo das offene Schott den Liegeplatz des Zerstörers markiert hatte. Stichflamme, schwarzer Qualmpilz, Funkenregen und er-neute Detonation. Während das alles in sich zusammenzusinken beginnt, trifft der dritte Torpedo und schleudert abermals eine ge-waltige Feuer- und Qualmwolke auf. Die dritte Detonation ver-hallt in einem schauerlich zischenden Geräusch. Der Feuerschein wird von einer funkendurchsprühten Rauchwolke verschluckt, die sich schnell zu einer pechschwarzen Wand ausbreitet.

Um 2.30 Uhr am 1. September 1944 waren die Torpedos gelöst worden. Beim ersten Schuß lagen 354° an, beim letzten 352°. Nach einer Laufzeit von einer Minute und 46 Sekunden erfolgten die Detonationen. Nach den vorhandenen Unterlagen mußten bei-de Ziele getroffen sein.

Auch jetzt noch bleiben meine Männer ruhig. Nur gedämpfte Laute des Staunens und Verwunderns werden laut, kein jubelnder Aufschrei zerreißt die Spannung.

Schließlich wende ich mich wieder nach vorn. Die Freude über diesen Erfolg schlägt mir bis in den Hals, nur wenige Worte be-komme ich über die zusammengepreßten Lippen.

Dem I WO fest die Hand drückend, höre ich mich vollkommen ruhig sagen: »Prächtig I WO – das dürfte hingehauen haben!« Dann bin ich wieder ganz bei meiner Aufgabe. Anordnungen und Befehle schallen durch das Sprachrohr, und als fürs erste alles klar, füge ich hinzu: »An alle Stellen: Alle Aale haben getroffen.«

Am Kartentisch koppelte der Obersteuermann mit der Stoppuhr in der Hand. »Zeit zur Kursänderung auf ... Grad!« Es klappt wie am Schnürchen. Mit Hartruder drehen wir auf den Bojenstrich ein. Genau nach vorausberechneter Zeit kommt der Leuchtturm von Tuzla in Sicht. Einige Peilungen, neue Kursänderung, und dann sind wir durch die Sperre.

Inzwischen ist es hell geworden, und die Diesel laufen längst nicht mehr mit Äußerster Kraft. Gemütlich zuckeln wir der aufgehenden Sonne entgegen.

Normale Seewache ist aufgezogen und hält eifrig nach allen Seiten Ausschau, aber weder Flugzeuge noch Fahrzeuge stören uns.

Über Konstanza steht eine schwarze Rauchwand, Zeuge unseres nächtlichen Besuches. Die Brücke wird freigegeben für Freiwächter, die hastig ihre Zigaretten rauchen, um dann von den schon wartenden Kameraden abgelöst zu werden.

Der Smut meldet einen extrastarken Morgenkaffee klar. Gierig schlürfen wir das belebende Getränk. Bierwirth hat Wache. Hubert und Theuring hocken rauchend auf den noch freien Klappsitzen. Es wird vom Erfolg der letzten Nacht gesprochen.

Als wir die Sperre hinter uns wußten, gratulierten mir die gerade auf der Brücke Anwesenden. Theuring meinte, der nächsthöhere Orden sei nun fällig, aber seinen Optimismus konnte ich in dieser Stunde nicht teilen.

Maschinen-Obermaat Geuting kam als Freiwächter zum Rauchen auf die Brücke. Nachdem er einen Glückwunsch vorgebracht hatte, druckste er eine Weile herum und kam schließlich mit der Frage heraus, ob unser Vorstoß auf Konstanza nicht mit Priens Einbruch in Scapa Flow vergleichbar sei. Ich gab mir viel Mühe, ihm die Unterschiede der beiden Operationen darzulegen, aber so richtig überzeugt habe ich ihn nicht.

Vor dem Tauchen setzten wir folgenden Funkspruch ab:
*Am 1. September 2.30 Uhr Angriff auf Hafen von Konstanza mit drei T III. Nach einer min 46 sec drei Detonationen an Liegeplatz Zerstörer REGINA MARIA-Klasse 1600 t und Handelsschiff Typ ARDEAL 5900 t. E-1600 m. Tiefe drei Meter, Standort ..., Wind ..., Sicht ..., Brennstoffbestand.*
*U 23*
Nachmittags kam die Antwort:
*Aufgabe gut gelöst. GruppeSüd.*
Gegen 7.00 Uhr morgens hatten wir hinter der Sperre eine »Ente« gebaut. Die letzten Aale wurden nachgeladen, wodurch endlich Platz im Bugraum wurde. In der nun leeren Steuerbordreservelagerung verschwanden alle herumfliegenden Klamotten. Die bisher über den Stützbalken des Torpedoluks vergammelnde und schimmernde Back vervollständigte – nun blitzsauber abgewaschen und aufgebaut – die Illusion einer gemütlichen Seefahrt.

Mein Kriegstagebuch wackelte von nun an nicht mehr auf den angezogenen, gegen einen Reservetorpedo gestemmten Beinen herum, sondern fand auf dem Klapptisch endlich eine seiner Wichtigkeit entsprechende Unterlage.

Nach einer gründlichen Aufklarungsaktion im Bugraum hauten wir uns in die frisch bezogenen Kojen. Erst gegen Mittag präsentierten wir uns ausgeschlafen und hungrig dem wind- und wolkenlosen Sommertag.

Nachmittags treffen wir weit draußen U-Ohlenburg. Der arme Zossen sieht übel mitgenommen aus, schwimmt aber sonst ganz munter. Bei einem Fliegerangriff auf unseren Stützpunkt in Konstanza flog dem an der Pier liegenden Boot ein Stapel Werfermunition um die Ohren. Große Teile der Oberdecksverkleidung hatten sich ob so brutaler Behandlung verabschiedet. Alle Holzteile an Deck und auf der Brücke waren verbrannt. Dadurch waren auf der Back prächtige Badewannen entstanden. Das Verkleidungsblech glich einem etwas unregelmäßig durchlöcherten Sieb, das durch die verkohlte Farbe seiner einstigen Schönheit beraubt worden war. Die Netzabweiser fehlten, aber dafür hatte der Zossen ein

Ohr in Form eines großen Blechlappens bekommen. Es saß unter der Brücke am Turm.

Alles in allem ein ebenso kriegerischer wie munterer Anblick. Leider war ein Mann der Besatzung dabei gefallen.

Auch der Druckkörper hatte Schaden genommen. Das Boot war tieftauchunklar, sein Gefechtswert durch die Beschädigung beider Sehrohre und die stark eingeschränkte Reichweite der notdürftig geflickten FT-Anlage auf ein Minimum zusammengeschrumpft.

Ungeachtet dessen befand sich die Besatzung in ausgezeichneter Stimmung. U 19 konnte sich noch vor dem Auslaufen bis zum Stift mit Brennstoff vollutschen, ebenso befand sich eine komplette Torpedoausstattung an Bord.

Nur die Menage war erheblich zu kurz gekommen. Mit Bohnen und Linsen wurde der Speiseplan so abwechslungsreich wie möglich gestaltet, aber weit war es damit nicht her.

Was an Lebensmitteln fehlte, gab es an Zigaretten zuviel. Gegen einige Tausend »Arabis« bereicherten wir den Lebensmittelvorrat des demolierten Kameraden.

Was wir während dieses Manövers von den letzten Tagen Konstanzas erfuhren, war nicht gerade erhebend. Die Hafenstadt war kampf- und kopflos geräumt worden. Das große Schlagwort der letzten Tage war: Um Gotteswillen nicht provozieren! Jeder möglichen Tatkraft war damit von verantwortlicher Stelle in den Arm gefallen worden. Fürwahr ein unrühmliches Ende!

Der 2. September wird mit einigen weitentfernten Detonationen eingeleitet. Wir stehen zu dieser Zeit – kurz nach der Morgendämmerung – getaucht am Südrand des Operationsgebietes. Zu sehen ist nichts. Gegen Mittag treffen wir U 19 in unserem Gebiet. In einem großen Trümmerfeld schwimmt es fischend hin und her.

Bis auf Rufweite gehen wir heran, und Willy Ohlenburg brüllt seine Geschichte durch die Flüstertüte. Im Morgendämmern war von See her ein Verband von fünf russischen Minensuchbooten auf die Sperrlücke zugesteuert. Russische K-Boote aus Konstanza wollten ihn durch die Sperre lotsen. Das letzte der M-Boote bekam einen Aal mittschiffs in den Bauch und segnete umgehend das Zeitliche. Nach den herzlichsten Glückwünschen zu diesem Erfolg beteiligten wir uns an der Aufnahme brauchbarer Sachen.

Besonders wertvoll erwies sich der kistenweise herumschwabbernde amerikanische Proviant, wasserdicht verpackt und für drei Mahlzeiten portioniert. Es handelte sich um »eiserne Rationen«. Sie enthielten vom Corned Beef über Kekse, Kaffee- und Brausepulver bis zum Kaugummi alles, was ein Demokrat der westlichen Hemisphäre zum standesgemäßen Leben braucht. Diese Pakete fanden später während unseres Marsches durch die Türkei Verwendung als Marschproviant.

Aus dem Koffer eines offenbar »Begüterten« erbte ich ein Paar gefütterte Lederhandschuhe und einen mehr bunten als schönen Dolch als Andenken und Büchsenöffner. Er ruht zur Zeit in Ankara.

Am späten Nachmittag erschien fern an der Kimm ein Fahrzeug. Wegen seiner hohen Geschwindigkeit wurde es als S-Boot angesprochen. Wir tauchten und fuhren ihm mit weit ausgefahrenen Sehrohren entgegen. Leider konnten wir den Frechling nicht erwischen – er verschwand spurlos.

U 19 marschierte in der folgenden Nacht nach Norden, um den dort stehenden Grafen zu einem Treffen aller Schwarzmeer-U-Boote zu veranlassen. Ich ging wieder zwischen die Sperren, um den Weg von und nach Konstanza im Auge behalten zu können.

Von Schiffsverkehr war keine Spur zu finden, aber gegen 23.00 Uhr prasselte ich kurz vor der Sperrlücke mit einem unbekannten Fahrzeug zusammen, das uns aus dem dunklen Horizont anmorste. Wir standen im Mondsektor und mußten gut zu sehen sein. Ohne Antwort versuchten wir, uns aus dem Staube zu machen. Ich hielt unser Gegenüber für eines der russischen Kanonenboote und wollte ihm eine Falle stellen. Genau gegen den Mond liefen wir ab. Der Iwan sollte uns sehen und verfolgen. Diesen Gefallen tat er uns. Schließlich liefen wir Äußerste Kraft, und der Verfolger kam langsam näher. Aus 2000 Meter Entfernung fiel der Torpedoschuß, wenige Sekunden später schlug das Wasser über dem Boot zusammen – wir waren getaucht.

Die errechnete Torpedolaufzeit verstrich, aber nichts geschah – der Aal hatte sein Ziel verfehlt. Leise Schraubengeräusche kamen langsam näher. Auf Sehrohrtiefe sah ich die Bescherung 800 Meter vor uns. Das war kein russisches Kanonenboot, sondern ein rumänischer K.F.K.-U-Jäger. Kein Wunder dieser Fehlschuß!

NACHTRAG: ANGESICHTS DES FESTSTEHENDEN ENDES UNSERER OPERATIONEN IM SCHWARZEN MEER HATTE ICH DEN VOR DEM ANGRIFF AUF KONSTANZA UMGELADENEN HORCHTORPEDO TV EINGESETZT, OBGLEICH DIE WASSERTIEFE NICHT DEN VORSCHRIFTEN ENTSPRACH. DIE AUS DEUTSCHLAND STAMMENDEN KRIEGSFISCHKUTTER WAREN AUS HOLZ UND ENTMAGNETISIERT. DIE MAGNETZÜNDUNG DES TV, GEWÄHLT FÜR EIN VERMEINTLICHES AUS STAHL GEBAUTES RUSSISCHES KANONENBOOT, KONNTE DARAUF NICHT ANSPRECHEN. BEIM SCHREIBEN DIESES TAGEBUCHES IN DER TÜRKEI HABE ICH SOLCHE EINZELHEITEN NICHT ERWÄHNT, UM FÜR DEN FALL DER BESCHLAGNAHME VON VERBOTENEN AUFZEICHNUNGEN KEINE HINWEISE AUF DINGE ZU GEBEN, DIE DAMALS NOCH DER GEHEIMHALTUNG UNTERLAGEN.

Der Bursche hatte ein gutes deutsches S-Gerät (Ortungsgerät für die U-Jagd) und wollte sich nicht abschütteln lassen. Nach langem Bemühen verschwand endlich sein Schraubengeräusch. Im Sehrohr war nichts zu sehen – Auftauchen!

Da liegt der Banause kaum 1000 Meter vor uns, zum Glück im hellen Sektor. Schleunigst verschwinden wir wieder und laufen noch ein Stück unter Wasser ab. Der Mond ist untergegangen, als wir wieder auftauchen. Es ist dunkel und von dem U-Jäger nichts mehr zu sehen. Den Knilch sind wir los.

Der Abend des 3. September sah die drei letzten Schwarz-Meer-U-Boote im Dreierpäckchen nebeneinander schwabbeln. Die Besatzungen begrüßten sich in hervorragender Stimmung mit einem Schluck aus den teilweise vorhandenen Buddeln.

Die Kommandanten berieten kurz über die nächsten Maßnahmen. Wir beschlossen, uns von nun an häufiger zu treffen.

Bereits am nächsten Tag glichen wir Brennstoff- und Proviantbestände aus, so daß unsere Seeausdauer gleichzeitig ablaufen würde. Der 8. September wurde als Abmarschtag zur Küste bestimmt.

Brennstoff und Proviant schrumpfen erheblich zusammen. Unsere Tage sind gezählt. Vom BdU haben wir die letzten Befehle bekommen:

Nach Aufbrauch der Kampfkraft Boote vor Türkenküste versenken. Besatzungen in kleine Gruppen aufteilen und versuchen, deutsches Besatzungsgebiet zu erreichen.

An Bord aller Boote werden schon Vorbereitungen für den Marsch durch die Türkei getroffen. Das Hauptaugenmerk richtet sich auf die Produktion brauchbarer Rucksäcke.

Aber noch ist Krieg! Am 7. September gehe ich morgens getaucht durch die Sperre zum Aufklärungsvorstoß nach Konstanza. Huberts Geburtstag war beim Wachwechsel um 00.00 Uhr auf der Brücke feierlich begangen worden. Der Mond schien prächtig über unbewegtem Wasser. Zum schon gärenden Apfelmost gab es »Berliner«. Im »Wintergarten« hockten wir bei einem gemütlichen Klönschnack und Zigaretten zusammen, bis uns die Müdigkeit in die Kojen trieb.

Erst kurz vor Einbruch der Dunkelheit standen wir wieder eine Seemeile vor dem Hafen. Es hatte sich bezogen. Eine dunkle Nacht war zu erwarten.

Im Hafen war nicht viel zu erkennen. Mit Sicherheit ließ sich nur feststellen, daß der Zerstörer an der Nordpier fehlte.

Pechschwarze Nacht empfing uns nach dem Auftauchen. Vier Stunden dauerte die Ladung, dann schlichen wir dicht an den Hafen heran. Lichter funkelten, Scheinwerfer blitzten. Ihr Widerschein spiegelte sich gleißend am hellen Turmanstrich. Als einer dieser Langfinger über uns hinweghuschte, drehten wir ihm schleunigst das Heck zu.

1500 Meter bis zur Mole. Rabenschwarze Finsternis ringsum. Kein Lufthauch. Plötzlich Schatten voraus! 400 Meter vor uns wird er breit – das K-Boot dreht nach Norden ab und patrouilliert hin und her. Hafenbewachung. Nichts für uns. Wir schlängeln uns an dem unbeliebten Zeitgenossen vorbei und zuckeln auf leisen Sohlen nach Süden, um von Tuzla aus durch die Sperre zu gehen.

Auf halbem Weg geraten wir in eine üble »Waschküche«. Pottendicker Nebel fällt aus den Wolken. Die Back ist nicht mehr zu sehen. Wie sollen wir unter diesen Umständen den Leuchtturm finden? Nach Kopplung fahren wir vorsichtig weiter. Dauernd lotend, nehme ich bei erkoppelter Tuzla-Höhe die Küste genau voraus – ohne Peilung keine Chance zum sicheren Durchfahren der Sperre!

Immer flacher wird es, und noch immer ist kein Land zu sehen. Plötzlich steht hoch über uns eine lange Stange in der Luft. Der Leuchtturm! 500 Meter entfernt, die Küste ist noch im dicken Nebel verborgen, nur der obere Teil des Gittermastes schaut darüber hinaus. Hart rum, Peilung und los geht es; hinein in die Waschküche, aber mit sicherem Abgangsort.

Am 8. September morgens gegen 6.00 Uhr treffen wir auf dem Sammelplatz ein. Der Tag unseres Abmarsches ist angebrochen.

Durch wiederholtes Schießen von Sternbündelpatronen bekommen wir Verbindung mit U 20 und U 19. Um 7.00 Uhr marschieren wir weit auseinandergezogen los. Sparsame Marschfahrt, damit langt es gerade noch bis zur türkischen Küste.

Am Nachmittag wird folgender Funkspruch aufgenommen:

*08/0553/ × 14 – × 15 Meine braven U-Boot-Leute im Schwarzmeer: Anderthalb Jahre habt ihr tapfer und zäh mit den kleinen U-Booten gekämpft und die bestmöglichen Erfolge in euren Op-Gebieten erzielt.*

*Ich habe euren Kampf immer und besonders in der letzten Zeit aufmerksam verfolgt und mich über eure Leistungen und die dabei gezeigte soldatische Haltung gefreut.*

*Nun ist der Kampf zu Ende. So wie ich es erwartet habe, habt ihr bis zum Aufbruch der letzten Mittel am Feinde gestanden.*

*Ich danke euch für euren letzten tapferen Einsatz. Eure Aufgabe ist nun, nach Versenkung der Boote, euch selbst für Deutschland zu erhalten.*

*Wenn es euch nicht gelingen sollte, nach Deutschland zu gelangen, dann seid sicher, daß ihr von mir und der gesamten U-Boot-Waffe nicht vergessen seid.*

*Euer Ob.d.M. und BdU*

Diese Abschiedsworte des von uns allen abgöttisch geliebten Großadmirals Dönitz an seine kleinen Boote machten uns unsagbar stolz. Ja – für uns ging der Kampf zu Ende, aber die Heimat kämpfte weiter, und wir zweifelten nicht am Endsieg.

Die Geheimmittelverbrennung auf dem Achterdeck war noch vor Einbruch der Dunkelheit abgeschlossen. Nur die nötigsten FT-Unterlagen blieben noch klar.

Während der Nacht schlossen wir dicht auf und blieben in Sichtweite. Durch die dunkle Nacht zogen gespensterhaft die drei zum Tode verurteilten Boote.

Am 9. September um 18.00 Uhr stoppte U 19, und wir beiden anderen gingen längsseits zur letzten gemeinsamen Kommandantenbesprechung. Wegen der Dünung legten die Boote nach Übersteigen der Kommandanten wieder ab und warteten in Rufweite.

Willy Ohlenburg, Kommandant von U 19, hatte sich am 7. September morgens mit einer Maschinenpistole verletzt. Das Geschoß hatte sich trotz betätigter Sicherung beim Hinabreichen der Waffe in den Turm gelöst, war an der Brückenverkleidung abgeprallt und ihm von hinten in die Kniekehle gedrungen.

Der Kommandantenschüler Hubert Verpoorten war am 8. September auf U 19 übergestiegen und hatte das Kommando übernommen. Willy Ohlenburg war an die Koje gefesselt. Der Funkspruch mit der vorzeitigen Beförderung zum Oberleutnant zur See erreichte Hubert auf U 19 am Abend des 10. September. Grafen und ich hatten zu dieser Zeit die Funkanlage bereits ausgeschaltet.

Jetzt schüttelten wir uns vor dem Schmerzenslager des Verletzten die Hände und besprachen dann die Einzelheiten des Landungsmanövers.

Zunächst galt es, eine geeignete Stelle an der Küste ausfindig zu machen. Sollte man im europäischen oder asiatischen Teil der Türkei landen? Wir kamen zu der Einsicht, daß der kurze Weg durch den Westzipfel der Türkei weitaus schwieriger zu bewältigen sein würde als der längere Weg weiter ostwärts. Im europäischen Teil rechneten wir aufgrund der Lage in Bulgarien mit enormer Bewachung an den Küsten. Vermutlich würden wir hier schon beim Ausschiffen der Besatzungen bemerkt, da wir zu diesem Manöver sehr dicht unter Land mußten.

Die Türken hätten beim Erkennen eines »Landungsversuches« sicher auf Boot und Besatzung geschossen. Unter Umständen wäre es uns dann unmöglich geworden, das beschädigte Boot durch Versenkung auf tiefem Wasser fremdem Zugriff zu entziehen.

Für die Ausschiffung kam die türkische Küste des europäischen Teiles der Türkei also nicht in Frage. Nach welchen Gesichtspunkten sollten nun die Landeplätze an der asiatischen Küste gewählt werden?

Wir wollten versuchen, die der türkischen Südküste vorgelagerten Inseln zu erreichen, die nach letzten Radiomeldungen noch in deutscher Hand waren. Die Landeplätze durften also nicht zu weit im Osten liegen. Nach eingehendem Studium der vorhandenen Seekarten und einer ungenauen Landkarte der Türkei fiel unsere Wahl auf drei Punkte, von denen aus ein Vordringen in das Innere des Landes möglich schien.

Gleichzeitig mußten wir darauf achten, daß an diesen Stellen tiefes Wasser möglichst weit an die Küste heranreichte.

Die Boote sollten auf großer Tiefe sinken, und die Sprengkommandos mußten nach der Versenkung mit den zur Verfügung stehenden Schlauchbooten sicher Land erreichen können. Die Versenkungsstellen durften demzufolge nicht weiter als drei bis fünf Seemeilen von der Küste entfernt sein.

Die Landeplätze mußten nach Möglichkeit folgende Bedingungen erfüllen:

1. Einsame, unbewohnte Küstengegend.
2. Senkrecht zur Küste mündende Flüsse oder Täler, die das Durchqueren des Küstengebirges ermöglichen.
3. Tiefes Wasser bis dicht unter Land.

4. Etwa 50 Seemeilen Zwischenraum zwischen den drei Booten.

Solche Stellen gab es nicht allzu häufig. Unsere Wahl fiel auf die Umgebung der Orte Ağva, Karasu und Eregli.

Ohlenburg wählte das am weitesten östlich liegende Eregli. Grafen nahm bei Karasu die Mitte und ich bekam – wie gewünscht – das westlich davon liegende Ağva.

Die Entfernung von den drei gewählten Plätzen bis zu den Inseln betrug annähernd 500 Kilometer. Ohne Sprach- und Landeskenntnisse eine gewaltige Strecke, aber es mußte versucht werden. Dieser im Vergleich mit dem hinter uns liegenden U-Boot-Krieg ungefährliche Weg durch die sagenhafte Türkei reizte unsere Abenteuerlust. Die vor uns liegenden 500 Kilometer Fußmarsch konnten unsere gute und zuversichtliche Stimmung nicht beeinträchtigen.

Über weitere Einzelheiten der Landung und Versenkung kamen wir rasch ins Reine. Die bei den Marschvorbereitungen gemachten Erfahrungen wurden noch ausgetauscht, und dann hieß es Abschied nehmen. Während die Boote herangerufen wurden, taten wir das mittels eines Schluckes Rum.

Wir marschfähigen Kommandanten bedauerten unseren verletzten Kameraden. Alle Kranken stiegen auf sein Boot über. Dieser »Behinderten-Trupp« sollte sich nach unseren Vereinbarungen drei Tage lang in der Nähe des Landeplatzes verborgen halten, um den anderen einen genügenden Vorsprung vor den Verfolgern zu geben. Nach Ablauf dieser Frist sollten sie sich internieren lassen. Kein beneidenswertes Los, aber es ließ sich nicht ändern.

Zwei volle Stunden hatte unsere Besprechung gedauert. Als wir auf unsere Boote überstiegen, war es bereits dunkel.

Auf den Brücken und Oberdecks hatten sich die Besatzungen fast vollzählig versammelt. Ich glaube, die Stimmung war an Bord aller Boote gut und zuversichtlich bei diesem Abschied.

Mit drei Hurras auf die Kameraden löste sich Boot um Boot vom Päckchen und glitt in die Dunkelheit hinaus.

Wenig später marschierten wir allein durch die Nacht.

Der Mond ging auf, und die leichte Abendbrise schlief wieder ein.

Gegen 23.00 Uhr hob sich voraus die Küste als schwarzer Schatten aus dem bewegungslosen Wasser. Als es Mitternacht geworden war, lagen nur noch fünf Seemeilen zwischen uns und der Türkei.

Ich ließ die Maschinen stoppen, um meinen Leuten noch ein erfrischendes Bad zu gönnen. Mit Seewasserseife und Waschschüssel turnten die nackten Männer auf das Achterdeck und tauchten dann in das wunderbar phosphoreszierende Wasser. Auch ich benutzte die Gelegenheit zu einem gründlichen Bad. Der scharfen Seewasserseife widerstand der wochenalte Dreck nicht. Das letzte Päckchen frischer Wäsche rundete den Genuß der Sauberkeit ab.

Kaum war der letzte Schwimmer an Oberdeck zurückgekehrt, da meldete die Wache: »Schatten an Backbord!«

In geringer Entfernung schiebt sich ein großer Küstensegler in den Mondsektor mit Kurs auf die Küste. Eilig drehen wir ihm unser Heck zu und verziehen uns in dunklere Gegenden. Es lag nicht in unserem Sinn, unsere Anwesenheit den Türken schon jetzt zu verraten. Durch die kurz nach der Trennung der Boote abgesetzten langen Funksprüche wußten sie ohnehin, daß sich vor ihrer Haustür etwas tat.

In diesen FTs hatten wir die Besatzungslisten an den BdU gefunkt, damit unsere Angehörigen benachrichtigt werden konnten (Anlage 11).

Der 10. September dämmerte grau im Osten, als wir zum letzten Unterwassermarsch tauchten. Später beschien die Sonne dieses Tages unser dicht unter Land nach Westen ziehendes Sehrohr. Ein unerwartet starker Strom hielt uns lange auf. Mittag war vorbei, als wir endlich das richtige Gebiet hinter einer Landzunge auftauchen sahen.

Seit dem Tauchen waren wir in sehr geringem Abstand an einer wild zerklüfteten Küste entlang gefahren. Häufig waren ihr winzige Inseln in Gruppen vorgelagert, zwischen denen sich ein lebhafter Verkehr von Fischerfahrzeugen abspielte.

Nur selten hatten wir einzeln stehende Häuser und kleine Dörfer passiert. Der Küstenstreifen schien sehr dünn besiedelt zu sein. Die ganze Gegend machte den Eindruck tiefsten Friedens.

Die Frage nach einem geeigneten Landeplatz wurde langsam akut. An hundert kleinen Buchten waren wir schon vorbeigekommen, aber keine wollte sich für unsere Zwecke eignen. Während des Nachmittags stand ich am Spargel auf heißen Kohlen. Meile um Meile legten wir zurück. Steilküste und Felsen, aber kein Meter Strand. Endlich – um 18.00 Uhr fand ich einen idealen Platz! Zwischen kilometerlangen, unmittelbar ins Wasser abfallenden Steilküsten tat sich ein kleine Bucht mit flachem Strand auf. Sie war nur etwa 50 Meter tief und vielleicht 70 Meter breit, rechts und links von hohen Felsen flankiert. Von dieser Bucht führte ein jetzt trockenes Flußbett landeinwärts.

400 Meter vor diesem Platz legten wir uns – nachdem wir weiter draußen unseren verbliebenen Aal verschossen hatten – bei 12,5 Metern auf Grund. Aus so geringer Entfernung bestätigten sich meine ersten Betrachtungen. Von hier aus sah ich auch meinen ersten Türken. Er trug einen Fez aus hellem Filz, weißes Wollhemd mit einer großen bunten Bauchbinde um den Leib, eine helle Hose, umwickelte Unterschenkel und an den Füßen mokassinartige Fellschuhe, die sich vorn zu einem kleinen Schnabel aufbogen. Er trieb ein Ochsengespann das trockene Flußbett hinauf. Diesen Muselmann betrachtete ich mit gemischten Gefühlen.

In der Zeit bis zum Auftauchen packte ich mein Marschgepäck zusammen und sorgte für den gleichmäßigen Austausch der Ausrüstung meiner Männer.

Jeder hatte sich in den letzten Tagen einen Rucksack gebaut. Meist bestanden sie aus dem derben Segeltuch der Kojenmatratzen. Lederriemen und Schnallen zum Befestigen von Decke und dergleichen waren genügend vorhanden. Tauchrettertaschen und 2-cm-Magazinbehälter wurden als Fächer eingebaut. Als Trinkwasserbehälter mußten wir die Kragen der Gummischwimmwesten nehmen. Leider waren davon nur sehr wenige an Bord, so daß auf jede Gruppe nur je ein bis zwei kamen. Um unser Schuhwerk war es schlecht bestellt. Wir hatten die Wahl zwischen Segeltuchschuhen und U-Boot-Stiefeln. Schnürschuhe hatten nur einige Leute des Maschinenpersonals.

Die Besatzung wurde in fünf Gruppen zu je fünf Mann eingeteilt. Als Führer kamen dazu die beiden Oberfeldwebel und die Offiziere. Ich selbst blieb bei der Gruppe des LI, die das Sprengkommando bildete. Jeder Gruppenführer hatte eine Pistole und eine selbstgezeichnete Karte der Türkei. Sämtliche Brückengläser wurden aufgeteilt. In Ermangelung von Streichhölzern bauten wir alle verfügbaren Linsen aus den Sehrohren und der Nachtzieloptik aus, um sie als Brenngläser zu verwenden. Der für drei Tage reichende Marschproviant wurde in Form von Büchsen und Schiffszwieback ausgegeben. Die Bordapotheke versorgte jede Gruppe mit den nötigsten Arznei- und Verbandmitteln.

Über das Verhalten an Land unterrichtete ich meine Besatzung nochmals eingehend: Die Gruppen marschieren nach der Landung sofort und ohne Verzug los. Ihre Wege sollen sich sobald als möglich trennen. Generalrichtung ist Süd. Einzelheiten, die zum Erreichen des Zieles fuhren, sind den Gruppenführern überlassen. Bei Benutzung der Eisenbahn Vorsicht! Bei eventueller Festnahme keine Gewalt entgegensetzen. Nichts requirieren. Frauen nicht beachten. Ansiedlungen möglichst aus dem Wege gehen. Bei Festnahme wird folgendes ausgesagt: Von Bulgarien mit einem kleinen Kahn gekommen. Vor Russen geflohen. Zivilseeleute. Kahn kurz vor der Küste gesunken. Suchen deutschen Konsul.

Um das auch glaubwürdig erscheinen zu lassen, wurden sämtliche Hoheits- und Dienstgradabzeichen von den U-Boot-Päckchen entfernt. Das Mitführen von U-Boot-Kriegsabzeichen und U-Boot-Bildern verbot ich.

Als letzte Vervollständigung der Ausrüstung erhielt jeder eine Abschrift des »Wörterbuches«, das wir statt Füllfunk in den letzten Tagen vom BdU erhalten hatten. Es enthielt die voraussichtlich wichtigsten Worte für eine Verständigung mit der Bevölkerung.

Zum Schluß erklärte ich genau das Ausschiffungsmanöver. Zum Transport des Marschgepäcks und der Bekleidung standen uns eine Marksrettungsboje und zwei Ein-Mann-Schlauchboote zur Verfügung. Paddel hatten wir uns aus Spindbrettern hergestellt.

Nicht- und schlechte Schwimmer benutzen das Schlauchboot und paddeln die Marksrettungsboje. Der Rest der Gruppe schwimmt hinterher und hält sich dicht bei dem Floß.

Die erste Gruppe unter Führung des I WO untersucht die nächste Umgebung des Landeplatzes, um festzustellen, ob Menschen in der Nähe sind. Zwei Mann bringen Floß und Schlauchboote zurück und prüfen, ob der klargelegte Tampen vom Boot bis zum Strand reicht. Wenn ja, können sich die folgenden Gruppen an ihm an Land ziehen. Am Strand herrscht äußerste Ruhe, Eile und kein Licht.

Vom Sprengkommando, der letzten Gruppe, bringen zwei Mann das Gepäck an Land und bewachen es. Die Rettungsboje wird zum Boot zurückgebracht. Auf ihr pullt das Sprengkommando nach der Versenkung an Land. Die beiden an Land Bleibenden geben mit einer abgeblendeten Taschenlampe nach Ablauf einer Stunde nach Auslaufen des Bootes Lichtzeichen nach See zu, damit das Sprengkommando die Bucht wiederfindet.

Soweit ist alles organisiert und klar. Um 18.00 Uhr essen wir Abendbrot, die letzte Mahlzeit an Bord. Heiß und stickig ist es im Boot. Die schönen Bratkartoffeln wollen beim besten Willen nicht rutschen. Das schmutzige Geschirr wird nach dem Essen in der Kombüse zerschmettert, dann geht es an die Vernichtung des Funkraumes. Der dicke Hammer wütet gräßlich in den hochwertigen Apparaten. Alles geht kurz und klein.

19.20 Uhr: »Unterdeck klarmachen zum Auftauchen!«

»Unterdeck ist klar zum Auftauchen.«

»Alle Mann in die Zentrale!«

Ich stehe im Turm, unter mir drängeln sich die Männer zusammen, Stille.

»Unserem Führer und Obersten Befehlshaber, unserem Vaterland und unserem stolzen, vom Feinde unbesiegten U 23 ein dreifaches hurra, hurra, hurra! Wegtreten auf Tauchstationen« – und nach einem letzten Rundblick: »Auftauchen!«

10. September 1944, 19.20 Uhr,
*U 23 vorgeflutet auf Grund, klar zum Ausschiffen der Besatzung*

178

Das Boot hebt sich aus dem Wasser. Oben ist es sehr dunkel. Tief hängen die Wolken. Mit Kleiner Fahrt laufen wir auf die nahe Küste zu. Das Boot ist nur angeblasen und liegt sehr tief im Wasser. Endlich berührt es Grund. Wir liegen kaum 50 Meter von den Felsen zur Linken entfernt. An Land regt sich nichts.

Ich lasse alle Zellen fluten, um das Boot fest auf den Grund zu legen. Trotzdem wird es von der Dünung langsam mit dem Heck nach Backbord in die Nähe einiger aus dem Wasser ragender Steine gedrückt. Nach kurzem Backsen liegen wir richtig. Das Kombüsenluk muß wieder geschlossen werden, weil die Wellen hineinschlagen.

An Land bleibt alles ruhig. Der schmale Sandstreifen am Ufer liegt knapp 50 Meter vor uns. Der Befehl zum Ausschiffen wird erteilt. Schlauchboote und Rettungsinsel gleiten ins Wasser, Gepäck wird aufgeladen. Nackte Männer verabschiede ich mit einem letzten Handschlag auf der Brücke, dann gehen sie ins Wasser und schwimmen an Land.

Es klappt wie am Schnürchen!

21.10 Uhr stößt das Floß mit dem Gepäck der Versenkungsgruppe ab und kommt bald wieder zurück. Wir nehmen es an Oberdeck. Reinhard und Seidel schwimmen wieder an Land.

Jetzt sind nur noch

*10. September 1944,*
*22.10 Uhr:*
*U 23 sinkt nach Zündung*
*der Sprengladungen vor*
*der türkischen Küste*

vier Mann an Bord: LI, Masch.Mt. Welzel, Masch.Ob.Gefr. Schönherr und ich.

Das Boot wird wieder angeblasen, kommt vom Grund frei und gleitet mit Nordkurs in die Dunkelheit hinaus. Während der Fahrt werden unten die Sprengpatronen angeschlagen.

Noch vor Erreichen größerer Tiefe kommt von Backbord ein Dampfer mit Schornsteinbrand in Sicht. Eile tut not! Zäh verrinnt die Zeit, bis das Lot schließlich die gewünschte Tiefe anzeigt. Die Maschinen stoppen. Auf einen Wink ziehen sie unten die Sprengladungen ab und kommen dann an Oberdeck. Das Floß klatscht ins Wasser, und wir hocken uns darauf nieder.

Es pullt sich schlecht auf diesem Ding. Nur mit Mühe kommen wir von dem im Wind treibenden Boot frei. In einiger Entfernung halten wir inne und starren wortlos zu unserem totgeweihten, treuen Kameraden hinüber.

Eine dumpfe Explosion zerreißt die Stille. Aus dem Heck zuckt unter Wasser ein Feuerball, weitere Explosionen folgen. Aus dem Turmluk zischt eine Stichflamme, der stolze Bug richtet sich steil auf, reckt sich anklagend gegen den Nachthimmel.

Wenige Sekunden später ist mein Boot rauschend in der Tiefe verschwunden. Seine Flagge hat bis zuletzt vom Feinde unbesiegt geweht.

Während der folgenden Stunden ist mir jammervoll zumute, aber das Pullen auf dem wackligen Floß und das richtige Ansteuern der Küste erfordern meine ganze Aufmerksamkeit.

22.10 Uhr ist U 23 gesunken, um 23.45 Uhr landen wir durchnäßt und ausgepumpt in der Bucht.

Als wir den Marsch durch die Türkei antreten ist es 24.00 Uhr.

# Die Türkei

# I. Vom Großreich zur Republik

Bewußtsein und politisches Verhalten werden in der Türkei genauso wie in anderen Staaten dieser Welt von geschichtlichen Erfahrungen geprägt. Sie sind in vieler Hinsicht der Schlüssel zum Verständnis von Vorgängen, die bei nur gegenwärtiger Betrachtung aktuellen Handelns sich unserem Begreifen entziehen. Leicht kann das zu Fehlbeurteilungen oder auch zu Vorurteilen führen.

Lassen wir also die Geschichte der Türkei kurz Revue passieren.

Um 1125 wichen die Türken vor dem Mongolensturm aus Mittelasien nach Kleinasien aus. Ihre Kriegstüchtigkeit und die erlahmte Verteidigungsbereitschaft der westlichen, christlichen Welt führte zur Eroberung Konstantinopels 1453. Die grüne Fahne des Propheten wurde von hier aus nach Mesopotamien und über Ägypten und Syrien entlang der afrikanischen Mittelmeerküste von Süden her bis vor die Tore Europas getragen. Fast zur gleichen Zeit erschienen die Türken vor Wien, konnten hier aber aufgehalten werden. Das war 1529. Ihre bis dahin unbestrittene Vormachtstellung im Mittelmeerraum zerbrach nach der Niederlage bei einer der bedeutendsten Seeschlachten der Weltgeschichte, der von Lepanto 1571.

Das Osmanische Reich blieb noch lange ein großes Reich, aber es war nie wieder eine große Seemacht, und so verkam seine einstige Stärke zum »kranken Mann am Bosporus«.

Das 19. Jahrhundert war geprägt von den vielen Kriegen mit dem erstarkenden Rußland, das aus dem Schwarzen in das Mittelmeer drängte und so zwangsläufig seine Begehrlichkeit auf die von den Türken beherrschten Meerengen richtete. Im zweiten Krieg dieses Jahrhunderts, dem von 1828/29, verlor die Türkei im Ergebnis die Kontrolle über die Donaufürstentümer, über Serbien und Griechenland.

Im Krimkrieg 1853–56 fand die Türkei noch die Unterstützung

der Westmächte, aber 1877/78 unterlag das Osmanische Reich den Russen erneut, und das hatte schlimme Folgen.

Tunis fiel 1881 an Frankreich, und nur ein Jahr später bemächtigten sich die Engländer Ägyptens. Der »kranke Mann am Bosporus« konnte seine einstigen Machtpositionen nicht mehr behaupten. 1898 ging Kreta an Griechenland verloren, 1908 annektierte die Donaumonarchie Bosnien und Herzegowina, während Bulgarien unabhängig wurde.

Im September 1911 erging an die Türkei die Aufforderung, Tripolis und die Cyrenaika (Libyen) an Italien abzutreten; als diese den Verhandlungsweg beschreiten wollte, erfolgte drei Tage später die Kriegserklärung. Im Frieden von Lausanne (Oktober 1912) willigte die Türkei in die Abtretung ihres letzten afrikanischen Besitzes ein. Bald darauf kam es zum Ersten Weltkrieg. In nie vergessener Waffenbrüderschaft kämpften die Türken an der Seite des deutschen Verbündeten, mit dem man seit dem Beginn des 20. Jahrhunderts eine gute Zusammenarbeit entwickelt hatte, die nicht durch deutsche Ansprüche irgendwelcher Art belastet wurde.

Zu den Verlierern dieses Weltkrieges zu gehören, war für die Türkei so schmerzlich wie für Deutschland. Im Vertrag von Sèvres 1920 wurde der Rest des einstigen Osmanischen Reiches derart zerstückelt, daß die stolzen Türken das nicht kampflos hinzunehmen bereit waren. In Kemal Atatürk hatten sie in historischer Stunde den weitblickenden militärischen und politischen Führer. Im Krieg mit den Griechen von 1921 bis 1923 festigte er den Besitzstand der Republik Türkei.

Zum Aufbau einer modernen Türkei nach diesem kräftezehrenden Freiheitskampf brauchte das Land vor allem Ruhe im Inneren und Sicherheit gegen störende Einflüsse von außen. Dazu legte Kemal Atatürk – Vater der Türken – die folgende Maxime für seine Politik fest:

> *»Es ist grundlegendes Ziel unserer Außenpolitik, die Rechte, die unsere Nation am Ende eines langen Kampfes errungen hat, zu schützen und zu verteidigen, und die Existenz und die Würde unseres Staates ebenso wie den Frieden zu erhalten.«*[86]

## II. Bis an die Schwelle des Zweiten Weltkrieges

Die wachsende militärische Stärke des klassischen Feindes der Türkei, nun die Sowjetunion, veranlaßte den Staatspräsidenten, dessen ausgeprägter militärischer Sachverstand die politischen Wirkungen von Macht sehr wohl in seine Politik einzuordnen wußte, sich mit Vorrang einem gutnachbarschaftlichen Verhältnis mit diesem riesigen Land zuzuwenden. Auf der Grundlage des Freundschaftsvertrages von 1921, in dem bis dahin störende Grenzstreitigkeiten geregelt werden konnten, gelang es, 1925 ein Freundschafts- und Neutralitätsabkommen zu ratifizieren und diesen Vertrag 1935 für weitere zehn Jahre zu verlängern.

Der andere Schwerpunkt türkischer Außenpolitik unter Kemal war Stabilität auf dem Balkan. Dort hatte der Erste Weltkrieg schwache Staatengebilde hinterlassen, die der ganzen Region den Stempel der politischen Labilität aufgedrückt haben. Das barg die Gefahr von Hegemonialbestrebungen seitens der europäischen Großmächte, und das konnte nicht im Interesse der Türkei liegen.

Ankara bemühte sich also um eine zwischen den Balkanstaaten ausgleichende Politik und versuchte seinerseits mittels Abkommen und Verträgen zur Stabilität beizutragen. Obwohl solche Verträge mit Albanien, Bulgarien, Jugoslawien, Rumänien, Ungarn und Griechenland abgeschlossen werden konnten, blieb ihnen der gewünschte Erfolg versagt, weil es nicht gelang, in diesen Verträgen auch die so notwendige gegenseitige militärische Beistandsklausel unterzubringen.

Die deutsch-türkischen Beziehungen waren unter Kemal und in dieser Phase nicht gerade eng, aber sie waren wenigstens spannungsfrei, was den sich verstärkenden wirtschaftlichen Ambitionen – besonders von deutscher Seite – durchaus förderlich war. Mehr und mehr entstand so eine gewisse Abhängigkeit der Türkei von Deutschland, da sich das aber nur auf die Wirtschaft des Landes bezog und in keiner Weise mit politischen Forderungen verbunden war, empfand man das so lange nicht störend, als dieser Zustand unverändert fortbestand.

Geändert hat sich die politische Beurteilung dieser Sachlage durch Ankara erst, als Mussolini laut darüber zu reden begann, sein Ziel sei es, das mittelmeerische Imperium Romanum wiederherstellen zu wollen. Das mußte die Türken aufschrecken, denn in diesem Punkt waren sie von der Geschichte »gebrannte Kinder«. Die enge politische Bindung Deutschlands zu Italien unter den Führern Hitler und Mussolini zog Deutschland nun folgerichtig in eine von Mißtrauen geprägte Betrachtung möglicher Entwicklungen auf dem Balkan und im Mittelmeer.

Die logische Folge aus türkischer Sicht war das Bemühen um Anlehnung an Mächte, die an dem Erhalt des Status quo in beiden Regionen interessiert sein mußten, und das war nach Lage der Dinge England genauso wie Frankreich.

Kemal Atatürk hat das nicht mehr erlebt. Er starb 1938, aber er hatte für die Türkei besonders Wichtiges noch erreichen können: Die Konvention von Montreux im Jahre 1936. Diese Konvention beendete den Zustand der Internationalisierung der türkischen Meerengen, was stets – und zu Recht – in der Türkei als ehrverletzend empfunden worden war. Die volle Hoheit wurde der Türkei zurückgegeben, und somit konnte sie allein im Rahmen des Vertrages über die Passage zwischen Mittelmeer und Schwarzem Meer entscheiden.

Die aggressive Politik der Achse Berlin–Rom rief zwangsläufig Gegenreaktionen hervor. Mussolinis offen antitürkische Balkanpolitik mit Jugoslawien, Bulgarien und Rumänien und die Besetzung Albaniens durch italienische Truppen brachte auch England auf den Plan, und die Türkei fühlte sich nun auch in ihren Sicherheitsinteressen durch den deutschen Einmarsch in Prag im Frühjahr 1939 bedroht.

England ergriff die Initiative gegenüber der Türkei und fand einen in gleicher Weise besorgten Gesprächspartner. Nach recht zähen Verhandlungen, in die sich alsbald auch Frankreich einschaltete, gelangte man unter dem Eindruck des inzwischen ausgebrochenen Krieges am 19. Oktober 1939 zu einem Beistandsabkommen. Dieser Vertrag enthielt gegenseitige Beistandsverpflichtungen für den Fall, daß es im Mittelmeerraum zum Kriege kommen sollte.

Insbesondere England war an diesem Vertrag gelegen, bot er doch die Möglichkeit, die geostrategische Lage der Türkei im Krieg gegen Deutschland zu nutzen.

Es gab in diesem Vertrag auch noch ein Zusatzprotokoll, das die »Rußlandklausel« enthielt. Sie entband die Türkei von ihren Allianzverpflichtungen, falls sich aus deren Erfüllung die Möglichkeit eines Konflikts mit der Sowjetunion ergeben sollte. Eine solche Möglichkeit war durchaus realistisch in Betracht gezogen, denn seit der Konvention von Montreux hatten die Spannungen zwischen der Türkei und Rußland wieder zugenommen.

Zunächst machte sich diese neue Allianz für die Türkei insofern positiv bemerkbar, als man sich nun aus der vor allem wirtschaftlichen Abhängigkeit vom Deutschen Reich lösen konnte. Dennoch kann festgestellt werden, daß die Türkei ihre zwischen den Mächten lavierende Politik fortsetzte und sich keineswegs fest in eines der sich bildenden Lager hineinziehen ließ.

Ankara unternahm im Sommer 1939 große Anstrengungen zur Stärkung der Balkan-Entente, vor allem in Richtung des Nachbarn Bulgarien. Der Südosten Europas sollte so aus dem Interessenkonflikt zwischen Italien, Deutschland und Rußland herausgehalten werden. Das gelang nicht, obwohl Griechenland und Jugoslawien die türkischen Bemühungen unterstützten, aber Bulgarien sperrte sich wegen seiner Gebietsforderungen an Griechenland und Rumänien.

Als stabilisierender Faktor hatte die Türkei sich nicht durchsetzen können. Dazu war sie zu schwach, zumal die Würfel schon gefallen waren.

# III. Von den Kriegführenden umworben

## England

Wegen des deutschen Überfalls auf Polen hatte England dem Deutschen Reich den Krieg erklärt, es war also, wie auch Frankreich, seit dem 3. September 1939 kriegführende Partei. Beide Länder hatten mit der Türkei am 19. Oktober 1939 den türkisch-britisch-französischen Bündnisvertrag mit dem schon erwähnten Zusatzprotokoll und der »Rußlandklausel« unterzeichnet.

Spätestens mit dem Angriff Deutschlands gegen Frankreich am 10. Mai 1940 wurde die Beistandsklausel aus diesem Vertrag für die Türkei zu der nicht ganz unbedeutenden Frage, wie man sich den erst kürzlich gewonnenen Bündnispartnern gegenüber verhalten wolle, wenn eine im Vertrag beschriebene Lage zur Einlösung der eingegangenen Beistandspflicht auffordern würde.

Genau einen Monat hatte man in Ankara Zeit, in dieser Sache zu einem Entschluß zu kommen, denn als Italien am 10. Juni 1940 in den Krieg eintrat, war das Mittelmeer Kriegsschauplatz geworden, und es galt, Farbe zu bekennen.

Angesichts des unerwartet raschen Sieges der Deutschen über den türkischen Bündnispartner Frankreich fiel eine Entscheidung für das eigene Vorgehen nicht leicht.

Sehr zum Verdruß der Engländer berief sich die Türkei auf die Rußlandklausel, und das sogar mit einer gewissen Berechtigung unter Hinweis auf die aggressive sowjetische Balkanpolitik.

Der Hitler-Stalin-Pakt und die sowjetische Forderung vom Herbst 1939 auf gemeinsame Verteidigung der Meerengen waren für die Türkei bedrohlich genug, und außerdem war mit dieser Politik Moskau als Gegengewicht gegen den Expansionsdrang der Achse auf dem Balkan ausgefallen.

Zum erstenmal wich Ankara mit der Anlehnung an England und Frankreich von dem kemalistischen Prinzip der konsequenten Neutralität ab. Das Leitmotiv »Friede im Lande – Friede in der Welt« ließ sich unter den veränderten Bedingungen für die Siche-

rung des eigenen Verschontbleibens vom Kriege nicht mehr lupen-
rein durchhalten. Der Nachfolger Kemals, Ismet Inönü, hatte sich
zwar zur Kontinuität der kemalistischen Innen- sowie Außenpolitik bekannt, als er am 9. Dezember 1938 von der türkischen Nationalversammlung gewählt worden war, aber für die Erreichung
des Hauptzieles: »Nicht in den Konflikt hineinziehen lassen!« waren ihm alle Mittel recht. Der im Ergebnis gescheiterte türkische
Versuch, auf dem Balkan ein funktionierendes Sicherheitssystem
zu schaffen, leitete in Ankara 1939 und 1940 insofern einen Um-
denkungsprozeß ein, als man zu der Einsicht kam, daß es für die
Türkei in ihrer Begehren weckenden geostrategischen Lage am besten sei, sich im Konfliktfall auf dem Balkan zurückzuhalten und
nur das eigene Territorium zu verteidigen.

Am 28. Oktober 1940 begann der italienische Angriff gegen
Griechenland. Das rief die Engländer auf den Plan. Sie landeten
nur drei Tage später auf Kreta, und Churchill versuchte noch Ende
März 1941 mit Ankara, Athen und Belgrad eine gemeinsame Bal-
kanfront zustande zu bringen. Edens Mission scheiterte aber, nicht
zuletzt aus Furcht vor den militärisch so erfolgreichen Deutschen.
In Ankara wurde der britische Außenminister zwar höflich empfangen, aber man hörte ihn lediglich an, ohne irgendwelche Unterstützung zuzusagen. Man werde sich verteidigen, wenn man angegriffen werde, mehr aber war zu diesem Zeitpunkt für England in
der Türkei nicht zu gewinnen.

### Rußland

Das Verhältnis der Türkei zu dem übermächtigen Nachbarn
Rußland war von jeher ein schwieriges. Dreh- und Angelpunkt
von Spannungen zwischen diesen beiden ungleichen Staaten waren fast immer die Meerengen Bosporus und Dardanellen, das
Tor aus dem Schwarzen Meer ins Mittelmeer und damit zu einem, jedenfalls damals wichtigen Gebiet für Handel und Machtpolitik.

Solange die Meerengen internationalisiert waren und es keiner-

lei Beschränkungen der Passage durch türkische Souveränitäts-
rechte gab, war man in Moskau mit diesem Status quo zufrieden.
Das änderte sich nach 1936 mit dem Inkrafttreten der Konvention
von Montreux, die den Türken eine weitgehende Kontrolle über
die Meerengen und ihre Souveränität entlang dieser neuralgischen
Wasserstraßen zurückgegeben hatte. Der sowjetische Druck auf
Ankara wegen dieser Frage steigerte sich 1939 bis zu der Forderung »gemeinsamer Verteidigung« der Meerengen, was immer das
heißen mochte.

Gegen die übermächtige Sowjetunion hätte die Türkei allein
sich nicht auf Dauer erfolgreich und ohne die Gefahr eines kriege-
rischen Konfliktes behaupten können. Nicht zuletzt diese mißliche
Lage wurde zu einem der bestimmenden Faktoren für die Aufgabe
der absoluten Neutralitätspolitik, wie Kemal Atatürk sie postu-
liert hatte und wie sein Nachfolger Ismet Inönü zunächst versuchte
sie fortzusetzen.

So kam es also zu der Annäherung an England und Frankreich
mit der markanten Besonderheit der »Rußlandklausel« in dem
Vertrag.

Der Nachbar Bulgarien spielte im Ringen der Großmächte
Deutschland und Sowjetunion auf dem Balkan eine ganz besondere Rolle, als sich die Dinge, vor allem getrieben durch das italienische Abenteuer in Albanien und Griechenland, 1940/41 kritisch
zuzuspitzen begannen. Beide Großmächte versuchten, Bulgarien
auf ihre Seite zu ziehen, und wem immer das auch schließlich gelingen mochte, für die Türkei würde daraus eine unmittelbare Gefahr insofern erwachsen, als das Territorium dieses ansonsten unbedeutenden Landes zum Aufmarschgebiet für einen Angriff auf
die Meerengen werden könnte.

Was man von der Sowjetunion zu befürchten hatte, war durch
deren Forderungen hinlänglich klar, und den Deutschen war nach
allem bislang Erlebten ebenfalls nicht über den Weg zu trauen.

Die Türkei bemühte sich also um ein von fremden Truppen freies Vorfeld und nahm deshalb Kontakt zu Bulgarien auf. Die folgenden Konsultationen zeigten in dieser Hinsicht gleichgerichtete

Interessen. Keine der beiden Parteien wollte in einen Krieg auf dem Balkan verwickelt werden. Man kam zu einer gemeinsamen Deklaration, in der festgestellt wurde: »Die Türkei und Bulgarien betrachten es als unveränderliche Grundlage ihrer Außenpolitik, sich von jedem Angriff fernzuhalten.«[87]

Für die Türkei bedeutete das keineswegs, daß sie damit auf ein Eingreifen in Bulgarien verzichtete für den Fall, daß von dort aus ihre Sicherheitsinteressen ernstlich bedroht würden.

Diese gemeinsame Deklaration mit Bulgarien gab den Türken auch einen weiteren Vorwand in die Hand, sich britischen Forderungen nach aktivem Eingreifen für Griechenland zu entziehen.

Das durch Mussolinis kläglich gescheiterten Griff nach dem Balkan unvermeidbar gewordene Unternehmen »MARITA« – die deutsche Besetzung Jugoslawiens und Griechenlands – stürzte die Türkei zunächst in tiefe Sorge, sie fürchtete ein weiteres Ziel des deutschen Expansionismus zu werden. Das versprochene Verhalten der Deutschen beim Aufmarsch starker Kräfte gegen Griechenland in Bulgarien beruhigte die Lage wieder. Nach unglaublich kurzer Zeit war der Balkan unter deutscher Kontrolle, und damit waren die britischen, nun aber auch ernstlich die russischen Interessen in dieser Region berührt. Die besondere Lage der Türkei wurde zum Auslöser verstärkter Bemühungen um Beibehaltung ihrer Neutralität seitens des Deutschen Reiches, heftigen Werbens der Engländer zum Eintritt in den Krieg auf ihrer Seite und führte in dieser neuen Lage zum Verzicht der Sowjetunion auf die »gemeinsame Verteidigung« der Meerengen. Unter englischer Mitwirkung kam es zu diesem Sinneswandel in Moskau. Als direkte Folge davon paraphierten die Sowjetunion und die Türkei eine Beistandserklärung mit der Versicherung, daß sich beide Staaten neutral verhalten wollten, falls eine der Signatarmächte von dritter Seite angegriffen würde.

**Deutschland**

Das türkisch-britisch-französische Abkommen vom Oktober 1939 kam einer bedenklichen Schlappe der deutschen auswärtigen Politik gleich. Immerhin war die Türkei Lieferant wichtiger Rohstoffe für die deutsche Rüstungsindustrie, und es beherrschte die Meerengen. Noch war in Deutschland nur wenigen Eingeweihten klar, was die vertragliche Bindung der Türkei an die Kriegsgegner England und Frankreich bedeuten würde, wenn es im Verlaufe des Krieges zur beabsichtigten Landnahme in der Sowjetunion kommen sollte.

Die wenigen Eingeweihten in Berlin, die von diesen Plänen Hitlers schon wußten, konnten nicht an einer dem Deutschen Reich feindlich gesonnenen Türkei interessiert sein, und dieser Umstand mag dazu beigetragen haben, daß die Türkei trotz dieses Vertrages mit England nicht zum potentiellen Feind erklärt wurde.

Auch der Türkei lag natürlich daran, ihr Verhältnis zu Berlin nicht in offene Feindschaft ausarten zu lassen. Mit diplomatischem Geschick, nunmehr von beiden Seiten, hielt man die Frage in der Schwebe, bis durch das Verhalten der Türkei nach dem Angriff auf Frankreich und den Eintritt Italiens in den Krieg klar wurde, daß die Türkei im Wege einer Schaukelpolitik versuchte, aus dem Krieg herauszubleiben.

Die Zuverlässigkeit dieser türkischen Unzuverlässigkeit mußte eine erneute Prüfung bestehen, als es deutscherseits um die Vorbereitung des Angriffs auf die Sowjetunion ging und in die schon angelaufenen, verschleierten Aufmarschbewegungen hinein die Unvermeidbarkeit eines Umweges über den Balkan auftauchte. Für die möglichst rasche Lösung des griechischen und jugoslawischen Problems sollten entsprechend starke deutsche Kräfte so günstig wie möglich bereitgestellt werden. Für die 12. deutsche Armee war der Aufmarsch von Rumänien aus über die Donau nach Süden in Bulgarien vorgesehen. Die notwendigen politischen Vorarbeiten diesem Land gegenüber waren so weit gediehen, daß ein Beitritt zum Dreimächtepakt zeitgleich mit dem Überschreiten der Donau durch deutsche Truppen verkündet werden konnte. Man hatte aus Tarnungsgründen diesen Schritt und seine Bekanntmachung entsprechend verzögert. Die Aufmarschvorbereitungen im Südostraum waren natürlich nicht vollkommen zu verbergen gewesen, und so verwundert es nicht, daß in türkischen Militärkreisen starke Besorgnis wuchs.

Auf deutscher Seite mußte etwas getan werden, um eine aus deutscher Sicht falsche Reaktion der Türkei zu verhindern. Der deutsche Militärattaché in Ankara, General Rohde, trug bei der Lagebesprechung im OKW am 7. Februar 1941 seine Beurteilung der Stimmung in Ankara vor. Danach stand zu befürchten, daß die Türkei durch den deutschen Aufmarsch in Bulgarien in den Krieg eintreten könnte in der Annahme, früher oder später sowieso von den Deutschen angegriffen zu werden. Um das abzuwenden schlug er vor, den Türken von höchster Stelle, also nicht auf Botschafterebene, sondern durch den Führer persönlich, in einem Handschreiben an den türkischen Staatspräsidenten die Unverletzlichkeit der türkischen Hoheitsgebiete zu garantieren.

General Rohde, offenkundig gut informiert über die Gedankengänge im türkischen Generalstab, regte außerdem an, in einem solchen Schreiben auch zum Ausdruck zu bringen, daß die deutschen Truppen in Bulgarien etwa 50 Kilometer von der türkischen Grenze entfernt bleiben würden.[88] Dieser Vorschlag wurde aufgegriffen, und ein entsprechendes Schreiben von Hitler an Inönü konnte durch den deutschen Botschafter rechtzeitig ausgehändigt werden (Anlage 12). Das Schreiben, mit politischem Geschick formuliert, entbehrte aber auch nicht einer drohenden Note für den Fall einer gegen Deutschland gerichteten Reaktion.

Die Antwortnote von Staatspräsident Inönü paßt sich diesem Niveau an. Auch Inönü ging auf die Waffenbrüderschaft im Ersten Weltkrieg ein, betonte die türkische Politik der Sicherung ihrer »Unabhängigkeit in ihrer absolutesten Auffassung« und unterstrich, daß man sich jedem Eindringen widersetzen werde. Er beklagte die auf dem Balkan gegen türkischen Wunsch und ganz ohne ihre Schuld entstandene Lage, womit er indirekt auf die italienische Machtpolitik gegen Griechenland anspielte. Er schloß mit der Feststellung, man werde aufmerksamer Wächter bleiben und man solle sie nicht zur Verteidigung ihres Landes zwingen, womit auch die Meerengenfrage deutlich angesprochen war.[89]

Hitler hatte schon bei seiner Ansprache an die Wehrmachtspitzen auf dem Berghof am 22. August 1939, in der er seinen Entschluß zum Angriff auf Polen begründete, die Türkei mit einer Bewertung bedacht. Sie läßt sich zusammenfassen, wie im KTB des OKW, 1940–1941, Teilband II auf Seite 948 wiedergegeben:

*»Von der Türkei sei bei ihrer schwächlichen Führung eine kraftvolle Politik nicht zu erwarten.«* Dessenungeachtet enthielt die Aufmarschanweisung für die 12. Armee vom 11. Dezember 1940 für das Unternehmen »Marita« ganz klare Aufträge zur Vorsorge gegen mögliches türkisches Eingreifen, wenn man aus Rumänien durch Bulgarien gegen Griechenland vorgehen würde. Ein türkischer Angriff sollte mit einem sofortigen, kraftvollen Gegenangriff beantwortet werden, und dazu seien entsprechende, vor allem schnelle, gepanzerte Kräfte vorzusehen.[90]

Man nahm also die Türkei ernst und rechnete durchaus mit der Möglichkeit des Eingreifens in Bulgarien. Am 19. Februar 1941 wurde der bulgarische Oberst Popoff in Berlin zu Abstimmungen über das gedachte Vorgehen gegen Griechenland erwartet. Zu den vorbereiteten Besprechungspunkten gehörten diese:

1. Mobilmachung Bulgariens: Größere Aufmarschbewegungen Bulgariens bedeuten eine Vorwarnung des Gegners und der Türkei, die dann auch entsprechende Vorbereitungen treffen wird. Je weniger Bulgarien zur Wahrung der Überraschung vor dem deutschen Einmarsch tut, desto besser ist es. Die schnell eintreffenden deutschen Pz.Div. und die deutsche Luftwaffe halten die Türkei völlig in Schach. Demnach ist es erwünscht, daß die bulgarische Mobilmachung erst beim deutschen Einmarsch erfolgt, dann aber rasch durchgeführt wird.

2. Dreimächtepakt: Am zweckmäßigsten ist es, wenn Bulgarien eine Blanko-Vollmacht gibt, seinen Beitritt zum Dreimächtepakt bei Beginn des deutschen Einmarsches zu verkünden.

3. Schutz Bulgariens: Bulgarien ist durch die in Aussicht genommenen deutschen Maßnahmen voll gesichert. Seine Wehrmacht wird zu den deutschen Operationen nicht herangezogen.[91]

In der Lage des OKW am darauffolgenden Tag, dem 11. Februar 1941, wurde vorgeschlagen, den Bulgaren mitzuteilen, daß Deutschland für die Balkanoperation stärkste Kräfte einsetzt und hierzu nach Rumänien hinein einen aus unerschöpflichen Reserven genährten tiefen Aufmarsch durchführt. Die starken deutschen Panzerkräfte und die deutsche Luftwaffe sind in der Lage, jeden etwaigen türkischen Angriffsversuch im Keime zu ersticken.[92]

Mit einer gewissen Erleichterung wurde im OKW am 18. Februar 1941 die Bekanntgabe des türkisch-bulgarischen Abkommens entgegengenommen. Nach dessen Sinn und Inhalt konnte nun damit gerechnet werden, daß von der Türkei keine Gefahr ausgehen wird. Das änderte allerdings nichts an den eingeplanten Sicherungsmaßnahmen, denn man wußte, daß man sich auf die Türkei genausowenig erlassen konnte wie die Engländer und Franzosen.

Daß man in Ankara Ende Februar 1941 unruhig, ja besorgt wurde wegen der starken deutschen Kräftemassierung in Rumänien und wegen des sich abzeichnenden Beginns des Donauübergangs, kann man nachvollziehen, und insofern war der Brief Hitlers an Inönü ganz sicher ein in der Türkei hochwillkommenes Signal. Die Antwort ließ auch nicht lange auf sich warten. Sie trägt das Datum 12. März 1941, jedoch war die beabsichtigte, positive türkische Reaktion schon lange mündlich voraus in Berlin bekannt.

Die Türken setzten aber ihrerseits auch ein unmißverständliches Signal, als der Einmarsch der Deutschen in Bulgarien begonnen hatte. Am 3. März 1941 gab das türkische Marineministerium bekannt: Die Dardanellen werden für alle Schiffe, ausgenommen solche, die eine Sondergenehmigung und einen türkischen Lotsen an Bord haben, geschlossen.[93]

# IV. Solange die Wehrmacht siegte

## Seltsame Neutralität

Der schnelle Sieg Deutschlands über Jugoslawien und Griechenland löste in Ankara bei der türkischen Regierung Überraschung und Bewunderung aus, zumal auch in Afrika Rommels stürmischer Vormarsch Richtung Ägypten begonnen hatte. Ihre Verbündeten, die Engländer, hatten Griechenland einschließlich der wichtigen Position Kreta aufgeben müssen, und nun fand sich die lavierende Türkei plötzlich an drei Seiten umgeben von Mächten, die in Folge türkischer Bündnispolitik strenggenommen ihre Feinde waren.

Der deutsche Militärattaché meldete am 15. April 1941 nicht nur diese Überraschung und Bewunderung für deutsche Erfolge, sondern auch zunehmende Sorge, nun vielleicht auf der anderen Seite in den Krieg hineingezogen zu werden. Das schöne, wenn auch unrealistische Bild von der sich bildenden Zange mit den Backen Kaukasus und Ägypten konnten sich auch in der Türkei Beobachter schon vorstellen, wenngleich der deutsche Angriff auf die Sowjetunion noch bevorstand. In diesen Berichten war auch die Rede von militärischen Maßnahmen in den Meerengen und in Istanbul und von Neueinziehungen junger Männer zu den Streitkräften. Immerhin war erkennbar, daß es sich ausschließlich um defensive Vorkehrungen handelte. Mit Genugtuung wurde auf deutscher Seite auch vermerkt, daß am 16. April 1941 der erste aus dem Schwarzen Meer für den Nachschub in die Ägäis bestimmte Dampfer die Dardanellen ohne Schwierigkeiten hatte passieren können.

Und noch ein Meldung aus Ankara hörte man gerne: Am 21. April wurde bekannt, daß die türkische Regierung der englischen den Entschluß mitgeteilt habe, im gegenwärtigen Krieg »nichtkriegführend« – nonbelligerent – bleiben zu wollen.[94]

Ankara avancierte in diesen Tagen zu einem interessanten Umschlagplatz für Nachrichten. So hörte man am 30. April über diesen Kanal, die USA habe ihre Botschaft angewiesen, eng mit der britischen zusammenzuarbeiten und jeweilige englische Aktionen zu unterstützen. Über den Irak übten die USA Druck auf die Türkei aus, die Zusammenarbeit mit Deutschland zu unterlassen.

Im Laufe des Monats Mai konnte eine zunehmende Verbesserung des deutsch-türkischen Verhältnisses registriert werden, wobei von türkischer Seite nie der Hinweis fehlte, man wolle auf keinen Fall in den Krieg hineingezogen werden. So verlautete auch aus Ankara, daß man nicht daran denke, etwa in Syrien gegen Frankreich einzugreifen, aber andererseits würde eine deutsche Besetzung Syriens und des Irak nicht als Bedrohung für die Türkei gewertet werden.

Der Monat Mai stand im Zeichen des intensiven Bemühens der Reichsregierung um die Türkei. Gekrönt wurden diese Anstrengungen auf der diplomatischen Ebene durch den Abschluß des deutsch-türkischen Freundschaftspaktes im Juni 1941. Beide Länder verpflichteten sich darin gegenseitig, die Unverletzlichkeit ihres Staatsgebietes zu respektieren und keine Maßnahmen zu ergreifen, die sich direkt oder indirekt gegen den anderen Vertragspartner richten; ferner wurden freundschaftliche Konsultationen vorgesehen, und der Vertrag solle zehn Jahre gültig sein.[95]

Für die Türkei ist damit ein Zustand seltsamer Neutralität erreicht, denn sie hat weiterhin einen Beistandsvertrag mit England, gleichzeitig aber auch einen Freundschaftsvertrag mit dem Deutschen Reich, dem England den Krieg erklärt hat. Die diplomatische Flexibilität der Türkei schien in der Tat grenzenlos zu sein, was den Wert von ihr geschlossener Verträge nicht gerade steigerte. Ankara mußte wohl diesen Preis des Odiums der Unzuverlässigkeit bezahlen, um nicht von dem momentan Stärkeren der kriegführenden Mächte in den Krieg gezogen zu werden. Das wenigstens hatte man durchsetzen können, und Deutschland war einstweilen mit einer wohlwollenden Neutralität des Hüters der Meerengen zufrieden.

Wenige Tage nach Abschluß dieses Vertrages begann in Rußland das Unternehmen »Barbarossa«. Fürs erste war die Türkei als »nichtkriegführender« Staat auf der sicheren Seite, denn die beiden potentiellen Hegemonialmächte lagen nun im Kampf auf Gedeih und Verderb miteinander. Den Ausgang konnte man abwarten und dann weitersehen.

Auffällig moderat wurden von nun an die aus Moskau in Ankara zu vernehmenden Töne hinsichtlich der Meerengenpolitik. Von gemeinsamer Verteidigung war nicht mehr die Rede, nein, man legte Wert darauf, daß die Bestimmungen der Konvention von Montreux korrekt gehandhabt würden. Auch auf deutscher Seite setzte sich nach gedanklichen Umwegen die Erkenntnis durch, daß es vorteilhafter für den Seekrieg im Schwarzen Meer sei, wenn die Türken jeder Macht die Durchfahrt von Kriegsschiffen verweigerten.

Die Türkei hat auch alsbald nach Ausbruch des Krieges gegen Rußland entsprechend reagiert. Am 25. Juni 1941 wurden Bosporus und Dardanellen für Kriegsschiffe geschlossen und mit Minen und Netzsperren gesichert.[96]

Im August kam es zu einem Zwischenfall, als das bulgarische Geleittorpedoboot für den Dampfer BURGAS in türkische Hoheitsgewässer geriet und prompt von den Türken unter Feuer genommen wurde.

Man unterstrich unübersehbar den Willen, seine Hoheitsgebiete von niemanden antasten zu lassen!

Wie gespannt man in der Türkei die Entwicklung des Feldzuges in Rußland beobachtete unterstreicht ein Attachébericht: Marschall Cakmak, Generalstabschef der türkischen Streitkräfte, habe starkes Interesse an der militärischen Lage im Kaukasus bekundet, wo die Russen an der Grenze zur Türkei ihre Befestigungen verstärkten. Er äußerte auch die von Furcht geprägte Auffassung, die Meerengen seien verloren, wenn Rußland diesen Krieg gewinnen sollte.[97]

Für die Deutschen, die im August ans Schwarze Meer vorgestoßen waren, erhob sich damit die Frage, ob die Meerengen wirklich dichtgehalten würden, sollten russische Kriegs- und Handelsschiffe angesichts für sie negativer Lageentwicklung im Schwarzen Meer versuchen, durch Bosporus und Dardanellen ins Mittelmeer zu entweichen. Über die Botschaft in Ankara wurde eine entsprechende Note überreicht, und Botschafter von Papen konnte am 29. August 1941 berichten, russischen Kriegsschiffen würde die Durchfahrt unter keinen Umständen gestattet.

Es ist inzwischen Anfang Oktober 1941. Der Angriffsschwung der Wehrmacht in Rußland ist noch ungebrochen, die Verluste der Russen sind gewaltig, und bei oberflächlicher Betrachtung könnte man glauben, was Hitler so gerne tat, die militärische Macht des Sowjetreiches sei bereits gebrochen.

Eine deutsche Wirtschaftsdelegation ist in der Türkei, man verhandelte erfolgreich über einen Handelsvertrag. Anläßlich eines Banketts äußerte sich der türkische Staatspräsident dem Führer der deutschen Delegation gegenüber voller Bewunderung für die große militärische und organisatorische Leistung Deutschlands und gab der Hoffnung Ausdruck, daß es auf dem russischen Kriegsschauplatz noch in diesem Herbst zu endgültigen militärischen Entwicklungen kommen werde. Er fügte hinzu, daß bestimmte diplomatische und politische Entwicklungen und Entschlüsse gewisse Schwierigkeiten bereiten, solange endgültige Entwicklungen im Rußlandfeldzug noch ausstünden. So der Wortlaut dieser Meldung im KTB der Skl unter dem 8. Oktober 1941.[98] Verklausuliert, aber doch erkennbar wird hier zum Ausdruck gebracht, daß man ganz auf die deutsche Seite erst überschwenken werde, wenn der Erzfeind der Türkei, die Sowjetunion, eindeutig besiegt ist.

Die in Inönüs Rede versteckten Anspielungen sind sicher auch mitbestimmt von der Verstärkung englischen Drucks auf die Türkei. Nach Militärattaché-Meldung liefert England in großem Ausmaß Kriegsmaterial und bemüht sich um den Ausbau türkischer Häfen. London habe erkannt, so heißt es, daß jetzt der letzte Zeitpunkt gekommen ist, die Türkei doch noch auf die englische Seite zu ziehen, da es nach siegreicher Beendigung des Rußlandkrieges durch Deutschland hierfür zu spät wäre.

Der deutsch-türkische Handelsvertrag wurde am 9. Oktober 1941 abgeschlossen, und am gleichen Tage veröffentlichte die türkische Regierung ein amtliches Dementi, in dem sie bestritt, Deutschland habe Forderungen an die Türkei gestellt, bzw. durch

Massierung von Truppen in Bulgarien Druck ausgeübt, um die Türkei zu beeinflussen.

Am 1. November 1941 fiel Simferopol, aus der Türkei wurde gemeldet, daß sich die Stimmung in Regierungskreisen stark zugunsten Deutschlands verändert, und ein englischer Antrag, die Bagdadbahn von Syrien aus für Truppentransporte nach dem Mittleren Osten zu benutzen, sei von der türkischen Regierung abgelehnt worden, woraufhin englischerseits mit der Sperrung des türkischen Transitverkehrs über Basra gedroht worden sei.

All diesen Geschehnissen zum Trotz betont Ismet Inönü in einer Rede die Freundschaft der Türkei mit Deutschland wie auch England. Die Türkei sei zur Friedensoase geworden.

Für die 769 jüdischen Flüchtlinge, die mit dem seeuntauglichen Schiff STRUMA aus Konstanza kommend am 16. Dezember 1941 Istanbul erreicht hatten, mag sich die Türkei nicht gerade als »Oase« dargestellt haben.

In einer komplizierten Gemengelage von britischen und türkischen Interessen durften die dem deutschen Zugriff Entronnenen ihr schwimmendes Gefängnis weder verlassen noch nach Palästina weiterreisen. Die Lebensbedingungen auf dem kleinen, alten Kahn von 180 t Tragfähigkeit bei 16 Meter Länge und sechs Meter Breite müssen grauenhaft gewesen sein.

Am 24. Februar 1942 lief die STRUMA wieder aus Istanbul aus zurück ins Schwarze Meer. Ungeklärt blieb, ob auf Anweisung türkischer Behörden oder in einer Art Verzweiflungstat. Sie sank am gleichen Tag nördlich des Bosporus mit ihren noch 763 Passagieren.

Bemerkung: Prof. Dr. Jürgen Rohwer hat mit Heft 4 der Schriften der Bibliothek für Zeitgeschichte in Stuttgart 1964 eine historische Untersuchung zu diesem und einem weiteren Fall von Versenkungen von Flüchtlingsschiffen vor dem Bosporus vorgelegt

Im Fall der STRUMA kommt er darin zu folgendem Ergebnis:

»5 c) Es kann deshalb mit an Sicherheit grenzender Wahrscheinlichkeit angenommen werden, daß die Struma durch einen tragischen Zufall, wie er im Kriege immer vorkommen kann, dem an sich gegen ein anderes Ziel gerichteten Einsatz eines sowjetischen U-Bootes zum Opfer gefallen ist.«

Von sowjetischer Seite ist mittlerweile die Versenkung der STRUMA durch das U-Boot SHCH-213 und der MEFKURE durch SHCH-215 bestätigt worden. Quelle: Glavnyj Shtab Voenno-morskogo flota – Istoricheskaya Gruppa: Boevaya deyatel »nost« podvodnykh lodok. Voenno-morskogo flota SSSR v Velikuyu Otechestvennuyu vojnu 1941–1945 gg. Tom III: Podvodnye lodki Chernomorskogo i Tikhookeanskogo flotov v Velikoj Otechestvennoj vojne. Moskva: Voennoe izdatelstvo Ministerstvy oborony SSSR 1970. pp. 94/95 und 376/377 (für STRUMA) und 254 (für MEFKURE).

Weiter Einzelheiten hierzu finden sich: Jürgen Rohwer: Jüdische Flüchtlingsschiffe im Schwarzen Meer – 1934–1944. In: Das Unrechtsregime. Internationale Forschung über den Nationalsozialismus. Band 2: Verfolgung-Exil-Belasteter Neubeginn. Hrsg. von Ursula Büttner. Hamburg: Christians 1986. S.197–248.

## Nach allen Seiten offen

Auf deutscher Seite blieb man der Türkei gegenüber mißtrauisch und hatte auch gute Gründe dafür. Ende November 1941 lieferte die Funkaufklärung erneut Beweise einer engen Zusammenarbeit zwischen der englischen und türkischen Marine. Die Seekriegsleitung vermerkte zu diesen immer wiederkehrenden Feststellungen, sie dürften angesichts der Gesamtlage in ihrer Bedeutung nicht unterschätzt werden. Eine so weitgehende militärische Zusammenarbeit sei ohne enge politische Übereinstimmung sehr unwahrscheinlich.

Aus den USA wird Anfang Dezember bekannt, daß man der Türkei aufgrund des Hilfsgesetzes Unterstützung gewähren würde, da nach Präsident Roosevelts Erklärung die Verteidigung der Türkei für den Schutz der USA lebenswichtig sei.

In Berichten der deutschen Botschaft in Ankara wird die große Bedeutung des Hintergrundes dieser Erklärung deutlich. Am 2. Dezember 1941 heißt es, die türkische Regierung sehe die russische Gefahr als nicht mehr vorhanden an, man rechne damit, von Deutschland oder England vor eine klare Entscheidung gestellt zu werden, das aber werde erst im kommenden Frühjahr erwartet. Die Türken hofften immer noch, aus dem Krieg herausbleiben zu können, wenn Deutschland nach der Besetzung des Kaukasus keine Operationen unternimmt, die den Bestand der Türkei gefährden können. Andererseits habe die Türkei größtes Interesse, weiterhin englische und amerikanische Materiallieferungen zu erhalten. Daher versucht sie alles zu vermeiden, was den Eindruck erwecken könnte, daß sie ganz auf die deutsche Seite überginge. Quasi um diese Haltung auch sichtbar zu machen, verabschiedet die Nationalversammlung noch im Dezember einen Gesetzesvorschlag zum Handelsvertrag mit Deutschland, in dem festgelegt wird, daß die Türkei nichts nach Deutschland ausführt, ehe die entsprechenden Einfuhren aus Deutschland in der Türkei angelangt sind.

Weil die Haltung der Türkei für die Seekriegsleitung in ihrer schwierigen Lage im Schwarzen Meer von großer Bedeutung ist, ganz besonders natürlich hinsichtlich der Handhabung der Montreux-Konvention, verfolgt sie die einzelnen, bekanntwerdenden Schritte der Türkei ihren anderen Verbündeten gegenüber mit Sorgfalt und Argwohn. Man fragt sich, ob die gegenwärtige Neutralität dem stetigen Druck der Gegenkräfte auf die Dauer standhalten wird.

In dieser Phase erster ernsthafter Rückschläge an der russischen Front wäre eine Unterbrechung der Versorgungsschiffahrt durch den Bosporus besonders nachteilig, und man hat ja gelernt, wie wenig man türkischen Unterschriften unter Verträgen vertrauen darf. Der Seekriegsleitung kommt es nach sorgfältiger Abwägung der Vor- und Nachteile darauf an, daß die Türken weder russischen noch britischen Kriegsschiffen die Meerengenpassage erlauben.

Anfang Februar wird über eine Rede des Staatspräsidenten berichtet, in der er auf die immer schwieriger werdende Wirtschaftslage der Türkei hinweist. Zum Verlauf der Kämpfe in Rußland stellt er fest, trotz bedeutender Verluste sei in Rußland ein Patriotismus entfacht worden, mit dem die Deutschen nicht gerechnet hatten und mit dem sich wohl die deutschen Rückschläge erklären lassen. Er schürt auch die Angst in seinem Land vor den Russen mit der sehr ungewöhnlichen Behauptung, der türkische militärische Nachrichtendienst habe festgestellt, der deutsche Angriff habe einen blitzartigen Überfall Rußlands auf die Türkei im Sommer

1941 verhindert, und er unterstreicht dieses furchterregende Bild noch mit der Erklärung, der furchtbarste Feind der Türkei sei ein militärisch starkes Rußland.[100]

Schon bald darauf hält Inönü schon wieder eine Rede, in der er behauptet, daß die Türkei ihre mit allen Mächten geschlossenen Verträge einhalte. Die Türkei habe den festen Entschluß, auch in Zukunft außerhalb des Krieges zu bleiben. Hierzu sei ständige Verteidigungsbereitschaft die erste Voraussetzung.

Ende Februar 1942 flammen die Kämpfe um den endgültigen Besitz der Krim erneut auf. Die Russen haben dazu, unter Ausnutzung der unbestrittenen Seeherrschaft ihrer Schwarzmeerflotte, umfangreiche Landeoperationen durchgeführt. Für die deutschen Belagerer von Sewastopol entsteht vorübergehend eine kritische Lage, die aber mit einem vollen Abwehrerfolg beseitigt werden kann. In der Türkei reagiert man darauf ungewöhnlich positiv, wie die deutsche Botschaft im März berichtet. Offenbar war man in türkischen Militärkreisen zu der Ansicht gelangt, Stalins ureigenster Plan, die Südfront über die Krim aufzurollen, sei damit endgültig gescheitert.

Botschaftsberichte enthalten in dieser Phase mehrfach auch Hinweise auf das besonders in den großen Städten der Türkei hin- und herschwankende Sympathiebarometer. Jedes Ereignis im Verlauf des Kriegsgeschehens führt zu heftigen Ausschlägen, wobei ein leichtes Übergewicht zugunsten der Alliierten unübersehbar ist. Der türkische Außenminister erläutert die Stimmungslage der türkischen Bevölkerung, besonders hinsichtlich des Rußlandkrieges, mit dem Hinweis, man dürfte die Stimmung des türkischen Volkes nicht aus den Großstädten entnehmen, sondern vielmehr aus der Haltung der Landbevölkerung, die auf jeden deutschen Erfolg mit Enthusiasmus reagiere, während Meldungen über russische Erfolge alarmierend wirken. Diese Einstellung der türkischen Bevölkerung mache es vollständig unmöglich, an einen Kriegseintritt an der Seite Rußlands zu denken.[101]

Es stimmt schon nachdenklich, wenn der Außenminister eines »neutralen« Landes dem Botschafter einer kriegführenden Macht eine solche Erklärung abgibt. Sie impliziert, daß es zumindest Gedankenspiele in der dementierten Richtung gegeben hat, und das ist wiederum insoweit plausibel, als England und die USA, seit Dezember 1941 auch Kriegsgegner des Deutschen Reiches, zunehmenden Druck auf die Türkei in ihrer geostrategischen Schlüsselposition ausüben.

Auf deutscher Seite macht sich Großadmiral Raeder vor der für 1942 zu erwartenden Offensive in Rußland Gedanken. In der Denkschrift vom 25. Februar hatte er für einen Schwerpunkt Richtung Kaukasus und Suez plädiert, jene »Zange«, die der Türkei bei Gelingen keine Wahl mehr gelassen hätte. Raeder hat das folgendermaßen ausgedrückt:

> *»Haltung Türkei wird mit Einnahme Suez endgültig im Sinne deutscher Kriegsführung beeinflußt. Stillschweigende Durchfahrt von Seestreitkräften und U-Booten vom Mittelmeer zum Schwarzen Meer zu erwarten.«*

Die noch bis in den Herbst 1942 anhaltenden deutschen Erfolge auf den Kriegsschauplätzen machten es der Türkei immer schwerer, sich im Zustand der »Nichtkriegsführung« gegenüber dem Druck von allen Seiten zu behaupten.


# V. Wendemarke Stalingrad


### »Aktive Neutralität«

Die deutsche Sommeroffensive mit dem neuen Schwerpunkt Kaukasus machte alsbald nach Angriffsbeginn zügige Fortschritte. Ein endgültiger Sieg der Deutschen über die Sowjetunion schien sich anzubahnen.

Das wurde in der Türkei in weiten Kreisen eher wohlwollend betrachtet, insbesondere beim Militär, dessen prodeutsche Haltung sich aus der einstigen Waffenbrüderschaft des Ersten Weltkrieges speiste.

Auf diplomatischem Feld hatte sich die Türkei im Sommer

1942 heftiger deutscher Forderungen nach aktivem Eingreifen in den Krieg auf seiten der Achsenmächte zu erwehren, aber selbst in dieser so eindeutig scheinenden Lage obsiegten Vorsicht und Mißtrauen auf türkischer Seite. Immer noch an dem Ziel festhaltend, nicht in den Krieg hineingezogen zu werden, sann man in Ankara auf ein Ventil, über das der Druck abgelassen oder doch wenigstens vermindert werden könnte.

Außenminister Menemencioglu ersann den Begriff der »aktiven Neutralität«, die im Sommer als neue türkische Politik von der Staatsführung verkündet wurde. Eine tatsächliche Veränderung zugunsten der Achsenmächte brachte das keineswegs mit sich, aber er klang anders als nur »Neutralität« und konnte in Berlin als weiteres Signal des Wohlverhaltens gewertet werden, und hauptsächlich darauf kam es den Türken an.

Inhaltlich sollte unter dem neuen Begriff verstanden werden, daß man sich künftig nicht mehr damit zufrieden gab, nur im klassischen Sinne neutral zu bleiben und das Geschehen um das Land herum lediglich passiv zu beobachten. Unter der neuen Formel wollte man sich den Spielraum schaffen, gestaltend in die Geschehnisse einzugreifen, soweit es im Interesse des Landes zweckmäßig erschien. Eine aktive Teilnahme am Krieg kam aber auch im Zeichen der »aktiven Neutralität« nicht in Betracht.

In Ankara schätzte man die Position der Alliierten in diesem Sommer 1942 als ziemlich schwach ein und machte sich deswegen ernste Sorgen, wie man einer eventuellen deutschen Hegemonie und den Vorstellungen der Deutschen von einer Neuordnung ihres Machtbereiches im nationalsozialistischen Sinne entgehen könne. Die Gefahr, als eine Art Satellitenstaat unter dieser gefürchteten Neuordnung vereinnahmt zu werden, begann greifbar zu werden, zumal England, enttäuscht von der türkischen Politik des Lavierens mit dem betont deutschfreundlichen Akzent, ab Ende 1942 nicht mehr bereit war, die Waffen- und Munitionslieferungen an die Türkei fortzusetzen.

Die Furcht vor dem deutschen Machtanspruch zerstob mit der Einschließung der 6. deutschen Armee in Stalingrad und dem dadurch erzwungenen Rückzug aus dem Kaukasus. Als dann auch noch am 19. November der Gegenangriff beiderseits von Stalingrad zu einem weit durchschlagenderen Erfolg für Rußland wurde und sich auch in Afrika das Blatt zuungunsten Deutschlands gewendet hatte, tauchte für die Türkei eine alte und nun wieder neubelebte Furcht auf: die vor der Hegemonie der Sowjetunion mit dem Anspruch auf die Kontrolle der Meerengen und den bestimmenden Einfluß auf dem Balkan.

Geheime Hoffnungen auf einen deutschen Sieg über den Erzfeind Sowjetunion schwanden mit dem Ende der 6. Armee in Stalingrad mehr und mehr in den Bereich des Unwahrscheinlichen. Davon wurde das türkische Militär besonders getroffen, weil man sich lange der Hoffnung hingegeben hatte, eine vollständige Besetzung des Kaukasus durch die Deutschen böte die Chance für die dort lebenden turkstämmigen Völkergruppen, autonom zu werden, vielleicht sogar eigene Staaten zu bilden, über die dann die Türkei ihre schützende Hand halten könnte.

Das Interesse an einer Entwicklung in diesem Sinne war so groß, daß nach deutlicher Kritik an der deutschen Operationsführung im Süden der Ostfront, ausgedrückt von keinem geringeren als dem stellvertretenden Generalstabchef Generaloberst Assim Gündüz, die türkische Armeeführung auf der Ebene des deutschen Botschafters und seines Militärattachés wiederholt versuchte, den Deutschen gutgemeinte Ratschläge für die weitere Kriegführung zu geben. Selbst Marschall Cakmak hat sich in diesem Sinne eingeschaltet.[102] Er war nicht nur deutschfreundlich, sondern auch Anhänger des Turanismus.

Alle diese doch recht ungewöhnlichen Interventionen kann man mit einiger Phantasie unter dem Begriff der »aktiven Neutralität« einordnen, denn den Türken schien die von den Deutschen ausgehende Gefahr vergleichsweise geringer als die von den Russen drohende. Insoweit befanden sich die Militärs durchaus mit den Interessen des Landes und seiner Regierung auf einer Linie, jedenfalls solange, als die Deutschen in Rußland die Oberhand hatten. Spätestens Anfang 1943 half aber das wunschbestimmte Verdrängen von Tatsachen nicht mehr. Es wurde Zeit, sich im Weltgeschehen neu zu orientieren, und darin war man geübt und durchaus im wohlverstandenen Interesse des Landes auch erfolgreich gewesen.

## Erneuter Seitenwechsel

Wieder war es der einfallsreiche Außenminister Menemencioglu, der den abermaligen Kurswechsel der türkischen Außenpolitik einleitete. Seine Vorstellungen richteten sich erneut auf ein kollektives Sicherheitssystem auf dem Balkan, das den Türken vor dem Kriege nicht gelungen war. Diesmal sollten Ungarn, Rumänien und Bulgarien mit der Türkei zusammen einen Schutzwall gegen zu erwartende Hegemonialisierung des Balkans durch die Sowjetunion bilden. Auch Italien sollte mit in diese Disposition einbezogen werden. Das verwundert zunächst, denn noch war Mussolini eng an Hitler gebunden, aber der totale Zusammenbruch auf dem afrikanischen Kriegsschauplatz warf seinen Schatten schon voraus, und die Öffnung der »Festung Europa« von Süden her war erklärtes alliiertes Operationsziel. Das mag die Imaginationsfähigkeit in Ankara beflügelt haben. Was die Bündnistreue angeht, konnte man in Italiens Geschichte durchaus Ähnlichkeiten zum eigenen Verhalten finden. Unter diesem Aspekt ist es keineswegs unrealistisch anzunehmen, unter starkem alliierten militärischen Druck im Lande selbst könnte es in Italien zu einem Umschwung kommen. Der würde dieses Land in jenes Bündnis führen, dem aus pragmatischen Gründen sich erneut zuzuwenden man sich selbst anschickte.

So also bekommt Menemencioglus Plan erkennbare Konturen: Bildung eines Blocks mit den Staaten Südosteuropas, Italiens und der Türkei unter gemeinsamer Verständigung mit England, das ja schon immer selbst auf dem Balkan Fuß fassen wollte. In der Türkei konnte man ziemlich sicher sein, mit einem solchen Balkanpakt auf Wohlgefallen in London zu stoßen, weil man auch dort begonnen hatte, sich Gedanken über die fortschreitende Ausbreitung des kommunistischen Einflusses nach Mitteleuropa hinein zu machen.

Während die türkischen Botschafter in den jeweiligen Hauptstädten sondierten, bestritt Menemencioglu den mißtrauisch gewordenen Deutschen gegenüber, einen Auftrag dazu erteilt zu haben, es handele sich lediglich um Überlegungen, die er mit den Botschaftern seines Landes erörtert habe.[103]

Türkische Aktivitäten in dieser Richtung wurden beendet, weil das Echo aus den angesprochenen Balkanstaaten angesichts der mit der Türkei gemachten Erfahrungen negativ ausfiel. Die Verweigerung der Einhaltung von Bündnispflichten schlug auf die Türkei zurück.

Im Frühjahr 1943 geriet die Türkei in eine nicht besonders komfortable Lage, denn nach der Casablanca-Konferenz im Januar 1943 begann England verschärft, die Einhaltung der Bündnispflichten bis hin zur aktiven Teilnahme am Krieg in der Anti-Hitler-Koalition zu fordern, während Deutschland seinen Druck in Richtung Beibehaltung der »aktiven Neutralität« erhöhte. Die Stabilisierung der Ostfront am Nordufer des Schwarzen Meeres verlieh dem gehörigen Nachdruck. Churchill konnte sein Ziel bei den Gesprächen mit den Türken in Adana Ende Januar 1943 noch nicht erreichen. Noch waren die Türken nicht bereit, sich ganz auf die Seite der Alliierten zu schlagen.

Bei diesen Besprechungen hatte Churchill etwas über die dominante Furcht der Türken vor den Sowjets gelernt, aber seine Versuche, bei Stalin auf einen Ausgleich mit der Türkei hinzuwirken, zeitigten kein Ergebnis. Nach Stalingrad war man in Moskau so selbstbewußt, daß man nicht dazu neigte, diesen unzuverlässigen Türken irgendwelche Zugeständnisse zu machen.

Auf all ihren Konferenzen bis zum August 1943 beschäftigten sich die Anglo-Amerikaner mit dem Problem Türkei. Man kam aber zu der Erkenntnis, daß es wenig sinnvoll sei, zu starken Druck auf das Land auszuüben. Es wurde beschlossen, weiterhin Rüstungsmaterial zu liefern. Man hoffte auf einen späteren Sinneswandel.

Die noch immer von den Türken verfolgte »aktive Neutralitätspolitik« blieb erfolglos mit dem Versuch, einen Kompromißfrieden zwischen den Westmächten und dem Deutschen Reich zu vermitteln. Der befürchtete sowjetische Einfluß auf dem Balkan sollte so neutralisiert werden, aber das Projekt scheiterte an der in Casablanca vereinbarten Forderung der Anti-Hitler-Koalition nach bedingungsloser Kapitulation.

Während der Moskauer Außenministerkonferenz im Oktober 1943 braute sich neues Ungemach über der Türkei zusammen. Nun waren es die Sowjets, die den sofortigen Kriegseintritt der Türkei forderten. London und Washington wollten, wie abgesprochen, so rigoros nicht vorgehen, die Türken sahen sich aber bei Gesprächen mit Eden im November zu Zugeständnissen in dieser Richtung gezwungen. Sie erklärten ihr prinzipielles Einverständnis, knüpften daran aber Bedingungen. Die Westmächte sollten den Schutz des Landes gegen mögliche deutsche Angriffe garantieren und einen Plan für die militärische Zusammenarbeit auf dem Balkan erstellen.

Die weit auseinanderklaffenden Interessen der Staaten in der Anti-Hitler-Koalition gaben den Türken nochmals Aufschub. Der Forderung, das Land für alliierte Luftstreitkräfte zu öffnen, was den Ergebnissen der Konferenz von Teheran Ende November entsprach, verweigerte man sich mit dem Hinweis auf die Gefahr deutscher Luftangriffe. Mit diesem fadenscheinigen Argument ließ man die Türken davonkommen, weil die Sache im Vergleich zu den Vorbereitungen der Landung in Frankreich nicht wichtig genug erschien. Staatspräsident Inönü sah sich aber zu einem Entgegenkommen gezwungen, das er den Alliierten in Form einer Erklärung über die generelle Bereitschaft zur Teilnahme am Krieg übergab.

Den Alliierten war das nicht genug. Ihre Langmut mit dem lavierenden Bundesgenossen war zu Ende, als die Türkei auch bis Februar 1944 noch keinerlei Anstalten machte, wenigstens die diplomatischen Beziehungen zu Berlin abzubrechen. Die Westmächte stellten die Waffenlieferungen ein und verhängten ein Importembargo über türkische Ausfuhren. Diesem Druck konnte das Land nicht lange standhalten.

Auf dem russischen Kriegsschauplatz weckte die Rückeroberung der Krim im Mai 1944 akute Befürchtungen um die Sicher-

heit der Meerengen. Den als besonders deutschfreundlich gelten-
den Marschall Cakmak hatte der Staatspräsident am 13. Januar
1944 entlassen und durch General Kazim Orbay ersetzt. Dieser
stand in hohem Ansehen bei den Engländern, die ihrerseits diese
Umbesetzung an der Spitze des türkischen Generalstabes als Signal
für die so dringend gewünschte Kursänderung des Landes inter-
pretieren konnten. Noch war der listenreiche Außenminister Menemencioglu im Amt, aber auch er mußte einsehen, daß die Zeit
zum offenen Kurswechsel gekommen war.

Den Anfang machte im April 1944 die Einstellung des Chrom-
erzexportes nach Deutschland und die Reduzierung der sonstigen
Ausfuhren um 50 Prozent. Für Chromerz gab es keinen die deutsche Rüstungsindustrie befriedigenden Ersatz, und schon deswegen war das ein sehr schwerwiegender Schritt und glaubwürdiges
Zugeständnis an die alten Verbündeten. Im Juni folgten zwei weitere Schritte. Ismet Inönü entließ seinen Außenminister, und die
Meerengen wurden für alle unter deutscher Flagge fahrenden
Schiffe gesperrt.

Angesichts der stürmischen Entwicklung der militärischen Lage
nach der Landung der Alliierten am 6. Juni 1944 in Frankreich
und dem Eindringen der Roten Armee in den Balkan wurde es für
die Türkei höchste Zeit, sich Vorteile für die Zeit nach dem Sieg
der Anti-Hitler-Koalition über Deutschland zu sichern. Am 2. August 1944 brach die Türkei die diplomatischen Beziehungen zu
Deutschland ab und leitete damit nach dem Urteil des Marine-
gruppenkommandos Süd die Abwendung der Staaten des Südost-
raumes vom Deutschen Reich ein.[104]

Der Beschluß der Jalta-Konferenz, nur diejenigen Länder in die
UNO aufzunehmen, die Deutschland den Krieg erklärt hatten, er-
zwang auch den letzten Schritt auf einem langen, verschlungenen
Weg, dessen Ziel es war, das Land aus dem Krieg herauszuhalten.
Praktisch war das Ziel erreicht, denn die mit Wirkung vom 1.
März 1945 ausgesprochene Kriegserklärung an Deutschland
zwang keinen Türken mehr, die Waffe im Kampf auf einen Deut-
schen zu richten, und umgekehrt!

# In der Türkei

# I. Der Weg in die Internierung

Nach anfänglichen Schwierigkeiten kamen wir vier auf der Marks-rettungsboje in Takt und auf der richtigen Kurs. Mein Platz war vorn rechts; meine Sorge galt dem Wiederfinden der kleinen Bucht, in der Maschinenmaat Helmut Reinhard und Matr.Ob.Gefr. Herbert Seidel bei unserem Gepäck auf uns warteten. Sie hatten eine Klappbuchs und die Weisung, nach Ablauf einer Stunde damit zu beginnen, mit Blaulicht in Richtung See Signale zu blinken.

Unmittelbar vor der Sprengung unseres Bootes hatte ich vom Turm aus gerade noch schemenhaft die Berge der Küstenregion als dunkle Linie unter einem etwas weniger dunklen Himmel ausmachen können. Jetzt, auf der tief im Wasser liegenden Rettungsboje, die ja nicht mehr als ein viereckiges Schwimmkissen ist, war von der Küste nichts mehr zu sehen. Einen Kompaß hatten wir nicht, aber doch wenigstens so viel Erfahrung mit nächtlichen Verhältnissen auf See und in Küstennähe, daß wir aus der Zugrichtung der tiefhängenden Wolken und der trägen Dünung die Richtung auf die Küste bestimmen konnten. Mit Zuversicht paddelten wir los, darauf hoffend, rechtzeitig die verabredeten Lichtsignale zu empfangen.

Die Zeit rann dahin, die ungewohnte Anstrengung ließ uns keinen Atem für Gespräche. Jeder hing seinen eigenen Gedanken nach. Mich plagte die Sorge, unsere Landung könnte doch beobachtet worden sein und es würden uns statt unserer Kameraden türkische Soldaten an Land erwarten. Grund für eine solche Befürchtung gab es genug. Während des langen Suchens nach einem geeigneten Ausschiffungsplatz entlang der unwirtlichen Küste war mir aufgefallen, daß mit ziemlicher Regelmäßigkeit im Abstand von 1000 Metern ein türkischer Wachposten auf der Abbruchkante der Steilküste stand. Auch ganz in der Nähe unserer Landungsstelle hatte ich einen solchen Posten noch vor Einbruch der Dunkelheit beobachtet. Sein Postenbereich schien sich bis an den östlichen Rand der kleinen Bucht zu erstrecken, die durch einen jetzt trockenen Bach gebildet worden war und sich so ideal für unsere Zwecke erwiesen hatte.

War der Posten auch nachts besetzt? Dann mußte er doch etwas bemerkt haben. Oder hatten wir Glück und der Posten wurde nachts eingezogen? Wir würden es bald wissen. Mit wachsender Spannung hielt ich während des Paddelns Ausschau nach dem schwachen Blaulicht der Klappbuchs. Wenn alles klar war, mußte es nun bald zu sehen sein. Vom Anblasen und Lösen des Bootes vom Grund, Zurückziehen, klar von den Felsen zur Linken und Eindrehen auf Nordkurs bis zu der Stelle, wo wir U 23 versenkt hatten, war eine Stunde vergangen. Das Lot hatte rund 70 Meter angezeigt, und die Entfernung zur Küste betrug etwas weniger als drei Seemeilen. Fast eine ganze Stunde paddelten wir schon aus Leibeskräften, die Küstenberge hatten wieder Gestalt angenommen, und ihre Kammlinie war gegen den Nachthimmel gut auszumachen. Und da, endlich! Ein schwacher blauer Lichtschein recht voraus, unsere Männer an Land hatten noch Handlungsfreiheit und wir wieder einmal Glück. Eine halbe Stunde später glitt unser wackeliger Untersatz mit einer freundlichen Welle auf den Sand, wir betraten türkischen Boden!

Die Freude über das gelungene Wiederfinden »unserer« Bucht und unserer Kameraden war groß, durfte sich aber nur lautlos oder doch jedenfalls nur sehr leise ausdrücken. Die Fremdheit des jetzt betretenen Bodens und die Dunkelheit mit ihren verborgenen Ungewißheiten machten uns vorsichtig. Flüsternd berichtete Maat Reinhard vom gruppenweisen Abmarsch der anderen. Die beiden Ein-Mann-Schlauchboote, mit denen Nichtschwimmer und Gepäck transportiert worden waren, hatten Reinhard und Seidel schon unter dem reichlich vorhandenen Geröll am Ostende der kleinen Bucht verborgen. Nun folgte auch die Marksrettungsboje. Alle Spuren wurden sorgfältig verwischt. Wir wollten unnötige Aufmerksamkeit vermeiden, und das aus zwei Gründen:

1. Die Landestelle sollte keinen Hinweis auf die wahrscheinliche Versenkungsstelle unseres Bootes bieten,
2. wir wollten, wenn irgend möglich, zunächst über die Kocaeli-Halbinsel zum Marmara-Meer gelangen, dort nach einem herrenlosen Boot Ausschau halten und dann auf dem Seeweg das Mittelmeer erreichen. Die genaue Kenntnis unseres Abgangsortes hätte es eventuellen Verfolgern zu leicht gemacht, uns aufzuspüren.

Das waren ehrgeizige Pläne, aber es war auch die einzige Alternative zum Aufgeben. Und aufgeben ohne wenigstens den Versuch nach Deutschland zu kommen unternommen zu haben, kam uns gar nicht in den Sinn. Einstweilen war der Krieg für uns vorbei. Wir befanden uns, wenn auch ungebeten, in einem neutralen Land, mit dessen Soldaten unsere Väter im Ersten Weltkrieg Seite an Seite gefochten hatten. Von der deutsch-türkischen Waffenbrüderschaft dieser Kriegsjahre hatten wir erzählen hören, sie war uns ein Begriff. Was also sollte uns passieren, sofern wir selbst uns friedlich verhielten? Verglichen mit den Gefahren des U-Boot-Krieges konnte das nur ein Abenteuer nach Pfadfinderart werden.

Zur Ausrüstung jeder Gruppe gehörte eine Handfeuerwaffe. Die Maschinenpistole P 38 befand sich in meiner Gruppe. Matr.Ob.Gefr. Seidel hatte sie zum Marsch umgehängt. Den Gruppenführern hatte ich eingeschärft, die Waffe auf keinen Fall zur Verhinderung einer Festnahme zu gebrauchen. Sie diente ausschließlich zum Schutz gegen Räuber und wilde Tiere, die es in den Bergen der Küstenregion geben sollte.

Der 10. September 1944 ging zu Ende. Es war Mitternacht, und mit dem neuen Tag nahmen wir unser Gepäck auf und traten den Marsch Richtung Süden an. Wir gingen hintereinander in geringem Abstand und so leise, wie es auf dem Geröll des Bachbettes möglich war. Ich führte, den Schluß übernahm Seidel mit der MPi. Bald schon stieg das Gelände merklich an. Das Gehen wurde beschwerlicher, das Gepäck begann zu drücken. Unser Schuhwerk war für solches Gelände nicht gedacht. Die Segeltuchschuhe, die sich an Bord in der warmen Jahreszeit so bequem ausnahmen, gaben dem Fuß keinen Halt, die glatte Ledersohle rutschte an den vom Wasser glattpolierten Steinen ab. Es bewährte sich jetzt aber, daß wir uns Gamaschen aus Segeltuch genäht hatten. So konnten jedenfalls keine kleinen Steinchen das Gehen zur Qual für die dieser Tätigkeit ohnehin entwöhnten Füße machen. Ich weiß heute nicht mehr, wer diese gute Idee hatte, aber daß es eine gute Idee war, wurde von Stunde zu Stunde deutlicher.

Bei der letzten Kommandanten-Konferenz auf U 19 am Abend des 9. September, als wir uns über die Versenkungsstellen der drei Boote Gedanken machten, hatte ich mir jene Stelle ausgesucht, die dem Ostzipfel des Marmarameeres gegenüber lag, nur rund 45 Kilometer Luftlinie entfernt. Da hatte ich den Gedanken mit dem Fischerboot und der Bewältigung der Strecke bis zum Mittelmeer per Boot. Mir schien das bequemer als der Fußmarsch quer durch Anatolien. Nach der Karte waren das fast 500 Kilometer – eine unfaßbar lange Strecke!

Das Bachbett hatten wir inzwischen verlassen und freuten uns über einen tunnelartigen durch das Gestrüpp führenden Büffelpfad, auf dem wir zügiger vorankamen. Aber wo so ein Pfad ist, da sind auch Büffel, und wo Büffel sind, da sind in aller Regel auch Menschen. Es galt also Vorsicht walten zu lassen.

Um Mitternacht waren wir aufgebrochen, jetzt war es schon fast 4.00 Uhr. Am Himmel, den man durch die schmale Schneise, die unser inzwischen zu einem Weg gewordener Pfad durch einen lichten Wald zog, hin und wieder sehen konnte, zeigte sich erstes blasses Morgenlicht. Anfangs hatten wir alle Stunde kurz gerastet, uns selbst aber immer wieder zur Eile angetrieben, um möglichst viel Strecke zwischen uns und den Landeplatz zu bekommen. Das Tempo und die Unwegsamkeit des stetig ansteigenden Geländes hatten unsere Kräfte weitgehend aufgezehrt. Immer häufiger und in immer kürzeren Abständen baten meine Männer um kurze Verschnaufpausen. Es wurde Zeit, sich um eine einigermaßen sichere Bleibe für die hellen Stunden des Tages zu kümmern. Ruhe war nun nötig, und bei Tageslicht war die Gefahr eines plötzlichen Zusammentreffens mit Wildhütern, Hirten und Bauern zu groß. Der Wald zu beiden Seiten unseres Weges war licht, aber mit Unterholz und hohem Farnkraut so dicht bewachsen, daß es mit Sicherheit Stellen abseits des Weges geben mußte, wo wir ungestörten Unterschlupf finden würden. Es ging jetzt eine kurze Strecke bergab in eine Senke, von der aus der Weg dann wieder steiler zur nächsten Kuppe anstieg. Es war inzwischen auch so hell geworden, daß man etwa 400 Meter weit recht deutlich sehen konnte. Mich trieb es vorwärts, weg von diesem offensichtlich regelmäßig benutzten Büffeltreck, auf dem man über kurz oder lang jemandem begegnen mußte.

So war ich meiner Gruppe schon rund 100 Meter voraus auf dem nächsten Anstieg, als ich rückwärts blickend bemerkte, daß sich die Männer mitten auf dem Weg in der Senke niedergelassen hatten, um erneut eine Pause zu machen. Durch Zeichen bedeutete ich ihnen meine Absicht, noch bis auf die nächste Anhöhe vorauszugehen und dort auf sie zu warten. Rufen mochte ich nicht. In der Stille des Waldes wäre das zu verräterisch gewesen.

Nach weiteren 300 Metern hatte ich die Höhe erreicht. Ein Blick zurück bestätigte meine Vermutung, daß man mir noch nicht gefolgt war. Das Gelände flachte sich in Richtung Süden etwas ab, der Weg war nach wie vor breit, die Art des Waldes unverändert. Zur Linken, schon am Wegesrand beginnend, fand sich hohes Farnkraut, etwas weiter in den Wald hinein auch Unterholz. Dort könnten wir unterkriechen, nachdem unsere Spuren durch das Farnkraut beseitigt sein würden. Vorsichtig bahnte ich mir einen Weg nach links in den Wald. Unter Gebüsch und Farnkraut warf ich meinen Rucksack von der schmerzenden Schulter und streckte mich erschöpft auf dem weichen Waldboden aus.

Wie lange ich so gelegen und durch das Blätterdach in den immer heller werdenden Himmel geblinzelt hatte, vermag ich nicht zu sagen. Lange kann es nicht gewesen sein, weil Müdigkeit mich noch nicht befallen hatte. Im Unterbewußtsein registrierte ich eine gewisse Unruhe, die aus Richtung der Senke zu kommen schien, und dann hörte ich die laute Stimme von Masch.Ob.Gefr. Schönherr rufen: »Herr Oberleutnant, abhauen, Soldaten.« Zweimal kam dieser Warnruf, dann war es wieder still.

Was war jetzt zu tun? Soldaten bedeutete eine Militärstreife. Die Weisung für diesen Fall war eindeutig: Keinen Widerstand leisten. Helfen konnte ich also nicht, und so beschloß ich zu bleiben, wo ich gerade war. Jetzt die Flucht zu ergreifen wäre sicher falsch gewesen, zumal ich nicht wußte, um was für eine Art von Streife es sich handelte. Es verging geraume Zeit, bis ich Hufschlag und Stimmengewirr vernahm. Zweierlei war aus den Geräuschen zu entnehmen: Meine Gruppe wurde offenbar friedlich auf »unserem« Weg in Richtung Süden abgeführt, und Soldaten der Streife waren seitlich des Weges ausgeschwärmt, um nach mir zu suchen. Der Versuchung, den Kopf zu heben und einen Rundblick zu nehmen, widerstand ich zu meinem Glück. Schritte näherten sich meinem Versteck, und dann sah ich durch die Stengel des mich nach oben hin tarnenden Farnkrauts mit Gamaschen versehene Beine, die zum Greifen nahe an mir vorbei durch das Gestrüpp sich mühsam einen Weg bahnten. Das war nah! Später hörte ich – nachdem die ganze Besatzung in Ağva wieder zusammengetroffen war –, wie überraschend die teils berittene Streife aufgetaucht war, daß Widerstand nicht geleistet wurde und Matr.Ob.Gefr. Seidel, der die MPi trug, ungehindert die Waffe in ihre Einzelteile zerlegen und diese ins Gebüsch werfen konnte.

Die Rufe der ausgeschwärmten Soldaten und der Hufschlag verstummten. Die Ruhe des Waldes kam zurück, der Spuk hatte sich verzogen. Eine gute Stunde noch verharrte ich regungslos in meinem Versteck, ehe ich vorsichtig meine Umgebung zu sondieren begann. Es hätte ja eine kleine Gruppe der Streife in der Gegend meines Verschwindens zurückgelassen worden sein. Wenn die schlau waren, würden sie sich so still verhalten wie ich und nur darauf warten, daß ich aus meinem Versteck hervorkam. Daß jemand von den »Fremden« fehlte, konnte dem Streifenführer nicht entgangen sein. Die Warnrufe hatte er sicher nicht verstehen, aber wenigstens richtig deuten können. Das sofortige Ausschwärmen seiner Soldaten ließ daran keinen Zweifel.

Die Sonne schien schon warm und hell durch die Baumkronen. Der lichte Wald war in alle Richtungen gut einzusehen, ungewiß blieb nur, was sich im Gebüsch verbarg. Ewig konnte ich hier nicht bleiben. Es mußte damit gerechnet werden, daß man mit verstärkten Suchtrupps nach mir fahnden würde, und ich wußte nichts über das Gelände vor mir in Richtung Süden. Gab es hier Ansiedlungen? Wie lange hatte ich noch den Wald als Deckung?

Und dann begann mich die Frage zu beschäftigen, wie ich zu trinkbarem Wasser kommen könnte. In der Gruppe hatten wir zwei zu Wasserschläuchen umfunktionierte Halskrausen der Gummischwimmwesten. Das war nur ein kleiner Vorrat, aber immerhin gewährte er zunächst einmal etwas Bewegungsspielraum. Ich hatte einen solchen Wasserschlauch nicht, war also auf natürliche Quellen angewiesen. An Nahrungsmitteln fehlte es mir für wenigstens vier bis fünf Tage bei entsprechender Einteilung nicht. Marschproviant hatten wir gleichmäßig auf jeden Mann der Besatzung verteilt. Er bestand überwiegend aus den amerikanischen Rationen, die wir nach der Versenkung eines russischen Minensuchbootes durch U 19 am 2. September in der Nähe der Ansteuerung nach Konstanza aufgefischt hatten. Ergänzt wurde dieser Luxus durch Büchsenbrot und Dauerwurst aus unseren Bordbeständen. Damit hatte ich einstweilen keine Sorgen.

Meine Lage war also klar: Hauptziel Marmarameer – Mittelmeer – Heimat, Zwischenziel Trinkwasser! Vorsichtig umherspähend, verließ ich mein Versteck und schlug einen Weg ein, der mich nach links weiter in den Wald und fort von dem Verkehrsweg brachte, der meiner Gruppe zum Verhängnis geworden war. Die Zwangspause von über zwei Stunden hatte mir neue Kräfte verliehen, und so kam ich in nicht zu schwerem Gelände zunächst gut voran. Die Zeit verrann, die Sonne stieg höher, und es wurde selbst im Schatten des Waldes heiß und drückend. Gegen 10.00 Uhr etwa lichtete sich der Wald zur Linken, eine nach Osten sanft ansteigende Weide war zwischen den Bäumen zu erkennen, und wenig später bemerkte ich die Hütten einer kleinen Ansiedlung. Nur einen Menschen konnte ich ausmachen, offenbar ein Hirtenjunge, der ein paar Rinder bewachte. Er saß auf einem großen Stein und spielte auf einer Art Flöte. Genau konnte ich das nicht erkennen, aber der Wind wehte hin und wieder die melancholisch-monotonen Töne zu mir herüber.

Der Durst hatte inzwischen begonnen, meine Gedanken weitgehend zu beherrschen. Nicht nur, daß mir die Zunge am Gaumen klebte, sondern ich hatte das Gefühl, sie schwillt an und beginnt mir das Atmen durch den Mund zu erschweren. Es war also höchste Zeit, sich um Wasser zu kümmern. Beim Betrachten des friedlichen Bildes eines flötespielenden Hirtenjungen fiel mir auf, daß am linken Rand der zu mir abfallenden Weide zwischen den Gräsern etwas wie Wasser glänzte. Stets in Deckung bleibend, näherte ich mich dem Waldrand und fand mit großer Erleichterung das kleine Rinnsal, das vor dem Versickern im Waldboden eine kleine Pfütze bildete. Bei näherem Hinsehen war das nicht gerade klares Quellwasser, sondern eine Mischung aus schleimigen Algen und dem, was aus einer überlaufenden Viehtränke dort unten noch ankam. Mir war das egal, aber irgendwie mußte ich das Zeug filtern, damit wenigstens der ärgste Schmutz draußen blieb. Zunächst einmal beugte ich mich über die Brühe und saugte durch mein Taschentuch die so lang entbehrte Flüssigkeit gierig auf. Das schmeckte nicht, war aber dennoch Labsal und hob meine Stimmung ganz beträchtlich. Nun konnte ich mich der Frage zuwenden, wie ich von dieser Flüssigkeit einen kleinen Vorrat zum Mitnehmen speichern könnte. Mangels anderer Möglichkeiten kam mir der Gedanke, die Konservenbüchse, in der ich ein Büchsenbrot mitführte, zum Wassertank zu ernennen. Zur Ausführung kam ich nicht mehr, denn oben bei den Hütten begann es lebhaft zu werden, und ich mußte wohl oder übel wieder in die sichere Deckung des Waldes.

Die aufgenommene Flüssigkeit reichte bei der ständig zunehmenden Wärme dieses Septembertages nicht sehr lange. Zwischen 14.00 Uhr und 16.00 Uhr, als die Hitze am größten schien, lag ich im Schatten einer Baumgruppe und hatte dasselbe Problem wie am Vormittag: Meine Zunge schwoll bedenklich an und machte das Atmen schwer. Wieder drehten sich meine Gedanken fest ausschließlich um Wasser, und ich begann, mich an Pfadfinderzeiten zu erinnern und an das, was man damals, in unbeschwerten Kindertagen zu diesem Thema gehört und erfahren hatte. Von nun an betrachtete ich die Geographie nur noch unter diesem Aspekt: Wo könnte eine Quelle sein?

Am Spätnachmittag fand ich, wonach ich so dringend gesucht hatte. Unter einem Felsen am unteren Ende eines geröllübersäten Hanges sprudelte klares Wasser aus dem Gestein. Das war meine Rettung! Hier beschloß ich, für eine ausgiebige Ruhepause zu bleiben, mich langsam, aber gründlich satt zu trinken und eine kräftigende Mahlzeit zu mir zu nehmen. Danach konnte ich dann an die Herrichtung meiner Brotkonservenbüchse zum Wassertank gehen.

Das war gar nicht so einfach, weil ich keinen Büchsenöffner besaß, der eine saubere Öffnung des kostbaren Gefäßes erlaubt hätte. Wohl oder übel mußte ich also den kaukasischen Dolch zum Büchsenöffnen benutzen, der aus den aufgefischten Überresten des von Ohlenburg versenkten russischen Minensuchbootes stammte. Der Deckel, den ich zum schwappsicheren Verschließen so dringend in gutem Zustand gebraucht hätte, litt gräßlich unter der stumpfen Klinge, aber was half's?

Das Brot wurde mit Teilen der Dauerwurst zur herzhaften Mahlzeit, der Rest verschwand im Tauchretterbeutel, der jetzt Dienst als Proviantbeutel tat. Die leere Dose wurde sauber ausgewaschen und dann mit dem köstlichen Quellwasser gefüllt. So weit, so gut, aber nun ging es ans Verschließen. Zunächst spannte ich mein Taschentuch über die Öffnung, drückte dann den schartigen Deckel darauf und dichtete die Ränder so gut es eben ging mit der Umhüllung der Dauerwurst ab. Sie bestand aus einem zähen Talg auf einem groben Stoffgeflecht. Wasserdicht wurde das nicht, aber wenn ich die Büchse senkrecht trug und vorsichtig damit umging, blieb wenigstens der größere Teil des Wassers in dem Behälter.

Noch war Büchsenlicht, als ich mit diesen Dingen fertig war, und neu gestärkt, konnte ich noch fast zwei Stunden gehen, ehe die Dunkelheit meinem Bestreben in Richtung Marmara-Meer Einhalt gebot.

Im Laufe des Tages war ich über viele Hügelketten gewandert, immer in einem nicht zu dichten Wald und niemals auf einem erkennbaren Weg. Jetzt befand ich mich auf einem einigermaßen ebenen, weichen Waldboden, der geradezu zum Nachtlager einlud. Gegen die zu erwartende Nachtkühle zog ich mir das Lederpäckchen an, schob den Rucksack als Kopfkissen zurecht und war sofort in tiefen Schlaf versunken. 22.00 Uhr hatte ich noch abgelesen, eine gute Zeit zum Schlafengehen.

Geweckt wurde ich durch ein mir fremdes, absonderliches Geräusch ganz in der Nähe meines Kopfes. Noch hielt ich die Augen geschlossen, weil ich nicht sicher war, das zu träumen, aber das unregelmäßige, scheuernde Geräusch blieb, und ich mußte also wach sein. Als erstes sah ich den blassen Lichtschein des frühen Morgens am Himmel über mir, und dann sah ich auch die Ursache des Geräusches, das mich geweckt hatte. Zwei große Landschildkröten verursachten es bei dem eifrigen Bemühen um die Erhaltung ihrer Art! Beinahe hätte ich laut gelacht, aber unnötigen Lärm traute ich mich nicht zu machen.

Soweit ich sehen konnte, gab es nichts Verdächtiges in meiner Nähe. Das schwere Lederpäckchen verschwand wieder im Rucksack und machten dem leichteren U-Boot-Päckchen für den kommenden heißen Tag Platz. 4.30 Uhr zeigte meine Uhr, und es war angenehm kühl. Mein Behälter mit dem kostbaren Naß stand noch an seinem Platz zwischen den Wurzeln des Baumes, unter den ich mich zum Schlafen gelegte hatte. Leider war beim Gehen in dem teils sehr unwegsamen Gelände etwa die Hälfte des ursprünglichen Inhaltes als Schwund abzubuchen. Allein der Rest gab mir Zuversicht, wenigstens an diesem Tag nicht wieder in echte Wassernot zu geraten. Nachdem meine Bündel geschnürt und die übersehbare nähere Umgebung sorgfältig beäugt war, brach ich mit Generalkurs Süd auf.

Das Gelände stieg wieder einmal sanft an, nach der erholsamen Nachtruhe bereitete mir das aber keine Schwierigkeiten. Noch war ich nicht sehr lange gegangen, die Sonne hatte bestenfalls die Hälfte ihres Weges zum Zenit zurückgelegt, und noch immer spendeten Bäume wohltuenden Schatten und Deckung gegen Überraschungen. Allmählich ging der Baumbestand in Gebüsch über, und recht unvermittelt bemerkte ich vor und über mir etwas ganz Neues: Eine Straße verlief auf halber Hanghöhe quer zu meiner Marschroute in allgemeiner Richtung Ost-West. Vorsichtig pirschte ich mich so weit an den Straßenrand vor, daß ein Überblick in beide Richtungen möglich wurde. Nichts regte sich, und nichts war zu hören. Mit einem Sprung war ich auf der anderen Seite und hastete den gegenüberliegenden Hang bis zur nächsten Buschgruppe hinauf. Wieder verharrte ich bewegungslos, aber alles blieb ruhig. Bis zum Kamm des Hanges war es nicht mehr sehr weit. Bäume gab es jetzt gar nicht mehr, dafür aber dichtes Gebüsch, überwiegend Haselnuß.

Gegen 10.00 Uhr hatte ich einen Platz gefunden, auf dem ich den langen Rest des Tages zu bleiben gedachte. Kurz nach Überschreiten der Kammhöhe öffnete sich im Gebüsch eine Lücke, die den Blick nach Süden freigab. Der Hang, an dem ich stand, war der letzte des Küstengebirges. Vor mir fiel er in eine weite Ebene ab, die keinerlei Deckung mehr bot. Felder und Wiesen, soweit der Blick reichte. Es hieß also, bis zur Dunkelheit in einem geeigneten Versteck zu warten. Das fand ich nur wenige hundert Meter weiter hangabwärts. Da tat sich eine fast kreisrunde Lichtung inmitten von dichtem Gebüsch auf. Sie maß so etwa 20 Meter im Durchmesser, der Boden war mit hohem Gras bestanden und verhältnismäßig eben. Um in die unter mir liegende Ebene zu schauen, mußte ich mich ganz aufrichten. Sitzend war ich von dort nicht zu sehen. Hinter mir lag der gerade überschrittene Hang, und auch von dort konnte man die kleine Lichtung nicht einsehen. Rundum tarnte mich dichtes Gebüsch, und so konnte mich außer Lärm nichts verraten – dachte ich.

Zunächst nahm ich mit dem großen Nachtglas einen sorgfältigen Rundblick über die Ebene. 10×80 gibt schon eine Menge her, und so erkannte ich denn auch in weiter Ferne Bauern bei der Feldarbeit. Ganz am linken Rand meines Blickfeldes, vielleicht sieben Kilometer entfernt, war eine Ansammlung von Hütten zu erkennen. Lange blieb ich auf diesem Ziel, schließlich wußte ich auch warum. Eine Gruppe von Menschen bewegte sich dort, was nur an dem aufwirbelnden Staub zu erkennen war. Einzelheiten konnte ich nicht ausmachen. Bauern zogen vermutlich zur Feldarbeit. In meinem Versteck konnte mich keiner sehen; nichts war zu befürchten.

Meine durchgeschwitzten Sachen überließ ich der Sonne zum Trocknen. Frische Wäsche spendete das Gefühl von Luxus, der mit dem Austausch des langhosigen U-Boot-Päckchens gegen die kurze Hose und ein passendes Hemd abgerundet wurde. Zu der verbliebenen Hälfte meines Wasservorrates gönnte ich mir ein spätes Frühstück. Die Sicherheit gebot den Verzicht auf die Zigarette als Abschluß. »Chesterfield« und »Lucky Strike« aus den amerikanischen Rationen standen ebenso zur Wahl wie unsere auch nicht schlechte »Arabis«, die U 19 in großen Mengen aus Konstanza mitgebracht und gegen Proviant bei uns eingetauscht hatte. Aber nein, hier war Verzicht in jeder Beziehung gesünder.

Gesättigt und zufrieden saß ich inmitten meiner noch zum Trocknen ausliegenden Sachen, als ich Geräusche wahrnahm, die von der Kammhöhe zu kommen schienen. Jemand bahnte sich vorsichtig einen Weg durch das Gebüsch in meiner Richtung. Einen Moment dachte ich an Flucht, kam aber schnell zur Vernunft. Wohin hätte ich laufen sollen? Sitzen bleiben und abwarten, wer da des Weges kommt. Alles weitere würde sich ergeben. Die Geräusche beiseite geschobener Zweige nahmen zu und kamen aus allen Richtungen. Es mußten mehrere Leute sein, die mir einen Besuch abstatten wollten.

Das Blattwerk am Rande der Lichtung mir gerade gegenüber bewegte sich anders, als der schwache Wind es gekonnt hätte. Ein Flintenlauf mit trichterförmiger Mündung schob sich hervor, ein halbes Gesicht spähte zu mir herüber. Gleiches tat sich neben und hinter mir. Die fremden Männer sprachen nicht miteinander. Auch die Hunde, die sie bei sich hatten, gaben keinen Laut von sich.

Man hatte mich also gefunden und umstellt. An Flucht war nicht zu denken. Wie würde das jetzt weitergehen? Noch immer kam keiner aus dem Gebüsch hervor. Eine Seite mußte den ersten Schritt machen. Noch immer zwischen meinen wenigen Habseligkeiten hockend, mit denen ich mich ordnend während der Einkreisung beschäftigt hatte, winkte ich sie heran und hielt ihnen einladend eine Zigarettenschachtel hin. Das tat die gewünschte Wirkung. Schweigsam und vorsichtig kamen sie aus dem Gebüsch, die Hunde angeleint und ihre Flinten nicht mehr bedrohlich auf mich gerichtet, die Äxte geschultert.

Um deutlich zu machen, wie wenig ich an Weglaufen oder dergleichen dachte, blieb ich sitzen, wenngleich das als Unhöflichkeit ausgelegt werden konnte. Wettzumachen gedachte ich das, indem ich meinen Proviant wieder auspackte, von dem ich reichlich gefrühstückt hatte, und lud die im Abstand von zwei Schritten im Halbkreis vor mir Stehenden zum Essen ein, nachdem keiner von meinem Angebot einer Zigarette Gebrauch machen wollte. Diese Enthaltsamkeit kam mir merkwürdig vor, aber es konnte ja sein, daß man auf dem Lande das Rauchen von Zigaretten noch nicht entdeckt hatte. Mir fiel ein, von Wasserpfeifen gelesen zu haben, aber damit konnte ich wirklich nicht dienen. Brot, Käse und Leberwurst wurden in gleicher Weise energisch zurückgewiesen wie Marmelade. Das fand ich nun doch sehr seltsam und begann mich zu fragen, ob in dieser Ablehnung wohl Feindseligkeit zum Ausdruck kam. Den Gedanken konnte ich aber rasch wieder verwerfen, weil außer dieser Genußverweigerung von Feindseligkeit nichts zu bemerken war. Neugier stand ganz im Vordergrund, und die etwa sieben bis acht Männer und halbwüchsigen Jungen machten auch gar nicht den Versuch, ihre Neugier zu verbergen. Da saß ein nur dürftig bekleideter Fremder – Ungläubiger noch dazu – mitten in der Landschaft, aß und rauchte, während doch die Sonne schon hoch am Himmel Allahs stand, und hatte außerdem ihnen offenbar fremde Gegenstände bei sich.

Was und wieviel sie von mir wußten, war nicht festzustellen. Mutmaßen durfte ich: Diese Gruppe von Männern und Hunden, bewaffnet und erkennbar planvoll vorgehend, hatte mich nicht zufällig hier in meinem Versteck aufgespürt. Vor mehr als 24 Stunden war meine Gruppe von einer Militärstreife aufgebracht worden. Daß einer, der eigentlich dazu gehörte, bislang noch fehlte war klar. Eine große Suchaktion war eingeleitet worden, um auch diesen Fremden unter staatliche Kontrolle zu bekommen. Vermutlich war den türkischen Behörden inzwischen sogar unsere wirkliche Identität bekannt. Der Auftrag für diese Suchmannschaft konnte also nur sein, mich aufzuspüren und in ihr Dorf zu bringen, von dem aus zweifellos eine Telefon- oder Botenverbindung zum Standort der Militärstreife bestand.

Sprachliche Verständigung war nicht möglich. Mit Händen und Mimik mußte ich auskommen, nachdem der Sprachschatz des uns per Funk noch übermittelten türkischen Wörterbuches erschöpft war. Damit hatte ich mich als schiffbrüchiger Deutscher ausgegeben, der zum nächsten deutschen Konsul gebracht werden wollte. Auf dieser Basis machte man mir gestikulierend das Angebot, zunächst einmal mit ihnen in das linker Hand erkennbare Dorf zu kommen. Das war ein einleuchtender Vorschlag, und so begann ich also, meine Sachen marschfertig zu verstauen. Jeder wollte beim Tragen behilflich sein. Dagegen war von mir nichts einzuwenden, aber als der Wort- oder besser: Gestenführer nach meinem Doppelglas griff, da bedeutete ich ihm, dieses wolle ich besser nicht aus der Hand geben. Aber mal durchgucken durfte er, schon um ihm den Verdacht zu nehmen, hier könne es sich vielleicht um eine Geheimwaffe handeln. Also erhob ich mich, richtete das Glas auf sein Dorf, stellte die Optik scharf und ließ ihn hindurchsehen. Erschrocken streckte er das Teufelsding nach dem ersten Versuch weit von sich, sah mich forschend an und wagte einen zweiten Versuch, nachdem ich ihm aufmunternd zugenickt hatte. Da genoß er sichtlich das ungewohnte Schauspiel und gab seinen Empfindungen wortreich Ausdruck. Jedenfalls wollten alle an dieser Neuigkeit teilhaben, und das Glas machte die Runde, bis jeder sich sattgesehen hatte. Es kostete einige Mühe, das kostbare Stück wieder zurückzubekommen.

Die kleine Kavalkade konnte sich jetzt in Bewegung setzen. Vorneweg die Jungen, dahinter der Mann mit meinem Rucksack, unmittelbar vor mir der Anführer und hinter mir der Rest des Trupps. Die Sonne stand fast senkrecht über uns, es mußte also Mittag sein. Mehr als eine Stunde waren wir unterwegs, ehe die Hütten des Dorfes in Sicht kamen. Zwei von den Jungen liefen auf Geheiß des Anführers weit voraus, und man sah sie heftig gestikulieren, nachdem sie die erste der Hütten erreicht hatten. Erst beim Näherkommen klärte sich der Sinn solchen Tuns für mich: Die Frauen hatten in den Häusern zu verschwinden, denn hier kam ein Fremder mit kurzen Hosen. Das war hochgradig unschicklich, was ich damals noch nicht wußte.

Die männlichen Bewohner des Dorfes bildeten Spalier bei unserem Einzug und schlossen sich dann der Prozession an. Der Weg ging zum Dorfplatz. Dort stand der einzige große, schattenspendende Baum. Ein Stuhl und ein Teppich wurden herbeigeschafft. Auf den Stuhl kam ich, auf den Teppich mein Rucksack. Der Anführer des Suchtrupps schien auch der weltliche Dorfobere zu sein. Er jedenfalls versuchte, nachdem alles gerichtet war und die männliche Bevölkerung im Halbkreis vor mir hockend Platz genommen hatte, eine strenge Befragung oder vielleicht auch ein Verhör mit mir durchzuführen. Da es nur mit Gestik ging, mußten an entsprechenden Stellen grimmige Gebärden den Ernst der Lage für mich verdeutlichen. Schon bald kam ich dahinter, was der Grund einer unverkennbar drohenden Haltung war. Wegen des Fehlens jeglichen Erkennungszeichens an meinem spärlichen Anzug hielt man mich für einen infiltrierten sowjetischen Spion!

Diesem Mißverständnis mußte abgeholfen werden, fragte sich nur wie? Ich selbst hatte der Besatzung das Mitnehmen von Bildern und das Zeigen von Dienstgradabzeichen verboten. An diese Weisung hatte ich mich selbst nicht gehalten. Die Kriegsflagge von meinem Boot, die während der ganzen Dauer der letzten Feindfahrt geweht hatte, tauschte ich unmittelbar vor der Selbstversenkung gegen eine andere aus. Wohlverwahrt hatte ich sie bei mir, wie auch mein EKI und U-Boot-Abzeichen, zusammen mit meinen Oberleutnant-Schulterstücken. Jetzt mußten diese Dinge mich als Deutschen ausweisen. Also öffnete ich meinen Rucksack, breitete den gesamten Inhalt auf dem Teppich aus und brachte Kriegsflagge und Abzeichen zum Vorschein. Erst noch mißtrauisch, dann aber sichtlich erleichtert betrachtete der Dorfälteste die Dinge, nahm sie immer wieder prüfend in die Hand, legte sie schließlich sorgsam zurück und war von da an wie ausgewechselt. Seine zur Schau getragene Feindseligkeit wich einer Mischung aus Freundlichkeit und Respekt.

Der Mann erteilte nun Weisungen, die ich nicht verstand, deren Auswirkungen aber den plötzlichen Stimmungsumschwung in für mich sehr angenehmer Weise bestätigten. Als erstes kam ein zweiter Stuhl. Der wurde neben den meinen gestellt, aber einstweilen nahm niemand darauf Platz. Ein junger Mann brachte auf einem Tablett ein großes Glas mit frischem Wasser und eine Frucht, die ich noch nie in dieser Form gesehen hatte. Die pelzige, grüne Schale hatte jemand in vier Teilen so weit abgezogen, daß eine rote Frucht mit vielen kleinen Kernen zum Vorschein gekommen war. Mein Gesicht muß wohl eine gewisse Unentschlossenheit ausgedrückt haben, jedenfalls ermunterte man mich freundlich, ruhig von der Frucht zu essen. Ich tat's und genoß den zunächst fremden Geschmack von süßer Reife, zu dem das klare, kühle Wasser eine passende Ergänzung bildete. So langsam dämmerte mir auch die Erinnerung. Den Geschmack kannte ich doch, nur irgendwie anders. Die vielen kleinen Kerne halfen mir dann zur Lösung des Rätsels: Man hatte mir eine frische, reife Feige gebracht. Damals ahnte ich noch nicht, was für eine Geste der Freundschaft darin zum Ausdruck gebracht wurde. Es war die Zeit des Fastenmonats der Muslime, Ramadan, in der tagsüber nicht gegessen, geraucht und getrunken werden durfte. Das erklärte auch die befremdliche Ablehnung meiner Einladung zum Rauchen und Essen, als man mich da oben im Gebüsch gefunden hatte. Aber diese Zusammenhänge lernte ich erst später, zu spät jedenfalls, um den Bewohnern dieses kleinen Dorfes jene Dankbarkeit zu zollen, die sie sich mit der fast zeremoniellen Darbringung von Wasser und Frucht am hellen Tag in der Fastenzeit verdient hatten.

Nach dem Willkommensmahl kam zu meiner großen Überraschung jene Person, für die man vor geraumer Zeit den zweiten Stuhl gebracht hatte: Eine Frau! In ihrem langen, schwarzen Kleid und dem um die Schultern gewickelten, ebenfalls schwarzen Tuch wirkte sie ein wenig pummelig. Sie war nicht verschleiert, hatte das Haar aber mit einem grauen Kopftuch, das weit in die Stirn gezogen war, verborgen, und von ihrem Gesicht war nicht viel zu erkennen. Sie mochte mittleren Alters sein. Aus dunklen Augen sah sie mich beklommen und ein wenig verlegen an, nahm dann aber beherzt an meiner Seite Platz. Zunächst in Englisch, dann in Französisch versuchte ich ein Gespräch zu beginnen in der Annahme, man habe sie als Dolmetscherin in die sicher ungewöhnliche Situation gebracht, als einzige Frau unter all den Männern mehr über den Fremden zu erfahren. Bald stand fest, daß sie keine der versuchten Fremdsprachen gelernt hatte, aber die sichtlich intelligente Dame verstand es doch, mit Zeichensprache und mimischer Ergänzung eine Verständigung zwischen uns soweit zustande zu bringen, wie es eben nötig war, um meine Identität als Deutscher zu bestätigen. Dabei glaubte ich auch erraten zu können, was sie mir zu ihrer ungewöhnlichen Anwesenheit im Kreis der Männer sagen wollte: Als einzige Person des Dorfes war sie vor langer Zeit einmal in Istanbul gewesen. Das war, obwohl so nah, doch der Besuch in einer ganz anderen Welt, jener Welt, zu der man diesen Deutschen auch rechnete. Wer dort gewesen war, der mußte auch in der Lage sein, mit Bewohnern dieser anderen Welt zu sprechen. Also hatte man sie auf diesen zweiten Stuhl beordert, und sie machte ihre Sache auch wirklich ausgezeichnet.

Sehr lange konnte unsere »Unterhaltung« nicht fortgeführt werden, dazu reichten die Kommunikationsmittel leider nicht aus. Die Frau verabschiedete sich mit einer höflichen Verbeugung und verließ den Dorfplatz und den Halbkreis der hockenden Männer.

Die Sonne war gewandert in all der Zeit, und da, wo vor Stunden Schatten gelegen hatte, machte sich jetzt die Hitze des frühen Nachmittags unangenehm bemerkbar. Man lud mich zu einem Platzwechsel ein, gegen den ich nichts einzuwenden hatte. Man geleitete mich zu einer Wiese hinter dem Dorf, wo hohe Sträucher, die am Ufer eines kleinen Baches wuchsen, spärlichen Schatten spendeten. Ein Teppich wurde ausgerollt. Darauf breitete man ein weißes Laken, legte meinen wieder gepackten Rucksack als Kopfstütze darauf, nahm abermals im Halbkreis Platz und machte mir klar, es sei nun Zeit für ein Mittagsschläfchen. An Bewachung meines vermeintlichen Schlummers fehlte es wahrlich nicht, jedoch war die ganze Situation für mich immer noch so aufregend, daß an Schlaf nun wirklich nicht zu denken war. Die Höflichkeit, so meinte ich, gebot aber, den Leuten den mir zugedachten Gefallen zu tun. Also streckte ich mich auf dem Lager aus, schloß die Augen und tat so, als schliefe ich umgehend ein. Keiner sprach auch nur ein Wort. Mucksmäuschenstill war es in der hockenden Runde der Männer und Knaben. Nach einer mir angemessen vorkommenden Zeit schlug ich die Augen wieder auf und versuchte den Eindruck zu vermitteln, es sei nun genug der Ruhe.

Das wurde lebhaft begrüßt, konnte man jetzt doch wieder seine Gedanken in Worte fassen und sich über gewonnene Eindrücke mit anderen austauschen. Auf meinem Lager hockend, wartete ich der Dinge, die da kommen sollten. Irgend etwas würde sich schon tun. Lange wurde ich nicht auf die Folter gespannt! Einer der Männer brachte ein Grammophon, so eines mit Kurbel zum Aufziehen und Tonabnehmer mit Nadelhalter. Ein Plattenkonzert oder ein Ständchen, dachte ich. Der Mann hatte zwar eine Platte mitgebracht und traf alle meines Wissens zu einem Konzert erforderlichen Vorbereitungen, daraus wurde aber nichts, weil der Plattenteller sich wohl drehte, die Platte richtig darauf lag und die Nadel in der Rille lief, leider aber keine Musik erklang, sondern nur ein schreckliches Gekrächze. Selbst in vollkommener Unkenntnis türkischer Musik war nicht zu überhören, hier stimmt was nicht. Und das war natürlich auch der eigentliche Grund, warum der gute Mann dieses Stück Luxustechnik angeschleppt hatte. Ohne jede Scheu machte man mir klar, ich, der Alman, vertraut mit so komplizierter Technik, diese beherrschend und selbstverständlich in der Lage, kleine Fehler zu beheben, ich sollte doch, bitte schön, mal nach dem Rechten sehen.

Mir fiel in dieser Lage schlagartig Kara Ben Nemsi ein, jene Karl-May-Figur, die sich, jeder Lage gewachsen, durchs wilde Kurdistan geschlagen hatte. Sollte der Geschichtenerzähler die Erwartungshaltung der Einwohner einem Deutschen gegenüber doch richtig beschrieben haben?

Ausflüchte galten jetzt nicht, irgendwie mußte diese Herausforderung bestanden werden. Wie, das wußte ich noch nicht, denn ein Grammophon hatte ich zwar gesehen, bei Freunden oder in der Schule auch schon mal die Feder aufgezogen, eine Platte aufgelegt und geprüft, ob die Nadel im Halter richtig festsaß, aber reparieren? Daran war gar nicht zu denken gewesen.

Ganz wichtig war für mich erst mal Zeit zu gewinnen, damit mir vielleicht doch noch was zu dem Problem und seiner Lösung einfallen konnte, und außerdem sollte dem ganzen Vorgang auch Wichtigkeit beigemessen werden, damit auch die theatralische Komponente der folgenden Vorstellung nicht zu kurz kam. Also machte ich mich an die Begutachtung des dienstversagenden Grammophons und tat dabei angemessen bedeutungsvoll und wichtig. Das Laufwerk wurde sorgfältig abgehorcht, die Beweglichkeit des Membranarmes geprüft und endlich die Nadelhalterung einer genauen Inspektion unterzogen. Da hatte ich es! Weil mechanisch alles in Ordnung schien, konnte nur hier der Fehler liegen. Die Verbindung zwischen Membrane und tonabnehmender Nadel war nicht einwandfrei. Der Zahn der Zeit hatte kleine Schräubchen gelöst und Sandkörnchen an die Stelle einer vom Alter zerbröselten Verbindungssubstanz geraten lassen. Woraus die bestanden hatte, war nicht mehr festzustellen, aber hier mußte ich ansetzen.

Während ich so bedeutungsvoll hantiert und die kommenden Schwierigkeiten mit entsprechender Mimik anzudeuten suchte, hatte sich der solange beibehaltene Halbkreis der Männer zu einem engen Kreis um mich herum verändert. Gedrängel gab es sogar, denn jeder wollte ganz genau sehen, was und wie der Alman dem Musikkasten angedeihen ließ, damit endlich wieder richtige Musik von der Platte kam. Inzwischen hatte ich einen Plan und wußte, was ich der Reihe nach zu tun hatte, in der dringenden Hoffnung, das Ding wirklich zur Hergabe von richtigen Tönen bewegen zu können. Meine Reputation als »Alman« hing vom Erfolg ab und die Erfüllung einer weit überzogenen, wenn auch für mich und meine Landsleute sehr ehrenden Erwartung, wir könnten eben alles.

Ganz ohne technische Hilfsmittel war der Sache jedoch nicht beizukommen. Hauptschwierigkeit waren die kleinen Schräubchen des Nadelhalters, mit denen der an der Membrane befestigt war. Die mittlerweile zwischen uns eingeübte Zeichensprache funktionierte auch in diesem technischen Bereich. Man verstand, worum ich gebeten hatte, konnte aber leider mit feinmechanischem Werkzeug nicht aufwarten. Nach langem Hin und Her wurde ein altes Messer, ein ausgedientes Küchenmesser, gebracht. Daraus konnte man mit einigem Glück ein Instrument gewinnen, das wenigstens eine Scharte haben würde, die den Anforderungen des Augenblicks genügen mochte.

Steine aller Größen und Härtegrade gab es reichlich in handlicher Nähe. Das Glück war mir hold, schon nach wenigen Versuchen sprang ein Stück der Messerspitze so ab, daß mit ein wenig Nachschleifen der passende »Schraubendreher« hergestellt war. Es klappte auf Anhieb. Die kleinen Schräubchen lösten sich willig und purzelten in mein als Fangvorrichtung ausgebreitetes Taschentuch. Mit etwas mehr als der unbedingt nötigen Sorgfalt ging ich sodann an die gründliche Reinigung der jetzt freigelegten Verbindung von Halter und Membrane. Allzu einfach sollte mein Werk ja auch nicht erscheinen, ergo untermalten theatralische Zutaten mein simples Tun. Das war, zugegebenermaßen, nicht meine Art, jedoch riet mir die kurze, aber intensive Erfahrung mit meinen neuen, nun freundlichen Gastgebern, auf die bei ihnen beobachtete Mentalität wenigstens so weit einzugehen, daß unsere erzwungene Sprachlosigkeit die wünschenswerte Entlastung durch emotionale Vergleichbarkeit bekam.

Alles lag klar zum Zusammenbau, aber ganz ohne Ersatz für die vom Zahn der Zeit verzehrte Verbindungsschicht zwischen den metallenen Flächen wagte ich es nicht. Es stand, jedenfalls für meinen fehlenden Sachverstand, zu befürchten, Scheppern und Klirren statt Musik könnten wieder das Ergebnis sein. Das war in meiner Lage ein zu großes Risiko, und ich konnte es wenigstens reduzieren. Ein Blick auf den Zettel mit »türkischem Lexikon« verhalf mir zu einer Idee. Butter könnte man nehmen, als Ersatz für Schmierfett. Das Wort kam mir kompliziert vor. »tereyağı«, und ich hatte keine Vorstellung, ob ich es verständlich aussprechen könnte. Gleich beim dritten Mal sprang der Funke des Verstehens über, und das war gar nicht so selbstverständlich, weil das »g« mit dem Häkchen darüber und das »i« ohne Punkt eben doch eine ganz beträchtlich andere Aussprache im Türkischen bedingen, als wir das mit »g« und »i« in unserer Muttersprache kennen. Einer von den Jungen wurde losgeschickt. Rasch war er wieder da und hatte, was ich begehrte: Butter in einem kleinen Töpfchen. Die war dunkelgelb und roch arg ranzig, aber ich wollte sie auch nicht essen, sondern zum Schmierfett mißbrauchen. Da spielt der Geruch keine Rolle.

Es konnte weitergehen mit der Operation des Patienten. Der Zusammenbau verlief reibungslos, vor allem – und davor hatte ich Heidenangst – keines der beiden kleinen Schräubchen ging verloren.

Zu guter Letzt nahm ich die Schallplatte vor. Ihre Rillen saßen voll von Staub, Schmutz und Flugsand, ein sicheres Zeichen für jahrelangen Nichtgebrauch. Mein Taschentuch und kräftiges Pusten leisteten die erforderliche Arbeit. Die Spannung stieg – meine wie auch die der Zuschauer! Eine Nadel für den Tonabnehmer gab es auch, aber offenbar nur diese eine. Dunkel erinnerte ich mich daran, wie unser Musiklehrer bei der Vorbereitung eines ähnlichen Grammophons für die Wiedergabe einer Wagner-Oper großen Wert auf die einwandfreie Beschaffenheit der Nadel gelegt hatte. Worin die nun bestand, wußte ich nicht, aber spitz und sauber sollte sie wohl sein.

Zwei Arbeitsgänge blieben noch zu tun: Das Laufwerk mit der Handkurbel aufziehen und den Tonabnehmerarm mit der Nadel richtig auf die Rille setzen. Gesagt, getan – der Plattenteller setzte sich in Bewegung, anfangs etwas zögerlich, wie mir scheinen wollte, aber dann doch mit einer gewissen Gleichmäßigkeit. Die Platte machte wellenförmige Bewegungen, aber auch das hatte ich früher schon gesehen. Es hatte offenbar nichts Schlimmes zu bedeuten. Tief durchatmen – Nadel in die Rille und beten! Erst kam nichts, mir wurde flau im Magen, aber dann! Musik erklang – türkische Musik, mir ganz fremd im Ohr und technisch gewiß nicht vollkommen, aber es war ohne jeden Zweifel Musik, die meinen Gastgebern gefiel. Der Jubel war groß. Man klopfte mir anerkennend auf die Schultern und redete gestenreich auf mich ein. Leider konnte ich nichts davon verstehen – und hätte das Lob doch so gerne gehört!

Der Belohnung erster Teil kam, nachdem die Begeisterung ein wenig abgeflaut war, in Form von Wasser, Kaffee und wieder frischen Feigen. Am inzwischen spät gewordenen Nachmittag ein sehr gerne angenommenes Labsal.

Die dichte Schar der Männer, die mich seit dem Umzug an diesen Platz am Bach ständig umgeben hatte, löste sich nach und nach auf. Mit dem Grammophon verschwand der erste Schwung, und bald schon waren es nur noch zwei, die vermutlich so eine Art Bewachung darstellten.

Dämmerung senkte sich überraschend schnell in die flache Kehlung, die sich der Bach im Laufe der Zeit gespült hatte. Frische breitete sich mit schwadigem Dunst, der aus Bach und Wiese stieg, über das Dorf, in dem eine vibrierende Aktivität zu beginnen schien. Niemanden hatte ich mittags essen sehen; sicher traf man Vorbereitungen, das Versäumte in der Frische des Abends nachzuholen.

Büchsenlicht verklärte die auf mich so fremd, fast romantisch und ursprünglich wirkende Landschaft. Vor zweitausend Jahren mag das hier kaum anders ausgesehen haben, dachte ich und begann die Bewohner dieser weltabgeschiedenen Gegend um ihre vom Krieg so gänzlich unberührte Idylle zu beneiden. So ganz richtig konnte mein Gedankengang nicht sein. Vor 2000 Jahren lebten hier keine Muslime. Daran erinnerte mich der Ruf zum Gebet! Alt, schwach und zittrig klang die Stimme des Rufers, aber in der Abendstille trug sie weit, und der monotone Gesang drang mir tief in die Seele, weil sie mich mit so eindringlicher Deutlichkeit daran erinnerte, mitten in einem ganz anderen Kulturkreis zu sein, von dem ich so gut wie gar nichts wußte.

Auch meine beiden »Wächter« gesellten sich zu den Männern, die vor den Hütten kleine Teppiche ausbreiteten, um ihr Abendgebet gemeinsam zu verrichten. Aus Reisebeschreibungen wußte ich, daß dabei das Gesicht nach Mekka gerichtet wird und daß alle Muslime die fünfmalige Anrufung Allahs sehr ernst nahmen. »Koran« heißt ihr Heiliges Buch – und damit waren meine Kenntnisse erschöpft. Der Rest war respektvolles Staunen ob der bis zu mir hin spürbaren Inbrunst des Gebetes.

Nicht lange nach der Beendigung der religiösen Zeremonie kam der Dorfobere – jedenfalls hielt ich ihn wegen seiner Wortführerrolle mir gegenüber dafür – und forderte mich zum Mitkommen auf, ja, auch meinen Rucksack solle ich mitnehmen. Ich folgte ihm zu dem einzigen der Häuser, das eine Leiter zu einem Obergeschoß vorweisen konnte. Sie führte zu einem kleinen Podest, und dahinter öffnete sich eine einfache Brettertür. Vor dem Eintreten streifte der Mann vor mir die Fußbekleidung ab, nachdem er mir bedeutet hatte, den Rucksack draußen auf dem Podest zu lassen. Er verschwand in der Dunkelheit des Raumes, und ich konnte nur noch seinen sich tief und ehrfurchtsvoll verbeugenden Rücken sehen. Da fiel bei mir der Groschen: Diesen Raum betrat man nicht mit Schuhen, hier wohnte offenbar der geistliche Oberhirte, dessen türkischen Titel ich damals nicht kannte. War er es, der vorhin zum Gebet gerufen hatte? Nannte man ihn den Muezzin? Zeit zum langen Zögern gab es jetzt nicht. Meine Segeltuchschuhe stellte ich neben die Opanken meines Begleiters und bemerkte erst jetzt, daß da noch einige dieser typischen Fußbekleidungen aufgereiht waren. Drei weitere Paare zählte ich, fünf Männer also mit uns.

Die niedrige Tür machte die erste Verbeugung obligatorisch. Ich ahmte die Haltung meines zuvor eingetretenen Begleiters nach und wiederholte das – wie er – dreimal. Dabei hatte sich das Auge an die hier herrschende Dunkelheit so weit gewöhnt, daß der Grund der Verehrung zu erkennen war. Dem Eingang gegenüber, an der jenseitigen Wand hockte hinter einem flachen Gestell, das einem Hausaltar glich, ein scheinbar uralter Mann. Dünne, schlohweiße Haarsträhnen hingen unter einer runden, kleinen und flachen Kappe, die das Hinterhaupt bedeckte. Das vom Alter gegerbte und tief zerfurchte Gesicht war unter den Backenknochen eingefallen. Die Schatten der flackernden Öllampe vertieften das Bild ehrfurchtgebietenden Alters, verbunden mit der Würde dieses Mannes und seines Amtes. Ausdruckslose Augen sahen mich an, meine Verbeugung quittierte er mit einem kaum wahrnehmbaren Nikken. Eine einladende Handbewegung forderte mich zum Platznehmen in der Runde auf.

In der Mitte des kargen Raumes befand sich eine runde Platte auf vielleicht 20 Zentimeter hohen Füßen. Das war der Tisch. Sechs flache Kissen lagen in gleichmäßigem Abstand um das Rund. Der Greis erhob sich mühsam, nachdem er das große Buch auf seinem Hausaltar andächtig zugeklappt hatte. Das mußte der Koran sein. Als er seinen Platz an der Tafel eingenommen hatte, setzten sich auch die anderen Männer, deren Beispiel ich folgte. Man saß im Schneidersitz. Die drei anderen Männer blieben schweigsam, nur der, den ich als Wortführer kennengelernt hatte, sprach zu dem alten Mann. Da das Wort »Alman« hin und wieder vorkam, mag es sich um einen Bericht über den Fremden gehandelt haben.

Wie genau die Rollenverteilung in dieser überwiegend stillen Runde wirklich war, konnte ich nicht herausfinden, aber eine Korrektur schälte sich doch als notwendig heraus. Der »Wortführer« war wohl eher der Dorfpolizist. Jedenfalls reagierte er auf eine Frage des rechts neben dem Geistlichen Sitzenden mit beinahe gleicher Untertänigkeit, die er dem alten Mann entgegengebracht hatte.

Auf ein Zeichen des Hausherrn brachten dienstbare Geister eine große Kupferschüssel, relativ flach, aber mit weit ausladendem

Rand und bis an diesen gefüllt mit dampfendem Pilav, Reis mit Pistazienkernen und Rosinen reichlich durchsetzt. Der Reis bildete in der Mitte der Schüssel einen Kegel, um den herum große Stücke gegarten Hammelfleisches garniert waren. Eßwerkzeuge kamen nicht auf die Platte. Man nahm sich Fleisch und Reis nach Bedarf mit den Händen. Schweigend langte jeder nach Herzenslust zu.

Noch immer kannte ich nicht den wirklichen Grund dieses gesegneten Appetits der Männer, einstweilen konnte ich ihn nur bestaunen. Wochen später, als ich von der Fastenzeit und ihren strengen Vorschriften gehört hatte, wurde mir das Verhalten nachträglich verständlich. Noch vor Beginn der Morgendämmerung hatten sie zuletzt gegessen und getrunken. Nun war es die Zeit der Abenddämmerung – ein langer Tag lag hinter ihnen, ein Tag, an dem sie ihrer normalen Arbeit hatten nachgehen müssen – ihr Hunger hatte guten Grund!

Mit dem Essen waren wir fertig, es wurde abgeräumt, und es kamen Teegläser auf den Tisch. Das dampfende und belebende Getränk wurde genießerisch und mit lautem Schlürfen aufgesogen. Auch das glich einer Zeremonie.

In die Schweigsamkeit der Runde hinein konnte man plötzlich rasch sich nähernden Hufschlag eines galoppierenden Pferdes vernehmen. Das Teeschlürfen wurde unterbrochen, alle lauschten gespannt. Unten vor der Hütte parierte der Reiter sein Pferd aus dem Galopp in den Stand, daß der Sand nur so knirschte. Man hörte, wie er aus dem Sattel sprang, dann hasteten Stiefel die Stiege herauf, die Brettertür wurde temperamentvoll aufgestoßen, ein Uniformierter trat in den Raum, sah sich suchend um, fand den Fremden in der Runde, nahm straffe Haltung an und salutierte mit militärischem Gruß. Dann erst riß er die Mütze vom Kopf und verbeugte sich ehrfurchtsvoll vor dem Muezzin. Noch stehend, machte er eine Art Meldung und wurde danach entlassen.

Das Essen im Kreis der Honoratioren des Dorfes hatte damit sein markantes Ende gefunden. Mit Verbeugungen verabschiedete man sich vom Gastgeber, trat auf die Empore und gewann über die Stiege wieder festen Boden. Dort unten wartete der Uniformierte, ein Unteroffizier der türkischen Armee. Zwei Pferde hielt er am Zügel, einen rassigen Araber und ein weniger hoch im Blut stehendes Packpferd. Das war mit einem Holzsattel und aufgelegter Decke ausgestattet und mir zugedacht. An den Hörnern des Sattels ließ sich mein Rucksack gut befestigen, und mit Hilfe der kurzen Pferdebeine und der langen Steigbügel gelangte ich verhältnismäßig sportlich auf meinen Sitzplatz.

Die Stunde des Abschieds von den gastfreundlichen Männern des Dorfes war gekommen – und alle Männer hatten sich dazu auf der Dorfgasse eingefunden. Mein Anblick auf der Mähre muß schon was Komisches gehabt haben – mit kurzer Hose und Segeltuchschuhen. Der Herzlichkeit des Abschieds tat das keinen Abbruch. Während wir im Schritt durch die wenigen Häuser aufs freie Gelände steuerten, liefen alle neben mir her, und jeder schien es sich zur Aufgabe gemacht zu haben, wenigstens einmal kurz meine nackten Beine zu tätscheln – an Händeschütteln war ja nicht zu denken. Dunkelheit hatte sich über das Land gelegt, aber Sterne funkelten am klaren Abendhimmel und ließen den Weg leidlich erkennen. An die Bewegungen meines Gaules mußte ich mich erst gewöhnen. Im Schritt ging's ja noch, aber als der vor mir reitende Soldat Fahrt aufmachte, d.h. in Trab fiel, schaukelte mein Sattel doch recht heftig. Die Zügel brauchte ich zum Kurshalten nicht, das machte mein folgsames Pferd automatisch, immer im Kielwasser des Vordermannes. Zum Gleichgewicht halten lernte ich die Vorteile von Steigbügeln kennen, und wenn's nötig wurde, konnte ich mich an den hölzernen Hörnern des Packsattels festhalten. Die wichtigsten Elemente dieser mir nicht vertrauten Fortbewegungsart hatte ich soweit im Griff, als es dann so richtig zur Sache ging.

Wir schienen einen weiten Weg vor uns zu haben, das jedenfalls schloß ich aus der Eile, die der Unteroffizier vorlegte, sobald wir auf jener Straße waren, über die ich vor vielen Stunden das Dorf betreten hatte. Straße ist vielleicht etwas zu anspruchsvoll, denn genaugenommen galoppierten wir jetzt auf einem ochsenkarrenbreiten Sandweg, Generalrichtung Westen. Es war ein versammelter, Galopp, weil mein Pferd offenbar mehr nicht hergab. Sehr wahrscheinlich war es sogar unter diesem Aspekt ausgewählt worden. Ein echter Araber, so einer vom Schlage des Pferdes, das der Unteroffizier ritt, hätte mich möglicherweise zu Fluchtgedanken verleiten und damit Schwierigkeiten heraufbeschwören können. Eine verständliche Sicherheitsmaßnahme, zumal mein Begleiter keine Waffe mit sich führte. Das konnte man als Vertrauensbeweis und noble Geste des Einheitsführers deuten, der den Unteroffizier losgeschickt hatte, mich aus dem Dorf abzuholen und irgendwohin zu bringen. Wohin, das blieb mir noch für viele Reitstunden ein Rätsel.

Bald verließen wir den Sandweg, der Kurs wendete sich etwas weiter zur Rechten, also etwa Nordwest. Das Gelände stieg merklich an, wir kamen ins Küstengebirge zurück, das ich in den letzten beiden Tagen durchquert hatte.

Mitternacht war vorbei, der Mond war noch nicht aufgegangen, und die Dunkelheit hatte an Intensität zugenommen. Für mich war der Boden nur noch spärlich zu erkennen, was wohl auch daran lag, daß meine Aufmerksamkeit ganz auf das Im-Sattel-Bleiben gerichtet sein mußte.

Während der letzten Viertelstunde hatten die Pferde sich einen mit Geröll übersäten Hang hinaufgearbeitet. Mein Vordermann verharrte auf der Anhöhe und ließ mich aufschließen. Er schien sich über die von hier aus einzuschlagende Richtung nicht sicher zu sein. Ein paarmal blickte er sich in alle Himmelsrichtungen um, offensichtlich nach einer Orientierung suchend. Das schien den gewünschten Erfolg nicht gehabt zu haben. Er faßte einen Entschluß. Mit Gesten und Worten machte er mir und wie mir schien auch meinem Pferd klar, hier auf dieser Stelle zu verharren und seine Rückkehr abzuwarten. Als er den Eindruck haben konnte, wir hätten seinen Befehl verstanden, gab er seinem Araber die Sporen und verschwand in funkensprühendem Galopp nach links, also in südlicher Richtung den Geröllhang hinunter. Eine Weile hörte ich noch den Hufschlag und polterndes Geröll, dann herrschte Stille.

Da saß ich nun auf meinem braven Packpferd, und die Versuchung beschlich mich, meinen unterbrochenen Weg zum östlichen Zipfel des Marmara-Meeres auf eigene Faust und nunmehr beritten fortzusetzen. Angesichts meines Einblicks in die südlich des Küstengebirges sich ausbreitende, deckungslose Ebene gab ich den Gedanken rasch wieder auf. Erfolgreich konnte das nicht enden, und ich hätte das Vertrauen eines mir noch unbekannten Gentleman, nämlich jenes Einheitsführers, mißbraucht. Einsicht wappnete mich mit Geduld.

Wie lange sie auf die Probe gestellt wurde, kann ich in Zeit nicht ausdrücken – es kam mir ewig vor. Aber auch diese Ewigkeit verging mit dem Geräusch fernen Hufschlags und rasselnden Atmens eines zu äußerster Anstrengung getriebenen Pferdes. Mein Unteroffizier kam zurück. Er hatte mich und mein Pferd wiedergefunden. Eine Verschnaufpause für seinen feurigen Araber hielt er nicht für erforderlich, und so ging es weiter in westlicher Richtung, aber doch mit deutlicher Tendenz nach Norden. Eine solche Kursmischung legte die Vermutung nahe, an der Küste des Schwarzen Meeres könnte das mir noch unbekannte Ziel des nächtlichen Rittes liegen.

Westlich von unserer Landebucht hatte ich beim Kartenstudium einen kleinen Küstenort gefunden, dessen Name mich über Eselsbrücken an »Wasser« erinnerte. Er schrieb sich »Ağva«, und ich wollte ihm für die Ausschiffung nicht zu nahe kommen.

Meine Neugier blieb nicht mehr sehr lange unbefriedigt. Auf unserem Generalkurs, der immer noch ohne Weg durch offenes Gelände und über die Küstenberge führte, waren wir mehrfach nach rechts abfallenden Hängen gefolgt, hatten nach dem Durchqueren der Talsenken den gegenüberliegenden Hang erklommen und das Ganze wohl ein halbes Dutzend mal wiederholt. Darüber mochte eine weitere Stunde verstrichen sein.

Recht unvermittelt änderte sich etwas, von dem ich zunächst nicht wußte, was das wohl sei, nur anders als bisher war es. Die Pferde nahmen den letzten Meter bis zum Kamm eines grasbewachsenen, flachen Hügels und dann wußte ich, was jetzt anders war: Es roch nach Meer. Und nicht nur das war neu, sondern im

Tal sah man schemenhaft einige Häuser, die fast alle im Dunkeln lagen. Nur linker Hand, soweit erkennbar am südlichen Ortsrand, gab es grelles Gaslampenlicht hinter Fensterscheiben. Wir hatten unser Ziel offenbar gefunden. Der Abstieg in das Städtchen war für unsere Pferde vergleichsweise mühelos, weil ein sandiger Pfad den Hufen sicheren Tritt bot. Zielsicher steuerte mein Unteroffizier die erleuchteten Häuser an, und schon lange bevor wir vor einem barackenartigen, langgestreckten Bau aus den Sätteln kletterten, war fröhlicher Gesang aus Seemannskehlen an unsere Ohren gedrungen. Kein Zweifel – hier fand ich meine Besatzung wieder!

Ein Uniformierter trat auf mich zu, ein türkischer Offizier, vermutlich Leutnant nach dem Stern auf seinen Schulterstücken, aber seine Sprache war fehlerloses Deutsch. Nichts muß einen wundern im Reich des Märchens von Tausendundeiner Nacht, aber beeindruckt darf man schon mal sein. Man bat mich ins Haus, wo die Männer meiner Besatzung mich lautstark begrüßten, nicht immer in der gewohnten militärischen Form, aber mit wohltuender Herzlichkeit. Wir waren wieder zusammen, und in der Fremde ist das ein schönes Gefühl.

Ein Gelage war hier im Gange, bei dem die Gastfreundschaft der türkischen Offiziere und der uns ungewohnte Raki eine prägende Rolle spielten. Es muß mit dem Eintreffen der Gruppe Obermaschinist Georg Stober schon am Morgen des 11. September, sozusagen als Voraustrupp, begonnen haben. Nachmittags des gleichen Tages wurden die Gruppe I WO, Lt.z.S. Herbert Theuring, und meine Gruppe unter LI, Lt.Ing. Karl Schneider, eingeliefert. Beide waren in der Nähe des gleichen Ortes von jener schon erwähnten berittenen Streife aufgebracht worden und hatten den Weg nach Ağva gemeinsam angetreten, die beiden Offiziere zu Pferde, was wohl in der Türkei damals als selbstverständlich galt. Einen Tag später, am 12. September nachmittags, trudelte die Gruppe mit Obersteuermann Heinz Bierwirth ein, am späten Abend die Gruppe des II WO, Lt.z.S. Kratzenberg, und mit meinem Erscheinen am frühen Morgen des 13. September 1944 war dann die Besatzung von U 23 wieder komplett.

Es war schon lange hell, als wir endlich vom Raki bezwungen die Schlafplätze aufsuchten, die uns zugewiesen worden waren. Die Offiziere hatten Betten im Krankenrevier der Einheit, während alle anderen in Zelten untergebracht waren. Letztere kamen dabei besser weg, und zwar so viel besser, daß wir für die nächste Nacht ebenfalls in Zelte wechselten. Der Grund war bissiger Natur. Wanzen wimmelten in den Lazarettbetten in solchen Mengen, daß selbst unter den zuvor genossenen Mengen Alkohols an Schlaf nicht zu denken war.

Als wir alle wieder auf den Beinen waren – und das war nicht sehr früh an diesem 13. September, unterzogen unsere Gastgeber das Gepäck jedes Einzelnen einer sehr genauen Kontrolle. Alles von möglicherweise militärischem Wert, wie Ferngläser, Waffen, Karten und Filme, fiel der Beschlagnahme anheim, was zwar ärgerlich, aber internationalen Vorschriften entsprechend war. Persönliche Habseligkeiten wurden nicht angetastet.

Bei dieser ersten Bekanntschaft mit den Zwängen einer Internierung half der Leutnant, der mich in der Nacht so nett begrüßt hatte, über Verständigungsschwierigkeiten hinweg. Er war sechs Jahre in Berlin als Gehilfe des Militärattachés tätig gewesen, und wenn meine Erinnerung richtig ist, nannte er sich Necib Said Tamboy. Seine liebenswerte und verständnisvolle Art erleichterte uns die schrittweise Akzeptanz eines ungewohnten Zustandes. Es galt zu lernen, die besonderen Bedingungen unserer Situation in Disziplin und Würde anzunehmen – und das galt auch für unsere unfreiwilligen Gastgeber, denn auch sie hatten es nicht jeden Tag mit Leuten zu tun, die aus einem Krieg vor ihrer Haustür ungebeten in ihr Land gespült wurden.

Den Rest des Tages überließ man uns selbst, was zur Wiederherstellung eines vernünftigen Maßes an Disziplin und Ordnung sehr nützlich war. Auch der 14. September 1944 brachte keine besonderen Ereignisse und diente so der eigenen Wiederfindung nach all den Ereignissen, die uns aus der Bahn des Kriegsalltags geworfen hatten. Aber noch ehe dieser Tag zu Ende ging, wurde es ungemütlich. Das hatte etwas zu tun mit einem Oberstleutnant, der im Laufe des Tages aus Ankara kommend in Ağva eingetroffen war. Eine gewisse Unruhe verbreitete sich seitdem bei unseren bislang so netten Gastgebern. Vielleicht verständlich, denn aus der fernen Hauptstadt kommt so ein hoher Dienstgrad auch nicht alle Tage. Was aber wollte oder sollte dieser »Hohe Herr«?

Nach Einbruch der Dunkelheit begann das undurchsichtige Geschehen Konturen zu bekommen. Abweichend von den bislang üblichen Gepflogenheiten wurde der Ton barsch und streng militärisch. Einzeln holten je zwei Soldaten unter Gewehr mit aufgepflanztem Bajonett die U-Boot-Männer zur Vernehmung. Danach durften sie mit keinem, der noch nicht vernommen war, Kontakt aufnehmen.

Kurz vor Mitternacht war ich als Letzter an der Reihe. In einem dunklen Raum erkannte ich nur einen Tisch, dahinter jener Hohe Herr aus Ankara, rechts und links von mir postierten sich die Bajonettträger. Eine Öllampe verbreitete trübes Licht. Der Vernehmende sprach ausgezeichnet Deutsch. Später hörte ich, er habe es während eines dreizehnsemestrigen Studiums in Heidelberg gelernt.

Ibrahim Erdaş, das war sein bürgerlicher Name, kam mit dem Auftrag des Großen Generalstabes in Ankara, aus den ungebetenen Gästen alles an Informationen herauszuholen, was nur möglich war. Neben den durch die Genfer Konvention gedeckten Erkenntniswünschen der Gewahrsamsmacht, wie Name, Dienstgrad, Stammrollennummer und dergleichen, sollte vor allem in Erfahrung gebracht werden, wo die U-Boote denn abgeblieben waren. Man hatte inzwischen drei Besatzungen aufgelesen, also mußte es auch drei U-Boote gegeben haben.

Ibrahim Erdaş ging energisch und in diesem Punkt sogar drohend zu Werke. Als ich seine Forderung nach einer genauen Beschreibung der Versenkungsstelle und des Platzes unserer Landung immer wieder unter Hinweis auf meine Schweigepflicht zurückwies, packte ihn die Ungeduld und verführte ihn zu der Drohung, mich erschießen zu lassen, wenn ich nicht endlich seine Fragen wahrheitsgemäß beantworten würde. Ungemütlich kam mir das schon vor in diesem kahlen, dunklen Raum und mit türkischen Gebräuchen in solchen Fragen nicht vertraut. Aber da gab es keine Kompromisse. Meiner Besatzung hatte ich auferlegt, gerade dazu keine Angaben zu machen, also konnte ich jetzt nicht klein beigeben aus Furcht vor solchen Drohungen. Mit durch die Situation beflügelter Arroganz erklärte ich schließlich, und für mich auch abschließend, ein deutscher U-Boot-Kommandant wäre unter keinen Umständen für einen Verrat an seinem Vaterland zu gewinnen. Das war's dann auch. Das Verhör war beendet und die alte, natürliche Höflichkeit der Waffenbrüder von einst kam wieder. Yarbay Ibrahim Erdaş erhob sich hinter seinem Tisch, musterte mich ein wenig verwundert, und dann salutierten wir gleichzeitig. Wortlos verließ ich das Verhörzimmer. Die beiden Soldaten unter Gewehr begleiteten mich zu unserem Zelt. Als ich mich noch einmal zu ihnen umdrehte, nahmen sie Haltung an, machten eine vorschriftsmäßige Kehrtwendung und verschwanden in der Dunkelheit.

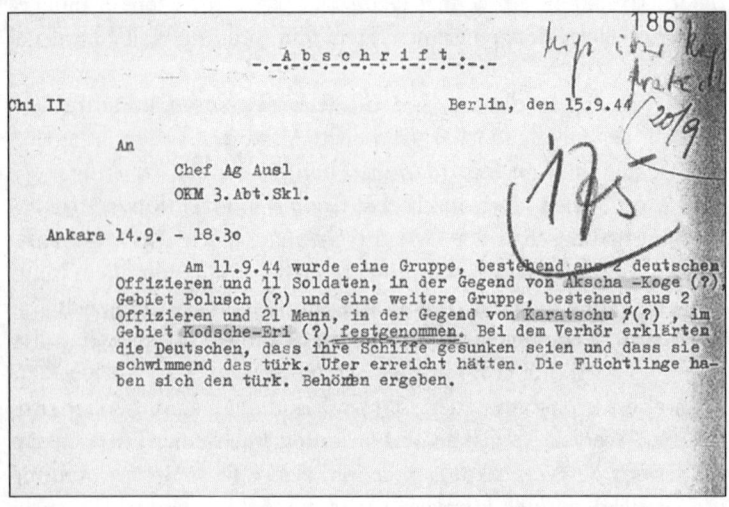

Der 15. September 1944 war für unseren Weitertransport vorgesehen. Während der kurzen Abmarschvorbereitungen tauschten wir unsere bei dem Verhör am Vorabend gewonnenen Eindrücke

aus. Dabei bestätigte sich die Vermutung, die türkischen Behörden seien vor allem anderen an den Versenkungsstellen der U-Boote interessiert.

Während der Fahrt nach Kandira saß ich mit Ibrahim Erdaş in einem Kübelwagen der türkischen Armee. Unser Gespräch drehte sich um die Lage Deutschlands nach dem Zusammenbruch der Front in Rumänien und Bulgarien. Er machte aus seinen Befürchtungen kein Hehl, Deutschland habe diesen Krieg bereits militärisch verloren. An diesem Tag war ich noch nicht bereit, das zuzugeben. Die amtliche Durchhaltepropaganda und das Versprechen auf den baldigen, kriegsentscheidenden Einsatz der »Wunderwaffen« beherrschten noch meine Hoffnung auf einen »Endsieg«. Das war nichts anderes als der Strohhalm, an den sich ein Ertrinkender klammert, denn die Auswirkungen und praktischen Folgen einer totalen Niederlage mochte ich mir einfach nicht vorstellen. Damals noch nichts von den Untaten und Verbrechen der »NAZIS« wissend, war ich fest davon überzeugt, einer gerechten Sache gedient zu haben. Deutschlands Niederlage hätte gleichzeitig den Einsturz jener Ideale bedeutet, mit denen ich aufgewachsen war. Nein – das durfte nicht sein, ergo konnte es auch nicht sein.

Meine Antworten müssen dem Yarbay unverständlich, vielleicht auch albern vorgekommen sein, aber er ließ mich das nicht merken, sondern wechselte klug das Thema. Wieder begann er nach dem Verbleib des Bootes zu fragen. Eine für ihn befriedigende Antwort machte er mir mit den Hinweis schmackhaft, ich hätte der Türkei das Boot doch verkaufen können. Und er nannte sogar einen Preis: 32 Millionen türkische Lira hätte man mir bezahlt. Für den Rest meines Lebens hätte ich damit ausgesorgt. Ein solches Kuhhandelangebot aus dem Munde eines Stabsoffiziers lag gänzlich außerhalb meines Vorstellungsvermögens. Ein U-Boot-Kommandant verkauft sein Boot noch im Kriege an eine neutrale Macht! Ich verstand die Türken nicht! Das brauchte noch geraume Zeit, und erst Monate später erfuhren wir die ganze Geschichte um den Verbleib der drei letzten Schwarzmeer-U-Boote.

Nach einem glimpflich verlaufenen Unfall, bei dem einer der

kleineren Geländewagen unseres Konvois nach links von der Trasse abgekommen und umgestürzt war, erreichten wir in den Mittagsstunden die Stadt Kandira. Sie liegt vielleicht 20 Kilometer östlich von Ağva und noch weit im Norden der Kocaeli-Halbinsel, gar nicht weit von der Küste des Schwarzen Meeres entfernt. Hier biegt die Straße in Richtung Süden nach Izmit ab, und dieser Umweg mußte wohl sein, weil es andere Straßenverbindungen nicht gab.

Im Garten eines Lazaretts wurden wir verpflegt. Ohne langen Aufenthalt nahmen wir die Straße nach Süden, so daß Izmit, ganz im Osten des nach ihr benannten Golfes gelegen, gegen 18.00 Uhr passiert werden konnte. Wenig später und noch bei Tageslicht erreichten wir das Reiseziel dieses Tages: ein Zeltlager im Gelände einer Artillerie-Abteilung in der Nähe der östlich von Izmit liegenden Stadt Sapanya. Die Zelte standen unter herrlichen Eßkastanienbäumen mit weit ausladenden und entsprechend schattenspendenden Kronen. Der Sapanya-See lag einladend zu unseren Füßen – ein idealer Platz!

Das Zeltlager bestand aus drei Zelten. Zwei davon runde Spitzzelte, sie waren für die Offiziere bestimmt. Das dritte flach und langgestreckt für Unteroffiziere und Mannschaften. Rasch hatte sich alles sortiert, und das wenige Gepäck war in den Zelten verschwunden. Der I WO ließ die Besatzung antreten und machte mir Meldung. Sehr proper sahen wir in unseren U-Boot-Päckchen zwar nicht aus, aber militärische Formen waren noch nicht in Vergessenheit geraten, und angesichts der inzwischen versammelten türkischen Offiziere gab sich jeder Mühe, dem traditionell guten Ansehen deutscher Soldaten in diesem Land gerecht zu werden.

Bei wem ich nun meine Besatzung anzumelden hatte war unschwer festzustellen. Der untersetzte, drahtige Major mit den glänzenden Reitstiefeln stand deutlich vor der Phalanx seiner Offiziere. Ihm machte ich nach Blickwendung der angetretenen Formation Meldung, wobei ich mich des international üblichen militärischen Grußes bediente.

Der Empfang war freundlich; nach dem formellen Gruß streckte der Major mir seine Hand entgegen und hieß uns in seinem Bereich willkommen. Alsbald nachdem die Männer weggetreten waren, erschienen türkische Soldaten mit der uns zugedachten Abendbeköstigung. Zwei von ihnen schleppten einen großen Kübel mit dampfender Suppe vor das langgestreckte Zelt, zwei andere deckten die Tische vor den Offizierszelten mit weißen Tischtüchern und Besteck, das ganz gewiß aus der Offiziersmesse stammte. Danach folgten alle Köstlichkeiten, die sich ein hungriger Seemann nur wünschen konnte. Die Sache hatte nur einen rasch deutlich werdenden Haken: Hier gab es zweierlei Verpflegung. Daran waren wir nicht gewöhnt, und ich hielt es für selbstverständlich, davon nicht abzuweichen. Die Frage war nun, wie macht man das unseren freundlichen Gastgebern klar, ohne sie zu kränken? Mir fiel dazu nichts Erlösendes ein, und so bat ich den Herrn Major, doch bitte für die Offiziere die gleiche Verpflegung auszugeben wie für Mannschaften und Unteroffiziere. Warum das so sein sollte, erklärte ich ihm über unseren tüchtigen Dolmetscher. Er schien betroffen und verletzt durch dieses Ansinnen, jedenfalls erteilte er umgehend Befehle an seine Mannen, und schneller als aufgetragen war alles wieder verschwunden – auch der Suppenkessel.

Der Major und seine Offiziere verließen eiligst unseren Zeltplatz, und mir blieb die Befürchtung, man habe die Abendmahlzeit für uns nun gestrichen.

Inzwischen war die Dunkelheit hereingebrochen, und wir begannen uns klarzumachen für die Nacht. Mehr als eine Stunde war seit diesem Zwischenfall verstrichen, als unversehens Unruhe vor den Zelten entstand. Man hörte Geschirrklappern und all die anderen Geräusche, die wohl in allen Armeen der Welt mit »Bakken und Banken« verbunden sind. Wir trauten unseren Augen nicht: Da kam Offiziersverpflegung für die gesamte Besatzung! Bei Kerzenlicht haben wir uns drüber hergemacht, mir war ein großer Stein vom Herzen gefallen, und die Welt schien wieder in Ordnung.

Für diese noble Geste konnte ich dem Major erst am folgenden

Morgen danken, als er einen Besuch in unserem Lager abstattete. Wie nobel diese Geste wirklich war, habe ich in dem Moment noch gar nicht gewußt. Das war natürlich nicht nur eine Verwaltungsanordnung des Abteilungskommandeurs, sondern alle Offiziere der Einheit haben das aus eigenen Mitteln finanziert – und wir haben das erst erfahren, als wir schon im Lager Beyşehir waren.

Jedenfalls freute sich der Major sichtlich über meine Freude an dieser Entwicklung der Dinge, und gutgelaunt lud er mich zu einer Partie Schach ein. Brett und Figuren hielt ein Adlatus schon bereit, und vor meinem Zelt standen ein Klapptisch und zwei recht bequeme Feldstühle. Bald saßen wir im Morgensonnenschein über dem königlichen Spiel. Der Ehrgeiz zu gewinnen war auf beiden Seiten sicher gleich stark ausgeprägt, aber mir stand ein bißchen mehr Glück zu Gebote. Er war ein guter Verlierer, aber Revanche sollte schon sein! Natürlich, also morgen dann zur gleichen Zeit. So wurde ein Ritual daraus, bis wir Sapanya verlassen mußten – und er hat nie gewonnen.

Dieser 16. September war ein guter Tag für die Besatzung von U 23. Nicht nur, daß unsere Verpflegung sich seit gestern abend durchaus mit dem hohen Standard der U-Boot-Verpflegung messen konnte, sondern wir konnten am Vormittag die erste Bekanntschaft mit einem türkischen Hamam, diesem so außerordentlich wohltuenden Dampfbad, machen und durften am Nachmittag im Sapanya-See schwimmen. Was Wunder, daß man am Abend um ein Lagerfeuer saß und die gewohnten Lieder und Shanties in den türkischen Nachthimmel klingen ließ.

Die Besatzung hatte sich auch in ihrem Verständnis der neuen Lage innerlich wieder gefestigt. Die offen geäußerte Meinung eines der Offiziere, mit unserer Internierung sei jede Art Vorgesetztenverhältnis erloschen, hatte ich sehr energisch korrigiert, und danach war das bis zu unserer Heimkehr in die Heimat fast zwei Jahre später kein Thema mehr.

Die Stunde des Abschieds von Sapanya und unseren türkischen Freunden der gastgebenden Artillerie-Abteilung kam schneller, als wir es gewünscht hätten, denn wo und bei wem sollte es für uns angenehmer sein, als hier unter schattigen Bäumen über einem blauen See, kameradschaftlich betreut und großzügigst versorgt von Menschen, deren offene Zuneigung vorbehaltlos zu erwidern zu einer herzerfrischenden Selbstverständlichkeit geworden war?

Die Besatzung von U 23 war noch einmal angetreten. Diesmal auf dem Bahnsteig. Es war der 18. September 1944, kurz vor ein Uhr mittags. Der Zug von Istanbul nach Eskişehir war bereits eingelaufen, Abfahrt 13.00 Uhr. Dem freundlichen Major, meinem herausfordernden Schachpartner, dankte ich für die uns entgegengebrachte Gastfreundschaft und meldete die Besatzung von U 23 ab. Ein dreifaches »Hurra« war die kürzeste und zugleich lautstärkste Möglichkeit, unseren Gefühlen Ausdruck zu geben.

In dem wartenden Zug war ein Waggon für uns reserviert. Nach dem Einsteigen hatten wir die Fenster zum Bahnsteig geöffnet, um winkend Abschied nehmen zu können. Noch waren wenige Minuten Zeit, und die nutzten die auf dem Bahnsteig versammelten Offiziere zu einer neuen Überraschung für uns: Jeder bekam, durch die Fenster hereingereicht, ein Körbchen mit diesen herrlichen, fast pflaumengroßen Weintrauben und eine Schachtel Zigaretten als Reiseproviant. Wir waren sprachlos, mußten es auch sein, denn der Zug setzte sich pünktlich in Bewegung. »teşekürederim« konnten wir noch rufen, man wird es aber nicht mehr gehört haben. Diesmal wußten wir, daß es ganz persönliche Geschenke der wenigen Offiziere waren, und wir wußten auch, daß es bei ihrem geringen Sold nicht leicht gewesen sein konnte, 29 Männer zu beschenken.

Çok teşekürederim, arkadaşlar! (Vielen Dank, Kameraden!)

Die nächste Station bringt eine weitere Überraschung: Die Besatzungen von U 19 und U 20 stoßen zu uns. Das gab lautstarke Begrüßungen und echte Wiedersehensfreude. Die war allerdings ein wenig eingeschränkt, denn es fehlte OLt.z.S. Hubert Verpoorten und das Sprengkommando von U 19.

Drei Wochen galt dieser Trupp von zwei Offizieren, zwei Unteroffizieren und zwei Mannschaftsdienstgraden als verschollen, jedenfalls für uns. Eines Abends tauchten sie wohlbehalten in Beyşehir auf, und wir erfuhren, daß sie mit U 19 noch weitere 24 Stunden zur See gefahren waren. Erst am späten Abend des 11. September 1944, gegen 23.15 Uhr, sank U 19 vor der kleinen Ortschaft Kelimle, ostwärts von Zonğuldag (siehe hierzu Bericht des letzten Kommandanten als Anlage 18).

Wir waren alle erleichtert in der Gewißheit, beim Gang in die Internierung keinen Mann verloren zu haben.

In Adapazari waren die beiden anderen Besatzungen zu uns gestoßen. Die Fahrt führte über Eskişehir nach Konya. Es wurde eine lange Fahrt. Sie dauerte bis zum Mittag des 19. September 1944. Keiner hat in dieser Zeit geschlafen. Zuviel gab es zu erzählen und während der Tagesstunden an Unbekanntem zu sehen. Essen und Trinken gab es reichlich, selbst an Raki fehlte es nicht. Unsere Begleitoffiziere hatten dieses typisch landesübliche Getränk in mehr als ausreichender Menge für uns besorgt.

Je weiter wir nach Anatolien hineinkamen, desto mehr veränderte sich die Landschaft. Aus den grünen Hügeln um Sapanya war nach und nach eine Mondlandschaft geworden. Kahle Berge, spärlich bewachsen mit jetzt im September verdorrtem Gras, hier und da ein blattloser Strauch. Stunde um Stunde zog diese wenig einladende Szenerie an den Fenstern des gemächlich dahinratternden Zuges vorbei.

Etwas beklommen begannen wir – jeder still für sich – den Versuch uns vorzustellen, wo man uns denn wohl hinbringen würde und wie es denn dort wohl aussehen mochte. Als es am 19. September 1944 wieder hell geworden war, hatte sich draußen kaum etwas verändert. Nur wenige Dörfer konnte man von der Bahn aus sehen. Die Minarette ihrer Moscheen ließen keinen Zweifel aufkommen: Wir fuhren durch das Herzland eines muslimischen Staates. Das alles wirkte fremd und machte ein wenig beklommen, gleichzeitig ging davon aber auch die Faszination des Unbekannten aus – und von den Menschen war uns bereits anrührende Gastfreundschaft entgegengebracht worden. Man durfte also unverzagt und guten Mutes sein.

Um die Mittagsstunde erreichten wir Konya, eine große Stadt mit vielen, meist flachen Häusern, überragt von den Kuppeln prächtiger Moscheen mit hoch in den Himmel sich streckenden Minaretten.

Viel Zeit zum Bestaunen solcher Pracht gab es nicht. Ein türkischer Major empfing uns im Auftrag des Stadtkommandanten. Nach dieser nur wenig Zeit beanspruchenden militärischen Förmlichkeit galt es, Vorbereitungen für den auf 15.00 Uhr angesetzten Weitertransport an unseren Bestimmungsort zu treffen. Beyşehir hieß das Ziel, und es lag hinter einer Paßhöhe. 90 Kilometer waren noch zurückzulegen. Drei Militärlastwagen nahmen die drei U-Boot-Besatzungen und ihr spärliches Gepäck auf. Pünktlich verließ die Kolonne den Bahnhofsvorplatz. Alsbald nach Verlassen der Stadt gewann der Staub der Straße die Oberhand, worunter die Insassen der LKWs Nummer 2 und 3 zu leiden hatten. Die Straße war halt nur eine Sandpiste, und die war, jedenfalls für die ersten zweieinhalb Stunden, knochentrocken.

Das änderte sich ziemlich übergangslos gegen 17.30 Uhr, zu einer Zeit, da die Lastwagen sich zur Paßhöhe hinauf mühten. In Höhen zwischen 1200 und 1400 Meter war es nach Sonnenuntergang empfindlich kalt geworden, und zu allem Überfluß goß es jetzt in Strömen. Um das Maß voll zu machen, blieb auch noch einer der LKWs mit einer Panne liegen.

Die beiden von Pannen verschont gebliebenen Lastwagen hielten gegen 19.00 Uhr in Beyşehir vor dem Merkez-Hotel. Der Oberschütze Jäger, Dolmetscher des Offizierslagers, wie er uns mitteilt, bittet uns nicht auszusteigen, sondern unverzüglich zum Mannschaftslager weiterzufahren. Das lag am Ortsrand auf einem Hügel und war nur wenige Minuten vom Zentrum entfernt.

Schon während der Bahnfahrt hatten wir etwas über das Lager gehört. Es sollte gut eingerichtet und schon mit etwa 160 deutschen Soldaten belegt sein. Die kamen, mit Ausnahme einer kleinen Gruppe von Deserteuren von der Krim, aus dem Demotika-

*Beyşehir 1944, Mannschaftslager*

Gebiet, der Schutzzone zwischen Bulgarien und der Türkei. Um nicht in die Hände von Partisanen zu fallen, mußten sie nach dem Abfall Bulgariens auf türkisches Gebiet übertreten. Es waren ja schließlich auch keine Kampftruppen, die sich hätten gegen gut bewaffnete Partisanenverbände über den Balkan durchschlagen können. Nein, das hier waren Landesschützen, Zöllner und Reste einer Einheit der Geheimen Feldpolizei, dazu noch einige sogenannte Hilfswillige.

Der erste Eindruck von dem soviel gerühmten Internierungslager war bedrückend, und das lag nicht nur an dem unfreundlichen Wetter. Während unsere Besatzungen abstiegen, das Gepäck abluden und dann bootsweise zur Meldung an den Lagerkommandanten antraten, umringten sie die Wehrmachtsangehörigen, die schon einige Wochen hier lebten. An den Bekleidungsfragmenten, mit denen sich jeder so gut oder so schlecht es eben ging gegen die schon spürbare Herbstkälte zu schützen versuchte, wurde erkennbar, daß sie bei der Flucht über den Grenzfluß Maritza buchstäblich nur das nackte Leben gerettet hatten, sehr viele nicht einmal das, aber davon erfuhren wir erst später. Die militärische Disziplin war dabei offenbar auch auf der Strecke geblieben. Wir beiden Kommandanten hatten einige Mühe, wenigstens für die Meldung einen angemessenen Raum zwischen den Buntgewürfelten und unseren Soldaten zu schaffen.

Eine gute halbe Stunde wird vergeblich nach dem Lagerkommandanten, einem zuständigen Vertreter oder einem deutschen Lagerältesten gefahndet – ohne Erfolg. Bayram, sagt unser Dolmetscher schließlich, und da wird man wohl keinen türkischen Offizier um diese Zeit zu Gesicht bekommen. Uns kam das befremdlich vor, damals jedenfalls. In der Zeit des Wartens wurden wir Zeugen eines Schauspiels, das wir gleichfalls nicht für möglich gehalten hätten: Irgendwo ertönten ein paar Gongschläge, woraufhin die Buntgewürfelten zur »Kombüse« eilen, sich eine Schüssel mit Suppe füllen lassen, um sich sodann einen Platz auf einem Mauerrest oder einfach auf dem Boden zu suchen. Abendessen mußte das wohl sein. Kein Speiseraum, kein Tisch, kein Stuhl. Was hatte man uns da bloß über dieses Lager erzählt?

Es kümmerte sich keiner um uns, also kümmerten wir uns um uns selbst. Im oberen Stockwerk des für die Marine vorgesehenen Gebäudes finden wir dicht bei dicht Kojen, leider weder Tische noch Stühle, aber immerhin Strohsäcke und Decken. Die Plätze werden so verteilt, daß die Besatzungen zusammenbleiben. Das Kommando erhält der jeweils älteste Portepeeunteroffizier, Raumältester wird der dienstälteste Oberfeldwebel, Obermaschinist Stober von U 23.

Die beiden Bootsköche werden dem Küchenpersonal beigegeben, in etwa einer Stunde soll auch für unsere Soldaten eine Abendmahlzeit fertig sein. Kommandant U 20, OLt.z.S. Karl Grafen, und ich machen einen Rundgang durch das Lager. In der Kombüse müssen wir wieder nachdrücklich an soldatische Gepflogenheiten und übliche Disziplin erinnern. Karl Grafen, selbst aus der Unteroffizierslaufbahn aufgestiegen, hat da ganz klare Vorstellungen, die er energisch zur Geltung bringt. Er ist der dienstälteste von uns Kommandanten, hat also eine besondere Rolle und Verantwortung. Die nimmt er wahr, und das spricht sich im Lager blitzschnell herum.

Etwas später, bei einem Besuch in der »Kantine«, wo wir im zwanglosen Gespräch mit den Buntgewürfelten etwas mehr über die hiesigen Verhältnisse erfahren wollen, gab es nur noch einen, der uns im Wiener Dialekt darüber belehren wollte, in der Internierung sei jegliches Vorgesetztenverhältnis erloschen, und Offiziere hätten schon gleich gar nichts mehr zu sagen. Der war nun bei Karl Grafen an die falsche Adresse geraten, und ehe er sich's versah, war aus dem »Herrn« R. wieder der Unteroffizier R. geworden – und das blieb er auch bis zur Entlassung in seine Heimat.

Dieser Kantinenbesuch gab rasch Aufschluß über die Hintergründe des negativen Bildes, das wir bei unserem Eintreffen von den Buntgewürfelten gewonnen hatten. Keiner von ihren Vorgesetzten hatte sich in all den Wochen hier um sie gekümmert, und deswegen waren sie ihrerseits zunächst fassungslos über das geordnete Auftreten der U-Boot-Besatzungen unter Führung ihrer Kommandanten. Immer offener führten sie Klage über ihre Offiziere, die sie schon beim Übergang über die Maritza im Stich gelassen hätten und nun unten im Hotel säßen und sich wieder nicht um sie kümmerten.

Der dritte LKW fehlte noch, als wir soweit alles geregelt hatten, was im Moment durch uns zu regeln war. Wir verließen also das Lager und gingen in das uns zugewiesene Merkez-Hotel. Den deutschen Lagerältesten, Major Lorz, bekamen wir nicht mehr zu Gesicht. Er hatte sich bereits zur Ruhe begeben. Das taten wir schließlich auch, nachdem ich die Nachzügler im Mannschaftslager eingewiesen hatte.

Die Meldung beim türkischen Lagerkommandanten war für 9.30 Uhr am nächsten Morgen vorgesehen. Der Posten vor unserem Hotel hatte das wohl nicht mitbekommen und wollte uns am Verlassen des Hauses hindern, gab das aber rasch auf, und wir U-Boot-Offiziere marschierten in Begleitung des Dolmetschers Jäger hinauf ins Lager. Zuerst erfolgte die namentliche Vorstellung der Neuzugänge durch Karl Grafen beim Sicherheitsoffizier. Die Begrüßung durch ihn war freundlich, die Verlesung von Auszügen aus der Lagervorschrift nützlich. Grafen benutzte die Gelegenheit, auf die gröbsten Mißstände im Lager hinzuweisen. An den Reaktionen war zu merken, daß hiermit Neuland betreten worden war – das hatte es noch nicht gegeben!

Und dann erschien Binbaşı Naçi Erda, unser Lagerkommandant. Durch den Dolmetscher erteilte er Befehl, sofort in unsere Unterkunft zurückzukehren. Er würde uns im Laufe des Nachmittags dort mit seinem Besuch beehren. Soviel der Ehre mochten wir denn doch nicht annehmen, und so bestand Grafen auf Anmeldung und Vorstellung der Neuzugänge, bei welcher Gelegenheit er auch gleich einige Bitten hinsichtlich der Zustände im Mannschaftslager vorbringen wolle.

Und siehe da, wir wurden empfangen und das mit großer Liebenswürdigkeit. Der Binbaşı hieß uns willkommen und gab der Hoffnung Ausdruck, daß wir uns während der Dauer unseres Aufenthaltes in der Türkei wohl fühlen mögen. Er sei zu jeder Zeit für uns da und wolle alles tun, unsere Lage so angenehm wie möglich zu gestalten. Sollten wir Wünsche haben, so sollten wir sie vortragen.

Grafen tat das nach gebührendem Dank für den freundlichen Empfang. Alle unsere Wünsche bezogen sich auf die Besserung der Zustände im Mannschaftslager. Sie wurden sorgfaltig notiert, und Binbaşı Naçi Erda sagte zu, sich alsbald damit zu befassen. Weiteres würden wir hören.

Im Hotel berichtet Grafen von dem Gespräch mit dem Lagerkommandanten, aber Major Lorz will sich als Dienstältester nicht in die Pflicht nehmen lassen. Die Bezeichnung »Deutscher Lagerältester« lehnt er solange kategorisch ab, wie ihm kein Dienstzimmer im Stabsgebäude zur Verfügung gestellt werde. Das hat er nie bekommen.

Auswärtiges Amt — Berlin, den 11. November 1944
Ħ 16 378
Auf das Schreiben vom 24. Oktober 1944
- B.Nr. 1 Skl.I ia 37 827/44 -
Betr.: Militärinternierte in der Türkei

O. K. M.
Eing. 13 NOV 1944
198

Nach einem hier eingegangenen Bericht der Schutzmacht in Ankara befinden sich nach Angabe des Türkischen Außenministeriums in der Türkei insgesamt 255 deutsche Militärinternierte, davon 27 Offiziere, 214 Unteroffiziere und Mannschaften sowie 14 Seeleute und Zollbeamte. Die Schutzmacht ist um Angabe der Namen der Militärinternierten gebeten worden.

Im Auftrag
gez. Theiß

An
das Oberkommando der Kriegsmarine
das Oberkommando der Wehrmacht
- WFST -
zu Händen von Herrn Oberst Oxé
den Chef der Sicherheitspolizei und des SD
- Generalgrenzinspekteur - Inspekteur des Zollgrenzschutzes -
Berlin-Steglitz
Wrangel-Str. 6-7 — - je besonders -

Beglaub'

15 NOV. 1944

Binbaşi Naçi Erda kam am folgenden Tag tatsächlich zu uns ins Hotel. Mit einiger Überraschung notierten wir seinen offen ausgesprochenen Unmut über unser gestriges Auftreten. Das sei eine Art Überfall gewesen. Es stünde uns jungen Offizieren nicht zu, ihn, einen Major mit hohem Dienstalter, zu belehren. Wir sollten uns ein Beispiel nehmen an den älteren Kameraden, die alles schön in Ruhe abwarten. An die Adresse dieser älteren Herren richtete er die Aufforderung, auf uns entsprechenden Einfluß zu nehmen.

Hier waren zwei Mentalitäten aufeinander gestoßen, die einen gemeinsamen Nenner in diesen ersten Stunden unseres Aufenthaltes unter der Verantwortung von Binbaşi Naçi Erda noch nicht hatten finden können.

Schon einen Tag später kam Grafen jedoch von einem abermaligen Besuch beim Lagerkommandanten mit dem klaren Eindruck zurück, mit diesem türkischen Offizier hätten wir einen verständnisvollen und tatkräftigen väterlichen Gönner.

Im Verlauf unseres fast zwei Jahre währenden Aufenthaltes in der Türkei hat sich dieser Eindruck voll und ganz bestätigt.

## II. Beyşehir

Es war immerhin das erste Haus am Platze, dieses »Merkez-Hotel«, das man den internierten deutschen Offizieren als Unterkunft angewiesen hatte. Genaugenommen war es eine Karawanserei und entsprechend eingerichtet. Im Erdgeschoß fand man Hassans Speiselokal, das wir respektlos »Giftküche« nannten, und Alis Kaffeehaus. Die Unterkünfte lagen im Obergeschoß, mit Fenstern zum Marktplatz. Die Türen unserer Stuben führten auf einen langen, überdachten Balkon. Der bot Überblick über den Innenhof, in dem sich das Karawanenleben abspielte, und das kam doch mit schöner Regelmäßigkeit vor, nämlich immer dann, wenn aus fernen Dörfern des inneren Anatoliens Güter aller Art auf Kamel- und Eselsrücken in den Marktflecken Beyşehir transportiert wurden.

Für uns gab es viel Neues und ganz Fremdes zu sehen und zu hören. Da waren die abenteuerlich anmutenden Gestalten der Männer, die die Karawane hierher gebracht hatten. Wir bestaunten, wie sie sich um ihre Waren und die Tragtiere kümmerten, wie sie sich auf die vorgeschriebenen Gebete vorbereiteten, zu denen der Muezzin fünfmal am Tage rief, und nicht zuletzt faszinierte uns der Stolz dieser Männer. Alle trugen eine Waffe, wohl nicht primär um sie zu gebrauchen, sondern als Zeichen ihrer Manneswürde. Und wenn Markttag war in Beyşehir, dann konnten wir auch die feurigen Pferde bestaunen, die wohl der besondere Stolz ihrer Besitzer waren. Was hatten die doch für buntes und prächtiges Zaumzeug, und wie tänzelten sie mit wehender Mähne und schlagendem Schweif aufgeregt und sich offenbar des Eindrucks bewußt, den ihr Reiter mit ihnen zu machen beabsichtigte!

Fürwahr! Bunte Bilder, und man konnte nicht umhin, sich in die Welt in der Nähe von Tausendundeiner Nacht versetzt zu wähnen. Nur die Frauen spielten in der Öffentlichkeit keine Rolle, jedenfalls keine besonders auffallende. O doch! Einmal wenigstens war ihre Rolle in der Zeit in Beyşehir im wahrsten Sinne des Wortes »auffallend«. Das war an so einem Tag, an dem die Bauern eines Bergdorfes in die Stadt kamen. Die Männer tätigten ihre Geschäfte, saßen im Kaffee, spielten Tawla, rauchten ihre Nargile – die berühmte Wasserpfeife – und führten gestenreiche Diskussionen, während die Frauen ihren ihnen vorbehaltenen Badetag in dem unserem Hotel schräg gegenüberliegenden Haman, dem türkischen Bad, hatten.

Mitten hinein in unsere Vormittagsbeschäftigung aus einer breiten Palette zwischen Schachspiel, Lesen und Lernen stießen schrille Schreie von der Straße, und das war so ungewöhnlich, daß es uns an die Fenster trieb. Was sich unseren erstaunten Blicken bot, war umwerfend! Da stand die große Tür zum Haman sperrangelweit offen, eine Gruppe von Frauen war auf die Straße gestürzt und lag sich, heftig ringend, in den Haaren. Sehr handfest wurde da ein Streit ausgetragen, und der Anlaß muß von solcher Bedeutung gewesen sein, daß die Streitbaren völlig vergessen hatten, sich für die Öffentlichkeit angemessen und landesüblich zu bekleiden.

Den unten in Alis Kaffee sitzenden Männern mag das ebenfalls ein Schock gewesen sein, jedenfalls reagierten sie spontan und sehr energisch! Im Handumdrehen hatten sie die Lage unter Kontrolle, und der Spuk war hinter der laut zuschlagenden Tür zum Haman verschwunden. Solche Abweichungen von den strengen Sitten und Gebräuchen unseres Gastlandes gab es nie wieder.

Beyşehir liegt fast in der geographischen Mitte der Türkei und am Rande der anatolischen Wüste. Dort waren die Modernisierungsbemühungen des großen Kemal Atatürk, der Fez und Schleier verboten hatte, noch nicht voll durchgeschlagen oder im ständi-

258

gen Machtkampf mit den konservativen islamischen Kräften wieder zurückgedrängt worden. Nur sehr selten sah man unverschleierte Frauen in moderner europäischer Kleidung.

Für uns galt es zunächst, uns in unserer neuen Bleibe häuslich einzurichten. Was wir vorfanden in unseren Stuben war das Landesübliche: Zwei Holzböcke und einige Bretter bildeten die Betten. Matratzen gab es auch, aber die waren voller Wanzen, mit denen wir einen langen und eigentlich nie ganz endenden Kampf zu bestehen hatten. Die Lötlampe erwies sich als schärfste Waffe.

Tische und Stühle wurden nach geraumer Zeit im Mannschaftslager angefertigt, und Kommoden und Spinde fertigten wir aus Apfelsinenkisten. Man hatte uns auch zwei junge Burschen als »Aufklärer« zugeteilt, Mustafa und Ibrahim. Sie besorgten uns, was wir an Pappe, Klebstoff und Nägeln dringend brauchten. Es dauerte gar nicht sehr lange, dann waren die Marinestuben zu Vorzeigestücken bei den verschiedensten Besuchen von außerhalb geworden.

Zu den Schmuckstücken gehörte die Seeflagge von U 23, bald kamen auch einige ausgeschnittene Bilder dazu, und unter der Flagge stand später eine von unseren Apfelsinenkistenkommoden, verschönt durch eine bunte Decke und darauf das Holzmodell eines deutschen U-Bootes. Dieses Arrangement nannten wir den »Hausaltar«, und kein Besucher konnte daran zweifeln, hier bei U-Boot-Männern zu Gast zu sein.

Noch vor Weihnachten des Jahres 1944 hatten wir einen Gast besonderer Art. Vom Dienstgrad her war er Oberleutnant der türkischen Marine. Er nannte sich San-Effendi, ein Name, der mit dem auf seinem Taufschein vermutlich nicht viel Gemeinsames hatte. Ein netter und sehr sympathischer Bursche. Sein Auftreten und Verhalten war eher unaufdringlich, und wir brauchten einige Zeit herauszufinden, was er eigentlich von uns U-Boot-Kommandanten wollte. Lange saßen wir mit San-Effendi abends beim funzeligen Schein unserer Petroleumlampe zusammen. Gesprochen wurde über dieses und jenes, unter anderem auch über die mir schon an anderer Stelle gestellte Frage, warum wir denn unsere U-Boote versenkt hätten, statt mit ihnen – natürlich eine weiße Flag-

*Vor der Weihnachtsfeier in Beyşehir 1944 Marinestube*

ge am Sehrohr – in Istanbul einzulaufen. Man hatte in Ankara fest damit gerechnet und war sehr enttäuscht, nun zwar die Besatzungen im Lande, nicht aber die drei U-Boote zu haben. Nach und nach schälte sich heraus, was der Hintergrund uns so abwegig erscheinender Hoffnungen gewesen war.

Bevor wir am 8. September 1944 vom BdU den Befehl erhielten, nach Aufbrauch der Kampfkraft die Besatzungen auszuschiffen und die Boote vor der türkischen Küste zu versenken, hatte es Verhandlungen mit der türkischen Regierung über Boote und Besatzungen gegeben. Der Türkei war die Überlassung der drei U-Boote gegen die Bedingung der Rückführung der Besatzungen nach Deutschland angeboten worden. Das war unter alliiertem, insbesondere amerikanischem Druck abgelehnt worden in der irrigen Annahme, wir hätten sowieso keine andere Möglichkeit, als mit den Booten in die Internierung zu gehen.

Im Zusammenhang dieser uns damals nicht bekannten Vorgänge wurde dann auch verständlicher, warum uns der Versuch des unbemerkten, getauchten Ausbruchs aus dem Schwarzen Meer durch Bosporus und Dardanellen von Dönitz untersagt wurde mit dem Hinweis auf eine handschriftliche Garantie der Unverletzlichkeit türkischen Hoheitsgebietes durch Hitler an den damaligen türkischen Staatspräsidenten Ismet Inönü beim Beginn des Feldzuges auf dem Balkan (Anlage 12).

Und damit kamen unsere Gespräche mit San-Effendi zum Kern des Pudels, den er seit seinem Eintreffen in Beyşehir mit sich herum trug. Seine Aufgabe war es, uns drei U-Boot-Kommandanten als Ausbilder für die türkische U-Boot-Waffe zu gewinnen, deren weiterer Aufbau durch den Krieg unterbrochen worden war.

Da die Türkei zum Zeitpunkt unserer Gespräche noch neutral war und eher als »freundlich« galt, hatten wir keine großen Probleme, unsere generelle Bereitschaft zu erkennen zu geben. In dem für ihn angenehmen Bewußtsein, seinen Auftrag erfüllt zu haben, reiste San-Effendi wieder nach Ankara. Wir würden wieder von ihm hören – hatte er zum Abschied gesagt.

Das war nicht der Fall, aber wegen der fortschreitenden politischen und der Entwicklung an den Kriegsfronten erledigte sich das von selbst.

Nach der Jalta-Konferenz im Februar 1945 stand die Türkei unter starkem Druck der Anti-Hitler-Koalition, endlich aktiv in den Krieg gegen Deutschland auf seiten der Alliierten einzutreten.

Am 23. Februar faßte die türkische Regierung einen entsprechenden Beschluß, nutzte aber die eingeräumte Bedenkzeit bis zum letzten Tag aus. Die Kriegserklärung der Türkei erfolgte mit Wirkung vom 1. März 1945.

Blick auf das alte Beyşehir, 1944

In Beyşehir merkten wir von all diesen Vorgängen zunächst nichts, außer den Folgerungen, die wir selbst aus den sehr spärlichen Radionachrichten über das Ergebnis der Jalta-Konferenz ziehen konnten.

An unserem Status als »Internierte« änderte sich zunächst auch nichts. Das Leben nahm seinen von uns nicht mehr mitbestimmbaren Lauf, und wir versuchten das Beste daraus zu machen. Die vielen vorhandenen Talente entfalteten sich und wurden im Sinne von »Lernen« und Ergänzung der »Allgemeinbildung« nutzbar gemacht. Besonders wichtig war das Erlernen von Grundkenntnissen der türkischen Sprache, nebenbei aber frischten wir auch unsere Englisch-Schulkenntnisse auf, und da das über ein türkisch-englisches Wörterbuch geschehen mußte, hatten wir sogar einen wertvollen Synergieeffekt Kurzschrift und kaufmännisches Rechnen gab es als regelrechten Kurs und natürlich viele Vorträge aus den speziellen Wissensgebieten der insgesamt 33 Bewohner des »Offizierlagers«.

Spaziergänger
auf der Straße Beyşehir–Konya

Ab dem 8. Oktober 1944 durften wir auch unter Bewachung durch türkische Soldaten regelmäßig spazierengehen. Nur an Sonnabenden gab es keinen Ausgang, der sonst jeden Tag in der Zeit von 15.00 bis 18.00 Uhr genehmigt war. Wir haben das ausgiebig wahrgenommen und später auch regelmäßig Sport betreiben können.

Verbindungen zum Mannschaftslager bestanden und wurden geduldet. Dort waren die äußeren Bedingungen nicht mit unseren zu vergleichen, aber sie waren grundsätzlich auch nicht zu beanstanden. So konnte sich bald eine Gruppe unserer technischen Oberfeldwebel und Unteroffiziere auch über Beyşehir hinaus im Lande bewegen, um nötige Instandsetzungen an Energie- und

Wasserversorgungseinrichtungen vorzunehmen. In Beyşehir gab es ein von Deutschen lange vor dem Krieg errichtetes Hydrokraftwerk, das viele Jahre die Stadt mit elektrischem Strom versorgt hatte.

Ziehbrunnen bei Beyşehir, 1944

Eines Tages war es funktionsuntüchtig geworden, und seitdem bestimmte die gute alte Petroleumlampe wieder die dunklen Stunden. Unsere Techniker hatten den Schaden bald behoben, und fortan gab es in Beyşehir wieder elektrisches Licht. Kein Wunder, daß unsere Gastgeber diesen Soldaten die verdiente Bewunderung nicht vorenthielten.

So etwas hält natürlich nicht ewig und gilt auch nicht für alle. Eines Tages begannen unsere Soldaten, bei uns Klage über das immer schlechter werdende Essen im Mannschaftslager zu führen. Irgend etwas war da nicht mehr so, wie es bislang gewesen war. Von einer Herabsetzung des Verpflegungsgeldes war aus Kreisen der Lagerverwaltung nichts verlautet, und so konnte man keine einleuchtende Erklärung für immer dünner werdende Suppen finden. Wir gaben die Beschwerden unserer Soldaten an den Lagerkommandanten weiter, aber Besserung trat nicht ein.

Da suchten wir Verbindung zum Internationalen Roten Kreuz.

Es dauerte zwar recht lange, aber schließlich hatten wir Erfolg. Eine Delegation kündigte ihr Erscheinen an, und das war für unseren Binbaşi keine gute Nachricht. Er ließ uns wissen, daß er unsere Initiative nicht gutheißen könne, aber zu ändern war nun nichts mehr, die Herren aus Genf würden alsbald dem Lager einen Besuch abstatten (Anlage 17).

Wenig überraschend war die plötzliche Verbesserung der Verpflegung, teilweise sogar über den gewohnten Stand hinaus, aber überraschend war für uns die Reaktion von Binbaşi Naçi Erda. Am Tage vor dem Erscheinen der Kommission befahl er alle Offiziere in den Gemeinschaftsraum unserer Unterkunft zu einer »Besprechung«. Es wurde eine sehr lange Besprechung, was nicht nur daran lag, daß Dolmetscher Jäger Wort für Wort übersetzen mußte, nein, wir hörten einen Monolog, den anzuhören ein wirkliches Vergnügen wurde, zumal er bislang nicht erfahrene Einsichten in die so ganz andere Mentalität unserer Gastgeber vermittelte. Und sprachlich war das obendrein eine Meisterleistung, und dieses Lob verdienten beide – der Märchenerzähler und sein Übersetzer.

Wir hörten die Geschichte von dem Kaimakan in Niğde, einer Provinzstadt weit im Osten des Osmanischen Reiches, als es dieses noch gab. Dieser Kaimakan hatte seinem Sultan im fernen Istanbul 25 Jahre treu als Verwalter dieser Provinz gedient und fühlte nun die Last der Jahre und der Verantwortung immer schmerzlicher auf seinen Schultern. Also beschloß er, seinen Herren um die Aussetzung einer angemessenen Pension und die Versetzung in den Ruhestand zu bitten.

Keiner der in Tausendundeiner Nacht zu Weltruhm gelangten Märchenerzähler hätte es jetzt mit unserem Binbaşi aufnehmen können, als er zu schildern begann, wie nach bestem Pergament für die Petition gesucht und diese schließlich kunstvoll verfaßt wurde. Der zuverlässigste Reiter bekam die Aufgabe, sie auf dem Rücken des schnellsten Pferdes quer durch das große Reich sicher an den Bestimmungsort am Bosporus zu bringen. Allein die Schilderung des Versiegelns der Urkunde in dem Depeschenfutteral, welches der Bote stets auf dem Rücken zu tragen hatte, nahm wenigstens zehn Minuten in Anspruch. Und dann ging es endlich los! Im gestreckten Galopp, 1000 Kilometer durch unwirtliche Gegenden. Was dieser Reiter alles für Abenteuer zu bestehen hatte, ehe er erschöpft, aber glücklich im Vorzimmer des Großwesirs seine Depeschenrolle abliefern durfte, wäre allein ein Märchenbuch wert gewesen. Und dann erst die Abenteuer und Verlockungen in der Metropole! Sechs Wochen – so war er beschieden worden – betrüge seine Wartezeit auf eine Antwort. Blumenreich dargeboten hörten wir vom himmlischen Vorgeschmack eines solchen Urlaubs in Istanbul zur Zeit der Herrschaft eines weisen und gütigen Sultans. Man wünschte sich beim Zuhören, selbst jener reitende Bote gewesen zu sein! Nach Ablauf der Frist erhält er aus der Hand des Großwesirs persönlich die in der Depeschentasche kunstvoll versiegelte Antwort des Sultans für seinen Kaimakan im fernen Niğde. Und wieder geht der wilde Ritt mit unzähligen neuen Abenteuern quer durch das große Reich. Alle Gefahren werden bestanden, und nun kniet er demütig vor seinem Herrn, dem amtsmüden Kaimakan in Niğde. Dieser empfängt in freudiger Erwartung der Erfüllung seiner Bitten die Antwort des Sultans. Selbstverständlich ist die Übergabe der Depeschentasche, das Erbrechen des Siegels und die feierliche Entnahme der Pergamentrolle für unseren Märchenerzähler nicht eine Sache weniger Worte! Zu guter Letzt kommt er aber doch zur Sache, und was liest der erwartungsfrohe Kaimakan im fernen Niğde? »Wofür – mein Lieber – bist du 25 Jahre Kaimakan in Niğde gewesen, daß du mich jetzt um eine Pension bittest?« Moral: In der Türkei ist das ein bißchen anders als bei euch in Preußen!

Wir lernten aus dieser meisterlichen Erzählung, daß es nicht verwerflich ist, wenn schlechtbezahlte Subalternoffiziere aus dem Fleischtopf, an dem sie sitzen, ab und an mal einen Brocken für sich selbst fischen.

Was wir als Unterschlagung von Verpflegungsgeld und somit als verwerflich angesehen hatten, war schließlich poetisch verbrämt zur schönsten Selbstverständlichkeit in einer Welt geworden, in der wir diejenigen waren, die die Spielregeln nicht kannten. Ich denke, wir haben unsere Lektion gelernt und fortan manches besser verstanden, aber in einem Punkt blieben wir »Preußen«: Die Verantwortung für das Wohlergehen unserer Soldaten blieb unverkäuflich.

Der Binbaşi hat schließlich auch uns verstanden, und so haben wir im Laufe der Zeit immer besser zueinander gefunden. Das war nicht immer leicht, aber das beiderseitige Bemühen, den anderen zu verstehen, hat jene Brücke gebaut, über die auch noch nach 50 Jahren gute Erinnerungen nach Beyşehir und zu jenen Menschen gehen, mit denen uns das Schicksal zusammengeführt hat.

## III. Isparta

Das erste Weihnachtsfest in der Internierung feierten wir in Beyşehir. Die Gerüchte über eine denkbare Verlegung des Lagers nahmen zwar von Woche zu Woche an Intensität zu, aber das einsetzende Winterwetter hätte das sowieso nicht zugelassen. Zwischen Weihnachten und Silvester machte der anatolische Winter richtig ernst. Der Paß, über den die Straße nach Konya verläuft, schneite sieben Meter hoch zu, nachdem ein letzter Versorgungskonvoi Beyşehir noch erreicht hatte. Er blieb bis Anfang März unpassierbar.

Die Verlegungsgerüchte hatten einen ernsten Hintergrund: Von den 298 Deutschen im Lager war inzwischen etwa ein Drittel an Malaria tropica erkrankt. Monatlich gab es bis zu 130 akute Anfälle, die ärztlicher Behandlung bedurften.

Beyşehir liegt auf rund 1200 Meter Seehöhe, aber in den Sümpfen und am See gab es Unmengen von Anophilis-Mücken, gegen die unter den obwaltenden Umständen kein Kraut gewachsen war. Glücklich, wer regelmäßig die vorgeschriebene Malariaprophylaxe in Form von Atebrintabletten eingenommen hatte, als das in Konstanza noch möglich war.

Zwei Reisen nach Ankara hatte der Lagerkommandant in dieser Sache unternommen. Vier Orte kamen als neues Domizil für die Internierten in Frage: Yoşgad, Malatia, Niğde – das wir aus der Märchenstunde unseres Binbaşi kannten – und Isparta. Die Wahl fiel endlich auf Isparta, und so konnte der Umzug noch vor der Hauptplagezeit erfolgen.

Auf 17 Lkws transportierte man zunächst Gepäck und Lagereinrichtung nach Konya, und am 7. Mai 1945 wurden wir zusammen mit den Familien der türkischen Lageroffiziere mit denselben Lkws zur dortigen Bahnstation verfrachtet. Zum Auszug der Internierten hatten sich am Ausgang von Beyşehir die Honoratioren der Stadt zum Abschied versammelt. Es war 17.00 Uhr, und diese freundliche Geste wurde wohl registriert! Die Fahrzeuge der Kolonne trafen zwischen 20.30 Uhr und 22.00 Uhr in Konya ein. Am Bahnhof stand unser Gepäck, und unweit davon war ein Zeltlager errichtet, in dem wir zwei bis drei Tage bis zur Weiterreise verbringen würden.

Von der Kapitulation des Deutschen Reiches erfuhren wir zunächst als Gerücht, am Nachmittag als Zeitungsmeldung und am Abend des 8. Mai 1945 über den Rundfunk, als wir eher zufällig an einem Gartenlokal vorbeigingen. Uns fiel auf, daß die Nationalhymnen der Kriegsgegner nacheinander abgespielt wurden und die Menschen in dem Lokal sich dazu erhoben hatten.

Was da wirklich geschehen war, nahmen wir noch gar nicht in seiner ganzen Tragweite, auch für jeden Einzelnen von uns, wahr. Niedergeschlagen waren wir und traurig. Das muß so sichtbar gewesen sein, daß uns einige jüngere türkische Offiziere, denen wir auf dem Weg zurück ins Lager begegneten, zu trösten versuchten.

Gegen Mittag des 9. Mai 1945 rollte unser Sonderzug ein. Er brachte uns in 24 Stunden nach Isparta (Anlage 14).

Hier sind wir nicht mehr im Herzen von Anatolien. Die Stadt macht einen vergleichsweise städtischen und moderneren Eindruck als das ländlich geprägte Beyşehir. Schon am Bahnhof, von dem aus eine breite Straße hinauf in die Stadt führt, entsteht dieser Eindruck.

Wir werden auf zwei Hotels verteilt, sind aber nach kurzer Zeit im wiederum ersten Haus am Platz geschlossen untergebracht. Das Şehir-Hotel liegt neben einem Park zwischen Rathaus und Gefängnis. Rasch haben wir uns in der neuen Umgebung zurechtgefunden und eingerichtet. Die Lebensumstände sind unter den gegebenen Verhältnissen optimal. Man darf ja nicht aus dem Blick verlieren, daß die Türkei im Jahr 1945 ein bitter armes Land war,

*Isparta, Platz vor dem Regierungsgebäude*

*Isparta 1945,
Cumhuriyetbayram Aufmarsch
vor dem Regegierungsgebäude*

in dem der uns gebotene Komfort keineswegs zu den Selbstverständlichkeiten zählte.

Ein Wochenplan gab den festen Rahmen für alles das ab, was wir in der vielen, frei verfügbaren Zeit unternehmen konnten:

Wochenplan

| Montag | Einkauf (vormittags) | Spaziergang (nachmittags) |
|---|---|---|
| Dienstag | Baden | Spaziergang |
| Mittwoch | Volkspark | Sport |
| Donnerstag | Einkauf | Spaziergang |
| Freitag | Volkspark | Spaziergang |
| Samstag | Volkspark | Sport |
| Sonntag | Sport | |

Das Einkaufen war so organisiert, daß jeder einmal in der Woche seinen Geschäften nachgehen konnte. In Gruppen zu jeweils acht Mann zogen wir in Begleitung eines Soldaten in die Stadt und verteilten uns alsbald zwanglos auf die verschiedenen Geschäfte.

Mit der Abstellung eines Soldaten sollten einerseits wohl internationalen Regeln für die Haltung von Internierten durch die Gewahrsamsmacht und andererseits unserer Sicherheit Rechnung getragen werden. Mit »Bewachung« im Sinne »Fluchtverhinderung« hatte das nichts zu tun, obwohl es in Beyşehir einen Fluchtversuch gegeben hatte. Bis kurz vor die Grenze nach Syrien gelangten zwei »Ausbrecher« mit guten Kenntnissen der türkischen Sprache. Gescheitert sind sie an den zu langen Fingernägeln jener Hand, mit der – unter Zuhilfenahme von Wasser aus einer dazu eigens mitgeführten Kanne – ein Muslim sich nach der Verdauung zu reinigen pflegte. Das war einer Polizeistreife in dem benutzten Zug doch sehr ungewöhnlich vorgekommen – und schon war die Reise zu Ende.

In den mannigfaltigen Geschäften von Isparta gab es fast alles zu kaufen, was man vom Sold eines internierten Subalternoffiziers bezahlen konnte und was man so zu brauchen meinte. Ziemlich früh begann ich bei einem Teppichhändler nach einen kleinen Musterteppich Ausschau zu halten, der das zu rasche Durchwetzen des Hosenbodens auf den Holzstühlen abbremsen sollte. Isparta war dafür ein besonders geeigneter Platz, weil für seine Teppichknüpfereien weit über die Landesgrenzen berühmt.

Gelernt hatten wir alle schon in den ersten Wochen unseres Aufenthaltes in der Türkei, daß es hier keine festen Preise für angebotene Waren gab. Es galt zu handeln – und wenn's ums stets zu knappe Geld geht, was übrigens für beide Beteiligten gilt, dann sind dem Erfindungsspielraum fast keine Grenzen gesetzt.

Im Falle des kleinen Teppichs, auf dem ich 50 Jahre danach sitze, während ich dieses schreibe, dauerte der Handel viele Wochen. Es war zwischen mir und dem freundlichen, aber auch gewieften Teppichhändler zu einem Ritual geworden, jeden meiner regelmäßigen Besuche mit »iki tane kahve« einzuleiten, die der gute Mann, meiner auf der Straße ansichtig geworden, durch lautes In-die-Hände-Klatschen beim »Oğlum« des »Kahveci« nebenan in Auftrag gab. »Oğlum« kam hurtig mit artistisch geschwenktem tepsi, auf dem er kunstvoll die zwei Tassen balancierte, nahm sein Bakschisch dankend in Empfang – und unsere nächste Handelsrunde begann mit Höflichkeiten, ausgetauscht über dem köstlichen, starken Kaffee, der in meinem Falle übrigens immer »Çok şekerli« zu sein hatte, weil mir auch das mit reichlich ungelöstem Zucker vermischte Kaffeemehl noch schmeckte.

Wenigstens zehnmal hat sich dieses Ritual wiederholt, ehe wir zu einem für beide Seiten akzeptablen Abschluß kamen. Den Preis hatte ich derweil um die mehr oder weniger üblichen 50 Prozent gedrückt. Vier türkische Lira und 50 Kurus bezahlte ich, aber 20 Tassen Kaffee plus Trinkgeld für den Jungen haben bestimmt ein Vielfaches davon gekostet.

Und das war das Fremde und zugleich Schöne: Es kam erst einmal gar nicht sosehr darauf an, ein schnelles Geschäft zu machen, sondern der Reiz lag erkennbar im Vorgang des Austausches von Argumenten, mit denen jeder versuchte, den anderen davon zu überzeugen, daß seine Vorstellungen vollkommen unhaltbar seien. Wollte man dem Teppichhändler aufs Wort Glauben schenken, dann hatte ich ihn, seine Vorfahren und alle seine Nachkommen bis ins dritte Glied ins Elend gestürzt. Deswegen nun in Tränen auszubrechen blieb mir erspart, weil mein Handelspartner dieses Elend augenzwinkernd zu beschreiben verstand – und am Ende war es doch ein Geschäft für ihn, weil manch anderer auch das Hosenbodenproblem hatte und auf gleiche Abhilfe sann!

Ein Beispiel eingefleischter Deutschfreundlichkeit bei diesen netten Menschen lieferte meine Suche nach Rasierklingen. Die gab es natürlich in einer Stadt wie Isparta, nur waren die neueren aus amerikanischer oder englischer Produktion. Eine Packung »Gilette« zu erstehen wäre kein Problem gewesen, aber nachdem ich nun mal ein »alman« bin, sollte es selbstverständlich auch etwas Besonderes sein. Der Geschäftsinhaber geht also auf Tauchstation und beginnt in seinen vielen Schachteln und Kästchen eifrig nach etwas zu suchen, was er für meiner würdig hielt. Nach geraumer Zeit tauchte er strahlend wieder auf aus seinen unzähligen Utensilien, und was hält er stolz in der Hand? Eine Packung »Rotbart«! Die war natürlich nicht mehr ganz neu, aber was ist das schon gegen die Abstammung aus Deutschland? Es war mir vollkommen unmöglich, die Rostflecken zu bemerken oder gar zu erwähnen. Auch das ist ohne jeden Zweifel ein »gutes Geschäft« gewesen. Für ihn im Materiellen, für mich im Ideellen.

Schon bald nach dem Kriegseintritt der Türkei gegen Deutschland begannen wir uns zu fragen, ob und welche Folgen das für unseren Status als Internierte haben könnte. Offizielles darüber verlautete nicht, und so begannen die Gerüchte ins Kraut zu schießen.

Die Verlegung unseres Lagers von Beyşehir nach Isparta war mit der Kapitulation Deutschlands nicht in Zusammenhang zu bringen. Nein, das war ein eher zufälliges Zusammentreffen von zwei uns betreffenden Ereignissen. Gerüchte haben aber überall und zu jeder Zeit die Eigenschaft, sich auch augenfälliger Unwahrscheinlichkeiten zu bedienen.

Der erste Monat in der neuen Umgebung war beinahe abgelaufen. Man hatte sich eingerichtet, und an einen Statuswechsel glaubte man kaum noch. Da befahl uns der Lagerkommandant am Sonntag, dem 2. Juni 1945, in den Volkspark. In gewohnt blumiger Weise brachte er uns bei, es würden sich mit Wirkung vom 1. Juli 1945 Änderungen ergeben. Drei davon hatten ungewöhnliches Gewicht:

*Im Festtagsgewand, Ostern 1946.*
*Stehend v.l.n.r.: Hennings, Arndt, Verpoorten, Frege, Aumer, Theuring;*
*sitzend v.l.n.r.: Bellin, Grafen, Ohlenburg, Arendt, von Davier, Polster*

1. Offiziere dürfen das Mannschaftslager nicht mehr besuchen.
2. Es ist verboten, mit den Mannschaften und Unteroffizieren zu sprechen.
3. Wir – die Subalternoffiziere – bekommen weniger Geld.

Ansonsten, so sagte der Binbaşi, bliebe alles beim alten, und wir sollten seiner und des türkischen Volkes Freundschaft gewiß sein.

Was das nun alles zu bedeuten hatte war erst zu erfahren, nachdem wir jüngeren Offiziere unseren Lagerältesten, den Major

Lorz, energisch gedrängt hatten, die Mitteilungen des Lagerkommandanten hinsichtlich unseres Status zu hinterfragen.

Binbaşi Naçi Erda wand sich, mußte aber dann doch mit der ganzen Wahrheit heraus. Das war ihm sichtlich unangenehm und ganz sicher auch, weil er mit dieser, seiner Regierung aufgezwungenen Versetzung von traditionellen Freunden in den weniger freundlichen Status von »Kriegsgefangenen« nicht glücklich war.

Wir hatten schließlich nicht gegeneinander gekämpft, und es mag ihm gegen sein Ehrgefühl gegangen sein, die Söhne jener Waffenbrüder gefangen zu halten, mit denen man im Ersten Weltkrieg bis zum bitteren Ende treu zusammengestanden hatte.

Sein Zögern ehrt ihn – aber wir haben das nicht gleich richtig zu deuten gewußt.

Mit dem 1. Juli gerieten wir jüngeren Offiziere in eine spürbare finanzielle Bedrängnis, weil mit dem deutlich verminderten Salär die üppigen Mieten im Şehir-Hotel kaum noch Spielraum für das ebenfalls nicht gerade billige Essen ließen.

Die Schwierigkeiten hörten auf, als wir zum 1. November in das Militärkasino umzogen. Dort brauchten wir nur noch Brennholz und Licht zu bezahlen.

Die Untersagung jeglichen Kontaktes zu unseren Besatzungen ging selbstverständlich auch auf internationale Regeln für die Verwahrung von Kriegsgefangenen zurück. Man kann es den türkischen Behörden nicht verargen, sich korrekt an derartige Regeln gehalten zu haben, uns gefiel der neue Zustand aber gar nicht, weil wir uns trotz bedingungsloser Kapitulation zu Hause, Auflösung des Reichsverbandes und der Wehrmacht, Absetzung der Regierung und Besatzungsrecht noch immer insoweit für die uns einst anvertrauten Soldaten verantwortlich fühlten und meinten, dieser Verantwortung bis zur Heimkehr und Entlassung nach Hause nicht ausweichen zu dürfen.

Genährt wurde eine solche Vorstellung natürlich auch durch die schon gemachten Erfahrungen: Wenn wir Offiziere energisch und geschlossen Anliegen unserer Soldaten gegenüber dem Lagerkommandanten vertraten, dann nahm man das auf seiten der Gewahrsamsmacht ernst – und wir hatten ja auch Erfolg damit gehabt.

Hätten wir uns auf den völkerrechtlich vermutlich zutreffenden Standpunkt gestellt, mit der Auflösung der Wehrmacht seien wir von Eides- und Fürsorgepflicht für Untergebene entbunden, so wäre das mit Sicherheit bequemer gewesen, barg aber nach unserer Meinung die Gefahr, einerseits eine erprobte Schutzfunktion zu verlieren und andererseits der Auflösung der unentbehrlichen Disziplin ohne Not Vorschub zu leisten.

Tendenzen dazu gingen mit der Kapitulation vorwiegend von den Deserteuren im Mannschaftslager aus, aber auch unter den zusammengewürfelten Angehörigen des Heeres, die oft genug über fehlende Führung und Fürsorge ihrer jeweiligen Vorgesetzten Klage geführt hatten, fehlte es nicht an Bereitschaft, sich aus einem negativ erfahrenen Vorgesetztenverhältnis zu lösen, sich aus der Pflicht zur Kameradschaft zu verabschieden und nur noch den eigenen Vorteil zu suchen.

Solchen Auflösungserscheinungen widersetzten sich die Soldaten der drei U-Boot-Besatzungen. Sie hielten zusammen, wahrten Disziplin und Kameradschaft und versuchten von sich aus, Verbindung zu uns, ihren einstigen Vorgesetzten, zu halten. So gelang es uns immer wieder, die Kontakte nicht gänzlich abreißen zu lassen, wenngleich sie spärlicher wurden.

Ein so deutlich demonstriertes Zusammengehörigkeitsgefühl und die Bewahrung von Manneszucht in gegenseitigem Respekt gewann heimlich bewunderten Vorbildcharakter nicht nur im Mannschaftslager, sondern auch bei den Nicht-Marine-Offizieren und ebenfalls bei unseren türkischen Freunden.

Die Erschütterungen durch den totalen Zusammenbruch unserer »Welt«, in der und für die wir gelebt hatten, führten also nicht zur Auflösung der Ordnung, sondern verebbten in einen Zustand der schrittweisen Umstellung, die jeder für sich zu bewältigen hatte und sich dann auf die Frage zu konzentrieren begann: Wann kommen wir nach Hause? (Anlage 15)

# IV. Heimkehr

Hatten wir schon Mühe gehabt zu verstehen, warum man uns zwei Monate nach Kriegsende in Europa noch zu »Kriegsgefangenen« gemacht hatte, so fiel es uns noch bedeutend schwerer zu begreifen, daß unsere Rückführung nach Deutschland nicht umgehend in Angriff genommen wurde.

Der Krieg war beendet, Deutschland lag in Trümmern, Millionen Soldaten waren gefallen, die Reste der zerschlagenen Wehrmacht wurden in Lagern gehalten oder verrichteten Zwangsarbeit in den Weiten Rußlands. Es fehlte also an jungen Männern zum Wiederaufbau in der Heimat. Warum, in Gottes Namen, mußten wir hier in der Türkei noch weiter tatenlos herumsitzen?

Solche und ähnliche Argumente haben wir dem Binbaşi dauernd vorgehalten in der Absicht, ihn davon zu überzeugen, unsere Rückkehr nun ganz schnell zu veranlassen. Daß es dazu eines vermutlich gar nicht so einfachen Abstimmungsprozesses zwischen der türkischen Regierung und den Siegermächten im besetzten Deutschland bedurfte, wollten wir in unserer Ungeduld nicht wahrhaben.

Nicht nur selbstloser Wiederaufbauwille war Motor dieser Ungeduld. Jeder Einzelne hatte auch seine ganz privaten Gründe dafür. Die Postverbindung in die Heimat war nach wie vor spärlich, aber was man so an Berichten von den Angehörigen bekam und dann untereinander austauschte, ergab ein insgesamt sehr düsteres Bild von den Zuständen daheim. Kaum eine Familie, die nicht Hab und Gut durch Bomben oder Besetzung verloren hätte, ganz zu schweigen von denen, die in Flüchtlingstrecks aus Ostpreußen, Schlesien und Pommern in die westlichen Besatzungszonen geflohen oder dorthin vertrieben worden waren.

Fast jeder machte sich insgeheim Sorgen um Angehörige, von denen man nicht wußte, welches Schicksal ihnen widerfahren war.

Ich war da relativ gut dran. Meine Eltern hatten die Familienwohnung in Friedrichshagen im Osten Berlins zusammen mit beiden halbwüchsigen Schwestern rechtzeitig vor dem Einmarsch der Russen verlassen und Unterschlupf in Thüringen bei einer Tante gefunden. Von meinem Bruder wußte man, er sei in den letzten Tagen des Kampfes um Berlin in russische Gefangenschaft geraten, ganz in der Nähe unseres Hauses. Nach vielen Monaten kam seine Überlebensmeldung aus einem Gefangenenlager bei Moskau. Meine Karte aus Isparta hat ihn dort erreicht, aber das erfuhr ich erst viel später.

Die Weihnachtsfeier 1945 in Isparta und der Jahreswechsel nach 1946 war von ganz anderen Hoffnungen bestimmt, als das noch ein Jahr zuvor in Beyşehir der Fall gewesen war. Dem Trübsinn gaben wir ganz gezielt keinen Raum – und darin findet sich doch eine gewisse Ähnlichkeit zu Beyşehir 1944: Damals verdrängten wir die sich deutlich abzeichnende militärische Niederlage, diesmal versuchten wir, mit durch nichts zu begründendem Optimismus an eine lebenswerte Zukunft in einem Deutschland zu glauben, das, sich häufenden Presseberichten zufolge, unglaubliche Greueltaten begangen haben sollte.

Die spärliche Nachrichtenversorgung ließ noch Raum für die Hoffnung, dies seien Nachläufer der hochgeputschten Kriegspropaganda der Siegermächte. Daß es Vernichtungslager gegeben haben sollte, in denen Millionen KZ-Häftlinge systematisch umgebracht wurden, das ging über unser Vorstellungsvermögen.

Die volle Wahrheit des Genozids an den Juden im besetzten Europa erfuhr ich nach und nach im Laufe des Jahres 1947. Alles sträubte sich gegen die damit einhergehende Vernichtung des im Kriege gehegten Glaubens, einer gerechten Sache gedient zu haben. Einstige Ideale und verzehrender Idealismus entlarvten sich als Illusion und übrig blieb Schmach und Scham. Der ganz persönliche Prozeß der »Vergangenheitsbewältigung« hatte begonnen. Höhepunkt und Abschluß fallen zusammen mit dem »Auschwitz-Prozeß« in Frankfurt zu Beginn der sechziger Jahre.

Noch aber sind wir in Isparta, und unsere Gedanken befassen sich mit den praktischen Fragen einer näherrückenden Heimkehr nach Deutschland. Ab März 1946 kamen Karten und Briefe von den Angehörigen in der Heimat. Informationen von allgemeinem Interesse wurden ausgetauscht. Wir durften einmal pro Woche zehn Zeilen schreiben, und das genügte vollkommen, um zu Hause ein zutreffendes Bild unseres türkischen »Schlaraffenlandes« entstehen zu lassen. Bald schälte sich dann auch heraus, woran es zu Hause am meisten fehlte, und das führte bei uns zu der Überlegung, ob und wie wir die »Schätze des Orients« würden mitbringen können. Noch kannten wir kein Datum für den Rücktransport, aber so wie das Jahr 1946 fortschritt, nahmen unsere Reisevorbereitungen zu. Jeder hatte sich im Laufe der Zeit mit einem maßgefertigten Zivilanzug, Schuhen und Hemden ausgestattet. Bei sparsamer Wirtschaftsführung war das vom Sold eines Oberleutnants, der monatlich 110 türkische Lira betrug, durchaus möglich. Zum Transport der angesammelten Habe dienten Holzkoffer, die in fachmännischer Ausfertigung von Tischlern unter unseren Soldaten gegen ein angemessenes Entgeld hergestellt wurden. Einer reichte natürlich nicht aus, also produzierten wir aus Apfelsinenkisten selbst ein zweites Transportbehältnis. Das fiel nicht so schön aus wie die Koffer aus dem Mannschaftslager, aber dafür konnte man diesen »Selbstgebastelten« mit doppelten Böden und Seitenteilen ausstatten. Darin verschwanden die privaten Aufzeichnungen, die der eine oder andere im Laufe der beinahe zwei Jahre verbotenerweise doch gemacht hatte. Mein handschriftliches Tagebuch über meine Zeit bei der 30. U-Flottille und die sieben Feindfahrten im Schwarzen Meer kamen auf diesem Wege mit nach Deutschland.

Am 30. Juni 1946 machte uns der für das Kriegsgefangenenlager Isparta zuständige General einen Besuch – und er hatte eine lange erwartete Nachricht für uns: Abtransport nach Izmir am 20. Juli und dann per Schiff nach Livorno, von dort nach Deutschland zur Entlassung (Anlage 16).

Die Freude war unbeschreiblich, obgleich uns seit Bestehen der mehr oder weniger regelmäßigen Postverbindung mit der Heimat klargeworden war, daß wir aus den behüteten und vergleichsweise paradiesischen Verhältnissen in unserer türkischen Gefangenschaft in ein Chaos des Mangels, des Hungers, der Trümmer und der Ungewißheiten wechseln würden.

Drei Wochen also noch bis zur Abreise, höchste Zeit, alle die Dinge zu besorgen, die man auf der Familienbedarfsliste notiert hatte. Unter vielen anderen Kleinigkeiten, wie z. B. Schuhsohlen, gab es auch lebenswichtige Dinge, an denen zu Hause ernster Mangel herrschte. Speisefett gehörte dazu, und das konnte man in kleinen Kanistern als hochwertiges Nußöl in Isparta kaufen.

Die letzte Post nach Hause mußte am 10. Juli 1946 bis 17.00 Uhr abgegeben sein. In diesem Zehnzeiler notierte ich u. a., daß wir auf gepackten Koffern die Auszahlung des letzten Solds erwarten, um möglichst viele der übermittelten Wünsche noch erfüllen zu können.

Zu einer wichtigen Frage entwickelte sich der zu wählende Entlassungsort in Deutschland. Aus Berlin waren meine Eltern fort, die dortige Wohnung geplündert. Thüringen, wo sie sich bei einer Schwester meiner Mutter aufhielten, kam für mich nicht in Frage, weil es inzwischen zur russischen Besatzungszone gehörte. Die jüngere der beiden Schwestern war nach Erlangen gegangen. Das lag in der amerikanischen Zone, aber eine Adresse kannte ich dort nicht. Auch mit der letzten Post aus der Heimat klärte sich das nicht, und so mußte zu gegebener Zeit eine dann vernünftig erscheinende Lösung gefunden werden.

Während des Jahres, das wir in Isparta verbracht hatten, entwickelte sich bei den eifrigsten Wanderern ein Wunsch, dessen Erfüllung bei wiederholt vorgetragenen Bitten stets auf höfliche Ablehnung gestoßen war: Von unserer Terrasse aus hatten wir bei dem fast immer klaren Wetter einen Berg im Osten der Stadt vor Augen, der auch im Sommer eine Schneekappe trug. »Olymp« hatten wir ihn getauft, weil niemand uns den richtigen Namen zu nennen vermochte. Die Luftlinienentfernung schätzten wir auf rund 20 Kilometer. Den wollten wir einmal besteigen! Solange unsere Heimkehr nach Deutschland noch offen war, mochte die Lagerleitung eine so weite Exkursion als zu riskant unter dem Aspekt einer denkbaren Flucht beurteilt haben. Nun aber, die Abreise vor Augen, gab es solche Bedenken nicht mehr, und uns gab das Mut, diese Bitte nochmals vorzutragen. Der Binbaşi war ob dieses Ansinnens etwas verwundert, allein schon wegen der Strapaze, die mit der Erreichung des Zieles und zeitgerechter Rückkehr ins Lager augenscheinlich verbunden war. Selbstverständlich dachte er auch an den Asker, der uns auf jeden Fall zu begleiten hatte. Als das erneute »Nein!« schon fast greifbar war, half uns das inzwischen Gelernte über türkische Mentalität und die erforderliche Sprache, mit der man sein Anliegen wohlformuliert vorzubringen hatte. Die uns nun schon sehr bald für immer fehlenden Schönheiten des anatolischen Landes und die Außergewöhnlichkeit gerade dieses Berges wußten wir in so bewegenden Worten darzustellen, daß der Binbaşi nicht umhin konnte, uns diesen brennenden Abschiedswunsch doch zu erfüllen.

Wegen der großen Entfernung wurde die Aufbruchzeit auf 5.00 Uhr festgesetzt, zwei Soldaten hatten uns zu begleiten, und spätestens mit Einbruch der Dunkelheit mußten wir wieder im Lager sein. Unser Dank war ganz von Herzen, und die orientalische Verpackung stand in keinerlei Widerspruch dazu.

Es wurde ein anstrengender Tag, aber auch ein wunderschönes Erlebnis. Zu fünft waren wir nach meiner Erinnerung, der Morgen war klar und frisch.

Auf beinahe ebenen Pfaden erreichten wir in zügigem Tempo die dem Ziel vorgelagerten Hügel. Dabei passierten wir nur kleine Ortschaften, eigentlich kaum mehr als jeweils eine Handvoll dicht beieinander liegender Hütten und Stallungen.

Der Anstieg begann, und damit wurde es anstrengend. Inmitten von Weinanpflanzungen und unweit des Fußes von »unserem Olymp« kamen wir in ein richtiges Dorf mit Moschee und Gasthaus. Hier – so erklärten unsere beiden Soldaten – wollten sie auf unsere Rückkehr warten. Der Aufstieg auf einen so hohen Berg sei nicht ihre Sache und da oben gäbe es auch keine allzu gläubigen Söhne Allahs, gegen deren eventuellen Übereifer sie uns schützen müßten. Nur sollten wir unter keinen Umständen vergessen, sie auf dem Rückweg wieder mit nach Isparta zu nehmen. Ihr Schuhwerk betrachtend, verstanden wir die Berechtigung ihres Vorhabens: Stiefel hatten sie an, aber denen fehlten die Sohlen.

Mit Verzehrgeld von uns ausgestattet setzten wir sie im Gasthaus ab und nahmen uns der direkten Aufstiegslinie an. Unsere Kondition war nicht eben schlecht, hatten wir doch beim regelmäßigen

Sport dafür gezielt gearbeitet, aber die nun zu bewältigende Geröllflanke brachte uns rasch zum Keuchen. Meter um Meter arbeiteten wir uns voran, unter all der Anstrengung kaum einen Blick für unsere Umgebung freihabend. Das hätte böse enden können, wenn nicht die Warnungen einer etwas zurückhängenden Gruppe gerade noch rechtzeitig von den Vorauseilenden gehört worden wären.

Ein Rudel verwilderter Hunde hechelte beutegierig von links unten kommend auf uns zu. Daß sie nicht gestreichelt werden wollten, war unübersehbar, und so organisierten wir in der gebotenen Eile unsere Verteidigung. Munition in Gestalt von geeigneten Wurfgeschossen gab es mehr als reichlich, fraglich blieb zunächst nur, wie stark man die Hechelnden damit beeindrucken könnte. Als sie auf wenige Schritte heran waren, klärte sich das durch einen glücklichen Zufallstreffer in Windeseile. Das Leittier wurde von unserer ersten Salve auf die empfindliche Schnauze getroffen und verzichtete heulend auf unsere Verspeisung. Das Rudel tat es ihm nach. Fluchtartig stoben sie davon.

Von nun an unbelästigt, erreichten wir die Schneegrenze, die gleichzeitig auch die Grenze für unseren weiteren Aufstieg wurde. Unser Schuhwerk war dafür nicht geeignet, und die Sonne hatte den Zenit bereits durchschritten. Es war Zeit zur Umkehr. Das

20. Juli 1946, Abschied von Isparta, Ehrenformation

Die Offiziere des Standorts verabschieden die Heimkehrer

Am Bahnhof von Isparta

dem Binbaşi gegebene Versprechen sollte auf jeden Fall eingehalten werden: Rückkehr vor Einbruch der Dunkelheit.

Die beiden Asker hatten es sich im Gasthaus wohl sein lassen, und weil sie ihren Wein in dunklen Ecken zu einer Zeit getrunken hatten, da auch Allah ein Mittagsschläfchen hält, gab es keine Konflikte mit den strengen Vorschriften des Koran.

Reichlich vor Einbruch der Dunkelheit lieferten uns die beiden zufrieden beim Posten vor unserer Unterkunft ab, und dem Binbaşi konnte Vollzug ohne besondere Vorkommnisse gemeldet werden.

20. Juli 1946. Ein Sonderzug steht im Bahnhof von Isparta, 285 Deutsche sind eingestiegen. Auf dem Bahnsteig ist eine Ehrenkompanie angetreten, die Offiziere des Standortes Isparta salutieren, als der Zug sich pünktlich um 7.10 Uhr in Bewegung setzt, viele Menschen winken uns zum Abschied. Isparta bleibt zurück. Freude und ein bißchen Wehmut mischen sich zu einer Emotionsdichte, die lange Zeit keine Worte zuläßt.

Das Gegenstück zum Roten Kreuz, der »Rote Halbmond«, hatte uns noch auf dem Bahnsteig in Isparta mit einer sehr nützlichen Abschiedsgabe des Landes beschenkt: Haselnüsse und Weintrauben, als Rosinen lange haltbar, und beides von besonderem Nährwert. Noch kam uns nicht in den Sinn, darauf einmal angewiesen zu sein, aber nur wenige Wochen später fanden wir für die noch vorhandenen Reste dankbare Abnehmer.

Die Fahrt ging nach Süden, das Ziel war der Hafen von Izmir. Während die Landschaft draußen vorbeizog verging der Tag. Die Nacht brach herein, Dunkelheit nahm die Fernsicht auf kahle Bergformationen und weite Anbauflächen, auch diese im späten Sommer abgeerntet und braun verbrannt von der sengenden Sonne. Selten blinzelten schwache Lichter durch die Fenster von Häusern und Hütten, die in der Nähe der Bahnlinie standen.

Besonders aufmerksam hatte man das alles ohnehin nicht betrachtet. Die Gedanken eilten weit voraus, nach Deutschland, zu den Angehörigen und zu dem Unbekannten, aus dem sich eine »Zukunft« formieren würde, von der keiner eine klare Vorstellung zu entwickeln vermochte. Das bisher dominierende Gemeinsame unseres militärischen Lebens begann deutlich fühlbar in dieser Nacht anderen Anforderungen Raum zu geben. Bald würde jeder auf sich allein gestellt sein, die zu Freunden gewordenen Kameraden in alle Winde zerstreut.

Als der neue Tag, der 21. Juli 1946, gerade eine halbe Stunde alt war, lief der Zug in Izmir ein. Im nahen Hafen wartete ein 1100 BRT kleines Schiff mit den Namen MERSIN auf uns. Sich in den zugewiesenen Decks mit den einfachsten Mitteln einzurichten, fiel uns Seeleuten nicht schwer, und den Landsern konnte manche kleine Hilfe gegeben werden. Wenn jemand damit gerechnet hatte, nun ginge die Seereise gleich los, so sah er sich getäuscht. Volle drei Tage verbrachten wir noch im Hafen, und das hatte seinen guten Grund. Schließlich waren wir nicht die einzigen Deutschen, die das Gewahrsamsland Türkei zu verlassen hatten. Da gab es noch die Zivilisten aus Botschaft und Wirtschaft mit ihren Frauen und Kindern, und es war vorgesehen, daß wir alle mit der MERSIN nach Italien gebracht würden.

*MERSIN, 1100 BRT*

Nach und nach trafen die Mitreisenden an Bord ein. Für sie waren die wenigen Kammern reserviert, aber bei der brütenden Hitze im noch an der Pier liegenden Schiff hielt es sowieso keiner unter Deck aus. Man traf sich unter den Sonnensegeln auf dem Achterdeck oder suchte Schatten unter den Aufbauten der Seitengänge.

Bekanntschaft zu schließen war nicht schwer, denn aus dem Wege gehen konnte man sich nicht, und wer hätte das schon gewollt?

Belebendes, weil für uns ganz neues Element waren die vier kleinen Kinder, die mit der ihnen eigenen Unbefangenheit das Abenteuer »Schiff« genossen. Allabendlich unterhielt uns und die vielen Schaulustigen unten auf der Pier der »Stengel-Chor«. Er hatte sich im Mannschaftslager gebildet und konnte sich hören lassen mit seinen engagierten Sängern und einem breiten Repertoire.

*rechts:*
*Seitendeck mit Schatten*

*Mitte:*
*Unsere Zivilisten;*
*Kinder an Bord der*
*MERSIN*

*unten:*
*Der »Stengel-Chor«*

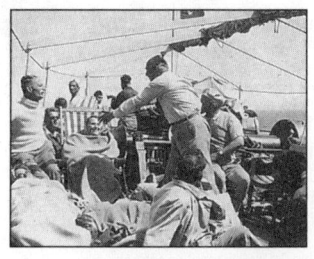

Unter heute gültigen Aspekten der Sicherheit hatte man die kleine MERSIN arg überladen, aber damals galten andere Maßstäbe, und keiner von uns nahm Anstoß daran. Nur mußte manch einer sich erst an die drangvolle Enge gewöhnen. Bis zum Auslaufen war dieser etwas mühsame Prozeß beendet, ja man kann sagen, alle hatten ihr inneres Gleichgewicht so weit stabilisiert, daß man das bevorstehende Erlebnis einer friedlichen Seefahrt durch die griechische Inselwelt und das Mittelmeer genießen konnte, wenn da nicht die verdammte Seekrankheit dem einen oder anderen den Spaß verdorben hätte.

Am 24. Juli, frühmorgens um 4.00 Uhr, wurden die Leinen eingeholt, und die gute alte MERSIN setzte sich unter gewaltiger Qualmentwicklung in Bewegung. Die türkische Festlandsküste kam bald außer Sicht. Mit ihr rutschten zwei wichtige Jahre unseres Lebens hinter den Horizont des Gegenwärtigen.

Bei zunächst ruhiger Wetterlage und strahlendem Sonnenschein passierte das Schiff unzählige Inseln und aus dem Wasser ragende Steinbrocken. Erinnerungen an griechische Sagen und an archäologische Erkenntnisse zu den Theorien um das versunkene Atlantis schossen üppig ins Kraut. Hier hatten die Götter und die Helden sich getummelt, und man konnte leicht begreifen, daß es gerade hier war, an den Küsten des Lichts!

Lange hielt das ruhige Wetter nicht. Der Wind nahm rasch zu, entsprechend wurde die See rauh, und alsbald schaukelte unsere Arche Noah so heftig, daß der Kapitän sich Sorgen zu machen begann um die Sicherheit der vielen Menschen auf seinem Schiff, die unter Deck keinen Platz hätten finden können. Im Schutz einer kleinen, unbewohnten Insel ging die MERSIN zu Anker. Nach 24 Stunden war dann alles vorbei, und die Reise konnte bei nun fast immer spiegelglattem Wasser gefahrlos fortgesetzt werden. Durch die Straßen von Doro und Messina führte die Reise, und es kam vor Erreichen unseres Bestimmungshafens noch zu einer Begegnung der besonderen Art. Ein großer Wal, offensichtlich ein alter Einzelgänger, hatte sich ins Mittelmeer verirrt und schlief bewegungslos im aufgetauchten Zustand, oder vielleicht genoß er auch nur die schöne, wärmende Sonne Italiens. Jedenfalls ließ er die MERSIN, die ihn langsam und vorsichtig umrundete, ganz nahe an sich herankommen, ehe er mit einer weit ausholenden Bewegung seiner beeindruckenden Fluke abtauchte.

Gemächlich dampfte die MERSIN durch die tiefblauen Wasser. Den Ungeduldigen unter uns ging das viel zu langsam voran, aber das Schiff war halt nicht als Schnelldampfer gebaut worden. So zog der 31. Juli 1946 herauf, und wir wurden Zeugen des etwas mühsamen Einlaufens in den weitgehend zerstörten Hafen von Livorno. Im flachen Hafenwasser auf Grund liegende Schiffe, erkennbare Opfer von Bombenangriffen, zerstörte Pieranlagen und ausgebrannte Häuser gaben uns einen Vorgeschmack auf das vom Krieg verwüstete Europa. Zwei Jahre in einer heilen Umwelt hatten uns fast vergessen lassen, wie eine Stadt nach Luftangriffen aussah. Der Krieg war lange zu Ende, aber der damals allgegenwärtige Druck von Vernichtung und Bedrohung stellte sich beklemmend wieder ein, vielleicht auch gefördert durch die erste Begegnung mit den Uniformen der Amerikaner, deren Notproviant wir vor zwei Jahren gegessen hatten, von denen wir ansonsten aber kaum etwas wußten.

*Mole vor Livorno, 21. Juli 1946*

*Livorno, Wrack im Hafen*

Schließlich lag die MERSIN an der Pier. Es war 9.00 Uhr geworden, und die Übergabe an die Amerikaner stand unmittelbar bevor. Die LKW-Kolonne vor dem Schiff ließ daran keinen Zweifel. Die leichten, praktischen und scharf gebügelten Sommeruniformen der »Amis« machten ebenso Eindruck auf uns, die wir das zum erstenmal zu sehen bekamen, wie der große Anteil von Schwarzen unter den Wachmannschaften. Ich kann mich an keinerlei Anzeichen von Feindseligkeit erinnern, und dennoch stellte sich das beklemmende Gefühl des Ausgeliefertseins ein. Das hier waren nicht die deutschfreundlichen Türken, an die wir uns so gut gewöhnt hatten, sondern die Soldaten einer der Siegermächte. Unkenntnis und Ungewißheit sind jedenfalls nicht das beste Mittel, die Freude auf die endliche »Heimkehr« zu fördern.

Etwa um die Mittagszeit setzte sich die Kolonne mit den »Türken«, wie wir genannt wurden, in Marsch. Nachdem wir Livorno durchquert hatten, ging es in Richtung Pisa auf einer gut ausgebauten Asphaltstraße einige Kilometer weiter, bis beiderseits dieser Straße das POW-Camp auftauchte, das für die nächsten Wochen

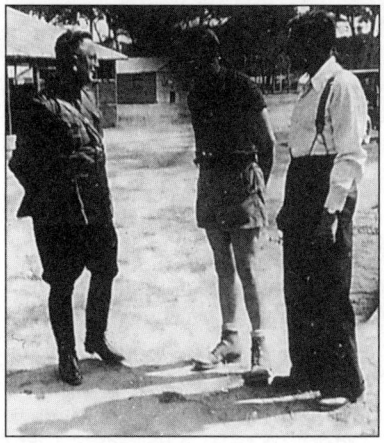

unsere Bleibe sein sollte. Gleich am Anfang gab es ein noch nicht mit anderen Gefangenen belegtes »cage«. Von Stacheldraht umgeben, weiträumig mit flachen Baracken besetzt und durch erhöhte Postentürme als Gefangenenlager gekennzeichnet, gab es

*Binbasi Naçi Erda
mit Dolmetschern Jäger und Ziegler
im POW-Camp bei Pisa,
August 1946*

*US POW-Camp bei Pisa
Cage der »Türken« August 1946*

nach Norden zu viele solcher »Käfige«. In ihnen warteten die Überreste der 1. und 4. Fallschirmjägerdivison auf ihre Entlassung. Sie hatten in und bei Monte Cassino gegen die Amerikaner gekämpft und sich deren Respekt erworben. Im Laufe unseres Aufenthaltes im »cage« lernten wir noch einiges darüber. Das um 529 von Benedikt von Nursia gegründete Mutterkloster der Benediktiner und des ganzen abendländischen Mönchtums wurde dabei völlig zerstört. In der Endphase des Krieges gab es die Unantastbarkeit solcher einmaligen Kulturgüter in Europa nicht mehr. Der »Kreuzzug« zur Befreiung Europas forderte Opfer.

In den Baracken ließ es sich aushalten. Platz genug hatte jeder, und die Feldbetten waren vergleichsweise komfortabel. Nur die manchmal unerträgliche Hitze machte denen zu schaffen, die mit ihrem Kreislauf nicht auf der stabilen Seite standen. Entfliehen konnte man der Stauhitze nach draußen. Entlang der Umzäunung hatten sich rasch Trampelpfade gebildet, ein Zeichen dafür, wie häufig das Bedürfnis bestand, sich die Beine zu vertreten. Bei einer solchen »Exkursion« kam es zu meiner ersten, in Englisch geführten Unterhaltung mit einem der Wachtposten jenseits des Stacheldrahtes. Eröffnet wurde sie von dem freundlichen Schwarzen, dem das Wacheschieben vermutlich langweilig geworden war. Wo die Türkei läge, sollte ich ihm erklären, und ob man uns dort, im fernen Orient, auch anständig behandelt habe, wollte er wissen. Dann erfuhr ich als Gegenleistung von seinen Erfahrungen in Old Germany, wo er – in der Nähe von Kufstein – mit seiner Einheit gelegen hatte. Zum Beweis seiner positiven Erfahrungen mit den Deutschen holte er das Bild seines girl friend, Fräulein sowieso, aus der Tasche, und ich sollte ihm die Schönheit des Mädchens bestätigen. Das war in der Sache nicht schwer, aber unter dem noch keineswegs überwundenen Weltbild der unterschiedlichen Wertigkeit der verschiedenen Rassen kam es mir so vor, als sei der Untergang des Abendlandes Wirklichkeit geworden. Der dumme Spruch aus Kriegszeiten: »Leute genießt den Krieg, der Friede wird fürchterlich!« schien mir in diesem Moment gar nicht so dumm – und das sollte mir in den folgenden Wochen und Monaten noch öfter passieren.

Langeweile kam auch hier nicht auf, eher Ungeduld. Die »Amis« versorgten uns mit ausgelesenen Zeitschriften, unter denen »Reader's Digest« und das »Time's Magazin« zu den Begehrtesten wurden. An ersterem konnte man sein Schulenglisch auf »Amerikanisch« aktualisieren und dabei gleichzeitig nach den Jahren der Isolierung während des Nationalsozialismus etwas über die internationale Kultur erfahren. Da gab es erhebliche Defizite, bei mir insbesondere auf dem Sektor »moderne Kunst«. Einen Artikel über moderne Malerei habe ich bis heute nicht vergessen. Er hatte im Fazit etwas kolossal Tröstliches. Beschrieben wurde eine Kunstausstellung in New York. Kurz nach Kriegsende ein bedeutendes Ereignis. Die Moderne boomte. Ein Bild mit dem Titel »Melancholie im Sumpf« hatte es den Kritikern und Sachverständigen besonders angetan. Man suchte nach dem unbekannten Künstler, der sein Meisterwerk nicht einmal signiert hatte. Das Suchen blieb lange erfolglos, aber man kam der Sache doch auf die Spur. Man fand den Findigen, der das Stück bunt bemalter Pappe gefunden, gerahmt, mit einem Titel versehen und einfach aufgehängt hatte. Streng befragt bekannte der Mann, es handele sich um jene Pappe, auf der die Maler vom Wolkenkratzerneubau nebenan ihre Pinsel ausgestrichen hatten. Fortan kam ich mir weniger banausig vor, wenn es mir überhaupt nicht gelingen wollte, den hohen Hintersinn solcher Kunst zu erkennen.

In »Time« oder vielleicht auch »Look« lief in Fortsetzungen der erste Bericht über das Ergebnis der Sichtung und Auswertung der in Deutschland erbeuteten wissenschaftlichen Forschungsergebnisse, technologischen Entwicklungen und Erfindungen. Zehn Jahre Vorsprung hätten die Nazis schon gehabt auf allen wesentlichen Gebieten, nur bei der Herstellung der Atombombe sei man in den USA schneller gewesen – Gott sei Dank!

Der uns immer versprochene »Endsieg« durch die »Wunderwaffen« schien nach dieser propagandaunverdächtigen Lektüre doch nicht nur eine zum Durchhalten erfundene Mär gewesen zu sein. Man war wieder in Zweifel gestürzt, jedoch gab es den einfachen Weg zurück in die heile Welt des Glaubens an eine gerechte Sache nicht mehr. Es sollte noch lange dauern, ehe man selbst zu der Einsicht kam, daß der Krieg im Ziel verbrecherisch war, militärisch nicht gewonnen werden konnte und die »rechtzeitige« Kapitulation Deutschland die Atombomben ersparte.

Dieser erste Blick durch das Schlüsselloch amerikanischer Zeitschriften in die freie, westliche Welt war für uns, die wir aus der Isolation kamen, faszinierend und beklemmend zugleich. Das war nicht mehr der gleiche Spiegel, in dem man sich rein und fleckenlos gesehen hatte, nein, hier entstanden Bilder und Konturen, die furchterregend und beschämend eine ganz andere Wahrheit widerspiegelten. Aber es gab leider keine vertrauenswürdige Instanz, die einem hätte sagen können, welche Wahrheit denn nun die wahre sei. Der Prozeß der Vergangenheitsbewältigung nahm seinen Anfang, und der war mühsam und von immer neuen Zweifeln begleitet.

Eine ganz neue Erfahrung wurde der Hunger. Die zugeteilten Rationen waren knapp bemessen, das leichte Weißbrot ohne Nährwert. Wie verwöhnt wir waren, kam uns jeden Tag deutlicher zu Bewußtsein. Natürlich fielen wir nicht gleich vom Fleische, und fast jeder hatte ja noch seine eiserne Reserve vom Türkischen Halbmond, aber doch lernte man wie es ist, wenn man sich nicht wirklich satt essen kann. Unsere »cage«-Nachbarn, die Fallschirmjäger, hatten das Problem schon viel länger und doch litten sie offenbar nicht darunter. Niemals hörte man eine Klage von ihnen. Nach und nach lernten wir den Grund dieser Zufriedenheit kennen. Sie hatten herausgefunden, wie man mit einfachen Tricks die arglosen, weil ständig im Überfluß lebenden Amis übers Ohr hauen konnte. Da war die Rede von Müllfahrern, die nach dem Abkippen zum Verpflegungsdepot fuhren, sich dort in die Schlange der wartenden Armeelastwagen einreihten, sich beladen ließen und ungeschoren mit den leckeren Sachen in das POW-Camp zurückkehrten. »Organisieren« war das Wort der Zeit, und die Fallschirmjäger waren auch auf diesem Gebiet Meister. Es gab nichts, was sie nicht besorgen konnten.

Selbstverständlich ist das den »Amis« nicht total verborgen geblieben. Ein junger Hauptmann erzählte einmal, halb verzweifelt und halb bewundernd, was alles aus den Vorräten verschwindet, für die er zuständig sei. Um das zu unterstreichen, meinte er: »Wenn ich meine Truppe in die Wüste schicken müßte, kämen die Männer spätestens nach drei Tagen abgezehrt und halbnackt zurück. Schickt man die deutschen Fallschirmjäger nackt in die Wüste, dann sind sie nach zwei Tagen voll ausgerüstet wieder da!«

Das stärkste Stück soll einer zusammen mit italienischen Freunden geliefert haben. Es war die Rede von 30 Kesselwagen Flugbenzin, die »abgezweigt« worden waren. Ob's stimmt, konnte keiner sagen, aber es beschreibt die für die erste Nachkriegszeit so typische Mentalität des »Besorgens« zum Überleben trotz der von den Siegermächten auf höchster Ebene verordneten »Hungerbestrafung« der Deutschen. Jeder hatte vom Morgenthau-Plan gehört, der Deutschlands Industrialisierung rückgängig und es zu einem Agrarland machen sollte; gleichsam die Verwandlung in eine Schrebergartenkolonie, bewirtschaftet von entmannten Gärtnern. Die amerikanischen Hilfsgelder, benannt nach dem amerikanischen Außenminister George Marshall, begannen erst ab 1948 in die Wirtschaft der damaligen Westzonen zu fließen (Marshallplan).

Von unserer Entlassung nach Deutschland wurde manchmal gesprochen, aber auch unser Binbaşı konnte uns keinen genauen Termin benennen. Er hatte aber versprochen, mit uns im Lager zu bleiben, bis der letzte seiner Schutzbefohlenen nach Deutschland unterwegs war.

Dieser Tag kam dann sehr plötzlich und ohne große Vorankündigung. Der 3. September 1946 war es. Zuvor mußte jeder zum »Filzen« seines Gepäcks in eine Baracke, wo die Amis jedes Stück begutachteten. Auch über dieses Verfahren hatten uns die Fallschirmjäger informiert, und man konnte nur auf das Schlimmste gefaßt sein. Nichts von auch nur geringem Wert sei vor den Amis sicher – so eine Art von gezielter Plünderung, hieß es. Binbaşı Naçi Erda, unser väterlicher Freund, hat uns auch an dieser Klippe mit Anstand und ohne ernste Verluste vorbeigelotst. Unter seinen strengen Augen mochte sich wohl keiner der Akteure eine Blöße geben. Ihm sei hier noch einmal Dank gesagt, ebenso wie für die guten Wünsche, die er jedem mit auf den Weg in die Heimat gab. Mir wünschte er zum Abschied, ich möge eines Tages Admiral sein in einer neuen deutschen Marine. Ich nahm ihn nicht ernst, aber er sollte recht behalten.

Am 4. September hielt der Transportzug kurz auf dem Brenner, das war um die Mittagsstunde. Am Abend des gleichen Tages hielt er wieder, jetzt in München-Allach. Im Zug verbrachten wir die Nacht, um am nächsten Morgen in das Lager Dachau gebracht zu werden. Unmittelbar an das KZ angrenzend war ein Barackenlager eingerichtet, das wohl vornehmlich zur Durchschleusung zur Entlassung Heranstehender benutzt wurde. Das war nun nicht mehr der relative Komfort des POW-Camps bei Pisa, sondern im wahrsten Sinne des Wortes harte Wirklichkeit. Roh gezimmert drei Kojen übereinander, wohl dem KZ-Vorbild nachempfunden. Das wußte ich damals noch nicht, aber beim Gang durch Yadwashem schoß mir dieser Gedanke durch den Kopf.

Hier in Dachau roch es merklich nach »Rache« und »Bestrafung«. Sehr verwunderlich war das nicht in der unmittelbaren Nachbarschaft zu einem der berüchtigten Konzentrationslager. Die Rationen waren noch um vieles karger als in Italien. Man konnte sie nur aufbessern, wenn man sich zum Arbeitseinsatz meldete. Das mußte natürlich »freiwillig« geschehen, weil man sonst mit international gültigen Regeln für die Behandlung von Kriegsgefangenen in Konflikt geraten wäre – nicht wir POWs, aber die lieben Amis. Mit der bevorstehenden Entlassung im Sinn und ohne die Möglichkeit einer anderen sinnvollen Beschäftigung war körperliche Arbeit sogar die beste aller denkbaren Lösungen. Prekär wurde es erst, wenn man aus gesundheitlichen Gründen nicht arbeiten konnte. Mir ist das einmal für wenige Tage passiert, aber Hunger habe ich dennoch nicht gelitten. Männer meiner Besatzung versorgten mich in diesen Tagen mit Teilen der erarbeiteten Zusatzrationen, als sei das auch unter den obwaltenden Umständen das Selbstverständlichste von der Welt.

Eines Nachts bekamen wir in unserer Baracke Besuch. Er kündigte sich an durch vorsichtiges Klopfen an eines der hoch oben an der Wand angebrachten, schmalen Fenster, die eigentlich nur Luftklappen waren. Etwas verwundert entriegelten wir die Klappe, und herein schaute ein Kopf, der mir auf Anhieb bekannt vorkam. Das Gesicht war blaß und die Wangen waren hohl, aber dennoch war es unverkennbar einer der Klassenkameraden meines Bruders, der sich auch von der Schulbank weg freiwillig zur Waffen-SS gemeldet hatte. Die Gefangenschaft hatte ihn so schlank gemacht, daß er ohne große Mühe durch die Klappe paßte. Beim Schein einer Kerze hockten wir fast bis zum Morgengrauen zusammen. Es gab viel zu erzählen. Nebenan, im ehemaligen KZ, befanden sich ausschließlich Angehörige von Verbänden der Waffen-SS, überwiegend Leute der Division »Hitler-Jugend«. Der Ausdruck »Leute« kann da etwas irreführend sein, weil man sich darunter eher Erwachsene vorstellt. Das aber waren selbst unter damaligen Vorstellungen Kinder, junge Burschen, viele 16, einige schon 18 Jahre alt, und das waren dann die Unterführer. Einen solchen haben wir einige Tage später auch als Gast gehabt, nächtens, versteht sich, wenn die polnischen Wachposten leichter zu umgehen waren.

Der Klassenkamerad meines Bruders, Dienstgrad Obersturmführer (OLt.), hatte im KZ vom Eintreffen der »Türken« gehört. Er wußte, daß ich im Schwarzen Meer eingesetzt gewesen war und hatte als Gerücht vernommen, ich sei gefallen. Nun wollte er sich vergewissern bei denen, die aus der Türkei zurückgekommen waren. Von meinem Bruder konnte ich ihm berichten, daß der noch in russischer Gefangenschaft sei, das Ende in Berlin überlebt hatte. Über die Verhältnisse im KZ berichtete er in für uns verwunderlich anmutend humoriger Weise. Mit den polnischen Bewachern habe man ein erträgliches Verhältnis auf der Basis: Tust du mir nichts, tu ich dir nichts, hergestellt. Begonnen habe das damit, daß die Polen sich so eine Art »Persilschein« von den SS-Leuten ausstellen ließen. Sie wollten sich damit absichern gegen die immer noch für möglich gehaltene Umkehr der gegenwärtigen Verhältnisse und dann zu befürchtendes Ungemach durch ebendiese Truppe. Man kam aus dem Staunen nicht heraus! Die Besuche wiederholten sich, solange wir in Dachau waren. Helfen konnten wir mit den noch aus Izmir stammenden Rosinen und Haselnüssen. Ohne viel Federlesen beteiligten sich die Männer von U 23 an dieser Kameradenhilfe.

Vor dem Beginn der Entlassungen mit dem dafür erforderlichen CONTROL FORM D 2 gab es eine gründliche Vernehmung durch dafür besonders geeignet erscheinende amerikanische Spezialisten. Das geschah einheitsweise, in unserem Fall also die jeweilige Besatzung.

Der Vernehmende arbeitete sich vom niedrigsten Dienstgrad nach oben bis zum Kommandanten des Bootes. Als ich schließlich dran war, fand ich einen perfektes Deutsch sprechenden Hauptmann, nur wenige Jahre älter als ich, groß, blond, freundlich. Meine politische Gesinnung sollte er ergründen und natürlich herausfinden, welche Verbrechen gegen die Menschlichkeit oder was sonst Schlimmes ich auf dem Kerbholz hätte. In dem Glauben, nichts verbergen zu müssen, erzählte ich ihm ohne Umschweife was er wissen wollte, auch, daß ich $6^3/_4$ Jahre elementarer Erziehung auf der NPEA Spandau genossen hatte. Und damit waren wir beim Thema! Das interessierte ihn brennend, auch wußte er verdächtig viel über die Nationalpolitischen Erziehungsanstalten, die aus den preußischen Kadettenanstalten hervorgegangen waren. Ein Wort gab das andere, und dann wußte ich, einem ehemaligen HJ-Führer gegenüberzusitzen, der mit seinen Eltern 1937 aus Lübeck nach den USA emigriert war. Es fiel ihm dann auch nicht schwer mir zu sagen, was meine Besatzung über mich gesagt hatte. Darauf könnte ich mir was einbilden – meinte er, und nun verstehe er auch etwas besser, was eigentlich gar nicht zu verstehen sei, nämlich wieso die Moral der Männer der U-Boot-Waffe nicht unter der Last ungeheurer Verluste zusammengebrochen sei.

Die eigentliche Entlassung erfolgte gebündelt nach Besatzungszonen. Diejenigen, die Adressen in der amerikanischen Zone angegeben hatten, verließen das Lager Dachau bereits nach sieben

Tagen. Damit begann der unvermeidliche Prozeß des Auseinandergehens der Besatzung von U 23. Die Frage einer Entlassungsadresse war für mich durch einen Kameraden gelöst worden, der Anverwandte im Raum Bremen hatte. Britische Besatzungszone. Nach Thüringen zu gehen, wo meine Eltern sich noch aufhielten, war für mich nicht ratsam, nachdem sich herumgesprochen hatte, daß die Russen auf die im Schwarzen Meer eingesetzten U-Boot-Kommandanten ein Kopfgeld von 25 000 Rubel ausgesetzt hatten. Britische Besatzungszone also. Leider hatte das den Haken einer unabsehbar langen Wartefrist. Es sollten erst 400 »Briten« zusammen sein, ehe man einen Sammeltransport zusammenstellen wollte. Das unterliefen wir mit fingierten Adressen und Arbeitsstellen in Augsburg.

Am 24. September 1946 ließ ich das Kriegsgefangenenlager Dachau um 10.00 Uhr morgens hinter mir. Von nun an war ich wieder ein freier Mann, was immer das in dieser Zeit auch heißen mochte.

Kommandant von U 23 war ich nun nicht mehr, hatte auch keine Verantwortung für die Männer der Besatzung, die fortan eigene Wege zu gehen hatten. Wir waren alle aus dem Krieg unversehrt heimgekehrt, heimgekehrt in ein ganz anderes Deutschland als das, was wir 1944 zuletzt gesehen hatten. Etwas Neues, noch gänzlich Unbekanntes lag vor uns. An Mut fehlte es nicht!

In den ersten Tagen nach der Entlassung aus der Kriegsgefangenschaft überwog das Gefühl der Freiheit alles andere.

Noch wußten wir nichts von der durch Präsident Truman gebilligten Directive JCS 1067 vom 26. April 1945. Sie schreibt der Militärregierung vor, Deutschland als besiegten Feindstaat zu besetzen, nicht etwa es zu befreien.

Sie enthält auch das Verbot der Fraternisierung und legt fest, daß der Lebensstandard nicht über den eines der Nachbarstaaten angehoben werden darf.

Was die bedingungslose Kapitulation durch das Oberkommando der Wehrmacht in Karlshorst um 0 Uhr 16 Minuten des 9. Mai 1945 wirklich bedeutete und wie man das für sich einzuordnen hatte, wurde erst in der Lebenswirklichkeit der Nachkriegsjahre nach und nach begreifbar.

Theodor Heuss, unser erster Bundespräsident, hat das in Worte gekleidet: »Im Grunde genommen bleibt dieser 8. Mai die tragischste und fragwürdigste Paradoxie für jeden von uns. Warum? Weil wir erlöst und vernichtet in einem gewesen sind.«

# Literaturhinweise

1  Fragen an die deutsche Geschichte. Hrsg. Deutscher Bundestag, Presse und Informationszentrum, Bonn 1977, S. 312.
2  Jacobsen, Hans Adolf: 1939–1945, Der Zweite Weltkrieg in Chronik und Dokumenten. (II. Dokumente) Darmstadt 1961, S. 97.
3  KTB OKW, 1940–1941, Teilband I, S. 57 E.
4  Ebda.
5  Salewski, Michael: Die deutsche Seekriegsleitung 1935–1945 d 1. Skl I a Op. 222/39 gKdos Chefs vom 2.6.1939.
6  KTB OKW 1943, Teilband II, S. 1617.
7  KTB Skl 1939–1945, Teil A, Band 1, August/September 1939.
8  KTB OKW 1940–1941, Teilband I, S. 49 E.
9  Ebda.
10  dtv-Atlas zur Weltgeschichte, Band 2, S. 199.
11  KTB OKW 1940–1941, Teilband I, S. 50 E.
12  Schreiber, Gerhard: Der Mittelmeerraum in Hitlers Strategie 1940, in: Militärgeschichtliche Mitteilungen 2/80, Bundesarchiv/Militärarchiv, Freiburg.
13  Cartier, Raymond: Der Zweite Weltkrieg, Band 1, 1939–1942, München 1967.
14  Ebda., S. 203.
15  Ebda., S. 239.
16  KTB OKW 1940–1941, Teilband I, S. 195 E.
17  Schreiber, Gerhard: Der Mittelmeerraum in Hitlers Strategie 1940, in: Militärgeschichtliche Mitteilungen 2/80, Bundesarchiv/Militärarchiv.
18  KTB OKW 1940–1941, Teilband I, S. 231 E.
19  Carrier Raymond: Der Zweite Weltkrieg, Band 1, 1939 bis 1942, S. 261.

20 Ebd., S. 266.

21 RW4/V.511, Bundesarchiv/Militärarchiv, Freiburg.

22 RM8/1652, Bundesarchiv/Miliärarchiv, Freiburg.

23 KTB OKW, 1940–1941, Teilband I, S. 88 E.

24 Ebd., S. 199 E.

25 Salewski, Michael: Die deutsche Seekriegsleitung 1935–1945, Band III Denkschriften und Lagebetrachtungen 1938–1945.

26 RM7/983 Barbarossa, V3, Band 1, Heft 2, Schriftwechsel grundsätzlicher Art mit BdUOp.

27 RM/7 988 Barbarossa V.8, Band 1, Heft 3, Kaukasisches Ölgebiet März 1941 bis Juni 1941.

28 KTB Skl, Teil A, Band 18, Februar 1941, S. 134.

29 Ebd., S. 228.

30 Ebd., S. 3f.

31 Ebd., S. 354.

32 KTB Skl, Teil A, Band 19, März 1941, S. 34.

33 KTB Skl, Teil A, Band 20, April 1941, S. 232.

34 KTB Skl, Teil A, Band 19, März 1941, S. 39.

35 Ebd., S. 56.

36 KTB Skl, Teil A, Band 22, Juni 1941, S. 243.

37 KTB OKW, 1940–1941, Teilband II, S. 1063.

38 Ebd., S. 1066.

39 Ebd., S. 1230.

40 Ebd., S. 1243.

41 KTB Skl, Teil A, Band 23, Juli 1941, S. 146.

42 Ebd., S. 404.

43 KTB Skl, Teil A, Band 24, August 1941, S. 115.

44 Ebd., S. 398.

45 KTB Skl, Teil A, Band 26, Oktober 1941, S. 160.

46 Ebd., S. 348.

47 KTB Skl, Teil A, Band 27, November 1941, S. 519.

48 KTB Skl, Teil A, Band 24, August 1941, S. 17.

49 Ebd., S. 144.

50 Ebd., S. 186.

51 Ebd., S. 335.

52  KTB Skl, Teil A, Band 25, September 1941, S. 475.

53  KTB Skl, Teil A, Band 26, Oktober 1941, S. 418.

54  KTB Skl, Teil A, Band 28, Dezember 1941, S. 170.

55  Enders, Gerd: Auch kleine Igel haben Stacheln, Herford 1984.

56  KTB Skl, Teil A, Band 18, Februar 1941, S. 228.

57  Skl I op 355/41, gkdos, Vortrag des Ob.d.M. beim Führer am 18.3.1941,16.00 Uhr, in: Lagevorträge des Oberbefehlshabers der Kriegsmarine vor Hitler 1939–1945, Gerhard Wagner, München, S. 204.

58  KTB Skl, Teil A, Band 26, Oktober 1941, S. 454.

59  KTB Skl, Teil A, Band 27, November 1941, S. 340.

60  KTB Skl, Teil A, Band 28, Dezember 1941, S. 116.

61  Ebd., S. 144.

62  Ebd., S. 481.

63  KTB Skl, Teil A, Band 29, Januar 1942, S. 3.

64  Ebd., S. 29.

65  Ebd., S. 86.

66  Ebd., S. 105.

67  Ebd., S. 291.

68  RM 7/248, 1 Skl Teil C XIV a, Deutsche Kriegführung im Schwarzen Meer, Januar 1942–Dezember 1943.

69  KTB Skl, Teil A, Band 29, Januar 1942, S. 314f.

70  Ebd., S. 404.

71  Ebd., S. 390+411.

72  RM7/990 Handakte »Barbarossa«, Band 2, Januar 42–August 43, Bundesarchiv/Militärarchiv, Freiburg.

73  KTB Skl, Teil A, Band 30, Februar 1942, S. 316.

74  Cartier, Raymond: Der Zweite Weltkrieg, Band l, 1939–1942, S. 452+453.

75  Salewski, Michael: Die deutsche Seekriegsleitung 1935–1944, Band III, BA/MA Case 536, PG 32 620.

76  RM 46/9, Marineverbindungsoffizier zum OKH, Chefsachen, 1.7.41–14.8.1942, Bundesarchiv/Militärarchiv, Freiburg.

77  RM7/248, 1 Skl, Teil C XIV a, Bundesarchiv/Militärarchiv, Freiburg.

[78] Enders, Gerd: Auch kleine Igel haben Stacheln, Herford 1984.

[79] Rössler, Eberhard, Fritz Köhl: Vom Original zum Modell, U-Boottyp XXIII.

[80] RM 98/17, KTB U 18.

[81] RM 7/249 Deutsche Kriegführung im Schwarzen Meer, Jan.44–Jan.45.

[82] RM 35 HI/239, Mar.Grp.Kdo Süd, Akte Op 8 – Einsatz U-Boote, Bd. 1.

[83] RM 87/11 KTB BdU (Dönitz), 1.4.–31.8.44.

[84] RM 35 HI/239, Mar.Grp.Kdo. Süd, Akte Op 8 – Einsatz U-Boote, Bd. I, 5.8.–7.10.44.

[85] KTB OKW 1944/1945, Teilband I, S. 861.

[86] Schönherr, Klaus: Die türkische Außenpolitik vom Vorabend des Zweiten Weltkrieges bis 1941 in: Österreichische Osthefte, Jahrgang 36/1994 – Heft 2.

[87] Schönherr, Klaus: Neutralität, Nonbelligerence oder Krieg: Die Türkei im Spannungsfeld der europäischen Mächte 1939–1941, in: Zwei Wege nach Moskau. Vom Hitler-Stalin-Pakt bis zum Unternehmen »Barbarossa«. Im Auftrag des Militärgeschichtlichen Forschungsamtes herausgegeben von Bernd Wagner, München-Zürich 1991.

[88] KTB OKW 1940/1941, Teilband I, S. 310.

[89] Akten zur Deutschen Auswärtigen Politik 1918–1945, Serie D, 1937–1941, Band XII, 1.

[90] KTB OKW, 1940/1941, Teilband I, S. 224.

[91] Ebd., S. 315.

[92] Ebd., S. 318.

[93] KTB Skl, Teil A, Band 19, März 1941.

[94] KTB Skl, Teil A, Band 20, April 1941.

[95] Ebd., Band 22, Juni 1941, S. 217.

[96] Ebd., S. 318.

[97] Ebd., Band 23, Juli 1941, S. 438.

[98] Ebd., Band 26, Oktober 1941, S. 129.

[99] Ebd., S. 143, 160.

[100] KTB Skl, Teil A, Band 30, Februar 1942, S. 3.

[101] KTB Skl, Teil A, Band 31, März 1942, S. 434.

[102] Schönherr, Klaus: Die Türkei im Schatten Stalingrads. Von der »aktiven Neutralität« zum Kriegseintritt, in: Stalingrad: Ereignis – Wirkung – Symbol. Im Auftrag des Militärgeschichtlichen Forschungsamtes herausgegeben von Jürgen Förster, München–Zürich 1992.

[103] Ebd., S. 404.

[104] RM 35 III 99, Lagebetrachtungen Mar.Grp.Kdo Süd für die Zeit vom 1.8.1944–10.11.1944.

# Anlagenverzeichnis

1 Russische Flottenkräfte und ihre Stützpunkte.

2 Skizze U-Boot-Typ IIb.

3 Übersicht über die Einsätze der 30. U-Flottille.

4 KTB Skl, Seiten 512f., 20. August 1944.

5 KTB Skl, Seiten 607-612, 24. August 1944.

6 Vergleich der Truppenstärken im Raum Konstanza vom 25. August 1944.

7 Wegekarte U 23.

8 U 23 vor Poti.

9 U 23 vor Sewastopol.

10 Luftaufnahme der Alliierten von Konstanza, 31. Mai 1944.

11 Besatzungsliste U 23.

12 Hitlers Brief an Ismest Inönü vom 1. März 1941.

13 OKM über Auswärtiges Amt an die Schutzmacht.

14 Karte der westlichen Türkei.

15 Offiziere des Kriegsgefangenenlagers Isparta.

16 Personalausweis vom 25. Juni 1946.

17 Bericht über den Besuch im deutschen Militärinterniertenlager Beyşehir (Türkei) am 20. Dezember 1944.

18 Bericht über die Versenkung von U 19 am 11. September 1944.

## Anlage 1

Anlage 1 C Schwarzes Meer
Schiffsmaterial:
1 Schlachtschiff (veraltet, jedoch 1937/38 modernisiert, 23 000 t)
5 leichte Kreuzer, davon 4 alte, ein neuer 8000 t, Höchstkaliber
18-cm-Geschütze, mindestens 20 Zerstörer, davon 5 alt, 9 neu, 6
moderne Flottillenführer, festgestellt 42 U-Boot, davon neu 15
mittlere (ca. 500 t) 15 kleine (ca. 200 t)
6 Torpedoboote, davon 3 neue
5 Minenleger
13 Minensucher
Schnellboote in größerer Anzahl.

Donauflottille, ca. 15 nur auf Flüssen oder im engeren Küstengebiet verwendbare Fahrzeuge, Stützpunkt: Ismail.

Stützpunkte
Zwei Schwerpunkte:
 a) Sewastopol, Hauptstützpunkt der Schwarzmeerflotte,
  stark befestigt, Reparaturwerft mit Trockendock, Bau-
  möglichkeit bis Zerstörergröße, Brennstoff- und Materiallager.
 b) Odessa, stark befestigt, Reparaturwerft für kleine und
  mittlere Kriegsschiffe, Brennstoff- und Materiallager.
Ferner:
Nikolajew, Hauptbauwerft am Schwarzen Meer, durch Befestigungen nach See zu geschützt. An der Einfahrt nach Nikolajew unmittelbar an der Küste befestigter U-Boot-Stützpunkt Otschakow.
 Kertsch, stark befestigt, sichert Durchfahrt zum Asowschen
Meer. Stützpunkt für leichte Seestreitkräfte.

Noworossijk, befestigt, Brennstofflager, als Stützpunkt für leichtere Streitkräfte geeignet.

Tuapse, befestigt, Reparaturmöglichkeiten für kleine Schiffe. Endpunkt einer Ölleitung (Pipeline). Umfangreiche Öllager.

Poti, leicht befestigt, wurde von leichteren Streitkräften vorübergehend als Stützpunkt benutzt. Schwergewicht auf wirtschaftlichem Gebiet.

Batum, stark befestigt. Wichtig als Endpunkt einer Ölleitung (Pipeline). Umfangreiche Öllager, wurde bei Flottenmanövern vorübergehend als Stützpunkt für die russische Schwarzmeerflotte benutzt.

An befestigten Küstenplätzen, die sich aber nur vorübergehend und nur für kleinere Fahrzeuge als Anlaufhäfen eignen, sind zu nennen:

Feodosia (Krim)

Sotschi Kaukasusküste [51]

Suchum Kaukasusküste[51]

[51] Darunter: »Flottenluftwaffe im Schwarzen Meer 1. Zettel von (bis) und von (bis)«

Anlage im Aktenstück beigefügt.

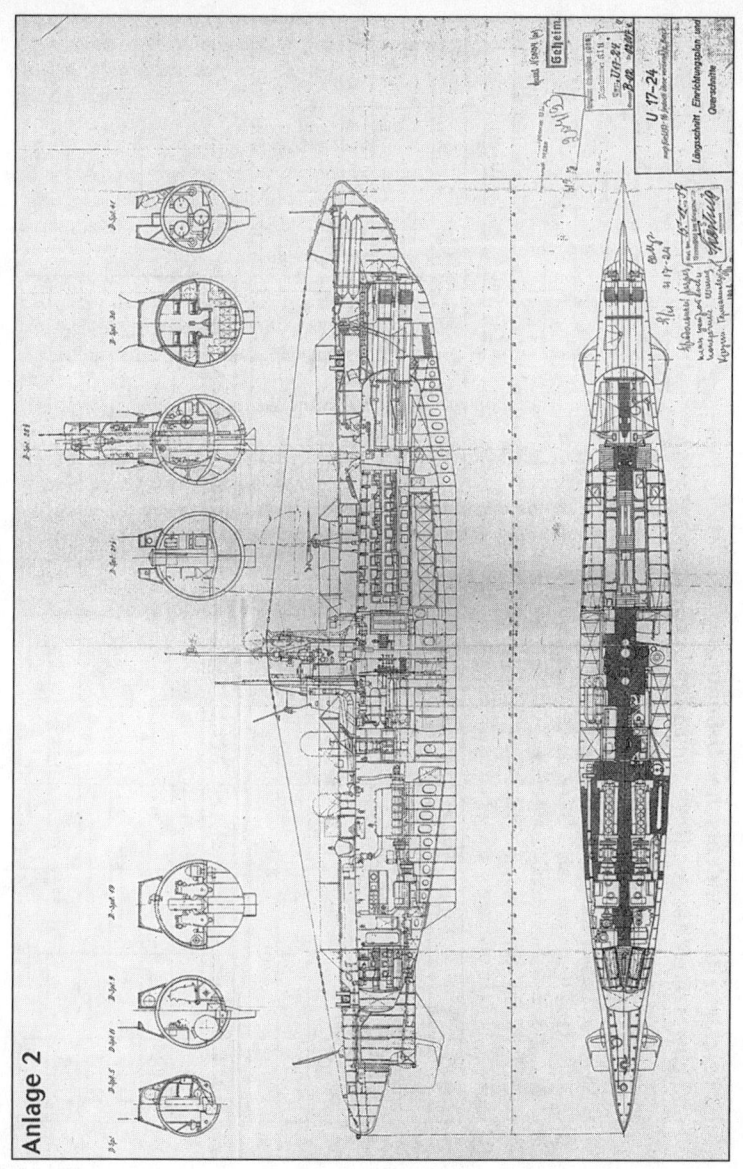

# Einsatzübersicht der deutschen U-Boote im Schwarzen Meer von November 1942 bis September 1944

U-Boote der 30. U-Flottille Feindfahrten und Seetage

| | | | | |
|---|---|---|---|---|
| U 9 | 12 Feindfahrten mit 272 Seetagen | – | ø 22 Seetage je Einsatz |
| U 18 | 8 Feindfahrten mit 213 Seetagen | – | ø 26 Seetage je Einsatz |
| U 19 | 11 Feindfahrten mit 263 Seetagen | – | ø 24 Seetage je Einsatz |
| U 20 | 8 Feindfahrten mit 200 Seetagen | – | ø 25 Seetage je Einsatz |
| U 23 | 7 Feindfahrten mit 178 Seetagen | – | ø 25 Seetage je Einsatz |
| U 24 | 11 Feindfahrten mit 291 Seetagen | – | ø 26 Seetage je Einsatz |

| 1942 | Sept. | Okt. | Nov. | Dez. |
|---|---|---|---|---|
| U 9 | | | 11.11. — | 1.12. — 19.12. |
| U 18 | | | | |
| U 19 | | | | |
| U 20 | | | | |
| U 23 | | | | |
| U 24 | | | | 16.12. |

| 1943 | Jan. | Febr. | März | April | Mai | Juni | Juli | Aug. | Sept. | Okt. | Nov. | Dez. |
|---|---|---|---|---|---|---|---|---|---|---|---|---|
| U 9 | —7.1. | 3.2.— | —3.3. | 17.4.—26.4. | —10.5. 20.5.— | —12.6. Werftüberholung Galatz | | 26.8.— | —10.9. | 2.10.— | 6.11.—28.11. | —25.12. |
| U 18 | 21.1.— | —19.2. | 25.3.— | —27.4. | 26.5.— | —9.6. 16.6.— | —22.7. | 21.8.— | —24.9. | 27.10.— | —24.11. | Werftüberholung Galatz |
| U 19 | 21.1.— | —19.2. | 17.3.—30.3. | 14.4.— | —4.5. | 15.6.— | —10.7. 25.7.— | —5.8. | | Werftüberholung Galatz | 11.11.— | 2.12.—22.12. |
| U 20 | 18.1.— | —18.2. | 14.3.— | —15.4. | | 22.6.—29.6. | 11.7.—20.7. | 20.8.— | —16.9. | 13.10.— | —8.11. | 9.12.— |
| U 23 | | Werftüberholung Galatz | | | | 19.6.— | —20.7. | | —9.9. | 10.10.— | —11.11. | 14.12. |
| U 24 | | | | | | 5.6.—20.6. | 26.7.— | —25.8. | 30.9.— | —27.10. | 9.11.—24.11. | 4.11. Werftüberholung Galatz |

| 1944 | Jan. | Febr. | März | April | Mai | Juni | Juli | Aug. | Sept. |
|---|---|---|---|---|---|---|---|---|---|
| U 9 | Werftüberholung Galatz | | | | | | 15.7.— | —11.8. ↓20.8. | |
| U 18 | 29.1.— | —29.2. | | | 24.5.— | —7.6. | 24.7.— | —16.8. ↓25.8. | |
| U 19 | —19.1. | 10.2.— | —7.3. | 10.4.— | —6.5. | 6.6.— | —8.7. | 25.8.— | ↓11.9. |
| U 20 | 1.1.—26.1. | 22.2.— | —27.3. | Werftüberholung Galatz | | 11.6.— | —11.7. | 19.8.— | ↓10.9. |
| U 23 | —7.1. | Werftüberholung Galatz | 30.3.— | | 17.5.— | —7.6. | *Konstanza Werftliegezeit | 16.8.— | ↓10.9. |
| U 24 | 15.1.— | —10.2. | 4.3.— | —2.4. | 2.5.—30.5. | | 13.7.— | —4.8. ↓25.8. | |

* Fast 10 Wochen Werftliegezeit nach Angaben des damaligen Kommandanten, OLt.z.S. Arendt

Grafik nach Zusammenfassung: Enders 6/85

20.8.44.
Nach Funkaufklärung lagen in Odessa am 20/8. vorm. 17 S-Boote, 18 Motorkanonenboote, 11 R-Boote, 12 LCS, 9 bewaffnete Schlepper, 8 bewaffnete Kleinfahrzeuge u. a. Erkundung von Otschakow ergab zur gleichen Zeit 15 Motorkanonenboote, vier bewaffnete Kleinfahrzeuge und drei Küstenfahrer. Kreuzer KRASNY KRIM stand in der Nacht zum 20/8. wahrscheinlich mit einem S-Boot und drei U-Jägern im Bereich der mittleren Ostküste. Vor der Westküste wurden sechs U-Boote in See erfaßt. Boote werden seit mehreren Tagen laufend über die Standorte der eigenen U-Jagdgruppen unterrichtet.

Im Küstengebiet Rumänien und Bulgarien wurde laufend fdl. Aufklärung durch Flugzeuge mit Schwerpunkt im Raum Konstanza erfaßt.

EIGENE LAGE
20.8.44
09.05–09.40 Uhr wurde Sulina mit Bomben und Bordwaffen angegriffen. Ein rumän. Leichter geriet in Brand. 9.55 Uhr–11.00 Uhr erfolgte schwerer Luftangriff auf Konstanza durch ca. 30-35 JL 2 mit starkem Jagdschutz in vier Wellen aus 2-4000 Meter Höhe. Drei sichere und ein wahrscheinlicher Abschuß sind gemeldet. Die Wirkungen des Angriffs waren erheblich. Von 1.Sfl. sind S 42 und 131 durch Brand zerstört, S 52 durch Volltreffer versenkt, S 28, 27 und 149 schwer beschädigt. Von 3. RfL wurde R 37 durch Volltreffer beschädigt, R 164 und 205 wurden beschädigt. Von 30.U-Flottille ist U 9 durch Volltreffer gesunken, U 18 und 19 erhielten leichte Beschädigungen. Bei 1. L-Flottille geriet F 568 in Totalverlust. F 894 wurde schwer beschädigt. Von 1.U-Flottille sind U-Jäger 103 und 111 durch Splitter beschädigt. Von 2.KS-Flottille sind M 206 und G 3105 gesunken, SM 244 ausgebrannt. Von den rumän. Seestreitkräften ist Torpedoboot NELUCCA gesunken, Zerstörer REGELE FERDINAND durch Volltreffer

schwer beschädigt. Die ital. CB-Boote 4 und 6 erlitten Beschädigungen. Von der Luftwaffe sind drei FL-Boote versenkt und zwei beschädigt.

Auf der Werft ist ein 6000-t-Dock in Brand geraten, ein 2000-t-Dock beschädigt. S-Boot-Werft ist vernichtet, U-Boot-Werkstätten sind schwer beschädigt. Zahlreiche Baracken, Lager, Schuppen und Werftgebäude sind zerstört oder beschädigt. Personalausfälle noch nicht bekannt.

Angriff erfolgte ohne Vorwarnung, daher unterblieb das bei Annäherung von Feindverbänden befohlene Auslaufen aller fahrbereiten Einheiten. U-Jagdgruppe südostwärts Konstanza wurde mehrfach von Feindflugzeugen überflogen, jedoch nicht angegriffen.

DONAULAGE
Minenabwürfe sind nicht gemeldet. Vom 11/8. ist nachträglich Sinken eines Zugschiffes bei Kilometer 516 infolge Minentreffers gemeldet.

Am 17/8. sind fünf Räumerfolge bei Kilometer 731 und am 19/8. ein Räumerfolg bei Kilometer 652 durch Fahrzeuge erzielt.

VII. LAGE OSTASIEN
Besondere Meldungen liegen nicht vor.
Chef Skl.

**Anlage 5**

24.8.44
Besonderes
I) Im Vordergrund steht die durch den Abfall Rumäniens herbeigeführte Lage.

Nach ausländischen Nachrichten gehört dem neugebildeten Kabinett in Bukarest auch der frühere liberale Führer Bratianu an. Das Kabinett setzt sich aus Mitgliedern von vier Parteien zusammen, und zwar aus Nationalliberalen, Angehörigen der Bauernpartei, Kommunisten und Sozialdemokraten.

## 1.22

unterrichtet Gruppe Süd Skl von folgender Weisung an A.S.M.:

1. Nach rumänischem Radio anscheinend Staatsstreich mit Friedensangebot an Russen. Hintergrund anscheinend anglo-amerikanisch-russische Garantie für Bestand Rumäniens.
2. Tatsächliche Machtlage in Rumänien sowie Auswirkungen noch nicht zu übersehen.
3. Jedenfalls größte Aufmerksamkeit und höchste Alarmbereitschaft.
4. Nach Meldung H.Gr.F russischer Durchbruch bis Galatz gelungen.
5. Es muß mit allen Mitteln, soweit möglich, erreicht werden, weiteres Vordringen Gegner südl. Galatz sowie überholende Landungen und Eindringen Raum Konstanza zu verhindern.
6. Fahrzeuge und Material dürfen keinesfalls in Feindeshand fallen. Hinweis auf Werft, Läger usw.
7. Unter Kr melden, wie dort Lage beurteilt bzw. Stellung rum. Wehrmacht, insbesondere Marine zu Ereignissen.

## 2.15 Uhr

erläßt OKW/W.F.St./Qu folgende Weisung: »Auf Grund Lageentwicklung Rumänien Führerbefehl an Heeresgruppe Südukraine. Vordringlicher Auftrag deutscher Kräfte Schutz Ölproduktion und Abtransport über Rohrleitung und Bahn nach Giurgiu mit Sicherung Weitertransport Donau sowie Mineralölabfuhr Eisenbahn über Kronstadt. Betriebsübernahme durch dt. Kräfte vorbereiten.«

## 2.50 Uhr

meldet Mar.Verb.Stab Rumänien:
»Neue rumänische Regierung unter Leitung Vertrauensmann Maniu gebildet. Kabinett links gerichtet. Marschall zurückgetreten. Friedensverhandlungen mit Rußland und Anglo-Amerikanern eingeleitet. Feindseite garantiert Rumänien Bestand, dazu Nord-

Siebenbürgen. Manifest des Königs besagt weiterhin, sich Feindhandlungen gegen Deutsche zu enthalten. Tatsachen widersprechen letzterer Zusicherung durch versuchte Verhaftung eines Beamten im Offiziersrang.«

### 2.55

wird folgender Funkspruch von A.S.M. an Gruppe Süd und 1/Skl aufgenommen: »Auf Grund Entwicklung Lage Rumäniens Alarmstufe 1 befohlen. Konstanza und andere Marinestützpunkte zur Zeit noch ruhig. Hafen Konstanza durch Rumänen gesperrt, Bataillone zur Hafenbesetzung im Anmarsch. Adm. Macellariu mitteilt, daß auf Befehl Bukarest Unterstellungsverhältnis unter ASM aufgehoben. Befh. rum. 9.I.D. (Dobrudscha und Küste) Befehl erteilt, Feindhandlungen gegen Deutsche zu enthalten. Lage im ganzen ungeklärt. Erbitte Weisung für Verhalten.«

### 3.00 Uhr

übermittelt OKW/W.F.St. op:
    »Der Führer hat zur Niederschlagung des Putsches in Rumänien zunächst angeordnet:

1. Alle in Rumänien befindlichen Kräfte der dt. Wehrmacht werden dem Oberbefehlshaber der Heeresgruppe Südukraine unterstellt.
2. Der deutsche General beim Oberkdo. d. rum. Wehrmacht hat den Auftrag, den Putsch in Bukarest niederzuschlagen. Hierzu soll 5. Flak-Div. sich in Besitz von Bukarest setzen.
3. Admiral Brinkmann, Admiral Schw. Meer, hat Auftrag, sich in Besitz von Konstanza zu setzen.
4. OB Südost stellt Kräftegruppe aus 4. Rgt.Brandenburg, Pz.Späh-Kp.468, 2./Stugesch.Brig.201 im Raum Nisch – Belgrad bereit.«

Skl übermittelt anschließend als Kr-Blitz an Gruppe Süd und A.S.M.:

»Führerbefehl: Adm. Schw. Meer hat sofort mit allen erdenklichen Mitteln Konstanza in Besitz zu nehmen und zu sichern. Hinter dieser Aufgabe hat auch Überführung Schiffsraumes auf Donau, wenn erforderlich zurückzutreten.«

Über die Befehlsregelung in Rumänien erläßt der Führer

3.00 Uhr

folgenden Befehl:

> »Der Oberbefehlshaber der Heeresgruppe Südukraine erhält die Befugnis, alle Kampfkräfte und Kampfmittel der Wehrmachtteile und der Waffen-SS, sowie die verfügbaren Kräfte der deutschen Gliederungen und Verbände außerhalb der Wehrmacht, der deutschen Partei- und zivilen Dienststellen und der übrigen Reichs- und Volksdeutschen zur Aufrechterhaltung der Ruhe, Sicherheit und Ordnung in Rumänien und zur Abwehr des sowjetrussischen Großangriffs einzusetzen.«

Nach Information seitens Adm. F.H.Qu. hat I a Kmdr. Gen. dt. Lw in Rumänien

4.15

in Übereinstimmung mit dt. Gesandten fernmündlich an F.H.Qu. gemeldet:

»Es handelt sich nicht um einen Putsch einer Hofkamarilla, sondern um einen wohl vorbereiteten Staatsstreich von oben mit völliger Übereinstimmung mit Armee und Gesamtnation (?). Volk und Truppe durch Rundfunk unterrichtet. Schritt findet weitgehend Zustimmung. Gegen König und neue Regierung ist kein General für Gegenregierung zu finden, da alle bis zum Letzten königstreu. Umfangreiche Vorkehrungsmaßnahmen gegen alle deutschen Dienststellen und Truppen in Bukarest getroffen. Befehlsübermittlung ist unmöglich gemacht. – Auf Grund des Kräfteverhältnisses z. Zt. keine Aussicht auf militärischen und politischen Erfolg.«

**4.30 Uhr**

übermittelt Adm. EH.Qu. an Ob.d.-M., Chef Skl, Chefs 1. und 3/Skl:

» 1. Meldung 3/Skl über Vorgänge Rumänien bestätigt.

2. Deutsche Dienststellen Bukarest z. Zt. abgeschnitten. 5. Luftwaffen-Feld-Div. hat Befehl, deutsche Dienststellen freizukämpfen.

3. Führer gibt Befehl für Admiral Schwarzes Meer: ›Sofortige Besetzung Hafen Konstanza und Umgebung durchführen.‹

4. Generaloberst Friesner zum Wehrmacht-Befehlshaber Südost ernannt. Aufgabe: Zusammenfassung Kräfte aller drei Wehrmachtteile zur Liquidierung Aufgabe Rumänien.

5. Führer hat an Reichsaußenminister Befehl gegeben zum Aufruf an rumänisches Volk in unserem Sinne. ›Einschaltung der rum. Eisernen Front.‹ 1/Skl unterrichtet anschließend Gruppe Süd von Ziffer 4 und 5 vorstehenden Fs.«

**7.30 Uhr**

erhält A.S.M. von Gruppe Süd folgende Weisung:

» 1. Mit allen Mitteln Eindringen Russen Konstanza und Benutzung Hafens verhindern.

2. Dabei auch gegen Rumänen alle Maßregeln treffen gegen Versuche, Erfüllung Aufgabe zu verhindern.«

**12.25 Uhr**

teilt Adm. F.H.Qu. fernmündlich mit, daß Kmdr. Gen. dt. Lw in Rumänien 3.30 Uhr gemeldet hat. »Durchgeschlagen und zusammen mit SS-Brigadeführer Hoffmeyer Befehl in Ploesti übernommen.« GenO. Friesner ist zum Wehrmachtsbefehlshaber ernannt. Bereich bisheriges Gebiet Heeresgruppe Südukraine zuzüglich Rumänien.

**13.00 Uhr**

meldet M.Att. folgende von OKW/W.F.St. A.G. erlassene Sprachregelung zur Lage Rumänien: »Entwicklung noch im Fluß und noch

nicht übersehbar. Es ist offenbar, daß eine rumänische Clique unter
Mitwirkung des Königs, wie seine Proklamation zeigt, mit dem
Feind Verbindung aufgenommen und eine neue Regierung gebildet
hat. Inzwischen ist nationale Gegenregierung gebildet worden. Weitere Gegenmaßnahmen militärischer Natur sind im Gange.«

17.20 Uhr
übermittelt Adm. F.H.Qu. Lageunterrichtung, in der es bezüglich
Rumäniens heißt:
    »Gruppe Gerstenberg (5. Flak-Division und zugeführte Kräfte)
steht vor Bukarest.
    Sender Bukarest in eigener Hand. Eindringen in die Stadt er-
schwert durch Verminung aller Ausfahrtstraßen und Vorhanden-
sein schwerer Waffen bei Rumänen. Bis Mittag dreimal deutscher
Luftangriff auf Stadt mit guter Wirkung. Fernmündlich übermittelt Lagebeurteilung General Hansen wird nicht geteilt. Ungarn
marschieren bei Klausenburg gegen Rumänen. Im deutsch-ungari-
schen Verhältnis anscheinend Entspannung.«
    Ferner:
    »Führer weist in Lage auf Wichtigkeit Besetzung rumänischer
Kriegsfahrzeuge, besonders Donau-Monitor, hin.« 1/Skl übermittelt letzteren Hinweis anschließend als KR-Fs. an Gruppe Süd und
A.S.M. sowie Sonderbev. Donau mit Zusatz: »Durchführung mit
allen Mitteln sicherstellen.«

23.15 Uhr
erhält Gruppe Süd Weisung, sämtliche bisher vorgesehenen Liefe-
rungen an rumänische Kriegsmarine, wie S-Boote, R-Boote, MFP
usw., sofort abzustoppen. Übrige beteiligte Stellen werden von
M Rü benachrichtigt.

II)
15.20 Uhr
ergeht von OKW/W.F.St. folgende Weisung:

## Anlage 6

### Vergleich der Truppenstärke
### im Raum Konstanza am 25. August 1944

| Deutsch | Rumänisch |
|---|---|
| 1. Batt. »Tirpitz« ⋯ 700 Mann | 1. Verstärkte 9.I.D. ⋯ 20 000 Mann |
| – 3 x 28-cm | – mit 120 Geschützen |
| – 4 x 7,5-cm | von 7,5-cm an aufwärts |
| – 4 x 7,5-cm-Flak | – 800 MG 34 |
| – 6 x 2-cm | – Pak-Gr. Werfer-pp. |
| | – 25 Tigerpanzer |
| 2. 3-Alarm-Batl. (mit teilweise geringem Kampfwert und nur leichten Inf.-Waffen) ⋯ 2000 Mann | 2. 1 abge. Kav.Div. ⋯ 10 000 Mann |
| 3. Verschiedene Splittergruppen ⋯ 1000 Mann | 3. Marine-Landeinheiten (Batt.-Sch.St.Abtlg.-Basisorganisation): mindest. ⋯ 8000 Mann |
| | 4. L-Waffe ⋯ ? |
| | 5. Flak ⋯ ? |
| insgesamt: ca. 3700 Mann | mindest. 38 000–40 000 Mann |

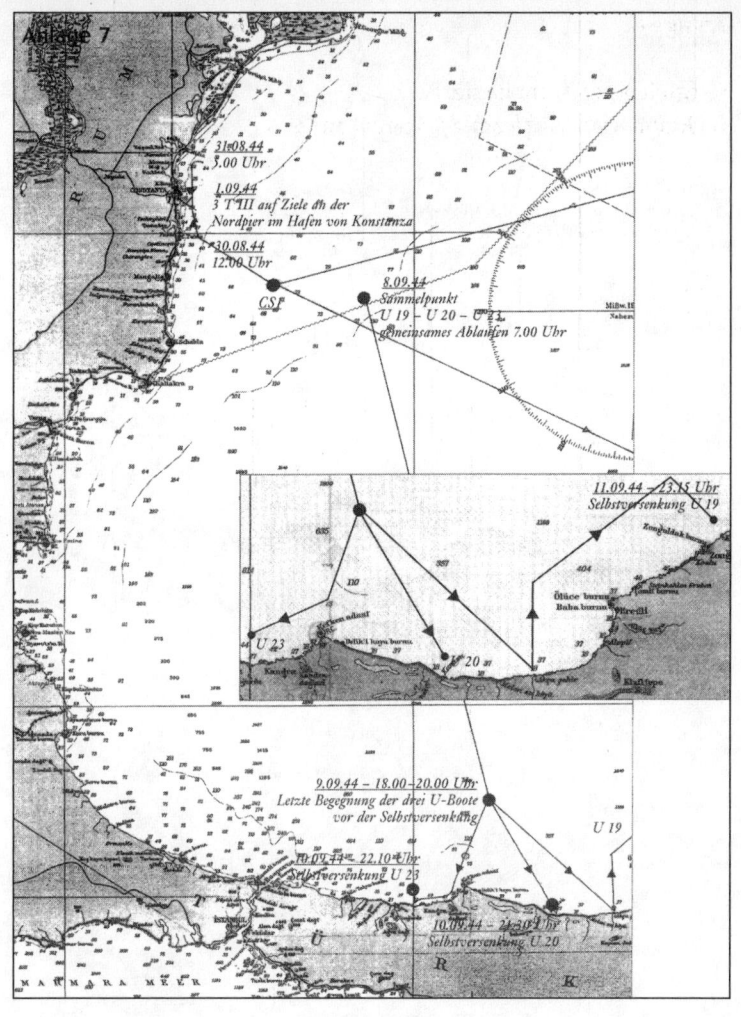

Anlage 7

31.08.44
5.00 Uhr

1.09.44
3 T III auf Ziele dh der
Nordpier im Hafen von Konstanza

30.08.44
12.00 Uhr

CSP

8.09.44
Sammelpunkt
U 19 – U 20 – U 21
gemeinsames Ablaufen 7.00 Uhr

11.09.44 – 13.15 Uhr
Selbstversenkung U 19

U 23

U 20

9.09.44 – 18.00–20.00 Uhr
Letzte Begegnung der drei U-Boote
vor der Selbstversenkung

U 19

10.09.44 – 22.10 Uhr
Selbstversenkung U 23

10.09.44 – 21.30 Uhr
Selbstversenkung U 20

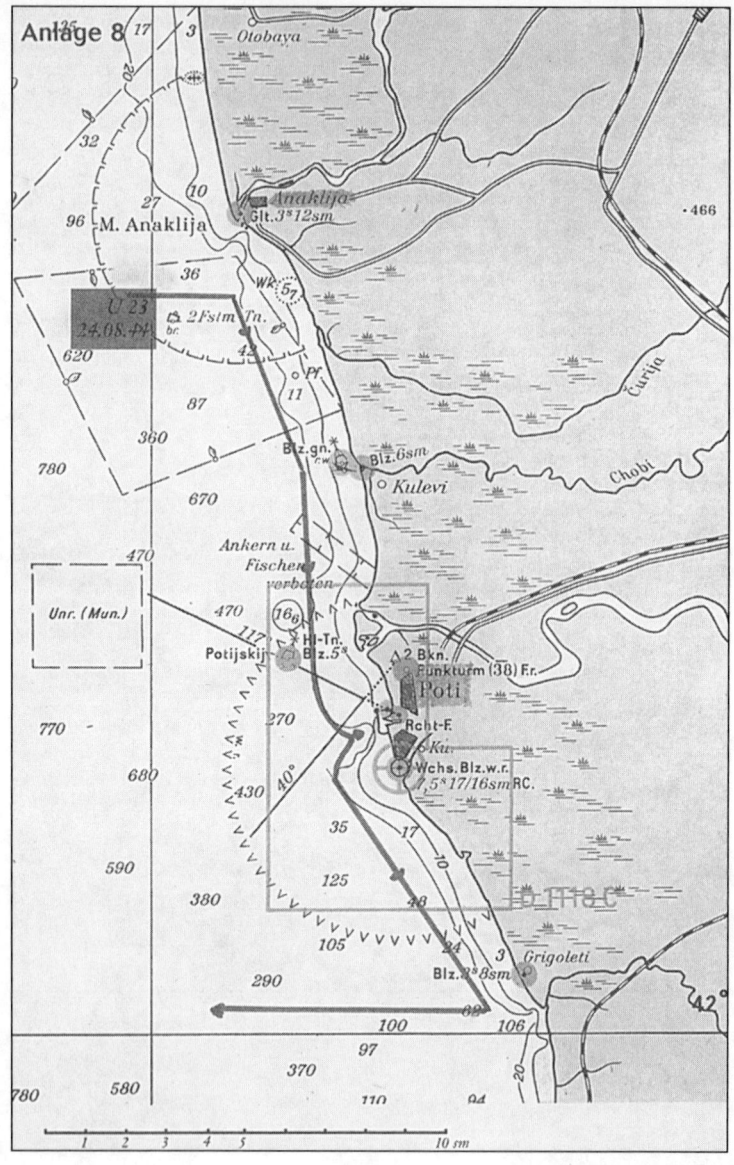

Anlage 8

316

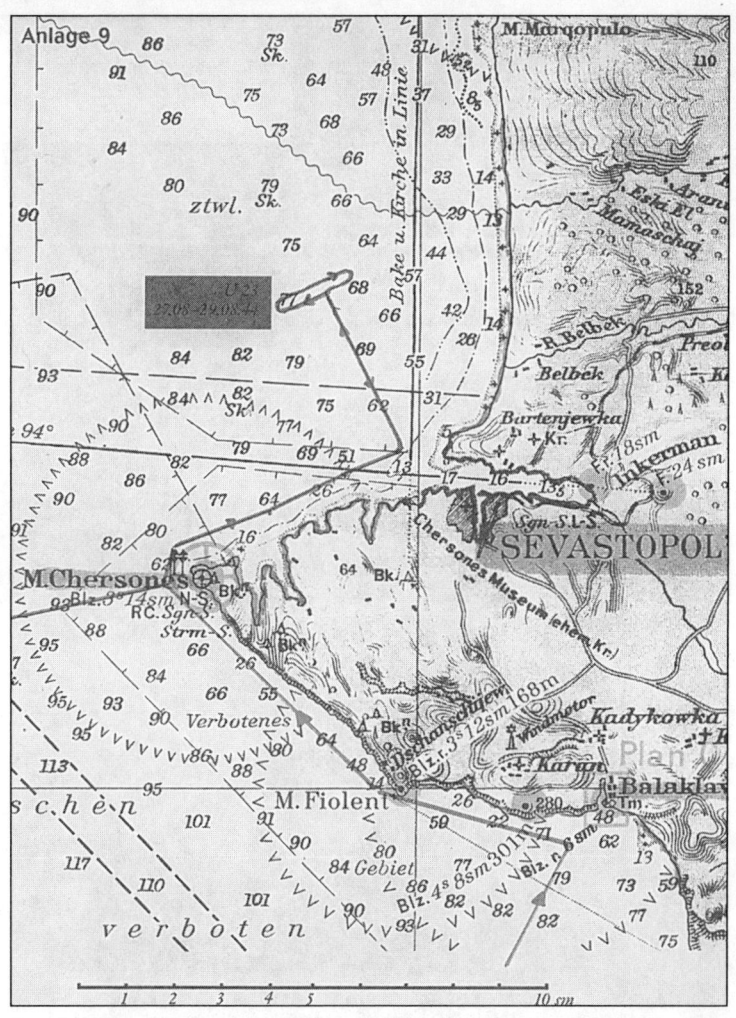

Anlage 10

*Konstanza* – Hafen und Stadt
Stützpunkt der 30. U-Flotille
Luftaufnahme der Allierten
vom 31. Mai 1944

**Besatzungsliste U 23**

| Nr. | Rang | Name | Datum | Ort | Crew/Nr. | Beruf | |
|---|---|---|---|---|---|---|---|
| 1. | OLt.z.See | Arendt, Rudolf | 25.01.23 | Ballenstedt | Crew X 40 | Seeoffizier | |
| 2. | Lt.z.See | Theuring, Herbert | 03.03.24 | Köln | Crew V 41 | Seeoffizier | |
| 3. | Lt.Ing. | Schneider, Karl | 12.11.22 | Köln | | Ing.-Offz. | |
| 4. | Lt.z.See | Kratzenberg | 26.02.24 | | | Seeoffizier | |
| 5. | Ob.Masch. | Stober, Georg | 25.07.16 | Wohlau | UO 598/35 T | Masch.-Schlosser | Geselle |
| 6. | Ob.Strm. | Bierwirth, Heinr. | 28.10.16 | Berka | UN 1250/36 S | Landwirt | |
| 7. | Btsmt. | Wolf, Gustav | 04.03.19 | Dickenschied | UN 5590/39 S | Schneider | Geselle |
| 8. | Btsmt. | Hrabak, Ewald | 11.02.20 | Homberg | UN 1464/41 S | Bergmann | |
| 9. | Fk.Mt. | Heidelberg, H.-G. | 01.05.20 | Rüningen | UO 3649/40 T | Masch.-Schlosser | Geselle |
| 10. | Ob.Mech.Mt. | Bernsdorf, Herbert | 11.07.20 | Bromberg | UO 267/40 | Werkzeugmacher | Geselle |
| 11. | Ob.Masch.Mt. | Vogt, Heinz | 01.04.20 | Gelsenkirchen | UN 2253/39 T | Klempner | Geselle |
| 12. | Ob.Masch.Mt. | Welzel, Helmut | 09.01.21 | Oberrathen | UO 8883/40 T | Schmied | Geselle |
| 13. | Ob.Masch.Mt. | Geuting, Karl | 09.04.22 | Bocholt | UN 41 57/39 T | Masch.Schlosser | Geselle |
| 14. | Masch.Mt. | Reinhard, Helmut | 12.07.21 | Bunzlau | UO 1137/40 T | Masch.-Bauer | Geselle |
| 15. | Masch.Mt. | Eggert, Karl | 11.04.24 | Weberin | UO 7086/41 T | Betriebsschlosser | Geselle |
| 16. | Matr.Ob.Gefr. | Schernus, Kurt | 08.10.21 | Insterburg | UO 639/41 S | Schneider | Geselle |
| 17. | Matr.Ob.Gefr. | Seidel, Herbert | 04.03.23 | Neukirchen | UN 12215/41 S | Strumpfwirker | |
| 18. | Matr.Ob.Gefr. | Brozulat, Wilhelm | 04.02.23 | Remscheid | UN 23058/41 S | Walzer | |
| 19. | Matr.Gefr. | Dohrn, Walter | 23.04.22 | St. Margarethen | UN 1024/43 | Seemann | |
| 20. | Matr.Gefr. | Lemke, Horst | 21.06.26 | Königsberg | UO 23021/43 | Uffz.-Vorschüler | |
| 21. | Matr.Gefr. | Schwarz, Fritz | 22.02.26 | Weitzdorf | UO 22799/43 | Uffz.-Vorschüler | |
| 22. | Matr.Gefr. | Schöttger, Willy | 16.07.26 | Rinteln | UO 22769/43 | Uffz.-Vorschüler | |
| 23. | Fk.Ob.Gefr. | Czekala, Herbert | 17.07.24 | Bochum | UN 57258/42 | Stahlformer | Geselle |
| 24. | Mech.Ob.Gefr. | Limberger, Walter | 04.10.24 | Donaueschingen | UO 34899/42 | Elektriker | Geselle |
| 25. | VerwOb.Gefr. | Bahr, Horst | 05.05.24 | Grieslienen | UN 22379/41 S | Bäcker | Geselle |
| 26. | Masch.Ob.Gefr. | Gräßler, Hans | 06.05.23 | Chemnitz | UO 4638/41 T | Masch.-Schlosser | Geselle |
| 27. | Masch.Ob.Gefr. | Schönherr, Arno | 14.02.19 | Plaue | UO 10075/41 T | Masch.-Schlosser | Geselle |
| 28. | Masch.Ob.Gefr. | Schubert, Werner | 21.09.21 | Jena | UO 17355/42 D | Werkzeugmacher | Geselle |
| 29. | Matr.II | Kohler, Otto | 12.05.23 | Heidenheim | UN 15050/43D | Masch.-Schlosser | Geselle |

**Anlage 12**

Aus: Akten zur Deutschen Auswärtigen Politik 1918–1945 Serie
D, 1937–1941, Band XII, l

Dokument Nr. 113
F11/0308-10

Der Führer an den Präsidenten der Türkischen Republik

1. März 1941

Herr Präsident!

In dem Kampf, der gegen den Willen der Deutschen Regierung
durch die englisch-französische Kriegserklärung vom 3. September 1939 dem deutschen Volk aufgezwungen wurde, ist es das
Ziel des Deutschen Reiches, nunmehr den britischen Einfluß auf
dem Kontinent zu beseitigen. Es wird dies die Voraussetzung
sein, einer jahrhundertelangen Methode des Ausspielens der
Kräfte Europas gegeneinander ein Ende zu bereiten. Die fortge-
setzten Bemühungen Englands, in den verschiedenen Gebieten
Europas militärischen Einfluß zu gewinnen, zwingen daher das
Deutsche Reich zu Abwehrmaßnahmen, die in keinem Zusammenhang stehen mit irgendwelchen deutschen Absichten territo-
rialer oder politischer Art in diesen Gebieten. Ich nehme daher
die Gelegenheit wahr, um Ihnen, Exzellenz, in diesem Augenblick, da sich die britischen Maßnahmen – auf griechischem Territorium Fuß zu fassen – immer drohender abzeichnen, mitzuteilen, daß ich mich entschlossen habe, unter diesen Umständen
deutscherseits gewisse Schritte zu unternehmen, denen ein vor-
beugender Charakter zukommt.

Ich habe deshalb die Bulgarische Regierung gebeten, daß Teilen
der deutschen Wehrmacht gestattet wird, in diesem Sinne bestimmte Sicherungsmaßnahmen durchzuführen. Bulgarien, das jeher in einem freundschaftlichen Verhältnis zu Deutschland stand,
hat diese Beziehung durch den Beitritt in den Dreierpakt noch ver-
engt und in der Gewißheit, daß sich die beabsichtigten Maßnah-

men nicht gegen die Türkei richten, demgemäß auch die Erlaubnis zur Durchführung der erwähnten Schritte gegeben.

Ich nehme die Gelegenheit auch nun meinerseits wahr, um Ihnen, Exzellenz, feierlich mitzuteilen, daß sich diese deutschen Schritte in keiner Weise gegen die territoriale oder politische Integrität der Türkei zu richten beabsichtigten. Im Gegenteil: In Erinnerung an einen großen gemeinsamen Schicksalskampf und den sich daran anschließenden jahrelangen Leidensweg möchte ich Ihnen versichern, daß meiner tiefsten Überzeugung nach zwischen Deutschland und der Türkei auch in Zukunft alle Voraussetzungen für eine wahre freundschaftliche Zusammenarbeit gegeben sind, denn:

1. besitzt Deutschland in diesen Gebieten überhaupt keine territorialen Interessen. Sofort nach Beseitigung der erwähnten Gefahren werden daher die deutschen Truppen Bulgarien und – in Übereinstimmung mit dem Willen des Staatsführers Antonescu – ebenso auch Rumänien wieder verlassen.

2. Die wirtschaftliche Entwicklung, die nach dem Ende dieses Krieges bestimmt ist, die europäischen Wunden zu heilen, wird Deutschland und die Türkei zwangsläufig wieder zu engen Handelspartnern machen. Es ist dabei entscheidend, daß Deutschland nicht nur interessiert ist am Verkauf seiner industriellen Fabrikation, sondern auch geeignet ist, seinerseits als großer Einkäufer aufzutreten.

Darüber hinaus glaube ich, daß die nach diesem Krieg eintretenden territorialen Neuordnungen Deutschland niemals in einen Gegensatz zu den Zielen der türkischen Politik bringen können, sondern im Gegenteil auch hier eine Annäherung der beiden Staaten, sowohl für die Interessen der Türkei als auch für die Achse, vorteilhaft sein wird.

Ich sehe daher weder jetzt noch für die Zukunft irgendeinen Grund, der jemals Deutschland und die Türkei zu Gegnern machen könnte. Ich habe deshalb auch angeordnet, daß die in Bulgarien einmarschierenden deutschen Verbände so weit von der türkischen Grenze abgesetzt bleiben, daß daraus nicht ein falscher Schluß über den Zweck ihres Dortseins gezogen werden kann, es sei denn, daß es die Türkische Regierung für nötig erachtet, ihrerseits Maßnahmen mit dem Ziel zu treffen, uns zu einer Änderung dieser Haltung zu zwingen. An der Entschlossenheit, den britischen Maßnahmen – auf griechischem Territorium Fuß zu fassen – entgegenzutreten, würde aber auch dies nichts ändern.

Nehmen Sie, Exzellenz, diesen Brief entgegen als den Ausdruck meines aufrichtigen Willens, das Verhältnis Deutschlands zur Türkei unter keinen Umständen zu verschlechtern, sondern, wenn irgend möglich, zu verbessern und zu einem für beide Teile auch für die fernere Zukunft fruchtbaren zu gestalten.

gez. Adolf Hitler

Oberkommando der Kriegsmarine

B-Nr.1.Skl.I i 40 365/44 geh.

Berlin, den 12. Novbr. 1944.

**Geheim** 199

gef.

gel.

abges. X 12/11

mit 2 Anlagen

Vfg.

I.) Schreibe:

**Schnellbrief!**

An das

Auswärtiges Amt

– zu Hd.d.Herrn Geheimrat Conrad Roediger –

B e r l i n .

Betr.: Schiffbrüchige deutsche Soldaten in der Türkei.

      Im Nachgang zu B-Nr. 1.Skl. I ia 37 827/44
vom 24.10.1944 wird um Mitteilung gebeten, ob die Zahl und
die Namen der in der Türkei festgehaltenen deutschen Marineange-
hörigen inzwischen durch die Schutzmacht festgestellt werden konnte. Gleichzeitig wird gebeten, durch die Schutzmacht
alle Möglichkeiten erschöpfen zu lassen, um den nach deutscher
Auffassung zu Unrecht Internierten jede nach Lage der Verhältnisse angängige Betreuung angedeihen zu lassen. So wird den
Internierten insbesondere auch Gelegenheit zu geben sein,
durch das Internationale Rote Kreuz mit ihren Verwandten in
Postverbindung zu treten. Auch wäre die baldmöglichste Übermittlung der Anschriften der Internierten erwünscht, damit diese evtl. noch Weihnachtspost aus der Heimat über Genf erhalten können.

gef.

gel.

abges.

mit 2 Anlagen

Setze auf Abschr. von I.):

Abschriftl.: An

Mar Wehr I Tr.

      mit der Bitte um vorläufige Kenntnisnahme.

Chef/Skl. i.A. 1.Skl.

I a

I i

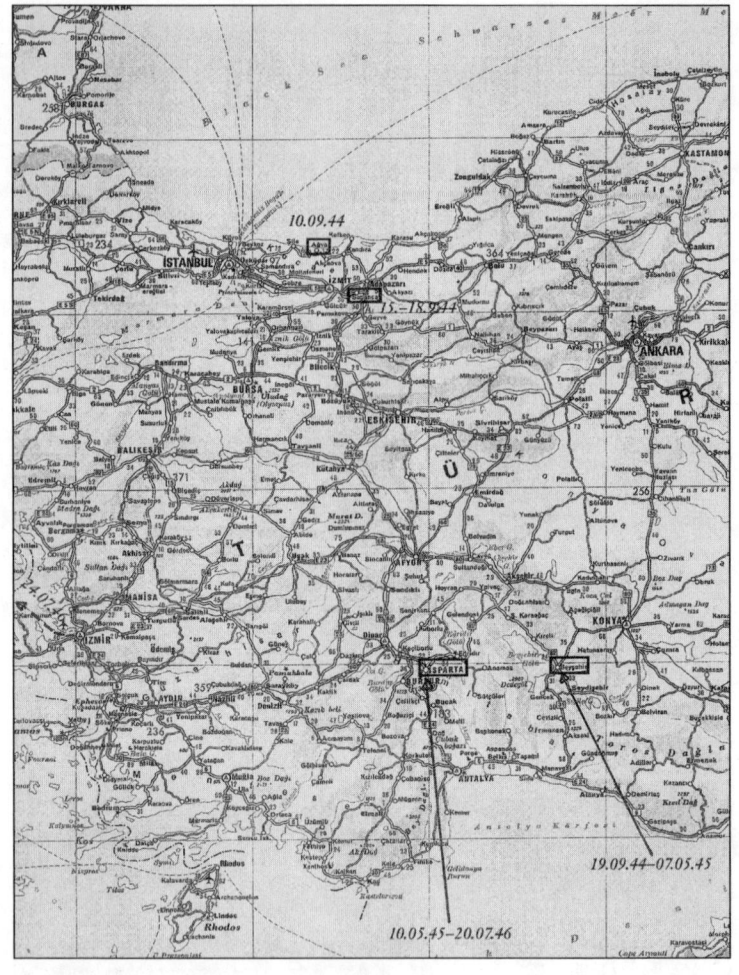

10.09.44

15.–18.9.44

19.09.44–07.05.45

10.05.45–20.07.46

**Offiziere des Kriegsgefangenenlagers Isparta Türkei**

| | | | | | |
|---|---|---|---|---|---|
| 1. | Major | Lorenz, Friedrich | 01.04.02 | Waltershausen | KorpsGruppeSaloniki – O.F.K. 391 |
| 2. | K.V.Rat | Aumer, Josef | 29.07.90 | Stein/Obb. | Diplom-Landwirt |
| 3. | Hauptmann | v. Kruse, Horst | 03.07.91 | Ostpreußen | Landrat |
| 4. | Rittmeister | Gause, Heinrich | 05.02.96 | Celle | Wehrbezirksangestellter |
| 5. | Bez.Zollkom. | Rederzky, Erich | 23.05.02 | Heinrichswalde/Ostpr. | |
| 6. | Hauptmann | Hintzken, Bernhard | 16.11.97 | Essen | Buchhalter |
| 7. | Ob.Zahlmstr. | Petroschka, Bruno | 30.01.04 | Tilsit | |
| 8. | OLt. | Wagner, Vinzenz | 28.07.95 | Wien | |
| 9. | OLt. | Pelz, Viktor | 10.09.96 | Sigmundsberg N.D. | Wirtschaftsprüfer |
| 10. | OLt. | Müller, Ernst | 10.08.07 | Mähr. Schönberg | Bankbeamter |
| 11. | Pol.Insp. | Bosse, Hermann | 25.06.06 | Ahlfeld/Leine | Postrat |
| 12. | ObZollSek. | Schilling, Alois | 18.03.91 | Oggelshausen | |
| 13. | ObZollSek. | Martin, Wilhelm | 01.03.88 | Worms | |
| 14. | ObZollSek. | Milde, Paul | 06.10.02 | Schlesien | |
| 15. | ObZollSek. | Stolz, Christian | 17.04.90 | | |
| 16. | Gefr. | Jäger, Robert | 28.08.09 | Basel | Dolmetscher des Offiziers-Lagers |
| 17. | OLt.z.S. | Grafen, Karl | 09.05.15 | Essen | |
| 18. | OLt.z.S. | Ohlenburg, Willy | 12.03.15 | | |
| 19. | OLt.z.S. | Arendt, Rudolf | 25.01.23 | Ballenstedt/Harz | |
| 20. | OLt.z.S. | Verpoorten, Hubert | 07.09.22 | | |
| 21. | Lt.z.S. | Hennings, Wilhelm | 26.02.07 | Hamburg-Harburg | |
| 22. | Lt.z.S. | Frege, Edgar | 03.02.24 | Eisenach | |
| 23. | Lt.z.S. | Theuring, Herbert | 03.03.24 | Köln-Lindental | |
| 24. | Lt.Ing. | Lange, Karl-Heinz | 05.11.22 | Hannover | |
| 25. | Lt.Ing. | Schneider, Karl | 12.11.22 | Köln-Mühlheim | |
| 26. | Lt.z.S. | Leithoff, Wolfgang | 20.03.25 | Stettin | |
| 27. | Lt.z.S. | Bellin, Hans | 12.02.24 | Potsdam | |
| 28. | Lt.z.S. | Kratzenberg, Karl-B. | 26.02.24 | | |
| 29. | Lt.Ing. | Arndt, Fritz | 23.12.20 | Lübeck | |
| 30. | OLt. | Schuhmann, Kurt | 13.11.03 | Leitz | |
| 31. | Lt. | v. Davier, Gephard | 26.03.21 | Hasselburg | |
| 32. | Hauptmann | Degenhart, Franz | 05.10.00 | Isen | |
| 33. | Lt. | Polster, Fritz | 28.03.21 | Lauf/Nürnberg | |

**Anlage 16**

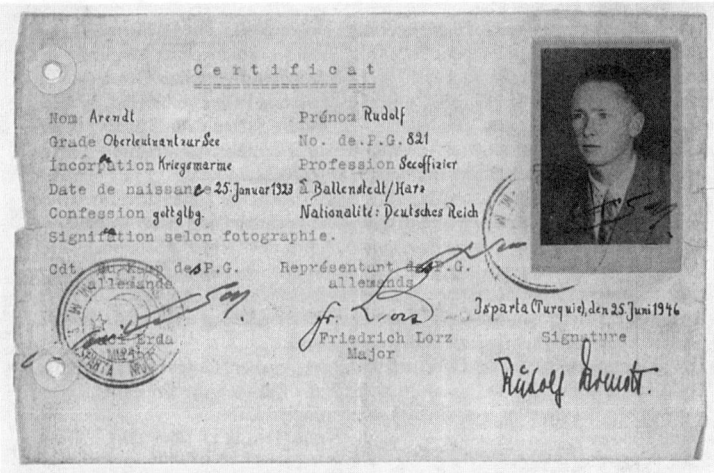

Leutnant und Dolmetscher in Ağva
11.–15. September 1944

Oberstleutnant, Vernehmungsoffizier
in Ağva
14. September 1944

326

**Anlage 17**

Im Nachgang zur diesseitigen Verbalnote Nr. 3905 vom 26. Januar 1945 betreffend die Übermittlung des telegraphischen Berichtes der Schweizerischen Gesandtschaft in Ankara über den Besuch der im Lager Beyşehir internierten deutschen Reichsangehörigen beehrt sich das Eidgenössische Politische Departement, Abteilung für fremde Interessen, der Deutschen Gesandtschaft in der Anlage den ihm kürzlich zugegangenen ausführlichen schriftlichen Bericht der beauftragten Lagerinspektoren zu übermitteln.

Wie der Schweizerische Gesandte in Ankara hierzu noch bemerkt, hatten die dort und in Istanbul den zuständigen türkischen Behörden unterstellten Mitglieder der ehemaligen Deutschen Gesandtschaft und des früheren Deutschen Generalkonsulates im Rahmen einer freiwilligen Unterstützungsaktion Pakete vorbereitet, die Kleider, Socken, Spielzeug usw. enthielten. Diese Pakete sollten damals unter Mitwirkung des Roten Halbmondes den Internierten zugeführt werden und dürften inzwischen längst in den Besitz der Bedachten gekommen sein.

Da im Zeitpunkt der Internierung und des Lagerbesuchs die Türkei dem Deutschen Reich noch nicht den Krieg erklärt hatte, war die Rechtsstellung dieser Internierten bzw. die Frage der Anwendung der Bestimmungen des Genfer Abkommens nach türkischer Auffassung noch ungeklärt. Die Schweizerische Gesandtschaft in Ankara ist angewiesen worden, festzustellen, ob die Behandlungsweise dieser Internierten durch die türkischen Behörden inzwischen eine Änderung erfahren hat und das Genfer Abkommen auf sie jetzt Anwendung findet.

Einige Internierte haben dem Wunsch Ausdruck gegeben, ferngetraut zu werden. Das Departement wäre der Gesandtschaft für

327

die Bekanntgabe der einschlägigen gesetzlichen Bestimmungen zwecks Weiterleitung dankbar.

Unter Hinweis auf die diesseitige Verbalnote Nr. 10737 vom 13. März 1945, mit welcher die türkischerseits in Aussicht gestellte Verlegung des Lagers Beyşehir in eine klimatisch gesündere Gegend der Gesandtschaft mitgeteilt worden war, ist zu bemerken, daß nach einem soeben eingetroffenen Telegramm der Schweizerischen Gesandtschaft in Ankara das türkische Außenministerium nun mitteilte, daß die zuständigen militärischen Behörden gegenwärtig eine Untersuchung über das angeblich ungesunde Klima der Gegend von Beyşehir durchführen.

Das Departement wird nicht verfehlen, die Gesandtschaft zu gegebener Zeit wieder zu unterrichten.

Bern, den 18. April 1945

Beilage:

1 Bericht (10)

Bericht über den Besuch im deutschen Militärinterniertenlager in Beyşehir (Türkei) am 20. Dezember 1944

| | |
|---|---|
| Lagerbezeichnung: | Deutsches Militärinternier-tenlager in der Türkei |
| Anschrift: | Beyşehir-Konya |
| Fassungsvermögen: | max. 268 |
| Lagerkommandant: | Major Naçi Erda (Türke) |
| Belegstärke am Besuchstag: | |
| Heer: | 155 Mann wovon 14 Offiziere 124 Unteroffiziere 17 Soldaten |
| Marine: | 61 Mann wovon 9 Offiziere 32 Unteroffizier 20 Matrosen |
| Grenzwachtkorps und Zollorgane: | 50 Mann wovon 5 Offiziere |
| | zusammen 28 Offiziere 193 Unteroffiziere und Soldaten ferner 1 Dolmetscher 1 Polizeiinspektor |
| | insgesamt 268 Reichsdeut-sche |
| Vertrauensmann: | Major Friedrich Lorz |
| Besuchstag: | 20. Dezember 1944 |
| Besucher: | Jacques Mallet – Franco Bruni Willy Mamboury (Dolmetscher) |

1.    Das Lager ist in Zentralanatolien gelegen, weit entfernt von jeglicher militärischer Anlage. Das Dorf Beyşehir befindet sich am Ufer des gleichnamigen Sees und liegt in einer Höhe von 1200 m. Die nächstgelegene Eisenbahnstation befindet sich in Konya, einer Stadt von 80 000 Einwohnern. Beide Orte sind durch eine Fahrstraße, welche einen 1300 Meter hoch gelegenen Paß überquert, verbunden und liegen etwa 100 Kilometer auseinander. Da sich in Beyşehir zahlreiche Fälle von Malaria ereignet haben, muß die Gegend als ungesund bezeichnet werden.

2./3.  Dieses Lager diente ursprünglich als Unterkunft für eine türkische Garnison und besteht aus

a)    1 Hauptgebäude, das für den türkischen Kommandanten bestimmt ist,

b)    3 Bauten, in welchen sich die Schlafsäle und das Refektorium befinden,

c)    1 Einrichtung mit sanitären Anlagen,

d)    1 Krankenhaus,

e)    den Küchen,

f)    1 Werkstatt.

INNERE EINRICHTUNGEN

4.    Das Lager besitzt keine elektrische Einrichtung, und zu Beleuchtungszwecken sind ausschließlich Petrollampen vorhanden. Die verschiedenen Räume werden mit Öfen geheizt. Die Belüftung der Schlafräume muß als ungenügend bezeichnet werden. Ungefähr 130 Mann sind im gleichen Raum untergebracht, der ungefähr 25 Meter lang, zehn Meter breit und fünf Meter hoch ist.

5.    Da die genannten Gebäulichkeiten aus Stein gebaut sind, erscheint die Brandgefahr nicht groß, allerdings sind überhaupt keine Löschgeräte vorhanden.

6.    Ein Schlafsaal besteht aus 120 Pritschen, welche in vier

Reihen angeordnet sind, jeweils zwei Pritschen übereinander. Da diese Pritschen nur 60 cm breit sind, verfügt jeder Internierte nur über sehr wenig Platz. Auf den Liegestellen befinden sich genügend ausgestopfte Schlafsäcke. Jeder Internierte besitzt eine Wolldecke und zwei Kissen, wie denn auch der türkische Soldat reglementarisch nur eine Wolldecke zugeteilt erhält.

7.    Der Wortlaut des Genfer Abkommens vom 27. Juli 1929 betreffend die Behandlung der Kriegsgefangenen ist im Lager nicht angeschlagen.

Da sich in diesem Zeitpunkt die Türkei und Deutschland nicht miteinander im Kriege befanden, war die Rechtsstellung der deutschen Internierten nach türkischer Auffassung noch nicht geklärt bzw. die Frage der Anwendung der Bestimmungen des Genfer Abkommens auf sie noch offen.

Die Befehle des Lagerkommandanten an die Internierten werden in türkischer Sprache gegeben und sofort durch einen internierten Dolmetscher seinen Landsleuten übersetzt. Alle an die Internierten gerichteten schriftlichen Mitteilungen sind in deutscher Sprache abgefaßt.

SANITÄRE ANLAGEN

8.    Es sind acht türkische Aborte vorhanden, deren sanitäre Installationen den hygienischen Anforderungen entsprechen. Allerdings ist der Raum selbst kalt und feucht.

9.    Das Lager besitzt kein fließendes Wasser; dieses muß durch die Internierten aus etwa 800 Meter Entfernung herbeigeholt werden. Im gleichen Raum, in dem die Latrinen eingebaut sind, befinden sich auch sechs Wascheinrichtungen.

Außerdem haben die Internierten die Möglichkeit, sich einmal wöchentlich nach den türkischen Bädern in Beyşehir zu begeben.

10.     Es werden täglich drei Mahlzeiten verabreicht.
11.     Die Nahrung ist sowohl hinsichtlich der Qualität als auch der Quantität besser als diejenige der Ersatztruppen.
12.     Die täglichen Zuteilungen betragen je Person ungefähr 200 g Fleisch und 700 g Brot.
13.     Verpflegung am Besuchstag
    Frühstück:   Fleischbrühe, Kaffee, Schwarztee oder Lindenblütentee, Brot, Käse
    Mittagessen: Makkaroni, Ochsenfleisch
    Abendessen: Nudeln, gedörrte Bohnen, Früchte.
14.     Die Küche befindet sich in einem Sondergebäude, getrennt von den übrigen. Die Grundsätze der Hygiene scheinen auch in diesem Ressort Beachtung zu finden.

Die Internierten empfanden kein Bedürfnis, ihre Verpflegung durch Zulagen zu verbessern.

Auf Anordnung des Arztes werden den Kranken besondere Speisen zubereitet.

15.     Es gab bisher keinerlei Strafen, die eine Einschränkung in der Verpflegung bedeutet hätten.

ÄRZTLICHE BETREUUNG UND HYGIENE

16.     Das Krankenhaus ist in einem besonderen Bau eingerichtet und verfügt über 20 Plätze. Die ärztliche Leitung liegt in den Händen eines türkischen Sanitätsmajors.
17.     Das ärztliche Instrumentarium ist rudimentär. Es gibt keinen Desinfektionsraum.
18.     Der Lagerarzt hat bedauerlicherweise nicht genügend Medikamente zu seiner Verfügung. Zwar erklärt der Vertrauensmann, daß die ärztliche Betreuung gut sei. Er teilt ferner mit, daß ungefähr die Hälfte der Internierten an Malaria erkrankt sei, welche Krankheit sie sich seit ihrer Internierung in Beyşehir zugezogen hätten. Infolge Fehlens der Heilmittel konnten auch keine prophylaktischen Maßnahmen gegen die Malaria getroffen werden. Dabei wäre

es aber wünschenswert, daß jeder Internierte zum Vorbeugen über eine tägliche Minimaldosis Chinin verfügen würde.

Für die Zahnbehandlung müssen sich die Internierten nach Konya begeben, da der sich unter ihnen befindliche Zahnarzt ebenfalls keine Instrumente besitzt.

19. Am Besuchstage betrug die Anzahl der Kranken 30. Die meisten von ihnen hatten Malaria-Anfälle. Da im Krankenhaus nur 18 Betten zur Verfügung standen, befanden sich die übrigen Kranken auf ihren Pritschen im Schlafsaal.

20. Da zu diesem Zeitpunkt die Türkei mit Deutschland noch nicht im Kriege stand, war noch keine gemischte Ärztekommission gebildet. (Art. 69 des Genfer Abkommens)

21. Zwei Todesfälle infolge Malaria sind zu verzeichnen. Der Internierte Alois Ostermeier starb während der Überführung ins Krankenhaus Konya am 5. Oktober 1944. Im Krankenhaus Konya selbst starb am 29. September 1944 ebenfalls infolge Malaria der Internierte Karl Preuss. Beide wurden im christlichen Friedhof von Konya beerdigt.

BEKLEIDUNG

22. Die Unteroffiziere und Soldaten tragen die türkische Uniform. Diese besteht aus kastanienbraunem Stoff und setzt sich aus einer Hose, einer kurzen Bluse und einem Kaput zusammen. Der größte Teil der Internierten besitzt keine Unterwäsche zum Wechseln. Der Lagerkommandant erklärte, daß er nächsthin Leibwäsche verteilen lasse, was dann in der Tat am 22. Dezember erfolgte, nämlich 267 Paar Socken und 267 Unterkleider.

Der Lagerkommandant ließ ferner die sich in schlechtem Zustand befindlichen Schuhe der Internierten gegen türkische Ordonnanz-Schnürstiefel austauschen. Die Offiziere tragen Zivil, doch sind ihre Kleider aus demselben Tuch wie die Uniform der Mannschaften.

23. Die Internierten sind im Besitz ihrer Effekten und persönli-

chen Gebrauchsgegenstände, was den Bestimmungen des Art. 6 des Genfer Abkommens vom 27. Juli 1929 entspricht.

Die zuständigen türkischen Stellen haben sich damit einverstanden erklärt, daß die Internierten ihre eigene Uniform bei sich behalten dürfen.

WÄSCHEREI

24.  Die Internierten können ihre Wäsche selbst waschen und erhalten dazu hinreichend Seife.

GELD UND UNTERSTÜTZUNG

25.  Die Internierten konnten die Geldbeträge, welche sie bei ihrer Festnahme bei sich trugen, behalten. Sie haben die Möglichkeit, diese Gelder beim Lagerkommando zu deponieren.

Die Offiziere wohnen in einem Gasthof; die dadurch entstehenden Kosten trägt die türkische Regierung. Andererseits müssen die Offiziere für ihre Verpflegung selber aufkommen, deren Kosten monatlich pro Kopf etwa ŁT 40,– betragen. Das Gehalt der beiden Zivil-Ordonnanzen, welche den Offizieren zugeteilt sind, geht zu Lasten der türkischen Regierung. Die zuständigen türkischen Stellen verabfolgen den Offizieren einen Tagessold in der Höhe von ŁT 4,–. Monatlich wird jedem Offizier der Betrag von ŁT 10,– abgezogen als Betragsleistung bzw. Abzahlung an die Kosten der ihnen gelieferten Zivilkleidung.

26.  Für die Mannschaften ist der Tagessold auf ŁT 2,50 festgesetzt, wovon in Abzug kommen: ŁT –,25 für Brot, ŁT 1,20 für die Nahrung, ŁT –,35 Kleider- und Schuhentschädigung, ŁT –,10 für Bäder und Coiffeur. Es verbleibt somit ein Taschengeld von 69 Piastern.

27.  Die türkischen Behörden üben keine Kontrolle darüber aus, wieviel Geld die Internierten auf sich tragen. Dagegen

haben die Internierten keine Möglichkeit, Geldbeträge nach ihrer Heimat überweisen zu lassen.

28./35. Die Internierten sind nicht gezwungen, zu arbeiten. Sie beschäftigen sich ausschließlich mit Lagerarbeiten. Der Großteil der Internierten – und besonders auch die Offiziere – gaben dem Wunsch Ausdruck, arbeiten zu dürfen, um nicht untätig zu bleiben und gleichzeitig etwas Geld zu verdienen. Die zu diesem Zweck eingereichten Gesuche wurden indessen vom Lagerkommandanten abschlägig beschieden, und zwar auf Grund des türkischen Militärgesetzes. Die türkischen Behörden betrachten die internierten Militärpersonen nicht als Kriegsgefangene und unterwarfen sie daher auch nicht der in der Genfer Konvention festgesetzten Arbeitsverpflichtung. Der Lagerkommandant hatte dagegen keine Einwendung zu machen, daß Internierte für türkische Privatpersonen innerhalb des Lagers Arbeiten verrichteten. (Herstellung von Möbeln, Spielzeug usw.) Bedauerlicherweise fehlt es jedoch in der Werkstatt an geeignetem Werkzeug.

KANTINE

36. Es ist eine Lagerkantine errichtet worden, in welcher die Internierten sich Zigaretten, Schokolade, Toilettenartikel usw. kaufen können. Alkoholische Getränke werden jedoch erst ab 17 Uhr verabreicht.

37. Die Verkaufspreise sind gegenüber den ortsüblichen Handelspreisen um 5 Prozent erhöht.

38. Obwohl nach den Bestimmungen des Art. 12 des Genfer Abkommens vom 27. Juli 1929 die »für die Lagerverwaltung erzielten Überschüsse zugunsten der Gefangenen zu verwerten« sind, erklärte der Lagerkommandant, daß er diesen Reingewinn zur Deckung der verschiedenen Unkosten für den Lagerunterhalt, für welche ihm die türkische Regierung keine Kredite einräume, verwende.

39. Eine Beschränkung im Kauf von Tabakwaren, welche sich

die Internierten in der Kantine und im Dorf kaufen können, besteht nicht.

40./41. Unter den Internierten befindet sich kein Geistlicher. Die türkischen Behörden haben bisher auch noch keinen Gottesdienst organisiert, andererseits haben die Internierten in dieser Richtung keine Wünsche geäußert.

FREIZEIT UND SPORT

42. Die Offiziere haben das Recht, in Begleitung eines türkischen Unteroffiziers sich jeden Nachmittag zwischen 14 und 16 Uhr außerhalb des Lagers zu ergehen. Die Mannschaften haben unter Bewachung am Sonntag nachmittag Ausgang.

Die Einfriedung des Lagers verschafft genügend freien Platz, so daß die Internierten innerhalb desselben turnen und Sport treiben können.

Im Innern des Lagerbereichs können sich die Internierten frei bewegen.

43. Die Tatsache, daß die Internierten nur unter Bewachung ausgehen können, deutet darauf hin, daß die türkischen Behörden, obwohl sie den Internierten die Rechtsstellung des Kriegsgefangenen nicht zuerkennen, sie doch im Sinne der Bestimmungen des Genfer Abkommens behandeln.

Die türkischen zuständigen Stellen waren sogar bereit, den Offizieren gegen das Ehrenwort freien Ausgang ohne Überwachung zu gewähren. Da jedoch auf Grund eines Befehls des OKW deutschen Offizieren das Eingehen einer solchen Verpflichtung untersagt ist, waren sie nicht in der Lage, von dem ihnen eingeräumten Vorrecht Gebrauch zu machen.

44. Die Internierten verfügen über keine Bücher und Zeitungen und können sich auch keine solchen beschaffen. Bis zum Besuchstag war denn auch keinerlei Literatur diesen Internierten geschickt worden. Der Lagerkommandant hätte indessen gegen derartige Büchersendungen keinen Einwand zu erheben.

45. Zweimal wöchentlich halten die Offiziere unter sich eine Ansprache, zu welcher auch drei Unteroffiziere beigezogen werden, welche ihrerseits über das Wesentliche die Mannschaften unterrichten.

46. Die Internierten besitzen keinerlei Spiele. Sie möchten vor allem 1 Fußball, Volleyball sowie 1 Medizinball, Tischtenniseinrichtung, ca. 20 Kartenspiele, Musikinstrumente.

47. Es wurde bisher im Lager keine Filmvorführung veranstaltet.

48. Den Internierten ist es erlaubt, sich in die den türkischen Soldaten reservierte Kantine zu begeben, wo sich ein Radioapparat befindet.
Die Offiziere möchten sich ein Batterie-Empfangsgerät anschaffen zum Gebrauch in ihrem eigenen Quartier.

BRIEFVERKEHR

49./50. Nach den Erklärungen des Lagerkommandanten bestehen keinerlei Beschränkungen im Postverkehr der Internierten. Die gesamte Post wird vom türkischen Lagerkommando weiterbefördert.
Wie der Vertrauensmann mitteilte, sind am 9. September 1944 180 nach Deutschland gerichtete Briefe dem Stadtkommandanten von Istanbul während des Ausnahmezustandes übergeben worden. Außerdem sind zwei Briefe vom Lager Beyşehir an die Schutzmacht abgegangen, von denen derjenige des Hauptmanns von Kruse allein seinen Bestimmungsort erreicht hat.
Die Schutzmachtabteilung der Schweizerischen Gesandtschaft in der Türkei hat in dieser Angelegenheit eine Untersuchung veranlaßt.

51. Bisher hat nur ein einziger Internierter einen monatlichen Unterstützungsbetrag von ŁT 45,– durch Vermittlung des Lagerkommandos erhalten. Wie der Lagerkommandant erklärte, rührt diese finanzielle Zuwendung von einer in Istanbul wohnenden Privatperson her.

52./53. Die Internierten haben bisher keine Pakete erhalten. Da nach den Erklärungen des Lagerkommandanten türkischerseits gegen die Zusendung von Paketen keinerlei Einwendungen gemacht wurden, darf angenommen werden, daß bisher überhaupt keine Paketsendungen erfolgt sind.

54./55. Die Internierten haben bisher auch keine Briefe erhalten. Allerdings ist darauf hinzuweisen, daß die namentlichen Listen erst vor kurzem der Abteilung für fremde Interessen in Bern zugestellt worden sind.

Anderseits ist auch zu bemerken, daß noch vor kurzem die in Istanbul und Ankara inhaftierten Reichsdeutschen keine Briefe ins Ausland senden konnten.

56. Der Vertrauensmann wurde ermächtigt, durch Vermittlung des Lagerkommandanten mit den türkischen militärischen Stellen und der Schutzmachtabteilung zu korrespondieren.

57. Es gibt keine Wohlfahrtseinrichtung, die sich der deutschen Internierten annimmt.

BESCHWERDEN

58. Die Beschwerden der Internierten waren die folgenden:
a) Ungesundes Klima.
b) Fehlen von Schutzmitteln gegen die Malaria.
c) Raumnot in den Schlafsälen.
d) Mangel an Unterwäsche.
e) Fehlen fließenden Wassers innerhalb des Lagers.

59. Der Lagerkommandant tut sein Möglichstes, um den gerechtfertigten Wünschen der Internierten zu entsprechen. Leider erlauben die ihm zur Verfügung stehenden Mittel nicht immer, die Internierten zufriedenzustellen.

60. Der Lagerkommandant ließ es nicht zu, daß die Inspektoren den Vertrauensmann der Internierten ohne Zeugen sprechen konnten.

Immerhin ergab sich während der Lagerbesichtigung die Gelegenheit, sich mit ihm in deutscher Sprache frei zu

unterhalten. Anderseits erklärten sowohl der Vertrauensmann wie auch mehrere Offiziere, daß die Gegenwart des
Lagerkommandanten sie in keiner Weise behindere, sich
gegenüber den Vertretern der Schutzmacht frei zu äußern.

62. Hinsichtlich der Verpflegung haben die Internierten keine
Klagen vorgebracht.

DISZIPLIN

Der Lagerkommandant hat sich über die unter den Internierten
herrschende Disziplin nur lobend ausgesprochen.

61/63. Zwei Internierte haben einen Fluchtversuch unternommen. Sie wurden jedoch in einer Entfernung von 54 Kilometer von Beyşehir aufgegriffen und ins Lager zurückgebracht, woselbst sie mit 14 bzw. sieben Tagen scharfem
Arrest bestraft worden sind. Ein militärgerichtliches Verfahren ist in diesen Fällen nicht eingeleitet worden.

65. Die Unteroffiziere und Soldaten sind verpflichtet, die deutschen und türkischen Offiziere zu grüßen.

66. Das Tragen der Dienstgradabzeichen ist nicht gestattet,
obwohl gemäß Art. 6 und 19 des Genfer Abkommens
vom 27. Juli 1929 über die Behandlung der Kriegsgefangenen diesen das Tragen der Dienstgradabzeichen erlaubt ist.
Der Lagerkommandant erklärte indessen, daß diese Be-
stimmung nicht zur Anwendung gelange, weil das türkische Militärgesetz dem entgegenstehe.

VERSCHIEDENES

64. Der Lagerkommandant hat dem Roten Halbmond die für
das Internationale Komitee vom Roten Kreuz bestimmten
Personalblätter zugestellt.
Zwei Internierte haben den Wunsch um Durchführung
der Ferntrauung geäußert. Die entsprechenden Unterlagen
wurden vom Lagerkommandanten dem Stadtkommandanten von Istanbul während des Ausnahmezustandes
übergeben.

Die Lagerbesichtigung erweckte den Eindruck, daß die Internierten im allgemeinen recht behandelt werden.

Zwischen dem Lagerkommandanten und dem Vertrauensmann sowie den Offizieren und Mannschaften besteht das beste Einvernehmen. Der Lagerkommandant macht den Eindruck eines energischen, aber auch menschlich denkenden Offiziers. Im Hinblick auf die in Zentralanatolien bestehenden geographischen und klimatischen Verhältnisse und die an die allereinfachsten Lebensbedingungen gewöhnten türkischen Soldaten halten wir dafür, daß die türkischen militärischen Stellen beachtenswerte Anstrengungen gemacht haben, um den Internierten eine befriedigende Behandlung zuteil werden zu lassen. Immerhin erscheint es mit Rücksicht auf die durch die klimatisch ungesunden Verhältnisse von Beyşehir bedingte große Malariagefahr angezeigt, daß das Lager in eine gesündere Gegend verlegt wird.

Ankara, den 16. Januar 1945.

## Anlage 18

Hubert Verpoorten                                    Im März 1995

Bericht über die Versenkung von U 19 am 11. September 1944
Aufzeichnungen aus der Erinnerung und Tagebüchern

08.09.1944
Die drei Boote – U 19, U 20 und U 23 – sind im Schwarzmeer auf getrennten Kursen auftragsgemäß zur Selbstversenkung auf dem Weg zur anatolischen Küste.

Auf dem Marsch wurden alle Geheimdokumente und FT-Schlüssel vernichtet und versenkt. – Alle Waffen und Munition wurden über Bord geworfen und die noch vorhandenen Torpedos Richtung See in Tiefen über 1000 Meter verschossen.

09.09.1944

18.00 Uhr

Eine letzte gemeinsame Lagebesprechung der Kmdt. war in der Istanbul-Bogazici-Bucht, etwa 20 Seemeilen vor der Küste, vereinbart. –

Pos.: 41°35'N/30°20'O. Wassertiefe ca. 1100 m.

Wegen der Verwundung von W. Ohlenburg fand die Besprechung an Bord von U 19 statt.

Besprochen und vereinbart wurden hierbei:

a) Der Versenkungstermin 10.10.1944 nach Einbruch der Dunkelheit.

b) Die geplanten Versenkungsstellen:

U 23 am weitesten westlich in Höhe der Ortschaft Ağva,

U 20 in Höhe der Mündung des Flusses Sakarya vor Karasu,

U 19 in Höhe der Mündung des Flusses Meden, vor Akcacoca und die Verhaltensweisen der Besatzungsmitglieder gegenüber der türkischen Bevölkerung sowie der Plan, mit den Besatzungen die deutschen Linien an der griechischen Grenze zu erreichen.

Ende der Besprechung vom 9.09.1944 ca. 20.00 Uhr und Rückkehr von OLt. Grafen sowie OLt. Arendt auf ihre Boote.

U 19 lief danach mit langsamer Dieselfahrt und Kurs 90° ab. Nach etwa einer Stunde wurde zur Unterwasserfahrt getaucht.

Über das Bordmikrophon informierte W. Ohlenburg die Besatzung über die Beschlüsse und verlas auch den Abschiedsfunkspruch des BdU 08/0553/x14 – x15 vom 9. September 1944 – (s. S. 170)


10.09.1944

Da die Besatzung U 19, nur notdürftig ausgerüstet, mit dem beim Luftangriff auf Konstanza beschädigten Boote ausgelaufen war, wurden alle nur möglichen nutzbaren Teile des Bootes zur Mitnahme ausgebaut bzw. demontiert. – Aus segeltuchbezogenen Kojen wurden Rucksäcke genäht, aus Schwimmwesten und Tauchrettern Behelfsflöße konstruiert, mit denen die bescheidene Habe möglichst trocken an Land gebracht werden sollte.

Aus Laken und Tüchern entstanden Hemden und Kopfbedeckungen. Die Techniker fertigten aus Blechdosen Becher und Kochgeschirre. Selbst die großen Spezialprismen des Luftzielsehrohres, das ja für das letzte Landemanöver in der Nacht nicht mehr gebraucht wurde, wurden fachgerecht ausgebaut, um sie später an Land zum Feueranmachen oder zum Anzünden von Zigaretten nutzen zu können. –

Besonderes Interesse fanden natürlich der Proviantbestand und der Zigarettenvorrat, der so gerecht und gleichmäßig wie nur möglich aufgeteilt wurde. – Die Marke »Arabis« mit ihrem reinen Orienttabak sollte sich als wertvolles Tauschobjekt bewähren. –

Das gesamte Bordwerkzeug, Bestecke, Geschirr und sonstige Bootsausrüstungsgegenstände, alles was nutzbar erschien und nicht niet- und nagelfest am Bootskörper montiert war, wurde verteilt. Das ganze Boot war eine vollbeschäftigte Werkstatt. Zur geplanten Selbstversenkung wurden Sprengpatronen mit Zündsatz am Bug zwischen den Torpedorohren, in der Zentrale und in der E-Maschine vorbereitet.

Für das Ausschiffungsmanöver war die Besatzung in Gruppen von 4-6 Mann eingeteilt, zwei Schlauchboote und einige selbstgebastelte »Flöße« aus Schwimmwesten und Tauchrettern waren verfügbar, die nach der Landung der jeweiligen Gruppe von je einem Mann zum Boot für die nächste Gruppe zurückgebracht werden sollten.

In der Nacht wurde aufgetaucht und mit Dieselfahrt die Küste an der vorgeplanten Stelle angesteuert. – Vor dem Hellwerden ging das Boot wieder auf Unterwasserfahrt und steuerte weiter die Bucht an. Mit der Zeit konnten bei langsamer Fahrt an Land bald Einzelheiten ausgemacht werden. – Die ganze Besatzung erhielt jetzt einzeln Gelegenheit, sich durch das Angriffssehrohr die Küstenstelle, an der am Abend an Land gegangen werden sollte, genau anzusehen. – Es war eine große Spannung unter allen Männern, aber keine Mutlosigkeit oder Niedergeschlagenheit.

Was würden die nächsten Stunden und Tage nach der Versenkung des Bootes, das doch vielen schon fast zum »Zuhause« geworden war, jedem von uns bringen?

Nach Einsetzen der Dämmerung tauchte das Boot auf und fuhr leicht vorgeflutet mit der E-Maschine immer dichter auf die Küste zu. Bei fast völliger Dunkelheit begannen die Vorbereitungen zum Aussetzen der Schlauchboote und Flöße. – Es war kaum Wind und kaum Seegang. Trotz sehr bedecktem Himmel war das Auflaufen einer leichten Dünung am Strand zu erkennen. – An Land herrschte völlige Stille. Selten huschte mal ein Lichtstrahl eines Autos über die hinter dem Strand verlaufende Straße. – Nur in der entfernt erkennbaren Ortschaft brannten Lichter.

Die ersten Gruppen brachten ihr Gepäck an Oberdeck und verstauten es in die Boote. Immer dichter fuhren wir auf den Strand zu, bis eine erste Bodenberührung mit dem Vorschiff verspürt wurde. Es waren wenige 100 Meter bis zum Strand. Die Maschinen wurden gestoppt. Die erste Gruppe stieg geräuschlos ins Wasser und ließ sich die Schlauchboote nachfieren. Mit den Booten im Schlepp schwammen sie bald in der Dunkelheit dem Ufer zu.

Es dauerte der wartenden zweiten Gruppe nahezu eine Ewigkeit, bis endlich von Land her das vereinbarte Blinkzeichen anzeigte, daß die erste Landung geglückt war.

Bis dann aber die beiden Schlauchboote und Flöße von der ersten Gruppe wieder bis ans Boot zurückkamen, verging eine ganze Zeit. Die 2. Gruppe übernahm nun die Boote, belud sie mit ihrem Gepäck und schwamm dem Strand zu. – Auch dieses Manöver dauerte seine Zeit. – Die nächste Gruppe, mit der der verwundete W. Ohlenburg an Land gebracht werden sollte, war ungeduldig dann an der Reihe.

Würde dieser Transport auf dem kleinen Schlauchboot möglich sein, ohne daß W. Ohlenburg mit Seewasser in Berührung kommt? Trotz aller Anspannung herrschte Ruhe und Besonnenheit. Es war schon nach Mitternacht, als die beiden Schlauchboote von der zweiten Gruppe zurückgebracht waren und die Gruppe mit W. Ohlenburg U 19 verlassen konnte. – Mit größter Vorsicht gelang es, den Patienten trocken ins Schlauchboot zu hieven und den

Transport an Land zu beginnen. – Diese Aktion brauchte erwartungsgemäß viel Zeit, und es dauerte sehr lange, bis zwei Männer die Schlauchboote wieder zurückgebracht hatten und die vorletzte Gruppe starten konnte.

Um nicht zu sehr auf Strand aufzulaufen, waren immer wieder kleine Fahrmanöver mit der E-Maschine notwendig. Inzwischen war die Bewölkung etwas aufgerissen und die Sicht besser. – An Land war weder von unseren Männern etwas zu sehen noch sonst Leben auszumachen.

Der neue Morgen dämmerte schon, als die Schlauchboote wieder zum Boot gebracht waren. – An ein Aussteigemanöver der letzten Gruppe und die vorbereitete Selbstversenkung von U 19 war deshalb jetzt nicht mehr zu denken. Die Schlauchboote wurden wieder an Bord gehievt, und die beiden Männer der vorletzten Gruppe schwammen zurück zum Strand.

11.09.1944

Die bei mir jetzt anstehende Überlegung, das Boot noch einmal auf See hinauszufahren und erst am heutigen Abend zu versenken war schwerwiegend, da ich mir nicht klar darüber war, ob das innen völlig ausgeschlachtete Boot noch seetüchtig und eventuell auch noch tauchfähig war. – Ich bat deshalb den LI zu einer Besprechung auf die Brücke. Bei allen vorhandenen Bedenken war er der Meinung, daß wir bei Beachtung aller möglichen Vorsichtsmaßnahmen den Versuch doch wagen könnten.

Ich informierte die Gruppe über unser Vorhaben und holte mir F. Hauffe als Rudergänger auf die Brücke, und wir liefen mit beiden E-Maschinen zunächst einfach seewärts.

Der LI teilte die übrigen Männer auf ihre neuen Wachstationen ein und gab technische Anweisungen für die zu erwartenden nächsten Maschinenmanöver.

Sobald der Diesel klargemeldet war, schalteten wir auf Diesel um und fuhren, während es immer heller geworden war und wir uns schon eine ganze Strecke vom Strand entfernt hatten, mit langsamer Fahrt Kurs Nord weiter ab.

Mit Nachlassen der inneren Spannung stellten wir auf der Brükke fest, daß wir noch wie zum Aussteigen viel zu leicht bekleidet waren. Wir schalteten deshalb von Ruder/Brücke auf Boot um, so daß Hauffe unter Deck fahren konnte, während ich mir eine Dekke nach oben reichen ließ und diese umhängte.

Ich stand alleine auf der Brücke und hatte beim Sonnenaufgang einen freien Rundblick. – Kein Schiff, Boot oder auch nur Tonne war auszumachen. – Die Küste Anatoliens war im Dunst entschwunden.

Die letzte Gruppe an Bord bestand jetzt aus sechs Männern, die nach ihrer Laufbahn-Ausbildung alle Positionen an Bord kannten und auch alle Manöver in der Maschine und Zentrale fahren konnten:

| | | |
|---|---|---|
| Arndt | Fritz | Leitender Ingenieur/LI |
| Cremer | Josef | Torpedomechaniker |
| Hauffe | Fritz | Seemann |
| Landwehrmeyer | Josef | Dieselmechaniker |
| Schön | Heinz | E.-Maschinenmechaniker |
| Verpoorten | Hubert | Seemann |

Nachdem wir gut eine Stunde Kurs Nord gelaufen waren, und nun wirklich nichts anderes um uns herum zu sehen war, bat ich den LI auf die Brücke. Ich erläuterte ihm mein Vorhaben, mit einem Abstand von ca. 15 Seemeilen auf Ostkurs zu gehen und so weit zu laufen, daß wir die Stadt Zonguldak im Süden querab haben würden. Von dort aus könnten wir etwa ab Mittag mit Kurs SO = 135° auf die Küste zulaufen. – Zu klären war, ob wir es wagen könnten, uns der Küste, wie am Vortage, auch unter Wasser zu nähern. –

Immerhin war ja seit dem letzten Tauchmanöver ¾ der Besatzung mit nicht unerheblichen Mengen Gepäck von Bord gegangen und das Boot um etliche Tonnen leichter geworden. Dieses Gewicht mußte für ein Tauchmanöver wieder geflutet werden, was aber auch nur ganz grob eingeschätzt werden konnte.

Da bei Unterwasserfahrt die für den Abend vorgesehene Versenkung erheblich beschleunigt werden würde, entschlossen wir uns, es auf jeden Fall zu versuchen. Der LI kletterte wieder ins

Boot zurück und begann zu messen und zu rechnen. – Welches Gewicht hatte das Boot noch, und wie viele Tonnen Seewasser mußten geflutet werden, um tauchen zu können? – Mußte eventuell Wasser in die Bilge genommen werden und wieviel? Wie waren die verbliebenen Lasten im Boot verteilt, und was mußte in die Trimmzellen gepumpt werden, um eine ausgeglichene Lage zu erreichen? – Viel Manövriermasse zum Trimmen war ja nicht mehr vorhanden. – Auch mit dem sonst schnellsten Manöver »Alle Mann vor- und achteraus« war nichts mehr zu erreichen, da es einfach an Menge fehlte.

Auf der Karte hatte ich in den Tagen vorher gesehen, daß von der Stadt Zonguldak aus, die die Zentrale des nördlichen Kohlereviers Anatoliens bildet, eine Eisenbahnlinie entlang der Küste Richtung Filyos und dann landeinwärts Richtung Ankara führte. Anstatt zu marschieren, könnten wir also versuchen, den Weg per Eisenbahn zu fahren.

Die Sonne war am fast wolkenlosen Himmel in den Vormittagsstunden sehr schön warm geworden. Die Freiwache kam zu einem Rundblick und Zigarettenpause auf die Brücke. Es war aber weit und breit nichts zu sehen, auch nicht in Richtung Küste. Jemand hatte sogar frischen Kaffee gekocht. Natürlich dreht sich die Unterhaltung um das Erlebnis des gestrigen Abends und den neuen Plan.

Es war noch nicht Mittag, als der LI mitteilte, daß er seine Berechnungen abgeschlossen habe und wir das vorgesehene Tauchmanöver starten könnten. Bei ganz klarem Himmel, kaum Wind und Seegang nahm ich nochmals einen Rundblick, stieg ins Boot, verschloß das Turmluk und stieg weiter ab bis in die Zentrale. Bei den hier tätigen Männern war eine gewisse Spannung spürbar. Jeder wußte, daß noch nie vor uns eine auf sechs Mann geschrumpfte Besatzung mit einem so leergeräumten Boot ein Tauchmanöver gefahren war und wir mit aller Vorsicht das Risiko eingehen wollten, bei einer Tiefe von über 1000 Meter zu tauchen.

Es bedurfte nicht des notwendigen Kommandos »Fluten« an den LI. Es war klar, daß er für das nun zu fahrende Manöver ganz allein sein Können und bisherige Erfahrung einbringen mußte. Bei völliger Stille im Boot gab er ruhig seine Kommandos zum Fluten und Trimmen. Mit kleiner Fahrt der E-Maschine sank das Boot ganz langsam auf ebenem Kiel. – Ohne noch einen Rundblick durchs Sehrohr zu nehmen, schnitten wir auch damit unter.

Wie oft und in welchen Mengen immer wieder geflutet und getrimmt werden mußte hat niemand gezählt. Auf jeden Fall hatten wir auch die Bilgen etwas fluten müssen, um den Restauftrieb zu beseitigen. Das Boot durfte deshalb jetzt weder eine größere Vor- noch Achterlastigkeit erhalten.

Als wäre es das selbstverständlichste und nie anders gefahrene Tauchmanöver steuerte der LI das Boot auf etwa 40 Meter Tiefe ein. – Ein allgemeines Aufatmen der Männer und dankbare Blicke waren der verdiente Dank an ihn. –

Mit kleinster Besetzung, nämlich 1 Mann Tiefenruder, 1 Mann Zentrale und 1 Mann E-Maschine, konnte das Boot mit langsamer Fahrt gefahren werden. – Der Rest hatte jetzt sogar Freiwache.

Obwohl jeder zwischendurch von dem eigenen gepackten Proviant etwas gegessen hatte, stellten wir doch alle ein Hungergefühl fest. Ich suchte deshalb unter den noch vorhandenen Konserven nach und fand Dosen mit »Spargel« und »Gekochter Schinken«, die bei der allgemeinen Verteilung als »Marschproviant« wohl keinen Liebhaber gefunden hatten.

Nach der Devise »Hier kocht der Chef selbst« machte ich mich in der Kombüse daran, den Schinken und Spargel portionsgerecht auf Teller zu verteilen und mit einer Brotbeilage als »Kalte Platte« zu servieren. – Es hat offensichtlich allen geschmeckt, denn die Teller wurden leer.

Bei langsamer E-Maschinenfahrt war kein Außengeräusch zu hören. Die Stille lud dazu ein, sitzend oder liegend eine Mütze voll Schlaf zu nehmen.

Nach guten zwei Stunden Unterwasserfahrt gingen wir auf Sehrohrtiefe, um unsere Position zur Küste auszumachen. – Nach einem Rundblick, auf dem kein Schiff oder Boot auszumachen war, konnten alle die schon gut erkennbare Küste in Augenschein nehmen. – Unter Beibehalt des Kurses fuhren wir weiter auf Land zu. Die Seekarte wies einige Meilen östlich von Zonguldak eine kleine Bucht aus, die einen sandigen Strand vermuten ließ. Die Eisenbahnlinie führte auf der Karte nur wenige 100 Meter am Strand vorbei. Auf der Karte war sie zeitweilig unterbrochen, was sich dann später auch als Tunnel vor und hinter der Ansiedlung »Kelimle« erwies. Wenn richtig aus der Karte gedeutet, hatte der Ort sogar eine Bahnstation. Es war aber noch viel zu weit, um auf Sehrohrtiefe zu bleiben. Wir gingen wieder auf 40 Meter und fuhren weiter der Küste zu. Es war gegen 17.00 Uhr, als wir wieder auf Sehrohrtiefe gingen und nun den Strand schon sehr gut ausmachen konnten. In Richtung Zonguldak waren rauchende Schlote zu erkennen, an Land aber keine Bewegung oder Leben. – Mit kleiner E-Maschinenfahrt fuhren wir nun genau auf die Bucht zu, in der wir die Bahnstation zu erkennen glaubten. Sie war etwa 600 Meter breit und wurde nach Westen und Osten durch ganz schöne Steilhänge begrenzt.

Laut Seekarte hatte die Bucht etwa 800 Meter vor dem Strand Wassertiefen zwischen 50 und 30 Metern.

Wir wollten uns dem Strand so weit nähern, daß möglichst alle Einzelheiten, vor allem an der Bahnstation, ausgemacht werden konnten. Dazu fuhren wir mit kleiner Fahrt und Sehrohrtiefe weiter auf den Strand zu, wobei nur für Sekunden das Tiefenmeßgerät eingeschaltet wurde. Bei einem geschätzten Abstand vom Strand von einer Meile zeigte das Gerät ca. 80–60 Meter Wassertiefe an. Wir konnten also noch näher heranfahren. –

Bei ganz leichtem Seegang war das Sehrohr gut zu fahren, aber auch für einen aufmerksamen Beobachter von Land aus noch nicht erkennbar. – Bei etwa 1000 Meter Entfernung vom Strand wurde die Wassertiefe dann 50 Meter und langsam weniger. Mit aller Vorsicht und ganz leicht vorlastig fuhren wir mit einer Maschine kleiner Fahrt immer weiter, bis es vielleicht bei der Entfernung von 600–800 Metern auf Sehrohrtiefe die erste leichte Bodenberührung gab. Wir schoben uns noch einige Meter auf den

Sand, was im Boot sehr gut durch ein leichtes Rauschen und Knir-
schen zu hören und spüren war.

Die Maschine wurde gestoppt. – Es herrschte absolute Ruhe im
Boot. Mit großer Vorsicht wurde das Sehrohr zum Rundblick ausgefahren. Weder auf See noch an Land war etwas erkennbar, was
uns in Unruhe hätte versetzen können. – Die kleine Bahnstation
war an Land das einzige sichtbare Gebäude. Zur Zeit war aber
auch kein Mensch zu sehen.

Natürlich erhielt nun jeder an Bord Gelegenheit, sich den
Strand, an dem wir in der heutigen Nacht an Land gehen wollten,
ausgiebig zu betrachten. – Ein Beobachter rief plötzlich: »Ein Zug
kommt aus dem Berg.« – Und wirklich rollte aus dem Tunnel aus
Richtung Zonguldak ein aus vielen Güterwagen bestehender Zug
ohne Halt am Bahnhof vorbei und verschwand auch gleich wieder
im nächsten Tunnel in Richtung Filyois. Wir hatten also den Beweis, daß die Bahnlinie in Betrieb war. Wir brauchten jetzt nur
noch den »Fahrplan für den Personenverkehr«. –

In der Spätnachmittagssonne war die Station gut erkennbar. Da
sich weder auf See noch an Land Leben zeigte, konnten wir das
Sehrohr fast unbehindert nutzen. Nur gelegentlich schnitt es mal
in einer Welle oder der Dünung leicht unter. Durch ständigen
Wechsel der Beobachter war damit auch für Abwechslung gesorgt.
Noch zwei weitere Güterzüge passierten ohne Halt die Station, bis
dann etwa 18.30 Uhr ein aus Zonguldak kommender, aus vier
Wagen bestehender Personenzug am Bahnhof hielt. Gut zu erkennen waren einige aussteigende Fahrgäste, die ohne sichtbare Kontrolle vom Zug aus in verschiedene Richtungen offensichtlich ihren Wohnungen zustrebten. – Eingestiegen war hier niemand. Der
Zug hatte nur ganz kurz gehalten und verschwand dann auch im
Tunnel in Richtung Filyos. – Dieser Zug wäre also für uns am
nächsten Abend noch nicht gut, denn noch war es zu hell, um unbemerkt einsteigen zu können.

Wir warteten also auf Grund liegend auf die Dämmerung, wobei sich einige noch etwas aufs Ohr legten. – Noch zwei weitere
Güterzüge passierten ohne Halt den Bahnhof, als bei schon einge-

tretener Dunkelheit um 21.10 Uhr ein aus Zonguldak kommender Personenzug wieder am Bahnhof hielt. – Eine gute Zeit für ein Manöver, das man gerne unbemerkt ausführen möchte. Unser Entschluß stand fest: »Das wird morgen Abend fahrplanmäßig unser Zug werden!«

Alle waren hellwach, als wir uns nun mit einer E-Maschine langsam mit Rückwärtsfahrt vom Grund lösten. Sobald wir wieder mehr Wasser unter dem Kiel hatten, liefen wir mit beiden Maschinen noch etwas rückwärts Richtung See, bis wir genügend Abstand vom Strand für einen Drehkreis bei Vorwärtsfahrt hatten. An Land waren bei nun völliger Dunkelheit nur in der Bahnhofsnähe Lichter zu erkennen. Wir fühlten uns weiter unbeobachtet und tauchten im Abstand von einer Meile und 100 Metern Tiefe ohne voll auszublasen auf. – Es war sternenklar und bei ruhiger See angenehm warm. Nach kurzem Rundblick konnten alle Männer zum Genuß der frischen Seeluft und ersehnten Abschlag im Wintergarten auf die Brücke. Wir begannen jetzt bei kleiner Fahrt mit den Vorbereitungen zum Ausstieg. Die Schlauchboote und Hilfsflöße wurden an Oberdeck gebracht. Während die beiden Schlauchboote festgezurrt wurden, beluden die Männer die Hilfsflöße mit den persönlichen Dingen. Wir nahmen mit E-Maschinenfahrt wieder Kurs auf die Bucht, wobei wir aber den Strand einige hundert Meter östlich des Bahnhofs anpeilten, um jede Entdeckungsmöglichkeit auszuschalten. – Vorgesehen war, daß außer dem LI und mir die vier Männer mit ihrem und auch unserem Gepäck so nahe als möglich an Land herangebracht werden sollten, um dann schwimmend den Strand zu erreichen. – Nach Versenken des Bootes wollten der LI und ich mit den Schlauchbooten an Land gehen.

Mit dem LI war abgesprochen, daß er beim Aussetzmanöver der vier Mann unten im Boot bleibt und die E-Maschine bedient. Die Verständigung zwischen ihm und mir war durch Zuruf abgesprochen. Das Ruder war wieder auf Brücke geschaltet, so daß wir das Boot auch zu zweit fahren konnten.

Die Aussteiger standen an Oberdeck, als wir uns langsam dem

Strand östlich des Bahnhofs näherten und die Wassertiefe wieder weniger als 15 Meter betrug. Nur wenige hundert Meter zum Strand ließ ich die E-Maschine stoppen. Die Boote wurden zu Wasser gelassen, und unsere Männer strebten dem Strand zu.

Bei nahezu völliger Stille konnte ich jetzt von Land her ein Rauschen von der auflaufenden Dünung hören.

Als ich die Männer in der Dunkelheit nicht mehr erkennen konnte, rief ich dem LI durch das Turmluk zu, langsame Fahrt aufzunehmen, was er durch Rückruf bestätigte. Ich drehte auf See zu, Kurs Nord.

Während die E-Maschine lief, beobachtete der LI nun in der Zentrale das Tiefenmeßgerät und rief mir die Veränderungen zu. Es waren nur Minuten, als es über 100 Meter hinaus schnell auf 300–400–500 abfiel. Ich rief ihm zu, die Maschine zu stoppen, und drehte noch einmal auf Land zu. – Bei sternklarem Himmel waren wir etwa 3000–4000 Meter von der Küste entfernt, die sich klar gegen den Himmel abzeichnete Auf See war nichts zu erkennen, nur der Mond ging im Osten unter dem Sternbild des Orion gerade auf.

Der LI kam auf die Brücke und holte tief Luft, während er einen Rundblick nahm. – Zur letzten Aktion auf unserem Boot kletterten wir nun beide in die Zentrale. Der LI hatte es übernommen, die Flutventile so weit zu öffnen, daß das Boot langsam absinken würde. Zusätzlich war von ihm in der E-Maschine der vorbereitete Sprengsatz scharf zu machen. – Ich hatte es übernommen, die Sprengsätze vorn im Bugraum zwischen den Torpedorohren und in der Zentrale zu zünden.

Durch die geöffneten Flutventile zischte es ziemlich laut im Boot, als der LI in die E-Maschine ging und ich zur gleichen Zeit in den Bugraum. Wie verabredet, zog er auf mein Handzeichen und Zuruf gleichzeitig mit mir den Zünder.

Wir trafen uns in der Zentrale, und er stieg hoch, während ich noch den Zünder im Sehrohrschacht zog und dann ebenfalls auf die Brücke stieg. Oben war es ruhig, als wir von der Brücke auf das leicht überflutete Achterdeck und direkt in unsere Schlauchboote steigen konnten. – Viel Zeit hatten wir nicht, bis die Sprengsätze zünden würden. Wir mußten also stramm lospullen, um bei der Explosion wenigstens einige Meter vom Boot entfernt zu sein. Inzwischen war das Boot am Achterdeck leicht überflutet und hatte leichte Steuerbord-Schlagseite.

Es lag wie ein schwarzer Schatten in der ruhigen See und versank zusehens mehr. Wir warteten auf die Explosion der Sprengladungen, während wir vielleicht 100 Meter entfernt waren. Aber auch nachdem das Achterschiff und das Vorschiff unter Wasser waren und nur der Turm für Sekunden sichtbar blieb, geschah nichts.

Auch der Turm war inzwischen versunken, als es die erwarteten Detonationen gab. In einigen Sekunden Abständen waren sie einzeln, aber gar nicht so laut und sicherlich nur noch bis zu unserer Entfernung über Wasser hörbar.

Durch die Detonationen und aufsteigende Luftblasen brodelte die See. Die ganze Versenkungsstelle war für Sekunden durch das phosphoreszierende Wasser ziemlich erhellt, und wir schienen mit unseren Schlauchbooten in Gold zu schwimmen. Nur Sekunden dauerte dieses Erlebnis, bis sich wieder die Nacht dunkel über uns und unsere Zukunft legte.

– U 19 war am 11. September 1944 gegen 23.15 Uhr vor der Küste Anatoliens auf Position 41°34'N und 31°50'O auftragsgemäß ohne Feindeinwirkung versenkt.

*Hubert Verpoorten*
Bericht über die Zeit nach der Versenkung bis zur
Gefangennahme
11. September 1944 23.15 Uhr
Der LI und ich haben unser Boot U 19 gerade versenkt. Wir sitzen in unseren Schlauchbooten, vielleicht drei Seemeilen = ca. 5000 Meter vor der Küste, wo wir vor gut einer Stunde schon unsere vier Männer mit auch unserem Gepäck abgesetzt hatten. –

Bei einer leichten Dünung treibt uns etwas NO-Wind auf die Küste zu. – Wir haben unsere beiden Boote aneinandergebunden, um uns in der Dunkelheit nicht zu verlieren, und paddeln bzw. staken kräftig dem Land entgegen. Jedesmal, wenn wir den aus Kojenbrettern provisorisch zusammengezimmerten Riemen ins Wasser tauchend bewegten, war es, als wenn wir in Gold scheffelten! Das Wasser phosphoreszierte so stark von der auch noch aus dem Boot aufsteigenden Luft.

Es waren vielleicht fünf bis zehn Minuten vergangen, seit U 19 versunken war, als in einem Küstenabstand von ca. 1000 Metern ein aus Zonguldak kommender kleiner Motorkutter zu hören und bald auch zu erkennen war. – Unser erster Gedanke war, daß es sich um ein Küstenwachboot handeln könnte, welches eine Patrouille fuhr. Aus unserer Sicht schien es so, als wenn mit einem Handscheinwerfer die Küste abgesucht würde. Bei ständiger Beobachtung und großer Spannung konnten wir dann aber erkennen, daß es sich um die Beleuchtung im Ruderhaus handelte. – Wir waren fest entschlossen, ins Wasser zu springen und schwimmend zu entkommen, wenn er auf uns zudrehen sollte oder uns entdeckt haben könnte. Mit gleichmäßigem Dieselgeräusch hielt der Kutter aber geraden Kurs entlang der Küste in Richtung auf Filyos, und wir konnten ihn nach vielleicht weiteren zehn Minuten nicht mehr hören oder sehen.

Bei gleichmäßigem Weiterpullen schien es uns so, als wenn wir kaum Raum gewännen und der Abstand zur Küste sich nicht verringerte. Aber die Sterne, die wir zu Beginn unserer Paddeltour noch gut über den Bergen hinter dem Strand ausgemacht hatten, waren jetzt z.T. hinter ihnen versunken. – So schnell konnten sie aber in der Zeit nicht auswandern, so daß wir doch wohl dem Strand nähergekommen waren. – Ob seit der Versenkung eine halbe oder auch schon eine ganze Stunde vergangen sein mochte, konnten wir nicht richtig einschätzen, als wir vom noch ziemlich entfernten Strand, genau dort, wo wir unsere Männer vorher abgesetzt hatten, ein erstes leichtes Blinkzeichen ausmachen konnten. – Es waren unsere Männer, die mit einer Taschenlampe vorher vereinbarte Lichtzeichen in unregelmäßigen Zeitabständen blinkten. – Jetzt konnten wir besseren Kurs halten und legten uns noch mehr ins Zeug, um endlich an Land zu kommen. – Natürlich war bei den vielen Bewegungen und durch die Behelfspaddel immer wieder Wasser ins Boot gekommen, wodurch eine Wolldecke, die ich mitgenommen und auf der ich die ganze Zeit gesessen hatte, völlig durchnäßt war. Weil sie das leichte Boot nur beschwerte und sie auch nicht kurzfristig wieder trocken geworden wäre, hatte ich sie außenbords geworfen. – Ich saß aber trotzdem, bis wir nach zwei bis drei Stunden Land erreichten, immer im kalten Wasser, wodurch ich mir eine Unterleibserkältung zuzog und noch tagelang daran zu leiden hatte.

Als wir dann, von den Blinkzeichen der Taschenlampe geleitet, dem Strand immer näher kamen, mußten wir erkennen, daß riesige Felsbrocken vor dem Ufer lagen, die für unsere Schlauchboote bei der Dünung eine ziemliche Gefahr bildeten. Wir konnten sie aber umfahren und hielten stur auf das Lichtzeichen zu.

Nach rechts, dem Bahnhof zu, war ein Felsen so unterwaschen, daß mit jeder Dünung ein gewaltiges Rauschen entstand, wenn diese unter den Vorsprung klatschte. – Wir waren etwa noch 20 Meter vom Ufer entfernt, als uns die Dünung erfaßte und mit elegantem Schwung an Land beförderte. Ich sprang aus meinem Boot und zog es höher an Land. Auch der LI landete dicht neben mir. – Wir hatten erstmalig türkischen Boden unter den Füßen, auch wenn es sich nur um reinsten Kiesel handelte. Die kleine Bucht war etwa 30 Meter breit und ringsherum von steilen, unbesteigbaren Wänden umgeben.

Wir wurden herzlich begrüßt und sofort nach dem vorbeigefahrenen Kutter befragt. Weil es so lange bis zu unserer Ankunft gedauert hatte, war schon befürchtet worden, man hätte uns erwischt. – Von der Versenkung des Bootes hatte man nichts gehört oder gesehen.

Mein Gepäck, gut wasserdicht in einer Regenzeughose verpackt, war wunderbar trocken angekommen. Es war eine Wonne, den nassen und durchgefrorenen Körper abzutrocknen und dann in trockene, wenn auch nicht sonderlich warme Sachen zu steigen. Nicht alle Männer hatten ihr Gepäck so verstaut, daß es trokken geblieben war. In den nassen Kleidern war es einigen sehr kalt.

Bei einer eingehenden Besichtigung unserer kleinen Bucht mußte ich feststellen, daß ein Abmarsch, unter Umgehung der Felswände durch das Wasser, in der Dunkelheit nicht möglich war. Wir mußten auf die Morgendämmerung warten. – Alles was wir nicht mitnehmen wollten, wie Schlauchboote, Tauchretter und Schwimmwesten, wurde zerschnitten und in eine Felsspalte geworfen. –

Es gab keinen Schlaf in der Nacht, nur Gelegenheit zum Ausruhen.

Als es gegen 5.00 Uhr langsam dämmerte, erhoben wir uns von unseren steinigen Lagerstätten und peilten die Lage. – Um aufsteigen zu können, blieb uns nichts anderes übrig, als noch einmal bis zum Bauch ins Wasser zu steigen und den Felsvorsprung zu umgehen. Jeder trug dabei sein Gepäck hoch über dem Kopf, um alles möglichst trocken zu halten.

Als dieses Hindernis überwunden war, konnte der Aufstieg begonnen werden. Da wir z.T. lange nicht mehr marschiert waren, brachte uns der steile Aufstieg mit dem Gepäck außer Puste.

Es waren etwa 200 Meter Geröll aufwärts zu überwinden, bis wir auf einen Küstenbergpfad kamen. – Ein herrlicher Blick auf die See bot sich uns, zumal auch die Sonne gerade aufgehen wollte. Die Gruppe setzte sich kurz hin, als ich den Weg Richtung Bahnhof erkunden wollte. Ein Felsenvorsprung versperrte den Blick. –

Gerade war ich am Vorsprung, als ich Geläute hörte und auch schon vor einem vielleicht zwölfjährigen Jungen stand, der eine Kuh vor sich hertrieb. – Da kein Versteck mehr möglich war, wagte ich ein erstes »Merhabba« und schaute ihn dabei an. – Er war genauso überrascht wie ich und beantwortete mit dem wunderbaren arabischen Kehllaut »ch« meinen Guten-Morgen-Gruß und zog mit seiner Kuh an der Gruppe vorbei. – Wir hatten die Gewißheit, daß unser »Wörterbuch« aus dem letzten Funkspruch zu gebrauchen war. Sonst aber waren wir in unserem Aufzug nicht weiter aufgefallen. Ich hatte mein graues U-Boot-Päckchen an, dazu

Segeltuchschuhe und ein altes blaues Jackett, von dem Ärmelstreifen und Goldknöpfe abgetrennt waren. Um den Hals ein rotes Tuch und einen prächtigen fast Vier-Wochen-Bart. Die anderen Männer sahen nicht anders aus. –

Wir gingen auf dem Bergpfad weiter – er ist auf dem Foto von der Erinnerungsreise 1994 gut zu erkennen – und suchten nach einem nicht· einsehbaren Platz, um dort in Ruhe unsere Sachen trocknen zu lassen und auch auszuschlafen. Bald hatten wir etwas geeignetes gefunden und ließen uns nieder. –

Ein herrlicher Blick auf die See und nach Osten bis an den Fluß Filyos, dessen braunes Wasser sich dort deutlich erkennbar in der See abzeichnete. Soweit man blicken konnte, waren nur zwei Bäume zu sehen. Kaum ein grüner Halm, aber viel verdorrtes und stacheliges Holz. Nur die vielen Lorbeersträucher, dicht an der Küste stehend, hatten dunkelgrüne Blätter. Die Sonne war schon ziemlich hoch gestiegen, obwohl es erst 7.30 Uhr war. Wir setzten uns zusammen und besprachen das weitere Vorgehen. Klar war, daß wir am Abend gegen 21.10 Uhr »fahrplanmäßig« unseren Zug besteigen wollten und damit vielleicht eine Chance hatten, viel früher als die übrigen marschierenden Kameraden eine noch von Deutschen besetzte Insel in der Agäis zu erreichen. –

Wir durften also nicht gesehen werden. Proviant und Wasser mußte gespart werden, zumal ja nicht ein einziges verwendbares Geldstück zur Verfügung stand. Wir teilten Wachen ein, und dann war in der unmittelbaren Nähe »freies Manöver«.

Während der erste Posten mit dem Glas den Pfad beobachtete, breiteten die anderen ihre Sachen auf dem Boden zum Trocknen aus. Es war ein kümmerliches Bild, was sich mir bot, als ich meine Habe vor mir sah. – Natürlich hatte ich, wie zu jeder Feindfahrt, nur die notwendigsten alten Sachen mitgenommen. Gestopfte alte Socken und je zweimal U-Boot-Tropen-Unterwäsche. Auch drei längst aufgetragene Oberhemden und eine Trainingsjacke, Segeltuchschuhe, ein Jackett und Mütze waren mein Eigentum. – Doch, ein Halstuch, eine Badehose, Koppel und einige Taschentücher fanden sich noch ein. Schließlich war ich nur als Gast für eine einzige

Fahrt auf U 23 ein- und dann auch noch per Schlauchboot auf U 19 umgestiegen. Aus dem Bordbestand hatte ich ein U-Boot-Päckchen, ein Paar U-Boot-Stiefel und eine Lederjacke mitgenommen. Außerdem hatte ich ein Fernglas, einen auseinandergebauten Sextanten und einen Sternfinder sowie Höhenrechenschieber und eine Pistol.

Dazu Kriegsflagge und Kommandantenwimpel, Proviant und Zigaretten. In der Aufzählung ist das noch eine ganze Menge, aber wenn man ausgezogen in der Unterhose davorsteht, verschwindend wenig. Kaum jemand hatte mehr, am wenigsten der LI. Es war ein friedliches Bild auf unserer einsamen Höhe, alles zum Trocknen ausgebreitet und die Männer z.T. schlafend. Mich ließ aber ein von der Unterkühlung hervorgerufener kräftiger Durchmarsch nicht zur Ruhe kommen. Mehrmals mußte ich einen uneinsehbaren Platz aufsuchen und war heilfroh, eine halbe Rolle Klopapier eingepackt zu haben.

Gegen 11.00 Uhr wurde es sehr heiß. – Unser Ausguck hatte in der Zwischenzeit hin und wieder einen Zug gemeldet sowie einen entfernt mit seiner Herde vorbeiziehenden Schäfer. Auf dem etwa 50 Meter tiefer verlaufenden Bergweg waren auch einzelne Passanten gemeldet worden.

Für 11.30 Uhr war Mittagessen angesetzt, das aus einer Dose Brot, einer Dose Fleischwurst und mitgebrachtem Wasser bestand. Jedem hat es geschmeckt. Für die Folge hatten wir vor, uns Maiskolben, Trauben oder sonstige Früchte zu besorgen. Nach dem Essen erkundeten wir die nähere Umgebung. Der LI zog mit Hauffe in das nach Osten laufende Tal, um zu erkunden, wo der Ausgang des Tunnels sei und welche Einstiegmöglichkeiten dort bestünden. Hauffe als »W.v.D.« (Wasserholer vom Dienst) hatte eine Dose und zwei Behälter mit, um bei Gelegenheit Nachschub zu tanken. – Masch.Maat Schön ging mit mir in westlicher Richtung, Ziel Bahnhof, wobei wir unsere Gläser mitnahmen. Verabredet war Rückkehr bis gegen 15.00 Uhr.

Wir waren bald über der Stelle, an der wir in der vergangenen Nacht an Land gekommen waren. Weder in der Bucht noch auf

See war irgend etwas zu sehen, was auf unsere Landung hingewiesen hätte. Kein Gegenstand oder etwa Ölfleck zeigte die Stelle an, auf der U 19 versunken war. Beim Weitergehen pflückte ich von einem Lorbeerstrauch einige Zweige und steckte sie ein. – Sie haben später in unserer deutschen Küche Verwendung gefunden.

Auf See war ein aus Richtung Zonguldak kommender Kutter zu erkennen, auf dem wir neben Fässern und Kanistern auch die erste türkische Flagge mit dem Halbmond ausmachen konnten.

Auf dem weiteren Weg hatten wir, wie schon am Morgen, auch wieder eine Begegnung mit vier Jugendlichen, an denen wir aber problemlos vorbeigehen konnten. Sie schauten uns zwar interessiert an, nahmen aber weiter keine Kenntnis von uns auch nicht gerade modern gekleideten Fußgängern. – Uns fiel wohl auf, daß ihre Kleidung sehr unsauber und abgetragen war. Dazu hatten sie, bei dem Wetter, bei dem in Deutschland jeder mit aufgerollten Hemdsärmeln geht, uns unverständliche meterlange Leibbinden um und Mützen auf. – Erst später lernten wir den Nutzen solcher Bekleidung kennen. Wir waren, ohne sie zu beachten, vorbeigegangen und näherten uns auf dem Weg nun einigen Häusern in der Nähe des Bahnhofs, die wir am Vortage im Sehrohr nicht entdeckt hatten. In den Gärten stand Mais und wuchsen Pfirsich- und Nußsträucher. –

In angemessener Entfernung stiegen wir einen Hang aufwärts und setzten uns zur Beobachtung auf große Steine. In einer Entfernung von etwa 400 Metern saß ein Türkenmädchen, das eine Kuh hütete und dabei ununterbrochen sang. Wir vernahmen zwar eine angenehme Kinderstimme, die aber für uns völlig disharmonische Melodien trällerte. Sie fingerte viel in ihrem Haar herum und schien auch eine Handarbeit in einem Tuch zu haben.

Für 18.30 Uhr hatten wir den Abstieg geplant. Der Weg zum Bahnhof war nicht einmal ½ Stunde, aber wir wollten alle noch vor dem Besteigen des Zuges möglichst eine Art »Generalprobe« an einem Zug vorher sehen. – Gerade als wir abmarschieren wollten, kam eine Reitergruppe des Weges geritten, die uns aber nicht bemerkte. – Wir gingen zu Paaren mit Abständen von 200-400

Metern, Schön mit Hauffe, Landwehrmeyer mit Cremer und dann der Arndt und ich. Sollte eine Gruppe überrascht werden, sollten die anderen in die Lorbeerbüsche ausweichen. Gegen 19.30 Uhr waren wir vor der Häusergruppe. In Dreiergruppen schlichen wir uns dann an dem schon im Dunkeln liegenden Bahnhof, wo wir uns 100 Meter vorher in ein Gebüsch legten. Niemand hatte uns bemerkt, nichts regte sich. Gegen 19.45 Uhr meldete sich ein Zug durch lautes Pfeifen aus dem Tunnel an. Der Bahnhof wird erhellt, der Mann mit der roten Mütze erscheint, und ein Güterzug fährt ohne Halt durch. – Das Licht geht wieder aus. – Die Zeit schleicht nur gaaanz langsam. –

Um 20.15 Uhr wird der Bahnhof erhellt. Wieder kündet lautes Pfeifen einen Zug an. Einige Reisende stehen an der Haltestelle, als mit viel Geräusch ein Zug einläuft, gerade so weit, daß wir etwa 30 Meter neben der Lok sind. Erst als der Zug steht, erheben wir uns und eilen auf die ersten Wagen zu, wobei wir erst über einen kleinen Graben stolpern, den wir vorher übersehen hatten. Wir stiegen alle rasch auf, wobei der LI mit zwei Mann auf den Gepäckwagen stieg, wo sie sich prima im Bremserhäuschen verstecken konnten. Ich war mit zwei weiteren Männern auf der Plattform des ersten Wagens, der über einen Laufsteg mit dem Gepäckwagen verbunden war.

Wir hatten uns kaum besonnen, als der Zug sich schon in Bewegung gesetzt hatte und in den ersten Tunnel rollte. Rauch und Ruß der Kohlenlok erschwerte sofort das Atmen. – Selten in meinem Leben aber habe ich eine solche diebische Freude wie in diesem Augenblick gehabt, als die »planmäßige Reise« begonnen hatte. Ganz sicher waren wir, daß niemand zu uns hier vorne auf die Plattform des vordersten Wagens kommen würde.

Wieder war ein Tunnel durchfahren, als der Zug sein Tempo minderte und an einer Station hielt. Nur wenige Fahrgäste stiegen ein oder aus, bei uns niemand. – Weiter ging es in kurzen Abständen durch vier Tunnel, wobei uns wieder Qualm und Staub erheblich belästigten. Auf dem nächsten Bahnhof stiegen auch bei uns einige Fahrgäste ein. An ihrem Verhalten konnte man erkennen, daß sie sich über die »Plattformreisenden« wunderten, sie sagten aber nichts.

Ich stieg während der Weiterfahrt auf den Gepäckwagen über, weil dort etwas mehr Platz war. Noch einmal hielt der Zug, dann sollte uns unser Schicksal ereilen. – Wir waren in einen größeren Bahnhof eingefahren, der im Gegensatz zu den bisherigen Stationen voll erleuchtet war. Wie immer auf Bahnhöfen war Lärm von der Lok, den Gepäckwagen und sonstigen Rufen. Nach unserer Feststellung stiegen besonders viele Reisende aus, darunter auch Soldaten und sonstige Uniformierte. Durch die geöffnete Tür konnte ich einen Blick in das Abteil werfen, das leer war. Ich schöpfte aber keinen Argwohn. –

Bahnbeamte in Uniform kamen zum Gepäckwagen, als ein Arbeiter mit seiner Lampe sowohl zu uns als auch in das Bremserhäuschen hineinleuchtete. Er stutzte, ging dann aber weiter.

Ein anderer Eisenbahner wollte über unsere Plattform auf die andere Seite steigen. Er murmelte etwas vor sich hin, worauf wir zur Seite traten und ihn durchgehen ließen. –

Kaum eine Minute später stand ein Soldat mit hoher Mütze vor uns und redete uns an, wobei er mit einem kleinen Stock an meine Schulter stieß. – Ich spielte den Verschlafenen und Ahnungslosen. Aber lautstark und hartnäckig forderte er uns auf, vom Waggon herunterzusteigen.

Vor der Fahrt hatten wir abgesprochen, daß, falls irgendeiner geschnappt wurde, die anderen Reißaus nehmen und wir uns einige hundert Meter in Richtung der weiterführenden Geleise wieder sammeln wollten. – Ich stieg also aus und wollte mich langsam auf ein Gebüsch zubewegen, als ich schon durch Festhalten daran gehindert wurde. Im Nu waren Soldaten um den Wagenausgang herum. Bei einem Versuch, mich zu entfernen, wurde ich energisch von mehreren Soldaten festgehalten. Auch meine Kameraden, die in der Zwischenzeit ausgestiegen waren, wurden jetzt von Soldaten und hinzugekommenen Zivilisten umringt. In heller Aufregung begannen mehrere auf uns einzureden, wovon wir nichts verstanden. Ganz wohl war uns dabei nicht, denn ihre Haltung und

Gesten waren nicht gerade freundlich. – Erst als ich glaubte, eine Frage in französisch verstanden zu haben, nickte ich und antwortete einfach »Oui, oui«. – Weit war es mit meinen Sprach-Schulkenntnissen nicht her, aber es war ein Ansatz für einen Dialog. – Aus einem Wortschwall glaubte ich die Frage entnehmen zu können: »Seid ihr Russen?« – »Non.« – »Franzosen?« – »Oui – non – non –.«

Ich ließ es bei dieser unklaren Antwort.

Immer größer wurde die Ansammlung von Soldaten, Eisenbahnern und Zivilisten. – Zusammengerottet standen wir auf dem erleuchteten Bahnhof in einer Menschenmenge, aus der es kein Entrinnen gab.

Was war geschehen? – Was hatte uns verraten? – Welchen Fehler hatten wir gemacht?

»Filyos« – stand als Ortsbezeichnung auf dem Bahnsteigschild.

»Filyos« – woher hätten wir ahnen können, daß das die Endstation des Zuges für heute war?

Wir wurden von Soldaten, die nun die Zivilisten abdrängten, in einen Raum geführt und zunächst einmal festgesetzt. –

Das war für die nächsten zwei Jahre das Ende unserer Freiheit.

# Namenregister

# Abkürzungen

| | |
|---|---|
| AK | Äußerste Kraft |
| Adm.F.H.Qu. | Admiral Führer-Haupt-Quartier |
| AOK | Armee-Oberkommando |
| ASM | Admiral Schwarzes Meer |
| ASR | Angriffs-Sehrohr |
| Aufkl.Fl.G. | Aufklärungs-Flieger-Geschwader |
| BB | Backbord = links, linke Seite |
| B-Dienst | Funkbeobachtungsdienst |
| BdU | Befehlshaber der U-Boote |
| Befh. | Befehlshaber |
| Btl. | Bataillon |
| cbm | Kubikmeter |
| C.S.3 | Ansteuerungstonne nach Konstanza |
| C/Skl | Chef der Seekriegsleitung |
| E.K.I | Eisernes Kreuz erster Klasse |
| E-Masch. | Elektromotor (im U-Boot) |
| Flak | Fliegerabwehrkanone |
| Fliebo. | Fliegerbombe |
| FS | Fernschreiben |
| FT | Funkspruch |
| GCHQ | Government Communication Headquarters (Zentrale der brit. Funkaufklärung) |
| Gen.St. | Generalstab |
| g.F. | gegebenenfalls |
| GF | Große Fahrt |
| gKdos | geheime Kommandosache |
| H.G. | Heeresgruppe |
| I.D. | Infanteriedivision |
| K-Boot | Kanonenboot |
| K.F.K. | Kriegsfischkutter |
| KR | kriegswichtig (Funkspruchvermerk) |
| KTB | Kriegstagebuch |
| LI | Leitender Ingenieur |
| L.Q. | Luftquadrat |
| LSR | Luftziel-Sehrohr |

| | |
|---|---|
| Mar.Grp.Süd | MarinegruppeSüd |
| MAS-Boot | italienisches Schnellboot |
| M.B.R.II | sowjetisches Flugboot |
| Mech.Maat | Torpedomechanikermaat |
| MFP | Marinefährprahm |
| MVO | Marine-Verbindungsoffizier |
| NPEA | Nationalpolitische Erziehungsanstalt |
| NSDAP | Nationalsozialistische deutsche Arbeiterpartei |
| Ob.d.M. | Oberbefehlshaber der Marine |
| OKH | Oberkommando des Heeres |
| OKM | Oberkommando der Marine |
| OKW | Oberkommando der Wehrmacht |
| Op.Abtlg. | Operationsabteilung |
| Op.Geb. | Operationsgebiet |
| Pz.Div. | Panzerdivision |
| RAF | Royal Air Force |
| S-Boot | Schnellboot |
| schw.Krz. | Schwerer Kreuzer |
| Skl | Seekriegsleitung |
| Skl/Qu.A. | Seekriegsleitung Quartiermeisteramt |
| Skl/U | Seekriegsleitung U-Bootführung |
| sm | Seemeile = 1852 m |
| SSD | sehr sehr dringend, Funkspruchvermerk |
| St.B. | steuerbord = rechts, rechte Seite |
| T-Boot | Torpedoboot |
| TMB | Torpedomine |
| T III (auch 3) | Elektrotorpedo der U-Boote |
| T V(auch 5) | elektrischer Horchtorpedo |
| U-Asto | Admiralstabsoffizier für U-Bootführung |
| U-Boot | Unterseeboot |
| UdSSR | Union der Sozialistischen Sowjet Republiken |
| USA | Vereinigte Staaten von Nordamerika |
| U-Jäger | U-Boot-Jäger |
| UW | U-Boot(Funk)-Welle |
| W.F.St. | Wehrmachtführungs-Stab |
| I WO | Erster Wachoffizier |
| II WO | Zweiter Wachoffizier |

## Bildnachweis

Karten Seite 32 und aus 47: »Seemacht«,
Potter, Nimitz, Rohwer erschienen bei
Bernhard & Graefe, Frankfurt/Main

Historisches Material stellten bereit:
Auswärtiges Amt, Bonn (Archiv)
Bundesarchiv-Militärarchiv, Freiburg
Gerd Enders, Landsberg/Lech
Militärgeschichtliches Forschungsamt, Potsdam

Sonstige Fotos, Karten und Zeichnungen
aus dem Besitz des Autors.